经济发展探索与城乡建设

夏　峰　程茜钰　王亚昭　主编

吉林科学技术出版社

图书在版编目（CIP）数据

经济发展探索与城乡建设 / 夏峰，程茜钰，王亚昭
主编 . -- 长春：吉林科学技术出版社，2024.5.
ISBN 978-7-5744-1369-6

Ⅰ . F124；TU984.2

中国国家版本馆 CIP 数据核字第 2024GN1286 号

经济发展探索与城乡建设

主　　编	夏　峰　程茜钰　王亚昭
出 版 人	宛　霞
责任编辑	郭建齐
封面设计	周书意
制　　版	周书意
幅面尺寸	185mm×260mm
开　　本	16
字　　数	408 千字
印　　张	22.375
印　　数	1~1500 册
版　　次	2024 年 5 月第 1 版
印　　次	2024年10月第1次印刷

出　　版	吉林科学技术出版社
发　　行	吉林科学技术出版社
地　　址	长春市福祉大路5788 号出版大厦A 座
邮　　编	130118
发行部电话/传真	0431-81629529 81629530 81629531
	81629532 81629533 81629534
储运部电话	0431-86059116
编辑部电话	0431-81629510
印　　刷	廊坊市印艺阁数字科技有限公司

书　　号	ISBN 978-7-5744-1369-6
定　　价	98.00元

编委会

主　编　夏　峰　程茜钰　王亚昭

副主编　张慧春　张　昆　刘　菲

经济发展是指一个国家或地区在经济增长、结构优化、效益提高、生活质量改善等方面的整体进步。它不仅包括经济总量的增长，而且包括经济结构的优化、效益的提高、社会的进步和人民生活质量的改善。经济发展的核心是人的发展和全面进步，它是社会进步的重要基础。

经济发展是社会进步的基础，它能够提高人民的生活水平，改善人民的生活质量，促进社会的稳定和繁荣。经济发展能够带动产业升级，推动技术创新，提高国家的国际竞争力。同时，经济发展也是解决社会矛盾、解决民生问题的重要手段。经济发展应当注重环境保护和社会公正，避免不可持续的生产和消费模式，实现经济、社会和环境的协调发展。经济发展需要依靠科技进步和创新，提高生产效率，推动产业升级和经济结构优化。经济发展应尊重不同地区、不同文化背景下的多样性，因地制宜，发挥其各自的优势，实现经济的多元化发展。经济发展应遵循市场规律，发挥市场在资源配置中所起的决定性作用，同时加强政府的引导和调控。

总之，经济发展是一个国家或地区发展的重要基础，也是社会进步的基石。我们需要探索经济发展的新路径和新模式，推动经济高质量发展，实现经济的可持续发展。

城乡建设是城市化进程中的一个重要环节，它包括农村地区的城市化、城市基础设施的建设、城市环境的改善等多个方面。城乡建设旨在通过合理的规划和管理，实现城乡协调发展，提高人民的生活质量。

城乡建设对于经济发展和社会进步具有重要意义。首先，城乡建设能够加快城市化进程，推动产业结构升级，促进经济增长。其次，城乡建设能够改善城市环境，提高城市居民的生活质量，增强城市的吸引力。最后，城乡建设还能够促进农村地区的经济发展，提高农民的生活水平，实现城乡共同繁荣。

总的来说，经济发展与城乡建设是相互关联、相互促进的。经济发展为城乡建设提供了物质基础和动力，而城乡建设则是经济发展的重要载体和表现形式。在未来，我们应该更加注重经济和城乡建设的协调发展，实现经济、社会和环境的可持续发展。

本书围绕"经济发展探索与城乡建设"这一主题，由浅入深地阐述了经济发展中的金融业、金融业与经济发展协调性分析、经济高质量发展的金融驱动机制与路径，系统地论述了城乡一体化发展及其理论基础、城乡一体化发展的重点、城乡一体化发展的难点、城乡一体化发展中的农村经济建设、城乡一体化发展中的新型城镇化建设，深入探究了基于农村集体经济、循环经济、网络经济、知识经济的财务管理，以期为读者理解与践行经济发展探索与城乡一体化建设提供有价值的参考和借鉴。本书内容翔实、条理清晰，兼具理论性与实践性，适用于经济学研究者，也适用于从事城乡建设相关工作的专业人员。

第一章　经济发展中的金融业

第一节　改革开放以来的经济与金融发展

一、改革开放以来中国经济的发展

在人类社会发展的任何时期，经济发展都是永恒不变的核心主题。自改革开放至今，中国经济得到了快速发展，无论是综合国力还是国际影响力都实现了难以预估的突破，并且展现出广阔的发展前景。时至今日，我国已经步入重要的经济发展阶段，经济建设面临新的机遇，逐渐呈现明显的阶段性特征。在当前国际和国内形势背景下，"中国经济的发展目标是什么，未来的终点在哪里？""中国经济发展怎样才能再创佳绩、实现重大突破？"这些问题都应该引起我们的关注和重视。我们需要深刻反思问题的根本原因，梳理我国经济发展历程中遇到的难题，总结教训，吸取经验，凝练出极具意义的当代启示，为中国经济的长远和可持续发展扫清障碍，开辟一条新的康庄大道。

随着改革开放政策的深度贯彻与实施，中国的经济发展观念悄然发生了历史性的颠覆。经济发展逐渐由以往的"数量、速度型"过渡为"质量、效益型"，从之前的重视增量、延伸规模逐渐过渡为优化结构、方式转变，由最初的解决温饱逐渐过渡为追求美好的生活。中国经济的建设与发展，正在摆脱传统的要素驱动模式，进而演变为新的创新驱动的经济发展模式。

(一) 从重"数量"到"高质量"的变化

自改革开放至今，中国经济实现了量的历史性突破，向世界展现了伟大的东方奇迹。

党的二十大报告中明确强调，近些年来，我们始终把新发展理念的贯彻与实施放在工作的首要位置，注重经济的高质量和快速发展，快速完善新的经济发展结构，深度落实供给侧结构性改革策略，提出一系列的区域经济发展策略，使我国的整体经济实力有了突破性的提升。国内生产总值由最初的 54 万亿元逐步增长至现在的114 万亿元，在世界范围内遥遥领先。

党的二十大报告中重点强调，经济发展的关键在于推动实体经济，着重扶持新型工业，倡导工业强国、品质强国、科技强国、交通强国、信息化强国。作为一名中国公民，我们有责任也有义务对国家经济的发展抱有信心，并为之付出努力。

在短短的几十年内，中国就向全世界展示了什么是东方奇迹，短时间内实现了经济的突破性发展。究其原因，主要是因为我国经济的高速增长仰仗的是强大的动力引擎，即大规模的投资和高于预期的资本形成率。在二者的综合影响下，我国经济在短期内实现了超出预期的增长。

但是，当前经济的"数量型"增长模式却很难再继续保持下去，经济增长向质量升级的转变是大势所趋，是我国经济环境变化导致的必然结果。一方面，过于关注"数量"的经济增长势必会滋生新的现实问题。就粗放式的经济增长模式而言，其长期以来都把 GDP 当成首要中心，注重资金的募集和整合。时间一长，这种经济增长模式的弊端就会显现。究其原因，主要是因为粗放式的经济增长模式是背离一般经济规律的，会受到资源和环境等因素的制约，进而造成经济发展的结构性失衡现象。另一方面，中国的经济增长率一直以来都深受诸多因素的综合影响，要想在较长时间内一直保持高增长的态势是不可能的。就我国来讲，人口结构的急剧变化，导致我国劳动力的年龄人口增长速度开始呈现出衰减的趋势，但人口的抚养比却仍旧保持上升状态，这就使得中国的国民储蓄率在短时间内急剧下降，依靠投资主导的经济增长很难保证充足的资本供给。即便技术的进步和发展会积极影响经济的增长，但其也无法在短时间内取得突破性的进展。

由此可见，资本增长率的下降是不可避免的，是我国经济发展到一定程度的必然结果。在人口结构变化的过程中，原有的人口红利即将不复存在。也就是说，中国在传统劳动密集型产业发展方面一直以来拥有的比较优势会陆续消失不见，进而导致我国面临着诸多新兴国家的冲击和竞争。受到科技水平较低的直观影响，中国在高端制造业发展方面很难和发达国家站在同一起跑线。在多重因素的综合影响下，中国的高端制造业建设逐渐朝着发达国家靠拢，而中低端制造业则陆续流向其他发展中国家。总而言之，中国目前已经很难再延续高数量的经济发展模式，需要尽快完成从"数量"向"高质量"的转型。

对我国近些年来经济发展历程进行回顾和分析可以发现，中国在短短的几十年内就实现了经济的"高质量"增长和突破性发展，无论是理论研究还是实践检验都取得了令人欣喜的成就。党的十七大报告中明确强调，中国经济未来的发展方向和目标是"实现国民经济的快速和高质量发展"。我国经济发展历经多个阶段，在长期发展实践中总结出了先进的经验和方法，逐渐由最初的重数量转变为目前的质量与数量平衡发展的模式。2014 年，"新常态"这一新的概念首次出现在人们的视野中，并在后续的一段时间内形成了成熟的经济发展新常态理论，为我国经济的高质量发展提供了重要的理论指导。2015 年，供给侧结构性改革正式被提上日程。2016 年，国务院首次安排规划了"三去一降一补"等相关发展任务，为我国经济的结构性改革注入了一支强心剂，为我国经济的高质量和快速发展奠定了扎实的基础。随着党的十九大会议的顺利召开，我国经济的高质量发展被赋予了新的历史使命，并由国务院作出了详细的战略部署，形成了科学的经济发展观，让国民经济的高质量发展这一观念深入人心。党的二十大报告中明确强调："经济的高质量发展应该被纳入社会主义现代化国家建设的重要部署中。"在笔者看来，经济的高质量发展在某种意义上代表着高质量发展的重心和方向，是早日实现中国式现代化建设的先决条件。

进入经济发展的"减速增质"期以后，中国经济的高质量发展在实践中取得了丰富的理论研究和实践成果，重点涉及两个方面。一方面，中国的制造业逐渐趋于高端化发展；另一方面，中国的服务业同样展现出高质量发展的趋势。随着时间的推移，中国商品基本实现了从低端向高端的转型，由最初的数量时代顺利迈入质量时代。现如今，我国的生产性和生活性服务业悄然崛起，同时其他服务行业也展现出广阔的发展前景，无论是在国际还是在国内都拥有一定的知名度和影响力。

中国的经济增长观念由最初的重"数量"逐渐演变为现在的"高质量"，基于商品质量的稳步提升来推动经济的增长，只有这样才能尽快跟上发达国家的发展脚步，让中国经济在新时代的背景下越走越远，走出国门，走向世界。

（二）从重"当前发展"到重"可持续发展"的变化

在改革开放刚刚被提出和实施时，中国经济只能着手于眼前的经济增长，这也是历史发展对经济建设提出的要求。随着社会环境的变化，进入新时代以后，中国经济的发展需要以追求"当前发展"为目标，通过经济增长来提高国内生产总值，提高人民群众的生活质量，携手共建美好的生活。在形成和确立这种观念后，受到市场和资本的综合影响和双重驱使，中国经济在短时间内实现了飞跃式的发展，向世界各国展示了什么叫东方奇迹，也让我国正式踏入世界经济强国的行列。

需要明确的一点是，随着经济总量的持续增加，粗放式的经济发展模式逐渐暴露出明显的缺陷和不足，集中体现在能源短缺、环境污染和成本过高等方面。只关注经济增长，忽视对环境的保护，这种经济发展模式在当前并不适用。中国经济的发展需要尽快完成转型，转变传统的经济发展模式，将可持续发展作为经济增长的首要任务和发展目标，并突出中国特色。中国基于经济学等学科开创了一门新的科学，即系统学。系统学强调经济的可持续发展，通过构建完整复杂的系统来对经济发展的本质和规律展开研究，思考和推理各种经济要素之间的内在联系，为人与自然的和谐发展提供理论指导。

从实践创新的维度来讲，中国在近些年来取得了令人瞩目的成绩。国家在生态环境保护和治理方面投入了大量的资金，对当前的消费结构也作出了优化调整，使得我国的资源综合利用效率得到显著提升。与此同时，我国逐渐意识到源头保护对于环境治理的重要意义，并先后构建出损害赔偿和责任追究等规范化的保障制度体系，为生态环境的保护和防治提供了有力的制度保障。

总而言之，经济的可持续发展目前已经成为中国特色社会主义建设与发展的首要任务。可持续发展替代粗放式的经济发展模式是大势所趋，是社会发展到一定程度的必然结果。自改革开放起至今，可持续发展这一理念在推动社会经济发展、提高人民生活质量以及预防治理生态环境污染等方面发挥了重要的指导作用，是我国未来经济建设与发展必须遵循的理念和原则。

(三) 从重"物"本到重"人"本观念的变化

在改革开放政策刚刚被提出并予以实施时，传统的"物"本发展观仍旧在我国经济发展中占主要地位。这一观念强调通过经济发展来提高社会生产力，让经济发展为社会建设提供服务。随着"人"本价值观的形成与发展，中国经济的发展观念逐渐从"物"本过渡为"人"本观念。"人"本价值观的提出对于改革开放的深度贯彻与实施有着深远的影响，这里从以下两个方面分别来论述。

1. 共同富裕目标的确立和深化体现了对"人"本思想的注重

随着党的十七大的顺利召开，小康社会的全面建成这一重大发展战略被提上日程。后续，党的十八大确立了"两个一百年"奋斗目标，党的十九大则将建设社会主义现代化强国当成经济发展的最终目标。需要明确的一点是，所有的经济发展目标都指向一个共同的目标，即实现广大人民群众的"共同富裕"，切实保障人民的根本利益。"共同富裕"这一发展理念的深入人心，代表着中国在重视经济发展的同时，还要进一步缩小城镇与乡村之间的经济差距，共同提高全体人民的生活质量水平。

2. 从"以人为本"到"促进人的全面发展"，再到"以人民为中心的发展思想"，体现了对"人"本思想的注重

科学发展观的提出预示着"以人为本"这一命题正式被写入党的重要文件中，代表着我们对现代化建设的发展规律有了更深层次的理解。党的十八大报告明确指出，"一切的发展成果都应该被广大人民群众所共享，要采取有效的措施和手段来实现人的全面发展"。不得不说，这是对科学发展观的延伸和拓展。按照马克思主义理论的说法和主张，社会发展的目的在于实现人的全面发展。在此基础上，党的十八届五中全会上首次引入了全新的发展理念，共涵盖五个方面，在一定程度上映射出"人的全面发展"这一终极目标，体现了时代发展的特征，也对"人"本观念与经济

发展之间的关系进行了验证。党的二十大精神在某种意义上可以有效促进人的全面发展，为中国式现代化社会的建设指明了正确的方向，奠定了扎实的理论基础。我们应该对人的发展特点和规律进行深入探究，了解人与经济社会发展之间存在的必然联系，为经济社会的建设带来源源不断的动力和活力，确保人的全面发展这一目标得以顺利达成。此外，要意识到人才对于经济建设与社会发展的重要性，吸引更多优秀的人才参与到社会主义事业的建设中，实现经济、社会、文化以及政治等各个方面的协同发展，为人的全面发展搭建和谐的外部和内部环境，形成适用于人的全面发展的新格局。

综上所述，从重"物"本到重"人"本观念的过渡在某种意义上可以理解为"社会关系物化和人的异化"的外在表现，是对人和物的价值改变的探究与思考。从长远的角度来讲，有助于实现人的全面发展。

(四) 从重"要素驱动"到重"创新驱动"的变化

"要素驱动"向"创新驱动"的过渡是大势所趋，是历史发展到一定程度后的必然结果。在改革开放被提出和实施的前期阶段，我国经济尚未迈入快速发展时期，科技创新处于竞争劣势。当时只能依靠土地、人力和资源等来实现经济的增长和发展。要素驱动是最基础也是最原始的发展驱动方式，对生产要素的整合和利用有着较强的依赖性。不过，时间一长这种驱动方式就会暴露出不可避免的弊端，比如，资源的极度匮乏、环境的严重污染、发展驱动力的缺失以及资源分配不均衡等。通过深刻的思考和反省发现，创新能够保证中国经济在较长的一段时间内维持良好的增长态势，为经济发展注入新的动力和活力。由此可见，中国要想跻身世界前列，必须注重改革和创新。

自改革开放起至今，党中央始终致力于创新发展的开拓和探索，并从中提炼出适合我国国情的创新发展理念。中国的自主创新迎来了新的发展局面，形成了极具特色的发展格局。党的十八大报告明确强调，基于创新来驱动的经济发展战略才最适合我国。党的十九大报告中重点指出："创新在引领发展方面发挥着不可替代的重要作用，是不容忽视的第一动力，同时也是实现现代化经济体系构建与运行的核心战略部署。"党的二十大报告中，习近平总书记详细解释了新时代背景下习近平新时代中国特色社会主义思想理论的本质、含义和价值，并在此基础上作出了新的论断。二十大报告明确指出，科技在任何发展时期都是不可动摇的第一生产力，而人才是经济发展的核心资源，创新能够为经济建设与社会发展带来源源不断的动力支持。这就是说，党和国家自始至终都非常注重创新发展，只有创新才能让中国屹立于世界之巅，才能早日实现中华民族的伟大复兴，才能尽快达成小康社会的全面建成这一发展目标。

二、改革开放以来的中国金融发展

(一) 改革开放以来中国金融发展阶段

1. 中国特色社会主义金融体系的改革开放时期 (1978—2016 年)

随着十一届三中全会的顺利召开，邓小平同志首次强调应该把经济建设当成国家发展的首要工作任务，适当倾斜资源用来扶持经济发展。在金融发展步入正轨以后，基于市场化导向的中国特色社会主义金融体系的构建与运行已然演变为那个时期亟须解决和关注的问题。

(1) 渐进式改革，夯实市场经济基础 (1978—1991 年)

当时的中国金融体系同时兼容计划经济和市场经济，逐渐朝着市场经济的方向过渡。

第一，改革中国人民银行高度集中管理的金融体系。随着改革开放战略的提出与实施，专业化的国有银行如雨后春笋般不断涌现，各种各样的投资信托机构和保险公司也相继成立。考虑到快速发展地方经济这一战略目标，全国各地陆续出现了大量的农村信用合作社和商业银行，为我国金融体系的构建与完善奠定了扎实的基础。

第二，推进外汇管理体制改革。1978 年，国务院对外宣布正式成立外汇管理总局这一行政机构，同年颁布了《中华人民共和国外汇管理暂行条例》这一政策性文件。1983 年，国务院通过了《中华人民共和国中外合资经营企业法实施条例》这一金融性质的决策文件，详细规范了中外合资者所享有的合法权益，并确定了相关的经营门槛和运营条件，为外资进入国内金融市场提供了政策和制度等方面的支持与保障。

第三，整顿国内金融市场。1982 年，部分违规经营的信托业务和机构被严厉查处。后续，国务院及相关政府机构又陆续颁布了一系列涉及外资注入的法律法规，对外资金融机构的运营和管理作出了规范。1988 年，受到通货膨胀的直接影响，国内大多数的城市信用社先后倒闭。

(2) 市场化改革加速，初步建成中国特色社会主义金融体系 (1992—2001 年)

随着十四大的顺利召开，我国金融事业的发展正式迈入重要阶段，相关的金融体系日益成熟。

第一，加速推进金融机构市场化。区分银行业务的类型和适用范围，合理规范金融市场，促进金融市场的健康发展。传统的商业银行信贷规模管理方式从此以后不复存在，逐渐被资产负债比例管理模式所替代，从这个时候起真正实现了从直接管理向间接管理的平稳过渡。

第二，稳步推进利率和汇率市场化。1996年，中国人民银行正式决定对同业拆借利率作出调整。在这个时期，我国的外汇管理逐渐构建出健全完善的汇率框架，人民币官方汇率与市场汇率相互之间是可以并轨运行的，为市场供求关系的平衡提供了有力的支持与保障。

第三，建立金融法律体系和金融监管框架。在这一时期，国务院以及金融监管部门陆续颁布了一系列的政策性文件，比如，《中华人民共和国中国银行法》《中华人民共和国担保法》等，这些都在一定程度上丰富了中国金融法律体系的结构和内容。

（3）接轨世界金融，国际化进程加快（2002—2012年）

在中国对外宣布加入世界贸易组织以后，中国金融逐渐与国际接轨，为全球经济的一体化发展打下了坚实的基础。

第一，开放多层次资本市场，加快中国金融国际化进程。2001年，证券市场正式开始进行体制改革，原有的审批制逐渐被核准制所替代。从此刻开始，以QFII、QDⅡ等为代表的金融制度在金融资本流通监管方面发挥了重要的作用，在一定程度上丰富了中国资本市场的结构体系。

第二，深化利率和汇率市场化改革，金融机构进一步商业化转型。深度贯彻落实债券市场的利率改革策略，对现有的再贴现和贴现利率生成制度进行优化改进，适当放开金融机构贷款利率的门槛和标准，形成健全完善的浮动汇率制度。

第三，健全货币政策调控方式，完善金融监管格局。2003年，法定存款准备金率机制开始在中国的金融市场中实施。随着银保监会的正式成立，中国的金融监管形成了"一行三会"的全新结构；2004年，银保监会通过了包含贷款基准利率制度等在内的一系列政策制度，为银行的资产重组提供了可供参考的制度规范，也为各种金融机构的相继涌现创建了良好的行业环境。

（4）金融扩大开放，人民币国际化稳步前行（2013—2016年）

第一，人民币国际化稳步推进。2012年，中国人民银行开发的人民币跨境支付系统（CIPS）正式投入使用，为人民币的国际化流通创造了必备的硬性设施条件。2013年，"一带一路"的金融建设工程被批准，在共建国家和地区持续深化推进。2016年，人民币首次被吸纳成为国际流通的"一篮子"货币，这在一定程度上反映出中国在世界上的影响力和综合国力。

第二，新兴金融业态大量涌现。2013年，在人工智能、云计算以及大数据等现代信息技术广泛应用于各行各业的背景下，中国的金融机构开始参与数字化转型等相关活动，有效提高了各个机构的日常运营效率，能够为客户提供优质的服务体验。

第三，健全金融风险防范体系。2014年，宏观审慎评估体系（MPA）的构建加速了金融监管调控体制的改革与创新进程，预示着中国金融监管事业正式迈入规范化的发展阶段。2016年，中央经济工作会议顺利召开，其中着重讨论了我国由来已久的"房住不炒"等社会热点问题，希望能够通过制度建设来规避房地产行业一直以来面临的泡沫风险，发挥金融风险预防和监管的重要作用。

2. 中国特色社会主义金融体系现代化时期（2017年至今）

党的十九大胜利召开以来，我国的金融改革进入重要的转型期。

第一，金融发展由高速增长阶段转向高质量发展阶段。2019年7月，相关部门陆续通过了一系列的金融业对外开放决策，决定对外资金融机构进驻中国金融市场的门槛和标准作出调整和优化。2019年12月，随着《中共中央、国务院关于营造更好发展环境支持民营企业改革发展的意见》等相关政策性文件的颁布与实施，中国的金融结构与经济结构之间的匹配度得到了显著的提升，大量的中资银行都获得了"走出去"的机会。

第二，利率和汇率改革取得新进展。从汇率改革的角度来讲，逆周期因子首次被引入货币中间价报价模型建构中，为汇率形成机制的建立健全提供了制度和政策方面的支持和保障。2018年，中国银监会和保监会正式对外宣布合二为一，构建出更加科学、更加合理的金融监管体系。

党的二十大报告中明确强调，现代金融监管体系的构建需尽可能地规避金融行业存在的系统性风险。

(二) 中国金融发展取得的成就

随着改革开放的深化落实，中国金融市场变得更加开放和规范。金融市场体系的建立健全有助于金融法治体系的成熟与完善，也为人民币的国际化流通创造了有利的条件。

1. 国内视角：在深化改革中逐步构建中国特色社会主义金融体系

尽快构建出极具中国特色的社会主义金融体系。我国的金融运行制度日臻完善，相关的市场体系也变得更加成熟。各种类型的金融机构在我国金融市场中层出不穷，可谓百花齐放、百家争鸣。无论是金融机构的整顿和监管，还是不良金融资产的合法处理，抑或是金融市场的监督和规范，都在实践中取得了令人欣喜的成绩。

2. 国际视角：在扩大对外开放中携手世界各国共同发展

自中国加入国际世贸组织后，中国金融逐渐与国际接轨。由此一来，中国在世界金融行业领域的知名度和影响力都得到了显著的提升。在长期发展过程中，中国资本市场的开放程度越来越高，人民币的国际化流通使用已然是大势所趋。

(三) 展望

第一，确立党在监管金融工作方面的主体地位。由党来监管金融市场，有助于维系国家金融的安全发展，能够切实满足人民群众的金融需求。

第二，不忘初心，通过金融工作的开展来为实体经济提供服务。金融行业的发展需将服务实体经济放在首要位置，避免出现金融资本"脱实向虚"等不良问题。

第三，早日实现人民币的国际化。提出规范化的货币政策，形成健全完善的金融监管体系，在现代金融治理方面提供制度的支持与保障。在世界经济金融改革中发挥重要作用，确保"一带一路"国际金融业务的有序开展。

第四，确保金融数字化发展战略的深度贯彻与落实。中国金融市场的发展离不开社会主义制度的支撑，应尽快促进中华人民共和国成立国际化的金融科技平台；持续提升数字金融所具有的核心竞争力，形成新的金融发展格局。

第五，有效监管和预防金融风险。在当前市场环境中，我国金融事业的发展迎来了新的机遇，也面临着一定的金融风险。只有有效抑制金融风险，规范市场准入门槛，构筑牢固的风险预防防线，才能提升中国金融市场的风险预警能力和风险应对能力。

三、金融发展与经济发展关系理论

(一) 货币中性理论

在古典传统经济增长理论中，经济学家更多将研究对象确定为经济增长的实物层面。他们主要研究实物资本的积累、劳动力的增长以及技术进步等变量对经济增长产生的影响。在早期的研究中还没有考虑到货币因素，他们认为货币的供给是具有充分弹性的，能根据经济发展的需要而自主地发生变化，货币在经济发展的过程中只是起到媒介的作用，因此货币数量的多少不会对经济产生影响。在此基础上古典经济学家提出了货币中性论。他们认为，货币仅仅是覆盖于实物经济上的面纱，在充分就业的假设条件下，货币对于经济增长不会产生影响。萨伊定律（Say's Law）中的供给自动创造需求的机制肯定了货币不会影响经济增长的命题。

(二) 累积过程理论

最早揭开货币中性论面纱的是瑞典学派的代表者维克塞尔（Wicksell），他提出了累积过程理论。在其1898年出版的《利息与价格》一书中，系统地研究了货币对经济增长的影响。累积过程理论是凯恩斯主义的先驱，在经济思想史中占有重要的地位。维克塞尔在对经济增长状况进行分析的时候，考虑到了货币因素，并认为货币在经济达到均衡的过程中起到了重要的作用，他把这种均衡定义为货币均衡。以下两个条件是货币均衡的前提：一是商品供需相等；二是储蓄与投资相等。他最大的理论贡献在于通过分析消费品的供给、用于消费的收入、生产资料的供给和用于资本品的收入这四要素，填平了货币理论和价格理论之间的缺口。

维克塞尔认为，当实际利率与自然利率相等时，货币均衡才能得以实现。当货币数量增加时，实际利率低于自然利率，资本家会增加投资，增加生产，从而产生累积性的经济扩张。当货币的供给减少的时候，货币供不应求，实际利率高于自然利率，会产生累积性收缩。由于利率存在着自动调节的均衡机制，以上两种累积过程并不是一直持续下去。当经济进入累积性扩张状态时，银行存款会伴随着储蓄的不断增加而逐渐减少，实际利率和自然利率就会产生一定的差距。这样银行为了吸收储蓄，会提高实际利率，从而缩小了实际利率与自然利率的差距，累积性的扩张则会得到抑制，最终实现货币均衡。维克塞尔认为通过价格水平的改变，能够反映出实际利率和自然利率是否相等。银行基于利润最大化的目的，就应该在物价上涨时提高利率，在物价下跌时降低利率，从而使实际利率与名义利率保持一致。维克塞尔考虑到了货币因素在经济增长过程中所起到的巨大的作用，为宏观经济学的建立奠定了基础。

凯恩斯（Keynes）继承并发扬了维克塞尔的思想，在此基础上开创了宏观经济学。他将实际利率作为研究的主要内容，考察了怎样才能维持物价水平的稳定和经济的均衡，提出了怎样才能维持投资与储蓄之间的均衡，怎样使实际利率与名义利率保持一致，建立起了以物价水平为核心的货币经济理论。他认为有效需求的大小主要取决于消费倾向、资本边际效率与流动性偏好三大基本心理因素与货币数量。他认为，当资本边际效率大于利率时，投资才是有利可图的。失业与经济萧条的根源在于有效需求不足，为提高有效需求，就应该采用扩张的财政政策与货币政策，降低利率，刺激消费与投资，从而促进经济的发展。

（三）现代货币数量论

现代货币数量论的主要代表是美国经济学家弗里德曼（M.Friedman）。他强调货币及货币政策在促进经济发展诸多因素的首要作用，认为货币是推动产出增加、就业提高、物价水平稳定的主要因素。货币数量的变化对经济的发展产生影响，而无须通过利率进行传导。与凯恩斯主义持有的观点不同，弗里德曼坚持经济自由主义。他认为，货币供应量的变动会对经济产生重要的影响。在短期内，由于存在适应性预期的时滞，并且由于工资的刚性，因此，货币供应量的增加会带来产出的增加。

但从长期来看，人们的预期会调整，货币供应量的变动只会影响物价而不会影响实际产出。从货币需求的稳定性出发，货币学派提出了货币政策的最终目标——稳定货币的价值。与凯恩斯主义的相机抉择的政策建议不同，货币学派强调货币政策长期的稳定性和连续一致性，提出了著名的"单一规则"理论。那就是公开宣布长期采用某一固定不变的货币供应的增长率，从而保证经济增长的稳定性。

（四）非常信用论

熊彼特（J.Schumpeter）的"非常信用论"指出，正常的信用只能保证生产的正常运转，而非常信用才会对经济的发展产生影响。他于1911年出版了《经济发展理论》一书，在该书中熊彼特将信用分为"正常信用"和"非常信用"。"正常信用"是生产者将产品售出后，通过商业票据的贴现而获得银行引用，它是在商品流转基础上产生的引用。而"非常信用"则纯粹是一种流通工具的创造，它不以商品的流转为基础，而是先于商品的生产和流转。他认为企业家应先借入购买力，购得发展生产所需要的商品，再以这些商品为抵押获得银行的信用，这种信用就是"非常信用"，"非常信用"才是经济发展的主要的因素。他还指出，"非常信用"的扩张使得企业家获得了高额的利润，刺激了企业商品的生产，从而带动了收入、消费、生产的再增加，促进了经济的繁荣发展。而"非常信用"的收缩将会造成经济的萧条。

（五）内生经济增长理论

托宾（J.Tobin）在经济增长模型中考虑到货币因素，他认为货币的价值储藏是货币的主要功能，并且托宾将货币列为实际可支配收入的一部分，认为其会对居民的消费与储蓄行为产生影响。与托宾将货币作为外生变量引入经济增长模型不同，罗默（Romer）和卢卡斯（Lucas）等将货币作为内生变量引入增长模型之中，从而证明了技术进步是经济增长的决定性因素，并强调了物质资本、人力资本和知识的重要性。

到了20世纪90年代以后，以格林伍德（Greenwood）和约万诺维奇（Jovanovic）、莱文（Levin）等为代表的经济学家，将内生经济增长模型进一步扩展，在金融发展模型中引入内生的金融中介和金融市场，从不同的角度运用一系列复杂的模型研究了金融发展与经济增长的关系，得出了金融发展与经济增长之间相互促进的结论。

第二节 经济发展中的金融改革与深化

中国加入 WTO 后，经济和社会生活发生了巨大的变化，金融业的发展也进入一个新阶段。特别是外资金融机构的大量涌进，不断打破国有银行的垄断地位，使得我国金融业改革与深化的发展表现出许多新特征。

一、坚持国际化统一的运行规则

中国加入 WTO 以来，金融业的国际化倾向不断强化。国际化的规则促使国内金融业进入有序的竞争轨道。其主要原因是：国际化使法律法规严格统一；一国的法规必须与国际法规相一致。因此，在规则一致的前提下的竞争呈现公平化。

随着我国汇率市场化的发展，金融业竞争向公平竞争方向发展。为此，国内的金融业必须转变观念，彻底由行政计划管理转为利用法律、规则、市场的方式管理金融业，以市场为导向来经营管理金融机构。规则是衡量一国金融业发展程序的重要标志。遵守规则，就从根本上获得了市场的准入权；违背规则就等于失去了利用国际市场发展本国金融业的良好时机。就国内的金融业来看，要了解规则，熟悉规则，掌握规则，运用好规则。这样国内的金融业才可能在国际规则的约束下，提高自身的素质，在国际化的市场条件下进行公平的竞争。

二、突出效益化的经营目标

商业银行的经营目的就是获取商业经营效益。由于市场开放度的提高，国内金融业的价值取向必然从政绩型向经济效益型转变，银行集团化和业务活动的综合化将成为追求经济效益的新方向。

三、着力提高企业核心竞争能力

银行业的核心竞争力主要表现在：产权结构、技术创新、资产质量、管理理念、企业文化、激励机制的综合统一。

在新的条件下，要转变理念：从对立性竞争向结成战略联盟的新的竞争模式转变；由原来的竞争性对手，转变为合作性的战略伙伴，追求双赢；在建立必要的互惠互利的战略性联盟的基础上，提高联盟内部的核心竞争力，达到长远性战略发展的目标。

四、重视组织创新和企业文化

现代企业的竞争与发展都围绕"人本"理念为中心展开，注重企业文化的建设。现代经济学认为，通过明晰产权，可以更好地实现资源的优化配置，规范交易行为，提高工作效率。实行产权制度改革，打破单一的产权格局，形成多元化的股份制产权结构，有利于所有权与经营权的分离，有利于建立现代企业制度，有利于组织创新。

在新经济条件下，企业竞争已不再是孤立的产品竞争，而是以企业整体形象为主的竞争。企业只有成功地进行"形象营销"，才能在越来越激烈的市场竞争中得以不断前进和发展。而"形象营销"的核心是资源个性化、概念商品化、品牌资本化、传播市场化，这是"形象经济"的时代意义。

明确形象与经济的关系，确立形象的效益观念，增强形象的感受性和自我调节性，促进整体形象的改观，从而提高市场竞争力，这是重视企业文化积极意义之所在。

五、注重金融创新和服务创新

传统的金融机构主要是以存、贷、汇为主要服务业务。在当前，吸收存款的基础业务依然是金融业的主要业务活动之一，但是，存款在资产负债中的比例有所下降，贷款比例也在缩小，相应地来自证券、金融投资与资产管理及其衍生产品的业务活动收益的比重在逐步地增加，金融超市的形成与发展是一个必然的发展趋势。

实践表明，进行金融创新，开展新式服务的关键是创建以业务流程再造为核心的服务体系，一个值得研究的问题是如何通过激励机制的构建，在组织内部形成科学合理的价值新观念，激发员工的服务创新潜能，这是实施创新的重要课题。

六、强化金融监管和信息传导

金融问题是社会经济发展的核心问题，世界金融危机一再表明，强化监管是金融业健康发展的前提条件。监管的对象既包括银行内部的监管、外部环境因素的监管，还包括对外资金融机构的监管。外资金融机构不但金融产品种类繁多，而且在国际范围内有丰富的逃避监管和应对监管的经验。

我国目前的银行、证券、保险业"分业经营、分业监管"的金融体制面临着严峻挑战，现行以机构监管为基点的分业监管体系，从实际效果看不仅造成了金融机构新业务的交叉，而且增大了各个监管机构之间的协调成本，反而导致了一些监管"真空"的出现。由于我国目前金融监管的基础设施、技术和方法相对落后，人员素质与监管能力相对较低，使金融监管的有效性难以提高，所以必须采取有效措施，切实加以解决。

加强信息管理的核心含义就是要加快管理信息与业务信息的传递速度，对所监管的对象进行前瞻性的研究与分析，通过多种信息的收集与分析处理，提高监管的水平。建立高效率的管理信息系统，实现工作流程的自动化。信息化的高质量运作是保障系统管理真实可靠的主要手段，是提高竞争能力的中心环节。

知识经济的发展对金融业提出了新的更高的要求，建立起知识创新的知识库，建立起支撑知识创新的人才库，是保障现代金融业不断创新的两个极端重要的条件。

第三节　金融业对经济增长的贡献

一、金融业对经济增长的直接贡献

金融业是现代经济的核心产业之一，它通过提供资金和风险管理服务，在推动经济增长方面起着至关重要的作用。在大多数发达经济体中，金融业的发展程度直接影响着经济增长的速度和潜力。

(一) 金融业的资本形成作用

金融业的核心功能之一是提供资金，通过吸收储蓄，向企业提供贷款，进而促进资本形成。这种资本形成不仅有助于企业扩大生产规模，提高生产效率，同时也为技术创新和产业升级提供了必要的资金支持。

资本形成率，通常是指在一定时期内资本形成总额与国内生产总值之比，是将货币资源分配至产业的一种金融安排，对经济增长影响极大。而金融创新的核心竞争力体现为资本形成能力，其宏观的影响路径需建立在对资本形成作用的基础上，同时是资本市场受金融创新影响的关键。资本形成可理解为由于经济社会中存在着投资需求，且有储蓄供给，二者在一定机制下发生转化，以形成资本并促进生产。金融创新则是对此形成过程中的"三要素"，即投资、储蓄及转化机制产生影响，进而实现宏观经济增长。

第一，金融风险提供储蓄供给。金融创新衍生的工具有多样性、差异性与交叉性，可形成不同风险—收益关系的组合，满足了大量潜在储蓄者的多元化偏好。此外，金融市场作为资金供需双方进行交易的场所，它的创新也提高交易效率与风险防范能力，以此促使了储蓄者的储蓄行为。

第二，金融创新增加投资需求。企业在经营过程中需不断进行融资，而各种各样的股权、债权产品为其提供了有效工具，通过对它们的期限、数量、风险、收益进行搭配，可降低企业的融资成本与风险。同时，随着金融机构的创新，众多中介机构的出现有利于减少金融市场中信息不对称对投资需求的阻碍，加强了企业投资风险的分辨能力。

第三，金融创新在储蓄—投资转化机制中表现出主动作用。金融工具的创新为转化提供了载体，金融市场的创新为转化提供了有效的交易规则与场所，金融制度的创新为转化提供了坚实的保障。无论是金融工具、金融市场还是金融制度的创新，均疏通了其中受阻的"血管"，使储蓄更加顺利地转化为投资。

(二) 风险管理作用

金融业通过风险管理为经济增长提供了保障。金融市场上的风险种类繁多，包括市场风险、信用风险、流动性风险等。金融业通过其专业的风险管理工具和方法，帮助企业和个人管理这些风险，从而降低了经济活动中的不确定性，增强了经济的稳定性。

金融业提供的风险管理服务，如保险、证券交易、期货等，能够有效地分散风险，降低经济活动中的不确定性，从而促进经济增长。在市场经济中，企业面临的风险包括市场风险、信用风险、流动性风险等，这些风险会影响企业的经营和投资决策。金融业通过提供风险管理服务，帮助企业规避风险，降低经营成本，提高经济效益。

(三) 信息传递作用

金融市场是信息集散的场所，金融市场中的价格信号反映了市场中的供求关系和预期，为企业提供了重要的信息。金融市场中的利率、汇率、股票价格等指标，能够反映宏观经济状况、企业财务状况等信息，为企业决策提供依据。同时，金融市场的发展也促进了信息的透明化和标准化，有利于市场的健康发展。

综上所述，金融业对经济增长的直接贡献主要体现在资本形成、风险管理、信息传递等方面。金融业的健康发展，不仅有助于提高经济效率，而且有助于提高经济的安全性和稳定性。然而，我们也应注意到，随着金融业的快速发展，也出现了一些问题，如金融风险累积、监管难度加大等。因此，我们需要加强金融监管，规范金融市场秩序，以保障金融业的健康稳定发展。

在未来，随着科技的进步和经济的发展，金融业将面临更多的机遇和挑战。例如，数字化和人工智能的发展将改变金融服务的形式和效率；绿色金融、普惠金融等新兴领域将为金融业提供新的发展机遇。因此，我们需要持续关注金融业的发展趋势，积极应对挑战，以实现金融业的可持续发展，为经济增长做出更大的贡献。

二、金融业对经济增长的间接贡献

(一) 金融机构贷款对经济增长的贡献

金融机构贷款是金融业对经济增长的重要贡献之一。金融机构通过向企业、个人等提供贷款，为企业发展、个人消费等提供资金支持，促进经济增长。具体来说，金融机构贷款对经济增长的贡献主要体现在以下几个方面。

1. 促进企业发展

企业通过获得金融机构的贷款，可以扩大生产规模、更新设备、提高技术水平，从而提高生产效率，促进经济增长。

2. 促进个人消费

个人通过获得金融机构的贷款，可以增加消费，促进市场繁荣，进而推动经济增长。

3. 促进投资

金融机构的贷款可以吸引更多的投资，促进资本的形成，为经济增长提供更多动力。

(二) 资本市场对经济增长的贡献

资本市场是金融业对经济增长的另一重要贡献。资本市场包括股票市场、债券市场、基金市场等，为企业、个人等提供多元化的投资渠道，促进资本流动和优化配置。资本市场对经济增长的贡献主要体现在以下几个方面。

1. 促进资金流动

资本市场为企业、个人等提供多元化的投资渠道，促进资金的流动和优化配置，从而为经济增长提供更多的动力。

2. 促进技术创新

资本市场可以为企业提供更多的资金支持，促进企业的技术创新和研发，提高生产效率，推动经济增长。

3. 优化资源配置

资本市场可以引导资金流向具有发展潜力的行业和企业，优化资源配置，促进经济增长。

总的来说，金融业对经济增长的间接贡献主要体现在金融机构贷款和资本市场两个方面。金融机构贷款为企业、个人等提供资金支持，促进企业发展、个人消费和投资，从而推动经济增长。资本市场则通过促进资金流动、技术创新和资源配置，为经济增长提供更多的动力和机会。在未来，随着金融业的不断发展和创新，其对经济增长的贡献将更加显著。

三、金融业对经济增长的总贡献

在经济发展的过程中，金融业起着至关重要的作用。它不仅为经济增长提供了必要的资金，还通过其创新和风险管理能力，为经济增长提供了持续的动力。本节将详细讨论金融业对经济增长的总贡献。

（一）资金供给

首先，金融业为经济活动提供了必要的资金。无论是生产者还是消费者，都需要资金来实现他们的经济目标。而金融业提供的产品，如存款、贷款、保险、证券等，都在为资金的供需双方提供服务。在许多情况下，金融业的角色相当于经济的"血液系统"，确保了经济的正常运转。

（二）创新驱动

金融业在推动创新方面也发挥了关键作用。金融机构通过提供各种金融工具和产品，鼓励企业和个人进行投资和创新。这些投资和创新活动不仅推动了技术进步，也创造了新的就业机会，从而进一步推动了经济增长。

（三）经济结构调整

此外，金融业在经济结构调整中起到了关键的杠杆作用。当经济面临结构问题时，金融机构可以通过贷款和投资引导资源流向最需要的地方，促进经济的优化配置。例如，通过向绿色产业或新兴产业提供资金，金融业可以帮助推动经济结构的转型和升级。

（四）全球化进程

在全球化的背景下，金融业更是发挥了不可替代的作用。跨国金融机构在全球范围内进行资金调配，促进了国际贸易和投资，推动了全球经济的增长。同时，金融市场的开放也为国内企业提供了更多的融资机会，促进了国内经济的发展。

总之，金融业对经济增长的总贡献是多方面的。它通过资金供给、风险管理、创新驱动、经济结构调整和全球化进程等多个方面，为经济增长提供了持续的动力。

然而，我们也应注意到，随着经济的发展和市场的变化，金融业也面临着一些挑战，如风险控制、监管政策、技术进步等。因此，我们需要不断调整和优化金融体系，以适应经济发展的需要，进一步推动经济增长。

第二章 金融业与经济发展协调性分析

第一节 银行业与经济发展的协调性分析

中国的金融体系中，银行业一直占有重要的地位，是金融资源的最主要配置者。银行业与经济发展的协调与否，于很大程度上决定着金融业与经济发展的协调性。银行业发展与经济发展相协调，能够满足经济发展对金融服务的需要，必然促进经济发展，反之，如果银行业发展滞后于或者超前于经济发展水平，结果必然是阻滞经济发展或者造成经济过度金融化。

一、银行业概述

(一)定义

银行业，在我国是指中国人民银行，监管机构，自律组织，以及在中华人民共和国境内设立的商业银行、城市信用合作社、农村信用合作社等吸收公众存款的金融机构、非银行金融机构以及政策性银行。

(二)中国银行业七十余年的实践发展

1.中华人民共和国成立后银行业逐渐恢复（1949—1977年）

在中华人民共和国成立前夕的1948年，中国人民银行诞生。随着国民经济的逐步恢复，1969年中国人民银行总行与财政部合并，成为财政和计划工作的"记账"与"出纳"。此后直到1978年，中国人民银行系统吸收了之前单独成立的中国农业银行和中国建设银行，而农村信用社原本作为农村集体经济发展而成，后来也成为中国人民银行在基层农村的一个分支。这一阶段，城乡经济生活全部的银行业务基本由中国人民银行作为国家唯一的银行进行承揽经营，银行业发展表现为典型的"单一制"银行结构。与此同时，基于适应新任务的要求，各种必要的规章制度逐步得以恢复和建立，各类金融业务在严格管理下摸索前行。一方面，中国人民银行根据国家的劳动工资计划与农副产品采购计划制订现金发行计划，执行中央银行职能；另一方面，根据国家下达的企业生产计划与财政预算平衡目标制订信贷收支计划，以"统存统贷、统收统支"的高度集中统一的形式管理信贷资金，办理存款、贷款、结算等各种商业银行业务。显然，中国人民银行既是发行银行，又是商业银行。当然，人民银行各级机构吸收的一切存款，都一律上缴总行统一使用，无法自行安排；各级银行发放贷款，由总行分别核定计划指标，逐级下达，各级银行只能在指标范围内掌握贷款发放。反思不难发现，中华人民共和国成立初期由政府制定严格的法律法规对金融机构的市场进入和经营进行控制，既能够实现银行在相对温和环境下的充分成长，又有助于国家快速有力地稳定经济，这种带有金融抑制特征的制度设计尽管最终导致信贷资金管理不断趋于集中，但从银行业发展的历史进程来看仍有其存在的必要性。

2. 改革开放后银行业初步探索（1978—1993年）

随着国民经济的好转，改革开放前的单一制银行结构和金融抑制政策弊端日益显现，国家开始寻求新时期的金融管理机制与经营模式。

1978年中国人民银行从财政部独立出来。1984年后，以交通银行、中信银行、招商银行等为代表的股份制银行相继建立，由此标志着我国"二元"制银行体制最终确立。这一时期，银行体系及中国人民银行基本职能逐步得到恢复和加强，但是，中国人民银行仍然兼有中央银行职能和商业银行职能，商业银行并未实现真正的市场化经营。其后，在国务院主导下，中国人民银行重新划分原有业务分类，各专业银行奉行传统计划体制的分置配合原则，各司其职、不得交叉逾越。1984年，人民银行对信贷管理实行"实贷实存"模式，取消了之前的指令性计划，也不再包揽资金供应业务。各专业银行的自有资金及其他资金，经核定后作为营运资本，自主经营、独立核算，信贷资金自行筹措，多存多贷，少存少贷。1985年随着外资法人机构出现和外资银行的地域准入、业务范围不断扩大，我国银行业领域的改革开放全面展开，专业银行也迈出了市场化改革的第一步。截至1993年，76家外资银行在13个沿海城市设立了分支机构，总资产达89亿美元。在制度建设方面，1986年国务院发布《银行管理暂行条例》，这是新中国第一部比较全面综合的金融基本法，对中央银行、专业银行、其他金融机构等金融组织，以及货币、信贷、利率、结算等金融业务作出了简明扼要的规范。同年12月，国务院发布《关于金融体制改革的决定》，确立了政策性金融与商业性金融分离、以国有商业银行为主体、多种金融机构并存的金融组织目标体系，为建立统一开放、有序竞争、严格管理的金融市场体系架构提供了制度保障。

3. 多层次银行体系基本确立（1994—2001年）

随着中国特色社会主义市场经济体制的确立，1994年我国相继成立了三家政策性银行，政策性金融与商业性金融逐步分离，专业银行的商业化经营和市场化竞争也不断加强。为保障金融系统安全，东南亚金融危机后我国建立四大资产管理公司，收购国有独资商业银行不良贷款；同时，成立证监会、保监会，以监管商业银行和实现银行与保险分业经营、分业监管。自此，我国基本建成涵盖中央银行、开发性和政策性金融、国有大型商业银行、股份制银行、城商行、农商行和农村信用联社等金融机构在内的多层次银行业体系。在实践层面，以《关于金融体制改革的决定》和《商业银行法》为政策指南，银行业金融业务设置进一步划分，银行业相关法规也不断完善，适应社会主义市场经济体制的金融组织体系、金融市场体系和金融宏观调控监管体系得以逐步形成。不仅如此，为了适应对外开放和加入WTO的需要，1996年我国在上海试点外资银行参与人民币业务，随后开放区域继续扩大至内陆城市。截至1997年，外资银行营业机构达175家，4年增加99家，总资产增长3倍多。1998年，我国全面取消外资银行设立机构的地域限制。这一时期，外资银行快速增长的分支机构和资产规模为中国加入WTO提供了重要支持。

4.21世纪以来的创新发展（2002年至今）

自2003年底开始，以中国银行、建设银行股份制改造试点为标志，我国银行业实施了财务重组、引入战略投资者、优化公司治理和风险管控等一系列改革举措，特别是工商银行、中国银行、建设银行、交通银行等在境内外证券市场上市，我国银行业运营的安全性、盈利能力和竞争力显著提升。2008年末，中国工商银行、中国建设银行、中国银行的市值居全球银行业市值排名前三位。在金融业务的细分与扩展方面，2006年我国批准30家外资金融机构战略投资21家国内商业银行，同时监管机构允许商业银行设立基金管理公司、开办金融租赁业务和推进银行信托业务试点，这对于鼓励商业银行拓宽经营领域、推进产品创新起到了积极推动作用。在金融监管体系框架完善方面，由人民银行、银监会、证监会和保监会等多机构协调而成的金融监管体系不断迈向成熟。这一阶段，尽管受2008年金融危机的影响，部分外资银行减持甚至退出持（控）股中资银行，但在华外资银行的整体发展态势并未中断，中国巨大的发展动力和增长潜力依然吸引着全世界的金融巨头。同时，随着互联网金融的发展，商业银行存款、贷款业务在一定程度上受到了影响，新兴的互联网金融产品在很大程度上分流了商业银行传统的优质客户，对商业银行的个人存款业务产生了很大的冲击。2015年，中国银监会出台《关于促进民营银行发展的指导意见》，鼓励具备条件的民间资本依法发起设立中小型银行等金融机构，中国的银行业向民营资本敞开了大门。同年，我国银行业配置了社会金融总资源的73.1%，法人金融机构达到了4262家。

其中，除了3家政策性银行、5家大型国有商业银行和12家股份制商业银行以外，其他都是中小银行业金融机构。我国银行业结构逐步优化，市场化程度逐步提高，竞争力逐步增强。在应对风险方面，2018 年年初原银监会印发了《进一步深化整治银行业市场乱象的意见》，每一项政策都显示着监管机构严防金融风险的决心。2019 年 5 月 1 日，中国银保监会公布了银行保险业对外开放 12 条新措施，其中"取消外资来华设立金融机构总资产的要求"，有利于引入规模相对较小但发展较好的中小型外资金融机构进入中国，丰富中国的金融供给和解决中小企业融资难题。2023 年 5 月 18 日，国家金融监管总局正式揭牌，"双峰监管"时代正式开启，各部门高频发文，平均每月下达 11 个文件。从发文部门来看，机构改革后，金融监管总局发力，发文量最大。其次是联合发文，各部委对保险业的需求所致，发文高达 19 次。从发文类型来看，2023 年"通知"数量最多，超 30 条。同时，2023 年还发布了 13 条"征求意见稿"。另外，有 4 条政策目前处于试行阶段，分别为《长期护理保险失能等级评估管理办法 (试行)》《农业保险精算规定 (试行)》《车险大灾理赔指引 (台风暴雨洪涝灾害)(试行)》《财产保险重大灾害事故理赔服务规范 (试行)》。

(三) 中国银行业的作用

银行业在中国经济中扮演着重要的角色。它是中国经济体系中不可或缺的一部分，为中国经济的发展提供了强大的支持。

第一，银行业为中国的经济发展提供了资金支持。银行业通过提供各种形式的金融服务，如存款、贷款、投资和保险等，为中国经济的各个领域提供了资金支持。无论是中小企业、农业、制造业还是服务业，都需要银行的帮助才能获得资金支持，以推动其发展。

第二，银行业是中国金融体系的重要组成部分。中国的金融体系主要由银行、证券、保险等构成。其中，银行业作为最主要的金融机构之一，起着关键的作用。通过银行系统，人们可以将储蓄转化为投资，从而实现财富的增值；同时，银行也提供了社会信任体系的基础，保障了社会的稳定和发展。

第三，银行业对于中国经济的高质量发展起着至关重要的作用。中国经济的快速增长和转型离不开银行的支持和帮助。通过贷款支持创新和创业，银行推动了经济增长和社会进步；通过投资和支持基础设施建设，银行为经济增长创造了有利条件。

第四，银行业也扮演着调节经济的重要角色。在经济下行或出现风险时，银行可以通过调整信贷政策、控制信贷规模等手段来调节经济，防止经济过热或过冷。同时，银行也可以通过提供各种形式的金融服务来帮助企业应对经济下行带来的挑战。

总的来说，中国银行业在中国的经济发展中扮演着重要的角色。它不仅为中国的经济发展提供了资金支持，而且是中国金融体系的重要组成部分，同时其也在高质量经济发展中发挥着至关重要的作用。未来，随着中国经济的不断发展和转型，银行业的作用也将越来越重要。

二、银行业与社会经济发展

众所周知，银行业是金融领域的主力军，是支持和促进国民经济发展的重要基础条件，在整个国民经济发展中占有十分重要的地位。

首先，银行业是我国金融资源配置的基础。由于我国资本市场发展相对滞后，股权融资条件较为严苛，银行业在金融资源配置上占主导地位。实际上，高效的银行体系不仅能够优化资源配置，促进经济增长方式的转变和产业结构的优化升级，而且可以有效调节国民经济，实现经济可持续协调发展。

值得强调的是，从金融发展的一般规律以及国家大力发展资本市场的政策导向来看，银行脱媒化程度的提高将是长期趋势，但未来几年内银行业在我国融资市场的重要地位不会发生根本变化，其仍将是企业融资的主渠道。

其次，银行是社会经济关系的重要载体。商业银行面向千家万户，与社会有着千丝万缕的联系。因此，商业银行经营的原则除营利性、流动性和安全性外，社会性也十分重要，这种独特的社会性决定其必须面对社会、承担应有的责任。商业银行也是连接社会经济发展与百姓生活的最重要的纽带。只要银行体系能够维持良好的公信力，百姓储蓄存款的安全性就有保障，社会才能和谐。这就是说，银行业的稳健、高效运作是我国社会经济协调发展的重要保障和现实体现。

最后，作为经营货币的特殊行业，银行业的发展与整个国民经济的发展运行密切相关，突出表现在银行业发展与国民经济发展具有同步性。中国从2002年起重新进入经济周期的扩张阶段，与此同时，中国银行业也进入了前所未有的高速扩张时期。一方面，作为国民经济发展的"晴雨表"，银行业总资产的规模扩张较GDP规模的增长更为显著；另一方面，经济持续增长还带动了银行存贷款业务的快速增长，银行业的快速发展为经济发展提供了强有力的金融服务支持。

三、中国银行业展望：中国式现代化与高质量发展

党的二十大报告旗帜鲜明地提出了中国式现代化，为中国未来经济社会发展指明了前进的方向。未来中国银行业要持续推动高质量发展，既要善于抓住中国式现代化新征程的重大战略机遇，又要坚持把着力点放在服务实体经济上，以增强金融服务供给、加强服务实体经济重点领域和薄弱环节为立足点。打造独具中国特色的银行业高质量发展模式。深化改革和扩大开放将稳步推进，经济发展前景光明。中

国银行业应把握战略机遇和发展窗口期，巩固提升核心竞争力，着力锻长板补短板，构筑更具发展韧劲、稳定性更好、经营能力更强的中国式现代化的银行业体系。

(一) 中国式现代化与银行业高质量发展的两层关系

党的二十大报告提出的中国式现代化独具中国特色，立足中国国情和经济社会发展实际，从根本上要求银行业高质量发展要体现中国式现代化的五大特征，服务中国式现代化的目标任务。对此，应重点把握好中国式现代化与中国特色金融发展之路、银行业高质量发展之间的关系，重点从以下两方面来看。

一方面，中国式现代化要求坚定走中国特色金融发展之路。党的二十大报告指出，中国式现代化是人口规模巨大、全体人民共同富裕、物质文明和精神文明相协调、人与自然和谐共生、走和平发展道路的现代化。中国式现代化的五大特征决定了中国银行业高质量发展必然要走中国特色金融发展之路。应该看到，过去很长一段时期，国际银行业出现了过度金融化、脱实向虚、资金空转、监管套利等严重问题，拉丁美洲、东南亚及东欧等陆续出现不同程度的银行业危机，欧美国家也出现了银行机构破产倒闭潮。面对国际形势日益复杂多变的新情况，未来中国银行业要实现高质量发展，必须坚定不移走中国特色金融发展之路，努力探索中国式现代化的银行业发展模式，把发展重心放在服务国计民生重点领域和薄弱环节。

另一方面，中国特色金融发展之路要求银行业高质量发展。10 年来，中国经济社会发展取得巨大成就，不仅经济总量规模持续增长，而且金融改革和对外开放进程明显加快，金融监管体系更加完善，为银行业高质量发展奠定了坚实基础。过去 10 年中国银行业持续稳健经营，具备了较强的规模体量效应，服务实体经济能力不断增强。过去 10 年间，银行贷款年均增速为 13.1%，与名义 GDP 增速基本匹配，同时信贷结构合理优化，制造业、普惠小微及绿色贷款三大领域占比逐渐提升。截至 2022 年 6 月末，制造业贷款和普惠小微贷款占比分别为 9.4% 和 10.6%，绿色贷款占绿色金融比重超过 90%。同时，中国银行业的国际竞争力大幅提升，目前中国有四家银行入选全球系统性重要银行 (G-SIBs) 名单，2022 年《财富》世界 500 强榜单中有 10 家中国的银行机构。党的二十大报告擘画了蓝图，明确了发展方向，中国银行业实现高质量发展任务艰巨，但未来发展空间将十分广阔。

(二) 银行业高质量发展需要关注的三大议题

之所以要高度重视和加快推进银行业高质量发展，既是为了构筑服务中国式现代化的现代银行发展体系，更好地提升服务实体经济质效，也是为了加快补齐银行业发展短板、增强发展韧劲和稳定性的内在要求。因此，展望 2023 年中国银行业高质量发展，建议重点把握好三大议题。

其一，金融服务供给不足与经济转型需求多元化。目前，中国银行业机构数量较大、体系较为健全、规模也较大。银保监会发布的《银行业金融机构法人名单》显示，截至2021年末，国内共有4602家银行业金融机构，银行业总资产344.7万亿元，较2012年增长158%。但是，中国式现代化对中国银行业高质量发展提出了更高的要求，同时将产生更多的金融服务需求。银行业高质量发展，需要进一步增强金融服务供给，扩大金融服务广度和深度，加快解决金融服务供给与经济社会发展需求增长之间的矛盾，从追求数量、速度转向追求质量、效益。

其二，服务实体经济质效与防范系统性金融风险。党的二十大报告提出，推动经济实现质的有效提升和量的合理增长。当前，中国经济社会进入新的发展阶段，从追求数量型增长转向高质量发展。接下来，围绕服务实体经济更加强调银行业资产规模合理增长、金融资源优化合理配置，重点聚焦制造业、科技创新、乡村振兴等重点领域。面对新的经济发展模式、新的产业结构及新的金融生态，同时国际形势发展急剧变化，我们更要统筹发展与安全，增强金融稳定性，遵循金融发展规律，更加立足实体经济发展。

其三，立足国内发展根基与稳步开拓国际市场。10年来，中国银行业加快融入全球化，海外投资布局加快，海外分支机构数量稳步增长，海外资产规模明显增加。截至2021年12月末，中国银行业在海外近70个国家和地区设立了分支机构；截至2022年6月末，中国对外金融资产约9.16万亿美元，其中对外净资产为2.08万亿美元。未来推动高水平开放必然要求银行业积极开拓国际市场，增强国际竞争力，既要立足国内发展，同时也要争创更多世界一流银行，服务中国企业"走出去"和国际企业"引进来"，增强国际金融竞争力。

四、中国银行业发展水平分析

（1）结构的优化对银行业的发展所起的作用越来越大，近年来股份制商业银行、城市商业银行等新型银行形态的兴起，打破了以往四大国有银行垄断市场的局面，为了赢得市场，各银行积极开发新型金融产品、降低费率，这一现象有利于形成银行业有序竞争的局面，同时也拓宽了银行业的发展路径，相信这也将成为未来银行业发展的方向。

（2）中国银行业已经开始意识到提高自身质量的重要性，近年来，各大银行采取了各种措施提高自身的盈利能力和业务能力：丰富存款品种、降低贷款手续的费用、积极发展表外业务和电子银行业务、进行流程再造，对业务运作流程进行简化和优化以降低成本、对风险进行更好的控制。这些努力都通过银行业发展质量因子的提高得到了体现。但值得注意的是，其质量贡献值在近几年有所下降，这可能是之前银行业盲目扩张累积的巨大风险以及金融危机引起的。

（3）银行业的质量和效率之间是相互促进的。从它的趋势来看，银行业的效率贡献率迅速提高的时期往往是经济增长较快的时期，这说明中国银行业的发展与经济发展息息相关，银行业作为金融业的重要组成部分是经济增长的动力源泉。

（4）作为金融业中历史最悠久的行业，经过长时间的发展，银行业已经度过了单纯靠扩大规模来提高自身竞争力的时期。在发展早期，由于产品和业务单一与同质化、缺乏特色竞争力、严重依赖存贷差盈利等原因，银行业不得不依靠扩大规模来实现自身的发展，但发展到一定阶段，仅靠规模的扩张已不能满足市场和自身的发展需求，此时，个性化、专业化的银行成为必然选择，中国银行业已经出现了这样的趋势。

五、银行业与经济发展的协调性

在大部分的年份里，银行业与经济都是协调发展的，这是因为中国企业的融资途径还是以银行贷款为主。近10年，资本市场快速发展，企业多元化融资渠道正在形成，银行业与经济发展之间的协调度降低。银行业在融资中的主体地位短时间内无法改变。改革开放40多年来，银行业的发展给经济发展提供了有力的金融支持，经济的发展又给银行业发展提供了良好的宏观环境，两者之间的理想状态是协调发展。

六、银行业与经济协调发展的策略

随着经济的快速发展，银行业在经济发展中的作用越来越重要。然而，银行业与经济的协调发展并非易事，需要采取一系列有效的策略。本节将从以下几个方面探讨银行业与经济协调发展的策略。

（一）进一步加强风险管理

目前，中国银行业公司治理结构有待完善，管理水平有待提高。业务单一，收入仍然以利差为主，面临的风险比较大，因此，必须进一步加强风险管理，一方面可以巩固现有业务，防范和化解现有业务的风险；另一方面也可有效应对战略转型、业务创新中面临的风险，为中国银行业将要开始的战略转型打下坚实的基础。

银行业加强风险管理的具体措施包括：培养风险管理的理念，树立风险管理人人有责的企业文化；进一步完善法人治理结构，建立有效的风险管理组织结构；特别要提高风险管理的技术水平，如压力测试等先进的风险控制手段，实现风险管理信息化、现代化；应用先进的风险管理模型，建立有效的风险评级和风险预警机制；建立健全风险管理责任追究机制等。

（二）积极开展综合经营

综合经营是国内商业银行实现战略转型的主要路径，只有实现综合经营才能真正提高银行竞争力，推动金融创新，提高金融体系抵御风险的能力。由于受到金融法律法规、监管模式、金融市场发展、风险管理与内控机制等因素的制约，中国银行业综合经营水平较低，还无法真正做到从顾客的需求出发，金融产品多为并未触及分业经营底线的中间业务产品，且各家银行推出的相关产品同质化严重，非银行金融产品的开发进展比较缓慢。

现阶段中国商业银行的综合经营思路从机构方面看，是采取以资本为纽带、以银行为主导的金融控股集团模式，母公司通过子公司开展混合经营，提供全方位的金融服务。从业务方面来看，要主动调整资产负债结构和收益结构，积极发展投资和交易业务，大力发展收费和佣金业务，大力发展中间业务，通过多渠道、多元化的资产营销，充分发挥分销渠道交叉销售的功能，等到时机成熟后再涉及证券和保险业务。

（三）积极拓展海外市场，实施全球化经营战略

拓展海外市场是中国银行业战略转型的重要策略。尽管在未来相当长的时间里，国内市场仍将是中国银行业的主要利润来源，但面对外资银行的渗透，中资银行需要变被动防守为主动进攻，通过积极稳妥的推进海外扩张发展壮大自己以应对挑战，通过资产在各地区的配置实现风险的配置，有效降低总体风险。

在拓展海外市场的方式上，要灵活选择。海外扩张有参股、并购、设立分支机构等方式。通过参股可以获得股票的溢价收入，并同时进行银行间的业务合作，但难以在短期内获得被参股银行的经营主导权。并购和直接设立分支机构都能够迅速开展真正意义上的海外业务，但直接设立分支机构对企业的海外管理经验要求较高，容易遇到进入壁垒。并购能够突破国外对外资银行机构设立和业务范围的监管，省去向当局申请开行、选址、招聘人员、拓展市场等一系列成本。但是，银行业海外并购面临风险控制、市场环境、人才培训、信息集中以及文化协调等诸多挑战。因此，中资银行一定要在把握好并购对象、时机、定价的基础上，避免"囫囵吞枣"，确保被收购方和收购方之间的业务整合，稳步推行母公司的文化和战略。

（四）加强监管，规范市场秩序

银行业的发展离不开良好的市场环境，因此，加强监管、规范市场秩序是银行

业与经济协调发展的基础。首先，要加强对银行业的监管，确保其合规经营，防范金融风险。其次，要规范市场竞争，避免不正当竞争行为，保护消费者的合法权益。最后，监管部门还要加强对金融创新产品的监管，确保其风险可控，防止过度金融创新带来的风险。

(五) 推进普惠金融，服务实体经济

银行业要发挥其在经济中的作用，必须服务于实体经济。推进普惠金融是银行业服务实体经济的重要途径。首先，要加大对小微企业、农村地区、贫困地区的金融服务力度，提高金融服务覆盖面。其次，要创新金融服务模式，提高金融服务效率，降低金融服务成本。最后，还要加强对实体经济的支持力度，促进实体经济的发展。

(六) 加强金融科技创新，提高服务效率

随着科技的发展，金融科技创新为银行业提供了新的发展机遇。首先，要加强科技研发和应用，提高金融服务效率和质量。其次，要加强对金融科技创新的监管，确保其合规性和风险可控性。最后，还要加强与其他金融机构的合作，共同推进金融科技创新，提高整个银行业的服务效率和质量。

(七) 加强人才培养和引进，提高行业素质

银行业的发展离不开高素质的人才。首先，要加强人才培养和培训，提高银行业务人员的专业素质和服务水平。其次，要积极引进优秀人才，尤其是具有金融、科技等方面经验的人才。最后，还要加强人才流动和交流，促进银行业的整体素质提升。

综上所述，银行业与经济的协调发展需要采取一系列有效的策略。只有这样，才能实现银行业与经济的协调发展，为经济发展注入新的动力。

第二节　证券业与经济发展的协调性分析

近年来，随着资本市场的快速发展，中国证券业在金融体系中的地位和重要性不断提升。但证券业在发展进程中也不断暴露出新的问题，与成熟市场相比需要继续深化改革，促进发展。证券业如果落后于经济发展的要求，融资效率就不可能太高；而超前于经济发展水平，又有可能导致经济虚拟化程度过高，积聚金融风险。保持证券业发展与经济发展之间良好的协调度是一项重要的研究课题。

一、证券业概述

(一) 定义

证券业是为证券投资活动服务的专门行业。各国定义的证券业范围略有不同。按照美国的"产业分类标准"，证券业由证券经纪公司、证券交易所和有关的商品经纪集团组成。证券业在世界各国都是一个较小的产业部门，但其联系面却极广。同它有关系的方面有：①证券的购买者。②证券的供应者。③证券业的内部产业，如经纪公司、交易所和各种证券协会。④管制者，如各种政府的专职管理部门和各种自律性集团等。⑤直接的支持性服务设施，如证券转让机构、证券保管机构和设施、特殊的通信网络。⑥其他支持性服务部门，如会计、审计、律师事务所和教育机构等。通常，人们把上面第四至第六项视为证券业的"周边产业"。证券业的基本功能可归纳为四个方面：①媒介储蓄和投资，帮助新资本的筹集。②制造并维持一个有秩序的证券市场。③分析经济和金融信息。④帮助投资者进行投资管理。

(二) 作用

随着中国经济的快速发展，证券业在其中的作用日益凸显。它不仅是推动经济发展的重要力量，也是金融市场的重要组成部分。本节将深入探讨中国证券业的作用以及它在经济发展中的重要地位。

1. 资源配置的杠杆

证券市场是资源配置的重要场所，它通过股票、债券等金融工具的发行和交易，实现资金的融通和有效配置。在中国，证券业的发展推动了资本市场的深化，为企业提供了更多的融资渠道，同时也为投资者提供了更多的投资选择。这种资源配置的杠杆作用，有助于提高整个社会的经济效率。

2. 企业发展的助推器

证券市场为企业提供了直接融资的平台，使得企业可以更快速、更便捷地获得资金，从而加速了企业的发展。同时，证券市场的公开交易机制也为企业提供了公平、公正的竞争环境，有助于企业树立良好的形象，增强其市场竞争力。

3. 金融市场的基础设施

证券业是金融市场的基础设施，它为金融市场提供了交易、清算、结算等必要的服务。证券市场的稳定运行，不仅关系到证券公司的利益，也关系到整个金融市场的稳定。因此，证券业在维护金融市场稳定方面起着重要的作用。

4. 国家经济发展的"晴雨表"

证券市场作为国家经济的"晴雨表",能够反映出一个国家经济发展的状况和趋势。通过观察证券市场的走势,我们可以对国家的经济发展作出大致的判断。同时,证券市场的发展也反映了国家政策的变化,是国家政策调整的重要风向标。

总结来说,中国证券业在资源配置、企业发展、金融市场稳定和国家经济发展等方面都发挥着重要的作用。然而,随着中国经济的快速发展和金融市场的不断深化,证券业也面临着越来越多的挑战和机遇。因此,我们需要继续深化改革,加强监管,推动证券业的健康发展,以更好地服务于中国的经济发展。

二、证券业与经济发展

资本市场的发展既是现代市场经济发展的必要条件,也是市场经济高度发展的标志之一。随着资本市场的发展,证券业在整个经济中的份额越来越大,股票和固定收益证券等融资工具的地位变得越来越重要。回顾我国资本市场的发展历程,可以清楚地看到,正是中国经济改革和转轨的内在要求催生了证券业,而证券业的发展也始终立足于服务国民经济的基础上,为促进经济社会发展做出了重大贡献。

(一) 中国证券业发展概述

1. 证券业的分类标准

证券业是从事证券发行和交易服务的专门行业,其发展状况可以从多个角度进行评价,包括证券公司资产规模、证券交易所交易额、有价证券市场规模等。从有价证券角度进行分析,必须界定有价证券及其分类方法。

有价证券是指有票面金额、用于证明持有人或该证券指定的特定主体对特定财产拥有所有权或债权的凭证。广义的证券包括商品证券、货币证券和资本证券,狭义的证券仅指资本证券,即由金融投资或与金融投资有直接联系的活动而产生的证券。资本市场上的有价证券,可以按不同标准进行分类。

按证券发行主体不同,有价证券可分为政府证券、公司证券和金融证券。按是否在证券交易所挂牌交易,有价证券可分为上市证券和非上市证券。按收益是否固定,有价证券可分为固定收益证券和变动收益证券。按募集方式不同,有价证券可分为公募证券和私募证券。按所代表的权利性质不同,有价证券可分为股票、债券和其他证券。股票和债券是证券市场上最主要的品种,其发行和交易数据反映了资本市场的基本状况。其他证券包括基金证券、衍生品证券等。

2. 证券业发展的决定因素与影响因素

资本市场的产生与社会化大生产紧密相关,其发展推动了市场化资源配置机制的形成和完善，从而证券业的发展必然与社会总体经济发展相联系。同时，证券业具有很强的行业属性，表现为政府决策和法律建设对证券业发展的重要影响。此外，证券市场微观结构的完善与否也对证券业发展起着促进或阻碍作用。总体来看，证券业的发展受到宏观、中观和微观 3 个层次因素的影响。

（1）宏观因素包括国内生产总值（GDP）、货币供给量（M）、通货膨胀水平、居民人均可支配收入等。

（2）中观因素包括国际资本市场发展水平、国内证券行业发展所处阶段、政府政策和法律建设、人力资本和科技实力等。

（3）微观因素包括上市公司成长周期、证券公司经营管理水平、证券投资者的心理预期等。

（二）证券业在国民经济中的地位和作用

中国证券业的发展得益于中国经济和金融体系的发展与改革，同时也对中国经济社会产生了日益深刻的影响。

1. 推动经济改革，改善国有企业经营绩效

20 世纪 70 年代末中国经济改革拉开序幕，原本中央集权式的企业管理模式不再适应经济形势，国有企业改革在放权让利的方针指导下开始扩大企业自主权的试点。1986 年开始"股份制试点"，企业通过证券市场发行股票与债券，实现了产权多元化，有助于改变国有企业政企不分的局面。国有企业为了达到上市目标，必须完善内部公司法人治理结构，改善经营管理，同时要接收信息披露后的社会监督。

2. 优化资源配置，推动优质企业发展壮大

证券市场是投资者追逐利益的场所，它将社会资金集中到优秀企业和具备发展潜力的企业，提高了社会资源的利用效率。利用证券市场，企业拓宽了外部融资渠道，改变了单纯依靠银行贷款和财政扶持的局面，降低了自身的资产负债率。业绩差、经营不善的企业被市场淘汰或者被吸收并入优质企业，从而推动产业结构优化升级，促进经济增长。

3. 扩大投资渠道，增加居民财富

证券市场以其相对透明的市场制度和相对公平的游戏规则，受到投资者的追捧，特别为资金实力有限的中小投资者提供了投资选择。随着资本市场的发展，居民的投资品种由早期单一的储蓄，扩大到股票、国债、企业债、可转换公司债、证券投资基金、权证等多种理财工具。同时，证券市场的运行有利于人们更新观念、树立市场意识，投资理财的概念在居民当中迅速普及。居民通过证券投资开始关心企业与宏观经济发展，分享中国经济增长的成果。

(三) 中国证券业发展状况

20 世纪 70 年代末期以来的中国经济改革大潮，推动了计划经济体制向市场经济体制的转型。随着国有企业改革的逐步深化和国民经济的持续发展，需要功能和结构与之相适应的金融体系，于是资本市场应运而生。相对于西方国家，我国证券业发展起步比较晚，其间也经历起伏，但一直处在不断完善和成熟的过程中。中国证券市场的发展集中体现在股票和债券市场的发展上，其中债券发展又主要反映在国债和企业债两部分。

1. 证券业发展规模迅速扩大

(1) 直接融资规模迅速扩大，占比稳步提高

中国人民银行 1 月 29 日发布的数据显示，2023 年，我国债券市场规模稳定增长，国债发行 11 万亿元，地方政府债券发行 9.3 万亿元，金融债券发行 10.2 万亿元，公司信用类债券发行 14 万亿元，信贷资产支持证券发行 3485.2 亿元，同业存单发行 25.8 万亿元。此外，2023 年我国债券市场高水平对外开放稳步推进。截至 2023 年末，境外机构在中国债券市场的托管余额为 3.72 万亿元，占中国债券市场托管余额的比重为 2.4%。其中，境外机构持有国债 2.29 万亿元，占比 62.4%。中国的直接融资占比只有 10%，间接融资 (也就是信贷) 占比 90%。

资本市场快速发展使得直接融资比例稳步上升，有效地改善了我国的金融结构，分散了金融系统风险。

近年来，随着股权分置改革的完成、促进上市公司质量提高、发展机构投资者、完善资本市场法治建设等一系列重大改革措施的推进，我国资本市场发生了深刻变化，实现了重要的发展突破，对国民经济的促进作用不断增强。

(2) 债券市场初具规模，交易规则逐步完善

迄今为止，中国债券市场形成了银行间市场、交易所市场和商业银行柜台市场 3 个基本子市场在内的统一分层的市场体系。从 21 世纪开始，中国债券市场进入快速发展阶段，发行量和交易结算量迅猛增加，市场参与主体日益扩大，债券市场政策法规体系不断完善，一个涵盖各类型投资者、债券品种齐全的债券市场框架基本形成。

(3) 股票市场迅速发展，筹资规模大幅提高

中国的股票发行，是伴随着股份制企业的试点及其发展而来的。股份制经济由于顺应了社会经济发展的内在要求，逐步成为解决就业问题、增强企业活力、完善企业组织体制的重要途径，在中国经济改革中显示了强大的市场生命力，并在 21 世纪进入快速发展阶段。

2. 行业制度建设逐步完善

我国证券业是在从计划经济体制向市场经济体制转变的过程中产生的，证券市场的形成和发展是以政府为主导推动的，因此证券市场的制度建设经历是从单一的行政监管机制向行政、司法、自律机制并举变化的过程。目前，证券市场面临着规范市场运行秩序、引导市场健康发展的重任，通过清理整顿场外股票交易市场、证券交易中心、证券经营机构和原有证券投资基金，改善了证券市场的运行秩序。

(四) 证券业发展的阶段性特征

我国证券市场的建立与发展与我国金融体系的发展进程紧密相连，从我国证券市场的产生、发展过程中也可以看出我国金融体系演绎与变迁的路径和趋势。我国金融体制真正进入市场化的变迁过程是在改革开放之后，突破了大一统经营模式，在各金融部门自我调节和稳步发展中确立了证券市场。在制度建设的基础上，金融体系快速健全，证券市场进入高速发展阶段。但是目前，我国资本市场的运行机制、法律建设和监管体系同成熟市场相比还有明显差距，市场的自发调整与修正功能还未能充分发挥，资本市场的发展呈现出利弊共存的阶段性特点。

1. 资本市场结构趋于合理，但多层次市场尚不完善

股权分置改革基本完成，结束了长期困扰证券市场发展的制度缺陷；同时，证券公司得到了全面清理和整顿，机构投资者特别是基金实现了跨越式发展。代办股份转让系统和中小企业板的先后设立解决了企业发行上市标准单一、门槛较高的局限性。市场层次逐步完善的同时，证券市场上还陆续推出了证券公司债、可转换公司债、银信资产证券化产品等多种投资品种，以满足不同的市场需求。

然而，总体上由于我国资本市场起步较晚，还面临着结构不平衡、缺乏层次性的弊病。中小企业板还未形成气候，离真正的二板市场尚有相当距离。反观发达国家资本市场，大多形成了主板市场、创业板市场、OTC 市场多层次相互补充的市场结构，股市和债市各司其职，完善的市场体系和强有力的市场功能有力地促进了这些国家经济的发展。

2. 投融资主体力量不断壮大，但发展水平有待提高

近年来我国上市公司数量和资产规模迅速扩大，上市公司通过引入独立董事、提高信息披露质量等措施，促进了自身运行机制的改善。同时，资本市场投资主体也不断丰富，基金、合格境外机构投资者、保险资金等机构投资者逐渐成为资本市场的新力量，初步改善了中国资本市场长期以来以散户为主的投资者格局。

但目前，上市公司总体的公司治理结构和内部约束机制仍不健全，投资者风险意识不到位；证券期货经营机构的营运实力与国际一流同类机构相比差距较大；资

本市场专业人才短缺，市场国际化程度有待提高。

3. 证券市场法规逐步健全，但监管有效性滞后于市场发展

从发行制度变革、交易机制健全到信息披露的规范化以及监管法规的建设等角度来看，我国证券市场正向从无序到有序、从不规范到规范的方向进步。《公司法》《证券法》的修订，行政审批权的收缩，对于促进资本市场监管的市场化进程具有重大意义。

但是同快速发展的证券市场相比，监管体制、监管理念和监管方式方面还存在着差距，监管协调机制需要完善，自律组织的功能应更充分发挥，监管人才队伍也需要适时培养和建设。

(五) 中国证券业发展结构与效率分析

金融业是现代经济的核心，而证券业更是金融业中越来越重要的一个组成部分，分析证券业的发展特点和潜在竞争力，对于我国金融战略布局和证券行业发展具有非常重要的意义。一个行业竞争力的高低与其市场结构密切相关，市场结构包括特定行业中企业的规模、份额等因素，不同的市场结构可能导致企业效率的差异，并最终决定该行业的竞争力水平。行业集中度作为市场结构的重要测度指标，涵盖了规模和份额两方面信息，能较好地从市场结构的角度解释证券业效率问题。

1. 结构、效率分析的理论与方法

产业组织理论认为，市场结构（structure）决定企业行为（conduct），进而影响企业绩效（performance），这即是 SCP 分析框架。其理论观点是：市场集中度越高，处于垄断位置的企业对市场支配能力就越强，从而导致较高的行业利润。

集中度是指在一定的经济范围内，最大的若干家企业所占比重的指标；或用于表示在具体行业中，买卖一方所具有的相对规模，一般用于测度市场的垄断程度。

以 SCP 理论为基础研究我国证券市场的结构与效率问题，需要选择能够恰当刻画证券市场效率、规模、份额的指标，利用统计数据和数学方法得到相应的时间序列，进行线性回归模型的构造：

$$Y = \alpha + \beta_1 X_1 + \beta_2 X_2 + u \tag{2-1}$$

式中：Y 代表证券市场效率指标，具体选择证券公司净资产利润率 NPR；X_1 代表证券市场规模，具体选择股票流通市值与债券期末余额之和 SCL；X_2 代表证券业行业集中度，具体为交易规模排前 10 位的证券公司的市场交易份额，即行业集中度 CR_{10}。

得到回归结果后，根据决定系数判断变量间线性关系的拟合优度；根据 t 检验和 F 检验确定单个系数显著性和回归方程的显著性。在此基础上，解释规模和份额

两个变量对于证券业发展效率的影响，分析原因。

2. 指标数据选择与处理

证券业总资产（SCL）、证券业效率（NPR）数据可以通过查询相关年鉴与证券交易所网站获得。

行业集中度（CR_{10}）根据数据可得性，选取上海证券交易所证券经营机构中 A 股、B 股和国债现货交易金额总和排在前 10 位的证券公司，将 10 家公司这三项交易金额加总后对总交易金额求比率，即可获得行业集中度。

三、证券业与经济发展的协调性

金融业是现代经济的核心，而证券业又是金融行业的重要组成部分，当前世界各国和地区的经济发展水平都与证券业的发达程度密切相关。从实际情况看，我国证券业在建立之初，由于体制性、基础性的问题，其发展与实体经济曾一度割裂；而近年来随着市场环境的改善，证券业取得了快速发展，在配置社会资源、维护金融稳定、推动国民经济发展方面发挥了重大作用。证券业对经济推动作用充分发挥的前提是，证券业发展与经济发展保持协调关系，二者互为条件、相互推动。因此，考察证券业与经济发展的协调性，有利于评价我国证券业发展的合理程度以及与经济发展的协同效应，也是进一步制定证券业发展决策的依据。

目前，证券业与经济发展的协调性总体得到改善，但协调度关系还经常变动，离稳定的良好协调水平还有差距，不利于经济的可持续发展。中国经济发展面临着调整产业结构、转变发展方式的艰巨任务，证券业要紧密服务于经济发展需要，推动自主创新体系和可持续发展机制的完善，就必须同经济发展的结构、规模保持良好协调，坚持市场化改革方向，合理界定政府职能，逐步构建以市场为主导的运行机制。

四、中国证券业与经济协调发展的策略

随着中国经济的快速发展，证券业也取得了显著的进步。证券业作为中国金融市场的重要组成部分，对经济的发展起到了重要的推动作用。然而，在发展的同时，证券业也面临着一些挑战，需要与经济协调发展，才能更好地服务于经济。经济与证券业的协调发展是当前的重要议题。一方面，证券业的发展需要以实体经济的发展为基础；另一方面，证券业的发展也需要适应经济发展的需要。因此，需要加强证券业与实体经济的联系，促进两者的良性互动。

(一) 完善市场体系和结构

资本市场作为国民经济的重要组成部分，对于提升资源配置效率、促进经济发展具有重要作用。在改善结构性问题上，首先要推进多层次资本市场的建设，加大对"三农"、自主创新等领域的支出，完善创业板制度设计；其次要稳步发展期货市场，加强股指期货的规范，积极推进利率期货的开业；最后要引导投资者结构向更合理的方向发展。

(二) 加强证券业与经济社会的协调发展

我国发展资本市场的目的在于促进国民经济的可持续发展。我国经济自改革开放以来取得了巨大成就，但结构不合理、增长方式较粗放等问题还很严重，迫切需要作出调整。证券业应该紧密服务于中国经济现实和未来发展的需要，充分发挥各项功能，推动自主创新体系和可持续发展机制完善，与实体经济形成良性互动。

(三) 继续推进证券业领域的市场化改革

中国证券业是在计划经济体制向社会主义市场经济体制转型过程中发展起来的，由于当前的市场体制不够完善，证券业本身的各项机制也不可能健全。必须坚持市场化改革方向，合理界定行政职能边界，逐步构建以市场为主导的创新机制，推动证券市场的合理发展。

(四) 跟进证券业发展的法治化、规范化建设

证券业在我国作为新兴市场，其法治建设和监管体系还不够完善，规范化程度较低。必须加强证券市场的法治建设，完善法律框架和监管体系，降低市场运行的潜在风险。要坚持依法治市，倡导合规经营，维护市场秩序，坚决打击违法犯罪，保护投资者合法权益。

(五) 加强证券公司与实体企业的合作

证券公司可以通过提供融资、投资、财务顾问等服务，帮助实体企业提高经营管理水平，增强市场竞争力。同时，实体企业也需要加强对证券市场的认识和了解，积极参与证券市场，利用资本市场优化资源配置，实现企业的可持续发展。

(六) 加强监管政策的制定和执行

监管政策是保证证券市场健康发展的关键因素之一。在制定政策时，需要充分

考虑市场的发展需求和企业的实际情况，确保政策的合理性和有效性。同时，也需要加强对政策的执行力度，确保政策得到有效落实。

随着中国经济的不断发展和金融市场的不断完善，证券业也将迎来更多的发展机遇。未来，证券业需要加强与实体经济的联系，提高服务水平，优化业务结构，提升市场竞争力。同时，也需要加强风险控制和管理，防范金融风险的发生。在监管政策的引导下，证券业和实体经济将实现更好的协调发展，为中国经济的繁荣做出更大的贡献。

总之，中国证券业与经济协调发展是一个长期而复杂的过程，需要各方共同努力，加强合作，推动证券业与实体经济的良性互动，实现经济的可持续发展。只有这样，证券业才能更好地服务于中国经济的高质量发展。

第三节 保险业与经济发展的协调性分析

一、保险业概述

(一)定义

保险业是指将通过契约形式集中起来的资金，用以补偿被保险人的经济利益业务的行业。

(二)保险业的组织形式

保险业的组织形式依其经营主体的不同，可分为以下四种类型。

1.国家经营保险组织

又称公营保险，指国家、地方政府或者其他公共团体所经营的保险机构。

2.公司经营保险组织

属民营保险组织之一。根据责任形式，公司包括有限责任公司、股份有限公司、无限公司等形态。股份保险公司组织具有经营灵活、业务效率高的特点，但由于公司的控制权操纵在股东手中，被保险人的权益易受到限制和忽略，因而各国立法上均对公司经营保险组织进行监督管理。

3.保险合作组织

属民营保险中非公司形式的一种，是一种由社会上需要保险保障的人或单位共同组织起来采取合作方式办理保险业务的组织，有相互保险合作社、相互保险公司、保险合作社等形式。

4. 个人经营保险形式

世界上只有英国法律允许个人为主体作为保险承保保险业务。个人承保保险业务是通过劳合社这一组织开展的。劳合社是保险市场上的一种特殊现象，它自1871年以劳埃德公司的名义向政府注册以来存在至今。按我国原《保险企业管理暂行条例》的规定，我国保险事业的组织体制是由国家保险管理机关、中国人民保险公司、其他保险企业和农村互助保险合作社组成的。

现行《保险法》规定：保险公司的组织形式应当采取国有独资公司和股份有限公司。关于国有独资保险公司和股份有限保险公司，除保险法有特别规定的外，适用我国《公司法》的有关规定。至于保险公司的其他组织形式，如相互保险公司，可以根据保险业改革和发展的情况，由法律、行政法规另行规定。根据国务院批准中国人民银行《关于中国人民保险公司机构体制改革方案的报告》，今后中国人民保险公司将改建成中国人民保险（集团）公司（简称"中保集团"），以适应社会主义市场经济的需要。改建后的中保集团下设三个子公司，即中保财产保险有限责任公司、中保人寿保险有限责任公司和中保再保险有限责任公司，分别经营财产保险、人身保险和再保险业务。中保集团将体现商业化原则，坚持集团化经营和实行分业经营。

(三) 中国保险业的作用

中国保险业作为现代金融体系中的重要一环，以其独特的方式，为国家的经济发展和社会稳定做出了重要的贡献。

首先，保险业是社会稳定的重要基石。保险能够为社会成员提供各种风险的保障，当个人或企业遭遇不幸时，可以通过保险获得经济补偿，降低生活的压力。此外，对于社会公共事务，保险也能提供灾害救助和灾害补偿的机制，减轻政府在灾害救助方面的压力。同时，保险的宣传和教育，提高了公众的风险意识和风险管理能力，有助于社会的和谐稳定。

其次，保险业的发展也促进了金融市场的完善。保险业作为金融市场的重要组成部分，其发展推动了金融市场的多元化和深化。同时，保险业的发展也推动了金融创新，如互联网金融、互联网保险等新业态的出现，为金融市场注入了新的活力。

然而，中国保险业的发展也面临着一些挑战。如市场结构单一、产品创新不足、风险管理能力有待提高等。因此，我们需要加强监管，推动市场主体的多元化，提高风险管理能力，推动保险业的健康发展。

总的来说，中国保险业在经济发展、社会稳定、金融市场完善等方面发挥着重要的作用。未来，随着中国经济的持续发展，保险业也将迎来更大的发展机遇。我们期待中国保险业在未来的发展中，能够更好地服务于社会，为国家的繁荣和人民的幸福做出更大的贡献。

二、我国保险业发展历程和现状

我国保险业发展历史最早可追溯到 1805 年,我国第一家保险公司是英国东印度公司在广州开办的谏当保安行(又称广州保险会社),它标志着保险业正式进入我国。封闭市场的开启,让外商看到了机会,国外贸易公司纷纷在我国设立了保险机构。

中华人民共和国成立初期,各行各业处于百废待兴的状态,这时的保险业是好则开张,差则清理合并。诞生于 1949 年 10 月的中国人民保险公司,是中华人民共和国成立后的第一家保险公司。1979 年,我国保险业步入了崭新的发展时期。

(一)我国保险业的发展历程

1. 第一阶段:恢复发展(1978—2000 年)

1978 年,党的十一届三中全会做出了实行改革开放的重大决策,国务院批准恢复保险业。在此期间,我国保险业展开了对外开放的诸多尝试。1992 年,上海试点引入的美国友邦保险,成为我国首家外资保险机构,该机构引入的业务员上门、上街推销保险的代理人制度广受欢迎,迅速被国内寿险业所采用。1995 年《中华人民共和国保险法》(以下简称《保险法》)正式颁布实施,规定财产险和人身险要分开经营。1998 年,中国保监会在北京成立,这是统一监督管理全国保险市场的主管部门,为保险业的发展提供了组织保障。1999 年,中国保险行业协会成立,作为行业自律组织,有效地促进了保险公司的规范运营。

此阶段为保险业早期,监管体系初步搭建。保费收入从 1980 年的 4.6 亿元增加到 2000 年的 1595.9 亿元,保险代理公司达到 33 家。虽然期间也曾出现混乱、市场主体被接管的情况,但从整体方向看,这一阶段的保险业,从友邦破冰,到众多险企诞生,为以后保险业的发展奠定了基础。

2. 第二阶段:快速扩张(2001—2010 年)

2001 年,我国加入世界贸易组织(WTO)。2002 年,针对入世承诺我国首次修订了《保险法》,此后于 2009 年和 2015 年又接连修订了《保险法》。这段时期,由于国家逐步完善了保险资金运用的管理办法,保险公司投资盈利能力大大提升,保费收入从 2001 年的 2109 亿元提高至 2010 年的 1.45 万亿元。

加入 WTO 以来,保险市场呈现急速扩容的状况,保监会多批次下发保险牌照,同时设立了一批保险中介公司,截至 2010 年,我国保险公司总数达到 142 家。同时,国家政策大力支持保险业发展。2003 年以来保监会出台一系列举措,如车险费改、放宽分支机构经营区域、放宽险资投资渠道等。2006 年,国务院颁布《关于保险业改革发展的若干意见》，即"国十条"，是我国保险业改革发展的重要纲领性文件。2008年，次贷危机传导至国内保险业，对保险投资收益冲击明显，负债端投资型保险产品引发退保潮，寿险公司偿付能力面临考验，财险由于南方雪灾、汶川地震等亦遭遇危机。监管层开始重视防范风险、整治市场，2008年《保险公司偿付能力监管规定》引入资本充足率指标，构建起偿付能力监管、市场行为监管和公司治理结构监管的三支柱监管体系。随着利好政策的陆续推出和对外开放力度的不断加大，保险业进入了快速扩张期。

3. 第三阶段：松绑创新（2011—2016年）

2011年，保险业一批新的政策、法规发布，开始严打中介机构涉嫌传销行为，针对商业银行代理保险业务，加大检查和处罚力度，进一步规范人身保险销售等，在加息周期和银保新规的影响下，多年来保费收入首次出现负增长。为使此时的保险业走出低谷，监管层开始定调整顿、松绑和改革。从2012年保险资金运用市场化改革，到2013年人身险费率改革，再到2015年代理人资格考试取消，政策释放着逐年松绑的信号。尤其是2014年国务院颁布《关于加快发展现代保险服务业的若干意见》，即"新国十条"，从定性和定量两大方面提出了到2020年要实现的主要目标，是全行业的行动纲领。在多重改革部署之下，我国保费收入由2011年的1.43万亿元增长至2016年的3万亿元。在此期间，一批中小保险公司利用万能险弯道超车，在资本市场高调投资、频频举牌，成长为资本大鳄，直接引爆2015年"宝万之争"，引起社会高度关注。

4. 第四阶段：规范发展（2017—2020年）

2017年以来，保险行业政策趋严，强调"保险姓保"，坚持保险产品的保障功能是第一位的。2018年，银保监会成立，银行、保险从分立而治走向合并监管。银保监会成立后，对保险业开展了清理整顿工作，强监管、补短板、治乱象、防风险成为监管导向，重点对包括分红型保险、万能型保险和投资连接型保险在内的新型保险产品强化监管；叫停快速返还、附加万能账户类寿险产品，重点发展保障型产品；针对财险全面推开二次费改，整治车险乱象；保险资金运用方面，对保险频繁举牌上市公司、干扰公司治理等行为进行监管；强调全面风险监管，实施偿二代监管体系、资产负债管理等。2017—2020年保费增速明显下滑，保险行业逐步回归本源，质量提升成为中长期发展目标。

（二）保险业发展现状

1. 保险在经济社会发展中的作用有待进一步发挥

中国保险行业从无到有、从小到大，2000—2020年实现保费收入年均18%高增长，2016 年首次跻身全球第二大保险市场。但与国外相比，中国内地市场保险深度 4.45%（保费/GDP）和保险密度 3051 元（人均保费），仍低于全球平均保险深度 7% 和保险密度水平 790 美元，在众多领域保险消费存在缺口。

但从保险支出系数（保险密度/人均可支配收入）来看，我国在 2017 年已经超过了美国，2018 年小幅回落至 9.7%，仍略高于美国，2019 年回升至 9.9%，这说明我国人均保费负担并不低，在现有收入水平下，总保费难以实现规模的高速增长。行业发展已经从制度拉动进入经济驱动的新阶段，经济的高质量发展与保险行业发展息息相关。虽然我国保费规模已经很大，成为世界第二的保费大国，但我国经济社会保险保障缺口依然巨大，结构性发展机会确定，特别是寿险中的健康险、养老保险，财险中的责任险、保证险、农险、工程险、家财险等业务，未来仍将保持较快增长。

2. 保险行业从高速发展阶段进入高质量发展阶段

党的十九大确立了新的发展理念，我国经济增长将由高速度转向高质量发展，国内外经济环境变化也将带来新的保险需求。

从原保费收入来看，虽然 2020 年因为不可抗力严重影响了保费收入，但数据显示当年保费增速仍然平稳，说明保险行业的潜力正逐步释放。目前，以用户需求为导向，用科技赋能驱动高质量发展，已成为保险业的共识。2020 年，全行业原保险保费收入 45257.34 亿元，同比增加 2612.59 亿元，增长 6.13%，增幅比 2019 年下降 6.04 个百分点。其中，产险业务 11928.58 亿元，同比增加 279.11 亿元，增长 2.4%；寿险业务 23981.93 亿元，同比增加 1227.79 亿元，增长 5.4%；健康险业务 8172.71 亿元，同比增加 1106.74 亿元，增长 15.66%；意外险业务 1174.11 亿元，同比减少 1.05 亿元，下降 0.09%。

3. 健康险、责任险、农险等保障型业务成为行业发展重要的驱动因素

按险种看，人身险业务基本稳健，财险业务分化较大。2020 年保险业 4.53 万亿保费收入中，人身险 3.33 万亿，占比 74%，同比增长 7.53%；财险 1.19 万亿元，占比 26%，同比增长 2.4%。财产险中，健康险、责任保险、农险是主要的增长贡献点。车险仍是保费规模最重要的贡献险种，2020 年保费收入 8244.75 亿元，占比达到 60.7%，近年来受新车销量下滑、车险综改等影响，增速远低于行业发展水平，占比不断下降。非车险中，健康险收入增长亮眼，健康险业务已经成为财险公司第二大规模险种，保费规模突破 1000 亿元，达到 1114.21 亿元，同比增长高达 32.6%，占比 8.2%。与国计民生相关的责任保险、农险近几年都保持了较快的增长速度，2020 年仍然保持了 20% 左右的增长速度，占比已经超过 6%，是财险公司规模第三、第四的险种。保证保险业务由于受到信用保证保险行业收缩的影响，保费出现了短期

下滑，同比负增长18.38%，保证保险已经成为财险行业第五大规模险种，未来行业阵痛后，依然有很大的发展空间。工程保险在2020年也实现了17.45%的增速，远高于行业的增长，但在保费规模中的占比仍然较低，仅占1.02%左右。企财险、船舶保险、货物运输保险、特险等，基本保持了与行业同步的发展速度。

从人身险公司来看，健康险也是增长的主要贡献点。2020年，人身险公司原保险保费收入31673.64亿元，同比增长6.9%。其中，寿险业务23981.93亿元，同比增长5.4%，占比71%，短期受制于代理人增长放缓等，新单增长乏力，但长期养老压力不减，发展空间仍大；健康险业务7058.5亿元，因政策红利推升居民保障意识，继续保持13.4%高增长，占比22.29%；意外险业务633.21亿元，业务占比2%。因旅游、出行等需求明显下降，意外险保费同比下降2.47%。

4. 市场处于寡头垄断竞争阶段

保险机构从最初的几家扩容至235家，涵盖保险集团13家、产险公司85家、人寿公司89家、再保险公司13家，此外还有保险资产管理公司、保险中介机构等多元化、专业化主体。2020年，保险业总资产达到23.3万亿元，约占金融业总资产比重的6.7%。无论是财险市场还是寿险市场，市场前列的公司都占据了较高的市场份额，呈现大公司垄断的市场格局。从我国保险市场的发展趋势来看，随着市场化改革的不断深入，具有寡头地位的保险公司所占有的市场份额呈逐年下滑的趋势，寡头垄断型将逐步向垄断竞争型过渡。

财险公司方面，人保财险和平安财险牢牢占据市场份额的前两位，合计超过50%，达到52.84%。除人保、平安外，传统老三家之一的太平洋财险，市场份额仅有平安的一半左右，占比10.8%。市场前五名合计市场份额为73.88%，前十名合计市场份额为84.65%。

寿险公司方面，同样位于市场份额前两名的中国人寿和平安财险，合计市场份额仅为34.38%，集中度远低于财险公司。作为老三家之一的太保寿险，市场份额不到平安寿险的一半。市场第4~7名的差距并不明显，排位也经常出现互换。市场前三名合计市场份额为40.96%，前七名合计市场份额为59.74%，前十名合计市场份额为67.84%。

从公司组织形式看，以股份制公司为主，相互保险公司目前有2005年成立的阳光农业相互保险公司以及2016年批准筹建的信美人寿、众惠相互和汇友财产三家公司。

5. 区域市场与经济发展水平关联度较高

各省市的保费收入与经济发展水平高度相关，产寿险占比与当地的经济结构有很大关系。目前，我国东部地区保险行业发达，西部地区保险行业落后。从表面上看，地区间保险市场存在"量"上的失衡，但从内在分析，实际上是"质"上的失衡。全国保险公司未能形成差异化经营，难以满足当地经济社会发展的特定需求，这也是区域发展失衡的根本原因。

东部十六省市原保险保费收入 25733.16 亿元，占比 56.86%；中部八省市 10834.96 亿元，占比 23.94%；西部十二省市 8627.74 亿元，占比 19.06%。从财产险业务来看，东部十六省市 6636.03 亿元，占比 55.63%；中部八省市 2733.94 亿元，占比 22.92%；西部十二省市 2505.88 亿元，占比 21.01%。从人身险业务来看，东部十六省市 19097.13 亿元，占比 57.3%；中部八省 8101.02 亿元，占比 24.31%；西部十二省市 6121.86 亿元，占比 18.37%。从数据分析来看，中西部地区保费收入占比虽然有所提升，但仍落后于东部地区。

6. 保险总资产稳步增长

保险资金具有负债性、长期性和稳定性，其特性决定了保险资金投资期限匹配、收益覆盖、稳健安全的三大原则。截至 2020 年底，保险公司总资产共计 232984.3 亿元，较年初增加 27340.12 亿元，增长 13.29%。其中，产险公司总资产 23422.59 亿元，较年初增长 2.11%；人身险公司总资产 199789.74 亿元，较年初增长 17.82%；再保险公司总资产 4956.29 亿元，较年初增长 16.31%；资产管理公司总资产 760.63 亿元，较年初增长 18.71%。

截至 2020 年底，保险公司资金运用余额为 216801.13 亿元，较年初增长 17.02%，成为继公募基金之外的第二大机构投资者。其中，银行存款 25973.45 亿元，占资金运用余额的比例为 11.98%；债券 79328.75 亿元，占比 36.59%；证券投资基金 11040.41 亿元，占比 5.09%；股票 18781.1 亿元，占比 8.66%。保险公司资金运用收益共计 10987.22 亿元，资金运用平均收益率 5.41%。未来，伴随着投资新政的陆续出台，保险资金将具有越来越大的运作空间，投资将更加多元化，对保持投资收益率长期稳定具有积极意义。

保险是金融业的重要组成部分，我国保险业在经历了 40 多年的发展变革后，在支持经济建设、服务国家战略和稳定资本市场方面发挥着越来越重要的作用。保险服务的需求受益于人民对美好生活的需求，保险行业在社会生产生活各个层面的渗透将受到越来越多的关注，随着消费升级和社会经济的进一步发展，我国保险市场将迈入新阶段，并迎来更多的发展机遇与提升空间，终将呈现出百花齐放、潜力无穷的态势。

三、保险业与经济发展

近年来，随着经济金融化浪潮的不断加大，作为与证券业、银行业共同构成金融业三大核心支柱之一的保险业，对各国经济影响越来越大。

保险业发展与国民经济发展存在着相互推动、相互促进的关系。一方面，经济发展会促进和推动保险业发展。伴随着经济增长，微观经济主体的可支配收入往往会随之增多，进而会利用手中的闲置资金加大对保险的购买与投资，推动全社会总体保费收入的上升。另一方面，保险业发展也促进经济发展。保险、银行、证券被称为金融业的三大支柱，保险业本身作为重要的第三产业对经济增长起到巨大的拉动作用。同时，保险由于其保障功能，可以促进社会生产和再生产顺利进行，稳定社会秩序和经济秩序，进而促进宏观经济环境的改善和经济发展水平的提高。

(一) 保险业在国民经济发展中的地位与作用

保险业是国民经济中不可或缺的重要行业，保险业的发展对国民经济发展发挥着重要的作用，表现在以下几个方面。

1. 促进经济繁荣，拉动经济增长

保险业对于经济增长具有重要作用，首先保险业是国民经济发展的"助推器"，它通过风险管理和损失补偿，为经济创新和发展提供有力支持，有利于为不断增长的经济创造活力；其次，保险还是维持社会安定的"稳定器"，它通过养老和健康保险等业务，解除人们的后顾之忧，有利于社会的协调稳定；最后，用宏观经济学的知识来看，保险消费属于整个社会总消费量的一部分，总消费增长会促进经济总量的增长。因此保险业的高速增长，保险相关行业的繁荣必将拉动国民经济的快速增长。

2. 完善社会保障体系，服务经济社会建设

一个完善的社会保障体系是由基本社会保险、企业补充保险、商业保险、社会福利、社会救济等共同组成的。其中，商业保险作为经济"助推器"和社会"稳定器"，可以有效减轻国家财政负担、缓解政府在社会保障体系方面的压力，对社会保障体系的建设至关重要。从国际经验看，基本社会保险、企业补充保险和商业保险是组成一个国家养老与医疗保障体系的三大支柱。目前，我国人口老龄化和家庭小型化发展趋势明显，对养老和医疗保障体制提出了严峻挑战。大力发展商业养老和健康保险是完善我国社会保障体系的必然选择，通过商业保险为社会公众提供多层次、个性化的养老健康保险产品和服务，可以减轻政府在社会保障方面的压力，提高社会保障体系的运行效率。

3. 保障经济平稳运行，促进经济发展

保险与拉动经济增长的"三驾马车"联系十分密切，在促进经济增长方面发挥着积极作用。刺激消费方面，保险有利于稳定人们对未来支出的预期，减少全社会

用于预防意外和风险事件的储蓄，从而促进消费。保险还可以通过促进消费信贷拉动消费增长。拉动投资方面，保险资金具有长期性、稳定性的特点，可以为经济建设提供大量资金来源。保险资金还是金融投资市场的重要力量。发挥保险机构的投融资功能，一方面，有利于解决我国基础设施项目和关系国家战略的能源、资源等产业的龙头企业建设和发展的资金来源，稳定和优化重要基础设施和相关龙头企业的股权结构。另一方面，有利于进一步拓宽保险资金运用渠道，实现保险资金的保值增值，对保证关系民生的养老和健康等保险基金的安全稳定具有重要意义。

4. 参与社会风险管理，促进社会和谐发展

保险业社会风险管理功能的发挥主要是依靠市场手段，通过保险方式对各种可能出现的社会风险进行社会化管理的途径来实现的。保险业在社会风险管理中发挥作用的领域非常广泛。在高危行业引入保险机制管理风险，对于加强安全生产工作、促进安全生产形势稳定好转具有十分重要的意义。保险还可以为公共场所事故提供保险保障。同时，保险也是交通运输安全保险保障的有效途径。近年来，全国各地积极运用保险机制促进社会平安建设，涌现出一些好的做法，在实践中逐步探索成熟，并发挥了积极作用。保险业已经被纳入平安建设体系，成为各地平安建设的重要力量。

（二）保险业促进经济增长的理论

1. 经济补偿功能与经济增长

关于保险的基本职能，理论界存在一个主流观点，即保险的经济补偿功能。经济补偿功能是指投保人因保险事故所造成的财产损失等由保险公司以货币的形式给予经济补偿。保险公司按照厘定费率收取投保人保费，并将保费收入补偿给因偶发事故造成的财产损失或人身伤害的单位或个人，成功地将单位或个人的损失均摊给所有投保人，起到了风险转移和经济补偿的功能。从微观经济层面来讲，保险的经济补偿和风险转移功能可以为投保单位或个人转移分散风险，当遭受损失的时候为其提供经济补偿，保障投保单位或个人在遭受特殊状况的时候能够将损失降到最低，从而能够继续进行生产生活等活动。例如，企业财险保险，保险公司的经济补偿功能能够使企业及时购买受损的生产资料，保障其能够进行正常的生产活动，同时维护其经济正常运行。人身保险，保险的经济补偿功能为为患病、伤残、生育等方面的投保人提供经济补偿，从而保障了劳动力的扩大再生产。从宏观经济层面来讲，保险的经济补偿功能减轻甚至避免了由于偶发的事故中断了社会生产在各个环节上时间的连续性所造成的损失，维护了经济的稳定发展。

保险的经济补偿功能具有明显的溢出效应。保险的经济补偿功能不仅可以刺激

消费，同时可以促进技术创新。在刺激消费方面，保险可以使风险厌恶消费者进行大额消费支出，比如，购买汽车、房产等，消费需求是经济增长的重要动力。在促进技术创新方面，高新技术的发明和创造往往需要大量的资金，而且面临的风险也很复杂，一旦不成功会造成巨大的损失。而保险作为风险管理的有效手段，可以通过科学合理的计算高新技术创新或应用所需要的保障资金，承包高新技术项目，为其分散风险，项目不成功时承担部分损失，从而共同承担高新技术在创新或应用时面临的风险，推动和保障了高新技术的发展。科技是第一生产力，科学技术的创新可以快速促进经济发展。

2. 资金融通功能与经济增长

保险的资金融通功能是在保险基本职能的基础上，随着保险业的迅速发展，特别是在寿险的快速发展过程中派生出来的功能。保险公司收取投保人保费获得大量资金，当投保人发生保险责任内的保险事故时进行赔付，而保险资金在收取和赔付上存在一个时间差，同时保险公司所收取的保费收入总额并不等于赔付总额，从而保险资金在收取和赔付上还存在着数量差，这就使得保险公司在一定时期内有大量的保险资金结余。除去保险公司用于各方面的准备金外，保险公司可以将结余的保险资金进行投资，发挥其资金融通功能，促进经济增长。保险作为金融中介的一部分，有利于形成投资的规模经济，可以有效提高金融中介的运行效率。有些投资项目，需要大量的、长期的、稳定的资金支持，保险公司的结余资金可以满足此类项目的资金需求，扩大可行的投资项目规模，从而促进经济增长。

在金融体系中，成熟发达的金融体系所包含的金融机构应该多元化、金融工具应该多样化。金融机构越多元、金融工具越多样，金融体系的运行效率也就越高，对经济增长贡献就越大。保险业作为现代金融业的重要组成部分，通过其自身的资金融通和投资活动，以及与银行业、证券业在资金流动和资金配置方面的联合作用，完善了现代金融体系。此外，由于保险资金具有长期性、稳定性的特点，对于稳定资本市场、改善资本结构也具有重要意义。目前，我国的资本市场中的投资者主要以散户为主，投资机构较少，市场投机性较强，保险机构可以为资本市场提供大量长期的资金注入，对于稳定资本市场、改善资本市场结构起到了积极作用。

3. 社会管理功能与经济增长

保险不仅承担着风险管理、资金融通的角色，同时又能够参与社会管理。随着保险业的迅速发展，保险在经济社会发展中的地位不断提高，在协调社会经济生活、提高社会运行效率、提高人们生活质量方面起着越来越重要的作用，保险的社会管理功能逐渐增强。

（1）完善社会保障机制，减轻政府压力

完善的社会保障体系是由政府主导的基本社会保障和保险公司提供的商业保障组成的，两者定位不同，基本社会保障定位于给居民提供基本生存保障，商业保险作为基本社会保障的有效补充，定位于提供高层次、多方位的保障，满足居民多层次的保障需求。目前，我国早已步入老龄化社会，通过建立基本社会保障和商业保障，发挥政府和市场两种机制的作用，建立多支柱的社会保障体系，能够有效减轻政府的负担，对于稳定社会安定团结有着重要的现实意义。同时，由于我国当前社会保障不完善，一定程度上制约了国内居民消费，继续扩大商业保险，进一步完善社会保障体系，可以有效刺激消费、扩大内需，这也使保险在加速经济发展中发挥更重要的作用。

（2）完善社会信用体系

目前，我国社会信用体系建设滞后，经济社会活动中失信现象时有发生，阻碍了正常的社会生产活动，影响了经济健康发展。一方面，通过信用保证保险，商贸活动双方可以将信用风险转嫁到保险公司，提高双方信用，从而促进商贸活动开展。另一方面，随着保险深入经济社会生活的各个方面，保险的最大诚信原则也逐渐改善了人们诚信观念，提高了公众道德水平，改善了社会信用体系。

（3）推动外向型经济发展

世界上大多数国家为促进本国对外贸易发展的需要，都采取一定措施帮助本国企业在出口活动中降低成本、化解风险。在这些国家可以运用的并且符合世贸规则的措施中，出口信用保险就是其中最重要的措施之一，它在对外贸易中起着举足轻重的作用。在1980年恢复保险业务以前的相当长一段时期内，我国对内几乎停办了所有保险业务，而出口信用保险业务却从未停止过，这从侧面反映了出口信用保险在对外贸易中的地位。出口信用保险的作用主要体现在以下方面：一是化解出口企业风险，出口信用保险作为一种风险转移和经济补偿机制，能够帮助企业提高自身风险管理水平，降低出口贸易风险。二是分担银行等金融机构信用风险，出口信用保险可以对银行等金融机构进行间接的作用，为其分担信用风险，提高金融体系防范信用风险的能力。三是为本国出口企业创造平等的国际商贸环境，有效出口国家产业政策等，对整个国民经济有着长期作用。

（4）协调社会关系，促进社会正常运转

保险公司介入灾害事故处理，缓解了由灾害事故引发的政府、企业、个人之间的矛盾，减少了社会摩擦，协调了各社会主体的关系，提高了社会运行效率，为促进社会的正常运转起到了重要的作用。一方面，当灾害发生时，保险的介入可以联合政府的财政支出进行援助，缓解政府压力，减轻政府财政负担。另一方面，保险可以有效减少事故的发生。以车险为例，保险公司都有对车险实行差别费率的规定，对于经常发生交通事故的车辆实行较高的费率，这就促使汽车驾驶员在驾驶的时候更为谨慎，从而减少事故的发生。

经济补偿是保险的基本功能，资金融通和社会管理是保险的派生功能，后两者的功能更直观地体现了对其他经济部门的溢出效应。这种溢出效应主要体现在：在微观上帮助单个经济体分散风险、补偿损失、刺激高新技术创新；在宏观上完善一国金融体系，提高金融中介效率，完善社会保障体系，推动贸易发展，促进社会正常运转。

四、中国保险业发展水平分析

自我国保险业恢复以来，国民经济快速发展，人们生活水平大幅提高，保险业也逐渐受到了社会的认可和重视，这使得保险业保费收入大幅上升。随着我国金融体系的不断完善，保险投资渠道的不断放宽，保险公司和保险品种数量的增加，我国保险业发展规模不断扩大，保险资产总额不断攀升，这些都带动了保险业发展水平的快速提高。

但是，保险业发展质量和发展效益在提升保险业发展水平中的作用仍然很小，这和保险业全面发展的目标并不相符，另外，单纯以规模的提升拉动水平的提升很难反映出保险业发展对人们生活水平的提高和对国家发展的作用。这也说明了我国保险业发展仍然处于初级阶段，需要通过保险业发展的结构调整来真正地提升我国保险业发展的水平，这就需要我国保险业在发展过程中，改变片面追求数量和规模的初级模式，重视发展质量和效益的提高，逐步提高保险业发展质量和效益在保险业发展水平中的贡献，真正实现保险行业"大而强"。

五、保险业与经济发展的协调性

随着国家对保险业的逐渐重视，我国保险业发展迅速，但我国保险业发展是否完善，不仅依赖于保费收入、保险密度以及其他相关指标各自的发展状况，而且依赖于保险业整体发展水平与实体经济发展之间是否协调。在保险业发展过程中，只有保持保险业与国民经济的协调发展，才能最大限度地发挥保险业对经济发展的促进作用。保险业的协调发展是经济发展战略的重要组成部分。保险业的发展必须以实体经济的发展为基础，实体经济的发展应以保险业的发展为其发展的一项重要前提和目标。只有彼此建立良性循环的发展关系，才能保障社会经济健康、快速发展。

即在 20 世纪 80 年代保险业发展的初期，我国保险业发展整体落后于经济发展，同经济发展的协调性较差。随着国家对保险业发展的重视，保险业发展水平迅速提高，保险业经历了90年代后期和2000年后一段黄金发展时期，无论是发展速度还是同经济发展的协调性都取得了较大幅度的改善。但保险业的快速发展并没有支撑起来一个强大的保险业，保险业发展规模迅速扩大的背后还存在着保险业发展质量低下和效益不足的多重问题。到了2005年以后，随着全球金融业的大肆扩张，保险业自身的初级性使得其发展再次难以协调经济的发展。

总体上讲，我国保险业大而不强，仍然处于发展的初级阶段，要想做强保险业就应该迅速转变保险业当前片面追求规模和速度的发展模式，改善保险公司运营机制，建立健全保险业监管机制和法律法规，大力宣传保险，使其合理融入居民生活，让保险业真正发挥其在经济发展中的作用。

六、中国保险业发展的政策建议

(一) 深化保险业内部改革，加强保险业区域协作，促进经济高质量发展

首先要加快保险业内部改革，不断优化保险市场发展结构，保险行业协会制定相应举措，促进产寿险的协调发展。同时，保险公司必须保证偿付能力充足率达标，进而促进保险业发展的稳健运行。另外，促进保险业的区域发展合作，加快构建保险业区域发展协作平台，打造区域保险协同发展格局，通过区域间的合作发展与良性竞争，促进区域合作共赢，避免保险业发展的负向空间溢出效应，从而促进经济实现高质量的区域发展。

(二) 重视经济高质量发展的空间溢出效应，辐射落后地区

未来国家应该继续发展壮大区域联系性强、发展水平高的经济高质量发展集群，比如，京津冀协同发展区、长三角经济带、粤港澳大湾区、珠三角经济带等，利用区域间的空间集聚效应，继续增强辐射效应，进一步优化高质量发展格局。另外，对于经济高质量发展程度一般的地区，国家未来应该出台"一对一"或者"一对多"的帮扶政策，发挥经济高质量发展地区的辐射带动作用，加强合作与交流，重点扶持本地区的优势产业，缩小区域间差异，促进经济高质量发展。

(三) 充分发挥保险业的功能作用，更好地服务经济高质量发展

保险业必须认识到其能促进经济高质量发展的作用，坚持为经济高质量发展服务的宗旨，通过发挥其各项功能作用，为经济高质量发展保驾护航。首先，保险业通过发挥风险管理功能，不断提高居民个人和企业的风险防范意识，降低社会总风险；在发生重大灾害后，保险业通过发挥经济补偿功能，及时提供经济保障，降低损

失程度，保证社会再生产的正常运行；保险业应该充分发挥其社会管理功能的独特优势，为经济高质量发展搭建坚实后盾；同时，通过发挥资金融通作用，加大保险资金在国家发展战略以及公共基础服务建设方面的投资，助力"一带一路"、供给侧深化改革等国家重大项目，加大对保险资金运用方式的发展创新，扩宽融资投资渠道，通过不同方式支持服务经济高质量发展，促进形成更加高效、更有质量的经济发展格局。

（四）制定相应措施，协同各领域共同推进经济高质量发展

第一，经济发展大环境的不断改善和我国市场化程度的持续提高，使得中小微企业在经济市场中的高占比成为目前我国的一种发展趋势。为了给中小微企业提供良好的创新创业环境，国家通过出台各种优惠政策支持中小微企业发展，致力于解决中小微企业难以获取大型国有银行资金支持的问题。另外，针对综合实力弱的企业从中小型银行获得贷款支持有限的问题，需要不断加强管理，降低企业的融资门槛，通过政府优惠政策提高其获得资金的额度，进而保证中小微企业的稳定发展。同时，充分考虑空间效应，增强区域间银行业的协调发展，形成良好的区域协作关系，进而促进区域间经济高质量发展。

第二，实证结果表明，产业结构升级有利于经济高质量发展。因此，需要继续加大对产业结构升级的关注力度，坚持创新驱动发展的理念，大力发展高新技术产业，促进新旧动能的转换，尽早完成经济高质量发展内部的产业结构升级，形成具有本地区优势的龙头产业，进而推动经济高质量发展。

另外，增强区域间的经济交流与合作，分享本地区名牌产业的发展经验，解决区域间产业结构发展不平衡的问题。同时，加快构建区域间经济高质量发展合作平台，加快形成完善有效的区域产业链，打造优化共享的产业格局，促进区域间的协调发展，加大区域间的优势互补，从而促进区域经济高质量发展。

第三，针对政府宏观调控对经济高质量发展不存在显著影响的问题，各地区政府从资源配置的角度出发，深度分析政府宏观调控对经济高质量发展的抑制路径，依据本地区实际情况，提出相应整改举措。另外，各地区政府应当加大对宏观调控机制的创新和发展，扩宽政府宏观调控的渠道，为经济高质量发展提供健康稳健的宏观运行环境，激发经济活力，提高经济高质量发展的效率。

第四节　省域金融业与经济发展的协调性分析

一、省域金融概述

省域金融是某一特定行政区域内各类金融机构、金融市场、金融活动的总和。它包括银行、证券、保险、信托等各个金融领域，以及资本市场、货币市场、外汇市场等各个金融市场。在经济发展中，省域金融发挥着重要的作用，它不仅是资源配置的主要手段，也是经济增长的重要推动力量。

二、省域金融：经济发展与市场活力的重要推动力

省域金融在经济发展的过程中扮演着关键的角色，它们以各自独特的形态和规模，有力地推动了地方的经济发展和市场活力，本节将详细探讨省域金融在区域经济中的作用。

(一) 省域金融是经济发展的重要驱动力

金融系统为经济发展提供了必要的资金支持，包括用于投资、扩大生产规模、改进技术、提高生产效率等。在省域范围内，金融机构如银行、保险公司、证券公司等为中小企业和个人提供了融资渠道，帮助他们实现了创业和创新，从而推动了地方经济的发展。

(二) 省域金融有助于优化资源配置

金融市场通过提供价格信号，引导资金流向最需要的地方，从而实现资源的优化配置。在省域范围内，金融机构通过评估企业的信用风险，决定是否提供贷款，从而引导资金流向那些有发展潜力的行业和企业。这种资源配置的优化，有助于提高经济效率，促进地方经济的发展。

(三) 省域金融有助于促进区域间的经济合作

金融市场是区域间经济联系的重要纽带，它通过资金的流动，将不同地区的经济活动紧密地联系在一起。在省域范围内，金融机构之间的合作可以促进区域间的经济交流和合作，推动产业升级和转型，从而提升整个区域的经济发展水平。

(四) 省域金融还有助于提高市场活力

金融市场是市场经济的重要组成部分，它通过提供多样化的投资产品和服务，

满足不同投资者的需求，从而激发市场的活力。在省域范围内，活跃的金融市场可以吸引更多的投资者和创业者，提高市场的竞争性，推动地方经济的发展。

总的来说，省域金融在经济发展和市场活力中发挥着重要作用。它为经济发展提供了必要的资金支持，优化了资源配置，促进了区域间的经济合作，提高了市场活力。然而，我们也需要注意到，金融市场的发展也面临着一些挑战，如风险控制、监管制度、市场公平性等问题。因此，我们需要进一步完善金融体系，加强监管，以更好地发挥省域金融在经济发展中的作用。

三、省域金融与经济发展协调性分析

(一) 省域金融过度发展的影响

金融过度发展是指一个地区的金融体系在资源分配、风险管理和资本配置等方面的功能过于强大，超过了经济体系发展的实际需要。这种过度发展通常会导致以下几个主要影响。

1. 金融市场垄断

当一个地区的金融体系过度发展，金融市场可能形成垄断地位，对其他地区或国家的企业形成不公平的竞争环境。

2. 资源分配不均

金融体系过度发展可能导致资源过度集中在某些行业或企业，限制了其他行业或企业的发展，从而影响了整体经济的均衡发展。

3. 经济增长放缓

当金融体系过度发展，其投资和信贷的扩张可能带来过度的投资和产能过剩，导致经济增长放缓，甚至出现经济危机。

(二) 省域金融发展不足的影响

金融发展不足是指一个地区的金融体系发展滞后，无法满足经济发展的实际需求。这通常会导致以下几个主要影响。

1. 融资困难

金融发展不足可能导致企业或个人融资困难，限制了企业的发展和创新。

2. 资源配置效率低

金融体系发展不足可能导致资源配置效率低下，无法有效引导资金流向最有发展潜力的行业和企业。

3. 经济发展滞后

金融发展不足可能导致整体经济发展滞后，影响经济增长的速度和稳定性。

(三) 省域产业结构的影响

省域的产业结构对金融发展和经济发展有重要影响。一个地区的产业结构如果过于单一或者落后，可能会对当地的金融体系和经济发展造成压力。例如，过度依赖资源型产业的地区，其金融体系和经济发展可能会受到资源价格波动的影响。而高科技产业比重较高的地区，其金融体系和经济发展则更倾向于服务这些新兴产业，从而促进经济的多元化和稳定性。

(四) 省域经济结构的影响

省域的经济结构也是影响金融发展和经济协调性的重要因素。例如，一些地区的经济结构可能过于依赖出口，使得受到国际经济环境的影响较大。而一些地区则可能更依赖于内需，这样的经济结构更稳定，受外部环境影响较小。此外，地区的经济结构还可能影响到当地的就业结构、税收来源等，从而影响到当地的金融发展和经济协调性。

为了实现省域金融与经济发展的协调性，我们需要关注并解决上述问题。这需要我们深入理解金融、经济、产业结构等各方面的关系，并采取适当的政策措施，如优化产业结构、促进金融创新、加强监管等，以实现经济的稳定和可持续发展。

四、省域金融与经济协调发展的策略

随着经济的快速发展，金融与经济之间的协调发展已成为各省市亟待解决的问题。为了实现这一目标，各省市应从以下方面着手，推动金融与经济的协调发展。

(一) 加强政府在推动金融发展中的作用

坚持创新、协调、绿色、开放、共享的新发展理念的指导。在顶层设计框架范围内，规划设计、内容确定、路径选择等方面，都要强化的新发展理念的指导作用，确保金融发展方向。此外，各省市政府可针对自身发展短板制定相应的发展政策。

政府应针对发展绿色金融、发展普惠金融、鼓励金融创新等方面进行政府政策引导，让金融发展更加健康稳定，提高金融服务经济能力。通过政府制度设计，引导金融部门加大对于科技创新、绿色发展的支持力度。同时，引导金融机构大力支持普惠金融的发展，提升针对小微企业、个体经营者与农业经营者等的金融扶持力度，为其发展壮大保驾护航。

加强针对金融发展道路上，出现的新旧问题的法规与机制的建设。政府应完善金融发展道路上的相关机制与法规，为金融发展提供制度保障，填补金融发展中不断涌现的各种制度漏洞，将金融发展纳入制度轨道。在金融市场中，完善市场准入机制和退出机制，坚持注册制改革，改良常态化退市机制。建立健全金融风险处理机制，做好金融风险责任确定，确保避免系统性金融风险的产生。通过市场化机制推动企业创新，坚持其在创新中的主体地位。鼓励企业自主创新，健全科技成果产权激励机制，完善创业投资监管体制和发展政策，发扬万众创新精神。

(二) 提升对外开放水平

坚持对外开放的基本国策，实施积极主动的对外开放政策，对金融发展和新型城镇化建设有重要意义。具体来说，可以推进金融开放，扩大金融规模，促进进出口贸易发展。保障企业开展加工贸易，开展对外贸易新模式，创新推动服务贸易，鼓励企业拓展多元化市场。此外，还应推进自由贸易区建设，加强自贸区开放创新。平等对待内资与外资企业，鼓励外国投资者扩大在华投资。最后，应坚持高质量建设"一带一路"。坚持市场在资源配置中的决定作用，建立健全多元化投融资体系，依法保护内外资企业合法权益，提高对外投资合作的水平。

(三) 坚持发展政策性金融

提高金融支持环境保护、扶贫、教育、农村发展等水平，改进金融发展模式。应加强金融对基础设施建设的支持力度。加大对重点领域、重大项目金融的支持力度，提升服务实体经济的能力。加强政策性金融对教育、环保等高投入、低回报、周期长的利民产业的支持，积极推进金融精准扶贫工作，完善社会保障体系，使金融在新型城镇化建设中扮演更加关键性的作用。提升普惠金融服务水平，开发多元化的金融产品，健全金融服务体系，使金融更好地服务大众，吸引更多的金融参与者，使新型城镇化建设的成果惠及金融部门，为金融部门提供更多的资源支持，扩大金融规模。

(四) 协同推进新型城镇化建设与乡村振兴战略

城乡协调发展是近年来我国城乡发展的目标，实施乡村振兴战略是城乡协调发展的必然要求。新型城镇化发展提升了金融业发展规模，而乡村振兴战略的实施则为金融机构提供了发展空间。乡村振兴战略的实施从需求端推动农村金融改革创新，从而催生出新的金融产品、提升金融服务的质量效率，促进金融发展。目前，我国可以推进各类生产要素配置市场化改革，消除各类要素在城乡间流动的障碍。此外，还可以实施土地制度改革，推进农业规模化经营，提高农业生产效率，实现农村地区财富增长。

（五）发挥新型城镇化对扩大内需的作用

在新型城镇化建设中，通过提供更多的就业岗位、提升居民收入水平能有效扩大消费需求，就业、收入、消费三者密不可分。目前，我国可以从促进就业、提升就业质量、提升劳动报酬三方面入手，为居民消费水平提升提供物质保障。此外，还应将提升消费水平与投资水平统一起来，在供给侧和需求侧两方达成动态平衡。还应鼓励创新消费模式、构建城乡消费网络、通过金融机构优惠政策支持消费等，全方位激发居民消费潜力，带动新型城镇化与金融业共同发展。

（六）建立健全的金融监管体系

建立健全的金融监管体系是实现金融与经济协调发展的基础。首先，应完善金融监管法规，确保金融市场的公平、公正和透明。其次，应建立有效的风险预警机制，及时发现并处理可能影响金融稳定和经济发展的风险因素。最后，还应加强对金融机构的监管，确保其遵守法律法规，稳健经营。

（七）优化产业结构

优化产业结构是推动金融与经济协调发展的关键。首先，应加大科技投入，促进新兴产业的发展，提高经济发展的质量和效益。其次，应加强对传统产业的改造升级，提高其科技含量和附加值。最后，还应加大对农业、服务业等领域的支持力度，推动这些领域的发展，从而带动整体经济的发展。

（八）完善市场机制

完善市场机制是推动金融与经济协调发展的重要手段。首先，应建立健全的资本市场，完善股票、债券、期货等金融工具的发行、交易和管理制度。其次，应建立公平竞争的市场环境，确保各类市场主体能够在公平、公正、透明的环境下竞争。此外，还应加强对市场失信行为的惩戒力度，维护市场的公平和诚信。

（九）促进区域间合作

促进区域间合作是推动金融与经济协调发展的有效途径。首先，应加强区域内各省市之间的经济联系，促进资金、人才、技术等要素的流动和优化配置。其次，应加强区域间的金融合作，建立有效的金融信息共享机制和风险防范机制。最后，还应加强与其他省市的交流合作，共同推动区域经济的发展。

　　总之，省域金融与经济发展是相互影响、相互依存的关系。为了实现两者的协调发展，我们需要从多个角度出发，综合运用各种策略，以达到提高经济质量，增强区域竞争力的目的。只有这样，我们才能实现金融与经济的共赢，为区域的繁荣和发展奠定坚实的基础。

第三章　经济高质量发展的金融驱动机制与路径
——以数字金融为例

第一节　数字金融与经济高质量发展概述

目前，针对数字金融以及经济高质量发展的相关概念尚无统一界定，为建立本书研究理论框架，本节将在相关文献的基础上对数字金融以及经济高质量发展的概念进行界定。

一、数字金融概述

（一）数字金融概念界定

黄益平等指出数字金融是金融机构利用数字技术实现支付、融资等在内的金融业务以及创新金融产品、业务模式等。可见，数字金融的概念与互联网金融以及金融科技的概念基本相似，但深入剖析可发现互联网金融是指金融机构利用互联网技术实现支付、投融资等金融业务，而金融科技是指金融机构通过技术手段推动金融产品、服务模式、业务流程等方面的创新。可见，从直观上来说，金融科技更强调技术手段应用于金融业务，互联网金融则主要是互联网公司参与金融活动，而数字金融则是比金融科技与互联网金融的概念及应用更为广泛的一个概念。

当前，我国数字金融已初具规模，涉及信、贷、汇等多种金融业务，已成为我国金融体系中不可或缺的一部分，也是我国金融业未来的发展方向。数字金融之所以能在我国快速发展，某种程度上反映了金融发展过程中的规律性。那么，在对数字金融进行定义前，首先要了解数字金融在发展实践中的特点。

一是数字金融是金融与科技的深度融合，但并未改变金融业的本质。例如从数字金融的第三方移动支付来看，第三方移动支付是借助信息技术实现支付功能，是金融业的创新，没有改变支付的功能和本质，从数字货币来看，数字货币没有改变货币属性，仅是改变了货币的储存方式。可见，数字金融并未改变资金融通、支付清算等金融属性，仅是在技术应用、储存方式、交易方式等方面改变了金融商业模式，但并未改变金融体系的本质。

二是数字金融满足了不同利益群体。我国数字金融的起点可以以余额宝的出现为标志。余额宝的出现威胁了传统金融机构的利益，冲击了传统金融垄断格局。但是，传统金融机构服务的弊端，导致金融服务覆盖面窄、效率低，而我国的国情又促使金融服务需要高效率、广覆盖，因此新型金融机构是在社会金融需求下成长的。虽然数字金融冲击了传统金融机构，但也倒逼了金融机构向数字化转型，提高了金融服务效率与质量，而且传统金融机构在数字化转型过程中，依托基础客户数据，实现了利润大幅度增长，满足了传统金融机构的利益诉求。

三是数字金融是监管业"放松"下的金融创新。相比美国等世界主要发达国家，我国数字金融处于国际上的领先地位。其原因在于：其一，我国传统金融的垄断格局，导致金融服务水平不完善，为数字金融发展提供了空间，例如早期的互联网金融能在我国快速发展是因为弱势群体的金融需求，但由于互联网金融服务目标"偏移"，从而不再满足金融服务本质，导致互联网金融逐渐走向下坡路。其二，我国监管业放松了对数字金融的监管压力，激发了数字金融创新活力，从而促进我国数字金融体系的形成，例如数字金融第三方移动支付兴起后，监管业并没有急于进行规范，而是给足了发展空间。其三，数字金融的本质是科技驱动下的金融创新。数字金融通过运用数字化、信息化技术，创新了金融服务模式、运营模式、风控模式等，提升了金融行业的经济效益，例如大数据风控等方面的业务减少了人工成本支出，增加了传统金融机构利润。

至此，在梳理已有文献的基础上，结合数字金融在我国实践中的经验，本书认为数字金融是在金融与科技深度结合的基础上，运用数字化、信息化技术，改变、创新传统金融机构的经营、服务、营销等模式，并在满足金融机构利益诉求的基础上，致力于为所有阶层提供更好的金融服务需求。

(二) 数字金融的功能

1. 缓解信息不对称

数字金融的蓬勃发展得益于数字技术的赋能，数字技术在克服信息不对称上发挥着重要作用。在信贷市场上，借贷双方的信息程度并不对称，放款人的放贷行为格外看重借款人的财务等信息，并以此作为放贷决策的重要依据，而数字金融内嵌的大数据、机器学习等新一代数字技术有助于充分挖掘借款候选人的手机账单、数字足迹、保险记录等多维信息，降低了放贷决策对于单一财务信息的过度依赖，数据与信息的充分挖掘有效降低了借贷双方的信息不对称问题，精准衔接了金融服务的供给与需求，改善了金融服务的可得性和便利性。同时，信贷公司综合考虑借款者的社会网络信息将极大降低借方的事后违约率。

信贷公司在利用传统财务信息进行审批的同时，还会利用机器学习的手段充分提取借款者的社交数据、购物账单等非财务信息辅助审批，从而起到减弱信息不对称的作用。

在资本市场上，数字金融降低信息不对称的功能同样不容忽视。数字金融中内嵌的机器学习等算法有助于处理金融市场上的复杂信息，帮助投资者提升预测市场变化的能力。除此之外，数字金融还具备识别财务作弊的优势，通过其独特的大数据方法对用户精准画像，有效地克服了信息不对称，从而降低了股东因信息劣势可能受到的利益侵害，也保护了投资者的权益，起到了构建市场信任环境的作用。

2. 降低交易成本

首先，数字金融降低了信息搜寻成本。数字金融一方面能够借助大数据技术充分使用共享信息，缩小借款候选人的信息集，另一方面能够在数据搜集上形成规模经济，从而有效地降低交易参与者的信息搜寻成本。数字金融深化了数字技术与金融服务的融合，加快了供需双方的有效匹配和精准衔接，降低了交易双方信息搜寻的成本。

其次，数字金融降低了信息处理成本。数字技术与金融服务的深入融合提升了海量信息的处理效率，强化了资金的精确匹配，从而能更有效地识别和预测潜在的对象和市场，大大降低了处理信息的成本。数字技术的广泛应用改变了金融业的信息环境，一方面加速了信息记录系统的构建和关联，减少了信息验证的费用，另一方面提升了数据收集和整理的速度，减少了风险评估的成本。传统信贷的单笔操作成本高达2000元，在数字金融的环境下，该成本大幅下降到2.3元，大大降低了交易环节的费用。数字金融将贷款审核和发放的时间由传统条件下的一周左右压缩至短短3秒内，减少了其中的人为干预，节省了传统信贷条件下的隐性支出。相比于传统金融模式，数字金融拓展业务的边际成本接近于零，其内嵌的人工智能等技术还可以动态追踪借款者的信用水平变化，有效地降低了金融机构的风控成本。

3. 提升运行效率

首先，数字金融对支付方式和支付系统产生了颠覆性的影响，将物理网点的业务转移到移动终端，将现金支付革新为扫码支付，大大缩短了支付链条，提升了支付的便利性和金融服务的便捷性，加速了流通与交换效率。谢平等[1]较早注意到了数字金融对支付的影响，认为数字金融一方面能形成网络规模效应，凸显移动支付的重要价值，降低人们对现金的需求，另一方面能使得电子货币的范围扩张。易行健等[2]研究发现，数字金融可以通过缩短购物时间带来支付上便利性，降低了购物

---

① 谢平，刘海二. ICT、移动支付与电子货币 [J]. 金融研究，2013(10)：1–14.
② 易行健，周利. 数字普惠金融发展是否显著影响了居民消费——来自中国家庭的微观证据 [J]. 金融研究，2018(11)：47–67.

成本。张勋等[①]同样研究发现，数字金融通过提供支付上的便利，使得现金限制大大下降。

其次，数字金融驱动了中国商业银行效率的提升。中国金融体系的主导力量是银行，数字金融的飞速发展在给传统商业银行施加竞争压力的同时也创造出变革的动力。从竞争效应来看，数字金融公司会对传统金融机构的业务带来竞争和挤压，从而倒逼银行体系转型和改革[②]。李建军等[③]研究发现，商业银行使用金融科技不但可以提高银行财务绩效，还能推动金融服务的包容性增长。杨望等[④]研究发现，金融科技有助于驱动商业银行转型，提升银行效率。但是也有部分学者认为，数字金融吸纳了部分属于商业银行的小客户群体，挤压了传统银行的利润空间，降低了商业银行的业绩[⑤]。从技术外溢效应来看，伯杰（Berger）指出，互联网技术的革新能够丰富银行服务的类型，提升服务质量。沈悦等[⑥]研究发现，互联网金融显著提升了商业银行的全要素生产率，这种提升效应主要通过互联网金融的技术溢出来实现，且提升程度存在异质性，股份制商业银行要大于大型国有银行。数字金融加快了贷款审核和发放的速度，减少了其中的人为干预，从而提升了金融机构的处理效率。宋敏等[⑦]指出，在当前中国的金融体系下，从事信贷业务的金融科技企业十分有限，因而金融科技对商业银行效率的影响主要是通过技术外溢来实现金融机构变革和金融模式创新。张蕊等[⑧]进一步指出，数字金融快速的审批过程有助于缩短贷款者的申请时间，压缩审贷过程中的寻租空间，从而起到提升交易效率、优化营商环境的作用。数字金融同时也对传统金融形成了竞争压力，提出了新的要求，主要聚焦在：第一，数字金融提升了金融服务的效率，降低了线下业务的成本，高效率低成本成为数字金融的核心要素；第二，数字金融只有深度嵌入至其他产业中，与之不断融合，才能充分释放其服务实体经济的能力；第三，数字金融重构了传统的信用体系，越来

---

① 张勋，杨桐，汪晨，等．数字金融发展与居民消费增长：理论与中国实践 [J]．管理世界，2020(11)：48-63.

② 戴国强，方鹏飞．利率市场化与银行风险——基于影子银行与互联网金融视角的研究 [J]．金融论坛，2014，19(08)：13-19，74.

③ 李建军，姜世超．银行金融科技与普惠金融的商业可持续性——财务增进效应的微观证据 [J]．经济学（季刊），2021，21(03)：889-908.

④ 杨望，徐慧琳，谭小芬，等．金融科技与商业银行效率——基于 DEA-Malmquist 模型的实证研究 [J]．国际金融研究，2020(07)：56-65.

⑤ 熊健，张晔，董晓林．金融科技对商业银行经营绩效的影响：挤出效应还是技术溢出效应 [J]．经济评论，2021(03)：89-104.

⑥ 沈悦，郭品．互联网金融、技术溢出与商业银行全要素生产率 [J]．金融研究，2015(03)：160-175.

⑦ 宋敏，周鹏，司海涛．金融科技与企业全要素生产率——"赋能"和信贷配给的视角 [J]．中国工业经济，2021(04)：138-155.

⑧ 张蕊，余进韬．数字金融、营商环境与经济增长 [J]．现代经济探讨，2021(07)：1-9.

越多的信贷评估依赖于大数据的应用；第四，数字金融能够充分挖掘客户的偏好，使得大规模的金融服务量身定制成为可能。

最后，数字金融提升了微观企业和金融行业的效率。陈中飞等[1]基于上市企业的数据发现，数字金融可以通过提升企业销售收入和降低传统金融低效率的负面影响来提升企业全要素生产率，但是长期看来，提升效应呈现动态衰减的特征。廖凯诚等[2]研究发现，数字金融的使用深度能够通过推动金融业创新、加快技术转让与技术溢出、改变金融业竞争格局来提升金融业全要素生产率。

4. 推动金融普惠

当前，实现金融普惠已成为全球金融发展的一个共识，但在具体实践中，却往往受到传统技术的限制。一系列的研究表明，数字金融在促进普惠金融、推动金融普惠上发挥着重要的作用。数字金融以低成本、高效率、广覆盖的金融服务惠及被传统金融排斥在外的长尾群体，降低了信贷约束和融资成本，促进了数字红利的共享，从而推动了金融的普惠性发展。宋晓玲[3]利用省级面板数据发现，数字金融能够缩小城乡收入差距。谢绚丽等[4]研究发现，数字金融能够显著促进创业，这种提升效应在不发达地区和小微企业要强于发达地区和大中型企业，这表明数字金融能够发挥促进地区平衡发展和缓解小微企业融资约束的普惠功能。傅秋子等[5]发现，数字金融有助于减少农村生产性正规金融需求，增加消费性金融需求。张勋等[6]通过将北京大学中国数字普惠金融指数与中国家庭追踪调查数据结合开展研究，提供了数字金融影响居民收入的微观证据，研究发现，数字金融成为欠发达地区追赶发达地区的后发优势，同时，数字金融对于农村居民的收入增长效应要强于城镇居民，从而实现包容性增长，这显示出数字金融的普惠性质。潘爽等[7]利用城市创新的数据对数字金融的普惠特征进行了检验，研究发现，数字金融有助于缩小中小城市和大城市之

---

① 陈中飞，江康奇.数字金融发展与企业全要素生产率 [J].经济学动态，2021（10）：82-99.

② 廖凯诚，张玉臣，彭耿.数字普惠金融对城市金融业全要素生产率的影响机制研究 [J].当代财经，2022（12）：65-76.

③ 宋晓玲.数字普惠金融缩小城乡收入差距的实证检验 [J].财经科学，2017（06）：14-25.

④ 谢绚丽，沈艳，张皓星，等.数字金融能促进创业吗？——来自中国的证据 [J].经济学（季刊），2018，17（04）：1557-1580.

⑤ 傅秋子，黄益平.数字金融对农村金融需求的异质性影响——来自中国家庭金融调查与北京大学数字普惠金融指数的证据 [J].金融研究，2018（11）：68-84.

⑥ 张勋，万广华，张佳佳，等.数字经济、普惠金融与包容性增长 [J].经济研究，2019，54（08）：71-86.

⑦ 潘爽，叶德珠，叶显.数字金融普惠了吗——来自城市创新的经验证据 [J].经济学家，2021（03）：101-111.

间的创新鸿沟。肖威[1]研究发现，数字金融能够缩小区域经济发展水平的差距，从而起到改善我国经济发展不平衡、不充分的作用。傅利福等[2]通过利用Bonferroni曲线测度省级包容性增长指数，实证发现了数字金融发展能够显著促进包容性增长。

二、经济高质量发展概念界定

目前，我国经济已由高速增长阶段转向高质量发展阶段。但是，对于经济高质量发展的概念却并没有直接说明。通过梳理经济高质量发展的相关文献，发现学者通过对不同视角的研究，界定经济高质量发展概念，但并未统一。因此，本书利用系统性分析方法，从经济高质量发展的特征、内在要求等基础性问题分析入手，界定经济高质量发展概念。

(一) 经济高质量发展基本特征

经济高质量发展意味着发展方式的转变，蕴含着民生的重视、结构的合理、增长的平稳，本质是经济效率的提高、创新的引领。在新时代，经济高质量发展的基本特征可以概括为如下几点。

一是评价指标的多维化是经济高质量发展的第一特征。在经济高速增长时期，评价经济发展的指标唯"GDP"论。然而，对于经济高质量来说，评价指标应该是多维化的，要破除围绕"GDP"论英雄，应从人民对美好生活的物质服务、医疗服务、居住服务、生态环境等多方面评价经济发展质量。首先，经济高质量发展是一种经济新发展理念，需要协调人与自然的关系，那么绿色发展就是高质量发展的第一形态。其次，经济高质量发展破除原有经济发展中的不平衡、不充分问题，需要创新成为第一驱动力，开放是必经之路，那么创新、开放就是高质量发展的第二形态。最后，经济高质量发展需要满足人民对美好生活的憧憬，需要提高国民收入、增加社会财富，那么共享、普惠式经济则是经济高质量发展的第三形态。因此，经济高质量发展评价指标需要多维化，从经济高质量发展形态入手，建立评价指标。

二是经济结构优化、效率提升是经济高质量发展的第二特征。在经济增长时期，经济的快速增长为我国积累了足够的资金，为经济高质量发展打下了基础。但经济增长时期引致的发展矛盾问题，例如生态环境问题，需要通过优化经济结构，转化发展动能，破解突出矛盾。

---

① 肖威.数字普惠金融能否改善不平衡不充分的发展局面？[J].经济评论，2021 (05)：50-64.
② 傅利福，厉佳妮，方霞，等.数字普惠金融促进包容性增长的机理及有效性 [J].统计研究，2021, 38(10)：62-75.

三是创新驱动是经济高质量发展的第三特征。经济高质量发展是"创造—分配—享受"财富的过程。那么，创造财富并实现财富的增值则需要创新驱动。创新是通过发挥知识、技能的作用，来化解不平衡、不充分的发展的。相比经济增长时期，经济高质量发展阶段的特征是创新成为第一驱动力，通过创新，整合经济发展资源，突破原有资源要素的约束，转变发展方式，提升生产效率，促进质量型、集约式的发展。随着我国经济高质量发展的稳步推进，创新驱动下的新动能、新业态将不断涌现，创新将是驱动我国经济发展的新增长点。

四是普惠、共享式的发展是经济高质量的第四特征。现阶段我国社会的主要矛盾是人民日益增长的美好生活需要和不平衡不充分的发展之间的矛盾。可见，化解社会主要矛盾是我国经济高质量发展的逻辑起点。从化解人民日益增长的美好生活需要的矛盾来说，经济高质量发展需要以人为本，经济建设要以人民对美好生活的需要为主；从化解不平衡、不充分的发展来说，单纯的经济增长已不适合且难以破除经济发展中的问题，需要深化经济改革，补充经济发展中的短板。因而，在新时代，经济高质量发展应该以人民为中心，持续优化经济结构，提升产品质量，满足人民群众对美好生活的憧憬。

（二）经济高质量发展内在要求

在新时代，经济高质量发展是在经济增长新常态的基础上，通过创新驱动的新动能、新业态，促使经济结构协调、生态环境优美、居民幸福感提升等。其内在要求主要包括四方面。

1. 以人为本

经济高质量发展的本质是以人为本，通过转变发展方式、优化经济结构、提升产业和产品质量，促进人与自然和谐共生，从而满足人民群众对美好生活的需要。在新时代，经济高质量发展站在提升人民幸福感的方位，以共享、普惠式的经济发展，破除单纯的经济增长，促进经济效率和效益的提升、经济结构的合理性等，从而满足人民群众的需求。

2. 经济增长常态化

在经济增长期，单纯的数量增长，使经济抗风险能力差、经济韧性低等。在经济高质量发展时期，经济发展更具韧性、经济抗风险能力提升、经济增长更加平稳化等。

3. 创新高效

经济高质量发展与单纯的经济增长最本质的区别是创新驱动。经济高质量发展通过创新驱动，破除资源要素的约束，促进经济结构向更为合理的方向调整。在创新驱动下，经济发展更为高效，经济效益得到提升，促使社会资源被充分利用，经济运行状态更为健康。

4.经济协调

经济高质量发展更加注重区域的协调性、产业的创新性、资源的利用性、供需的平衡性。经济发展不再局限于自然资源，而是向着数字化、信息化发展，促使经济发展动力更为强劲。

(三) 经济高质量发展的概念

从经济学中对"质量"的概念来说，是指产品价值的高低，本质是对事物价值的判断，对于"高质量"的价值判断，一般是通过产品合规性 (产品质量) 和合意性 (产品需求)。其中合规性是衡量产品技术、服务是否符合生产标准，产品质量是否过硬；合意性是衡量产品是否满足人民对技术、服务的需求，产品是否是人民所需要的。经济发展的过程是"创造—分配—享受"，其中"创造"是要满足产品合规性要求，"享受"是要满足产品合意性要求。基于此，从经济学概念来说，在合规性上，经济高质量发展体现在资源利用的高效率、产业发展的适应性与质量性以及经济发展与社会进步的一致性等方面。在合意性上，经济高质量发展体现在供需的匹配、人与自然的和谐、社会财富的公平分配以及经济结构的合理等方面。

从"质量"发展的路径来说，经济高质量发展是经济发展的更高形态，就像社会进步一样。我国经济高质量发展经过了"经济增长—经济发展—经济可持续发展"，即从最开始的满足人民基本温饱需求，走出贫困阶段，到满足人民的物质需求，提升人民幸福感，再到人与自然和谐共生，推动经济可持续发展。那么，经济高质量发展则是强调质量和效应，通过创新驱动、结构优化、动力转换，使人与自然更为协调，满足人民对美好生活的需要。

至此，通过总结经济高质量发展的基本特征、内在要求以及"高质量"的经济学概念和路径，本书认为经济高质量发展是基于我国现阶段的主要矛盾所提出的，是将人民福利的提升、经济结构的合理性、生态的承载力、经济效益的提高等方面作为高质量发展的判断标准的，是创新驱动下的共享式、普惠式、质量型的经济发展。

第二节　金融发展与经济增长的内在关联逻辑

一、金融发展相关理论

本节将重点梳理金融发展相关理论，同时本节也将为后文金融发展相关指标的构建提供重要依据。

(一) 金融结构论

金融结构论的提出者是戈德·史密斯。其著作《金融结构与金融发展》对金融发展、金融结构进行了较为深刻和全面的阐释。戈德·史密斯认为，如果想要了解一个国家的金融发展水平，应从其金融结构演化的过程和结果进行切入分析，具体包括金融机构的规模大小和金融工具的丰富程度。在定量研究金融结构方面，戈德·史密斯提出了金融相关率这一指标，该指标通过计算金融资产价值与 GDP 的比值得到。此外，戈德·史密斯在经过大量考察研究后发现，各国的金融结构可能有所不同，但其金融发展路径却大致相同。

(二) 金融抑制与金融深化论

金融抑制和金融深化均是表述金融发展与经济增长关系的相关概念，但二者的内涵却是截然不同的。金融抑制论表明，政府部门的过度干预与管制不利于金融业的发展与繁荣。因为当国家为获取成本低廉的金融资源时会人为压低利率，低利率则会引发较低的储蓄率，较低的储蓄率则会进一步加剧资金稀缺的严重程度，最终导致供求失衡。不难看出，在上述过程中金融的功能几乎完全丧失。金融深化论主张在国内通胀水平相对稳定的情况下，政府应较少地干涉金融领域，让市场充分发挥自我调节的功能，这样状态下的金融市场能够迅猛发展，同时会给企业生产发展带去福音，最终增加产出，促进经济增长。金融抑制论有利于维护经济社会的和谐与稳定，但同时也大大降低了金融体系的活力与发展。金融深化论有利于金融的快速繁荣，但同时也容易滋生金融投机、违法套利等不正之风。在发达国家，金融深化已被广泛接受，但在某些发展中国家，尤其是不发达国家，金融抑制现象仍广泛存在。

随着经济社会发展，市场经济已逐渐被认可和接受，国家和政府对于经济社会干预越来越少，金融机构在未来的金融发展中将扮演着更加重要的角色。金融机构如何充分利用自身优势，政府如何对新兴金融产品做到及时有效监管，两者如何默契配合实现推动经济增长，这些将会成为当下及今后社会所要面临的重要议题之一。

(三) 内生金融发展理论

20 世纪 80 年代中期，金融自由化的经济大背景极大地推动了金融深化理论的发展与完善。但在现实经济社会中，拉美和一些亚洲国家虽然采用了一系列的金融自由化政策，但国家经济发展状况并未得到显著提高。面对这一现象，学者们开始打破原有理论思维的局限，从新的角度审视考察金融发展。20 世纪 80 年代中后期，内生经济增长理论问世并逐渐兴起。内生经济增长理论表明，技术是内生变量，内生技术的进步能够推动经济增长，经济可以依靠内部力量实现增长。这一点带给了金融学家们深刻的启发。金融学理论家开始思索区域内金融发展与本地区内部因素的关系。内生的金融中介可以充分利用自身优势，如通过自身的资源配置、风险分散、信息管理等功能实现金融的长足发展与进步。自此以后，内生经济增长理论和内生金融市场被并入金融发展模型中，学者们将更多与现实颇为接近的因素纳入考虑范畴，使得关于金融机构和金融市场形成的研究更加符合实际。

(四) 金融可持续发展论

白钦先教授在经过近 20 年的研究之后提出了金融可持续发展理论，该理论的基础是金融资源理论学说。

该理论创造性地将可持续发展理念引入金融发展领域，大大丰富了金融发展的研究内涵。该理论指出：首先，金融的功能属性注定了金融发展是一个不断拓取和开发金融资源、提高金融资源利用效率的过程，因此，金融在发展的过程中，要十分注重经济发展的步调与节奏，积极向经济发展需要的方向靠拢，同时也应避免金融的脆弱性的累积，注意风险规避；其次，该理论认为，金融经济密不可分、相辅相成，保障金融可持续发展的关键在于要提高金融与经济各子系统之间的契合度；最后，该理论指出，金融体系在发展的同时，其系统性风险也将不可避免地累积与提升，从而对金融和经济的稳健性提出巨大考验，因此，对金融可持续发展的研究必然要包含对金融脆弱性的研究。

金融可持续发展理论的诞生为后继金融学者指引了明确的研究方向和充分的创新空间，具有十分重要的理论意义。同时，基于白钦先教授的金融可持续发展理论所提出的诸多建议，在 2008 年国际金融危机中均通过了现实的检验和考量，为我国以及其他发展中国家未来的金融发展和战略部署提供了新的方向和思路。故而，该理论也具有十分重要的现实意义。

二、经济增长相关理论

本节将重点梳理经济增长相关理论，同时也将为后文经济增长相关指标的构建提供参考依据。

(一)古典经济增长理论

古典经济学派主要研究经济增长与劳动、资本之间的关系，代表人物有亚当·斯密、大卫·李嘉图、穆勒等。

古典经济学的开创者是亚当·斯密，他在其代表作《国富论》中对国民经济与财富的内涵与定义进行了丰富的阐释，并对影响经济增长的诸多因素进行了论述。在微观经济方面，斯密的价值论指出价值的唯一来源是劳动，并将劳动视为衡量价值交换的尺度。在宏观经济方面，斯密主张自由市场、自由贸易和劳动分工。他认为，一方面，市场本身的运作机制将驱使资源流向产出率最高的经济部门，从而促成社会资源的高效流转与配置，进而推动经济增长。另一方面，劳动分工将提高劳动者的技能、节约时间成本和推动技术进步，这些将显著提高劳动生产率，从而推动经济增长。因此，斯密注重市场的自由发展和劳动分工。

受亚当·斯密《国富论》一书的影响，大卫·李嘉图对经济学领域产生了浓厚的兴趣。大卫·李嘉图在斯密的自由经济理论的基础上对经济增长理论进行了丰富拓展，他认为，实现经济增长的最好途径是减少政府干预和减轻税负。李嘉图鸿篇巨制《政治经济学及赋税原理》的问世标志着古典政治经济学的最后完成。

(二)新古典经济增长理论

美国经济学家罗伯特·索洛在柯布-道格拉斯生产函数的基础上推导出了一个新的增长模型，这个模型被称为索洛经济增长模型，又被称作新古典经济增长模型、外生经济增长模型。

在模型中，索洛将储蓄率、人口增长率、技术进步率设为外生变量，将投资设为内生变量，通过数理逻辑推导出以下结论：一是在其他外生变量相似的条件下，人均收入低的经济有更高的增长率；二是人均产出的增长来源于人均资本存量和技术进步，但只有技术进步（外生变量）才能够促使人均产出的永久性增长。新古典经济增长理论对促进经济增长具有十分重要的借鉴意义。但与此同时，该理论并未解释经济增长的真正来源，仍然将技术进步看成是外生性的。

(三) 内生经济增长理论

内生经济增长理论又称为新经济增长理论，代表人物有罗默、卢卡斯等经济学家。新古典经济学的一个重大缺陷是将技术进步设定为外生变量，内生经济增长理论将技术同资本等其他要素一样视作为内生变量。内生经济增长理论的核心思想是经济能够在不依赖外力的情况下实现持续增长，内生的技术进步是保证经济持续增长的决定因素。内生增长理论认为获取新"知识"(包括革新、技术进步、人力资本积累等概念)、刺激新知识运用于生产(市场条件、产权、政治稳定以及宏观经济稳定)、提供运用新知识的资源(人力、资本、进出口等)等均能促进经济增长。

内生经济增长理论强调规模收益递增、外溢效应、专业化人力资本积累等，是对传统经济增长理论的重大突破。该理论较好地解释了一些经济增长事实，且其丰富的政策内涵对各国经济长期增长政策的制定和运用也有一定的参考价值。但不可否认，内生增长理论在理论框架、生产函数、分析方法等方面仍存在一些缺陷与不足，有待进一步完善与发展。

三、金融发展与经济增长的关联

第一，近年来，我国经济总量稳步提升，人均 GDP 也逐年提高。我国东部地区的 GDP 明显高于中部和西部地区，东西经济差异巨大；随着市场经济机制的不断完善，金融体系迅速发展与繁荣，社会融资规模扩张迅速，金融机构存贷款余额增幅明显；同时，金融业产值增量与国内生产总值增量之比处于逐年稳步提升状态。

第二，在全区域层面上，金融发展显著促进了经济的增长。当金融规模提高 1 个百分点时，地区人均 GDP 约上升 0.267 个百分点；当金融结构变动 1 个百分点时，地区人均 GDP 约变动 0.0114 个百分点；当金融效率上升 1 个百分点时，地区人均 GDP 则上升约 0.0797 个百分点。综合来说，金融发展的三个子指标均表现出对经济增长具有促进作用。

第三，在分地区层面上，金融发展对经济增长的影响存在区域异质性。在东部地区模型中，金融规模的扩张、金融结构的优化变动、金融效率的提升均能显著推动经济增长；在中部地区模型中，金融规模、金融结构能够显著驱动地区经济增长，而金融效率与经济增长的关系则不显著；在西部地区模型中，金融规模与经济增长的关系不显著，而金融结构的变动以及金融效率的提升则能推动地区经济增长。

第四，我国经济增长存在显著的空间相关性，总体呈现正相关，即我国经济发展水平呈"高 - 高"聚集、"低 - 低"聚集分布，这与前文全局相关性基础分析的结果相符。空间计量分析结果显示，各地区的金融发展显著推动了区域经济发展，这一点同时也验证了基础面板回归结果的可靠性。同时，回归结果也表明，我国地区经济增长具有正的外部效应，即当一个地区经济发生增长时，其对周边地区经济的发展增长起到促进作用。

综合来看，我国经济发展整体上拉动了经济的增长，但是仍然存在部分地区金融结构不合理、资源分配不均现象，且东西差异巨大，区域间发展不平衡、不充分的问题较为突出。

四、金融发展作用于经济增长的路径

金融发展归根结底是金融市场主体行为的结果，因此梳理金融发展作用于经济增长的路径本质上就是在梳理金融市场主体的行为对经济增长所产生的影响及结果。故而，本节将从金融市场主体角度梳理金融发展作用于经济增长的路径，金融市场主体主要分为银行类金融机构和资本市场。

(一)银行类金融机构促进经济增长的路径

银行类金融机构作为金融资源调度和分配的社会平台之一，能够通过多种方式和手段对经济发展产生影响，对于经济增长至关重要。银行类金融机构对经济增长的四个主要方面有：第一，银行类金融机构可以通过资金管理和信息管理功能进行金融资源分配，提高资本利用率，从而促进经济增长；第二，银行类金融机构的监督管理职能有助于企业生产率的提高，进而有助于企业产出的提高和资本的积累；第三，银行类金融机构的风险管理功能有助于降低自身的经营风险，为经济发展提供良好的金融支持环境；第四，银行类金融机构的流动性管理可以实现资金化短为长，有利于长期投资项目获得融资，从而促进经济社会生产发展。

首先，银行类金融机构具备雄厚的资金实力，能够实现对社会金融及各类资源的分配，且银行类金融机构可以通过资金管理功能和信息管理优势提高资本利用率，从而促进经济增长。银行类金融机构具有信息来源和获取渠道多元化、人才资源集中、信息处理成本低廉的优势。当银行类金融机构进行信贷投放时，会根据已获取的大量有效信息对融资对象进行全面科学评估，最终确定是否发放贷款。在贷款发放后，银行类金融机构会利用自身信息收集优势对贷款项目进行追踪，以确保贷款本金及利息的顺利回收。银行类金融机构通过为实体经济部门提供资金融通促进经济增长，经济的增长发展又能反过来促进金融资源的积累，实现金融与经济的相互促进与协同发展。除此之外，银行类金融机构还能通过识别先进的技术、优秀的项目和具备才能的企业家来促进技术创新和产业优化升级，从而推动经济增长。

其次，银行类金融机构为保证贷款的顺利回收和到期债务的清偿，会严格监督

借款企业改善经营、加速资金周转。一方面，由于贷款的本金来源于众多存款人，银行的监督将会在极大程度上减少存款人对贷款人的直接监督，而且会比存款人的监督更具有效率、成本更低。另一方面，银行类金融机构对借款企业的监督也降低了股东在公司治理中的管理和监督成本，从而有助于企业生产经营的改善和生产效率的提高，进而促进经济增长。

再次，银行类金融机构的风险管理功能可以通过处置和控制风险，降低和减少损失，保障自身业务的顺利运行。同时，银行的风险管理职能还可以通过降低金融系统风险和分散宏观经济冲击所带来的风险，从而有利于国民经济持续健康发展。

最后，银行类金融机构的流动性管理能力能够反映出金融体系在短期内筹措资金以及资产变现的能力。金融系统极具脆弱性，且传染性极强，若流动性风险提高，则极易造成金融系统的崩溃。银行类金融机构的流动性管理优势不仅可以降低金融系统运作风险，还可以通过提高金融工具的流动性来促进对优质但投资周期长的项目的投资，支持实体部门生产发展，从而提高经济效益。

综上所述，银行类金融机构可以通过资源配置、风险分散、促进投资和企业生产发展等渠道驱动经济增长。但不可忽视的是，银行类金融机构也存在道德风险、监督不到位、经营不善等可能性，这些将会阻碍其发挥对经济的正面作用。

(二) 资本市场促进经济增长的途径

资本市场可以通过促进资金融通、扩大内需、优化企业经营治理等渠道促进经济增长。

第一，资本市场的发展有利于金融资源的高效流通。金融本质上是一种供给，资本市场的发展能够为投融资者提供更多的金融产品和融资渠道。例如，企业通过发行股票、债券等金融凭证去融资，投资者通过购买金融工具完成投资，实现个人财富的增长。故而，资本市场的发展能够为资金供给方和需求方牵线搭桥，拓宽企业融资渠道，降低融资成本；同时也能够实现投融资的中心化，激发金融体系活力，完善市场经济体制，进而有利于经济增长。

第二，资本市场的发展有利于发挥财富效应，增加消费，促进经济增长。资本市场的发展能够创造巨大的社会财富，而财富的增加会拉动社会总需求的上升，从而推动经济增长。

第三，资本市场可以通过对金融工具和金融产品定价实现信息传递，为企业的生产发展决策提供依据。同时，资本市场的不断发展也将促使上市公司建立现代企业制度，鼓励和支持企业积极开展创新，从而增加产出，推动经济增长。

综上所述，资本市场通过促进资金融通、拉动需求、助力企业发展等渠道驱动经济增长。但当前中国资本市场发展尚不充分，具体表现为资本市场定价不合理、市场机制不健全、暗箱操作屡禁不止等。总的来说，建立起完善的资本市场对中国来说依旧任重道远。

五、金融与经济协同增长的策略

(一) 引导和推动金融及各类资源向中西部地区倾斜

我国经济发展和增长水平存在空间异质性，呈现出东高—中平—西低的空间、发展格局。因此，在推动金融和经济发展的过程中，政府应当引导、推动金融及各类资源向中西部地区倾斜，助力中西部地区经济崛起，弱化我国经济发展中存在的不平衡、不充分的矛盾。同时，金融机构要适度加大对中西部地区的资金支持力度，合理平衡金融资源的空间布局，优化结构分布。与此同时，中西部地区各省份也应积极优化营商环境、培育相应的金融中心，为吸引、留住金融资源创造有利条件，从而有利于建设金融产业集群，加速金融核心竞争力的形成。

(二) 加强金融市场体系和微观机制建设

由第四章分区域面板回归结果可知，我国金融发展对经济增长的支持力度存在空间上的差异性，且差异较为明显。因此，应当进一步加强地区金融市场体系建设，结合区域经济发展状况引导调整金融体系发展方向，因地制宜，打造出符合区域经济增长的金融市场体系。此外，也应该加强金融微观机制建设，引导地区金融资源合理分配，避免出现市场分配机制失灵和要素流动不合理等不利于经济增长的问题。一般来说，经济发展越缓慢或落后的地区，其金融市场规模和体量就会越小，且微观金融发展机制严重不足。因此，要根据地域经济发展状况和金融发展状况制定具体措施，持续不断优化金融供给质量与规模。

(三) 提高金融发展水平，推动形成区域间以点带面效应

金融发展能够有效推动经济增长，经济发展存在空间集聚特征且具有显著的正外部性。因此，可以通过推动形成以点带面效应实现区域协调发展，实现先富带动后富。经济发达地区具有丰富的金融资源、金融人才资源和先进的金融发展理念，而其周边经济发展较为落后的地区的金融体系则相形见绌。因此，可以通过整合地区金融资源实现金融资产配置和结构的优化，同时也有利于实现区域间金融资源的优势互补，提高区域间金融与经济的适配度，最终影响经济增长。

同时，经济发达的地区可以利用自身金融优势带动其他产业资源往周边地区进

行辐射，对周边地区的发展给予支持和帮助。而经济发展较为落后的地区也应当积极地向周边经济发展水平较高的地区学习，借鉴优势和经验，实现自身发展。

(四) 形成全面发展合力，助力金融发展推动经济发展

除金融发展外，经济社会其他要素的发展和完善也会对经济增长形成积极影响，如固定资产投资、社会消费、对外开放、技术创新等。因此，在发展过程中，应该充分动用一切力量，注重形成发展合力，为实现经济发展服务。一是继续加大社会固定资产投资力度，为企业生产发展和社会固定资产再生产提供有力保障；二是刺激社会消费，通过促进扩大内需、推动消费升级、培育消费热点等实现社会总需求的增加，从而推动总产出的增加，最终实现国民经济增长发展；三是坚持对外开放，对外开放能够促使中国经济社会发展融入世界经济发展的主流，对于增强中国国民经济实力以及提高中国国际地位具有重大意义；四是继续推动和支持技术创新。文中技术创新的相应回归系数虽为正值，但客观情况是我国的技术创新能力相较于发达国家仍处于较低水平，核心技术受制于人。因此，国家应该加大对重点科学研究实验室及企业技术创新的支持力度，充分挖掘并释放优秀人才的科技研发潜能，提高技术创新的质量以及科技转化为现实生产力的能力，必将驱动经济增长。

第三节　经济高质量发展对金融发展内在要求

一、经济高质量发展对金融发展的内在理论要求

通过对经济高质量发展演进路径的剖析，可看出经济高质量发展将是我国经济结构的重大转变，经济结构的变化势必会对金融发展提出要求。因此，根据经济高质量发展内涵、特征与演进路径，借助新古典经济学理论，探讨经济高质量发展对金融发展的内在要求显得尤为必要。

对金融部门和实体经济部门进行归类与划分。根据经济增长向经济高质量发展的过渡时期，将经济系统分为系统一与系统二，其中系统一为生产一般产品的实体经济部门以及与其对应的金融服务部门，系统二为生产高质量产品的实体经济部门以及与其对应的金融服务部门。但是，系统二的实体经济部门生产高质量产品的比系统一生产一般产品的实体经济部门的生产方式更为复杂，因此，系统二的投资效率高于系统一。

随着经济迈向高质量发展阶段，人们的收入水平会显著提高。由于理性消费者总是追求效用最大化的，从而理性消费者更偏好增加高质量产品的消费，那么，在

均衡状态下，消费结构的变化会引致系统一的资源转移到系统二，从而整个系统的消费量相对下降，整个社会的消费率也会随之下降，但是社会的投资量会相对增加，进而投资率上升，从而驱动经济增长。

在经济发展过程中，金融是投资活动的媒介。在经济高质量发展过程中，经济结构的持续优化会引起金融结构的改变，例如投资活动的变化会引起金融资产结构的改变。因此，经济高质量发展过程中投资率的上升会导致金融深化的同步上升。同时，根据帕特里克德的"金融供给"和"金融需求"理论，经济高质量发展（经济规模的进一步扩大）会要求金融业为社会提供更广泛、普及的金融服务，即要求金融服务具有包容性与效率性，而经济高质量发展（即经济结构的转变）会伴随着实体经济部门的创新，这会要求金融业提供创新性的金融服务。同时，实体经济部门向创新型经济转变，会要求金融结构的变化，这时金融业将会转向为实体经济部门提供更多融资或风险可控的金融服务，为经济结构转型提供有利的金融环境。

综上所述，在经济增长转向经济高质量发展阶段时，经济结构的优化、提升，会使得金融深化程度加深，除此之外，在该阶段金融部门资本存量相较于前一时期加速增加。然而，受到国民经济收入以及消费者效用的制约，经济结构优化、提升的阈值是既定的，投资率的提高幅度、金融发展程度以及经济增长向经济高质量发展转移的资本转移量存在最优值，若金融发展偏离最佳幅度则会出现损害经济增长的现象。

由此可得出如下结论：首先，经济高质量发展会要求金融部门为社会提供广覆盖、普惠式的金融，即具有普惠金融属性；其次，经济高质量发展要求金融部门为实体经济部门提供具有创新性的金融服务；最后，经济高质量发展要求金融部门提供可持续、低成本、低风险的金融服务。

二、经济高质量发展对金融发展的内在现实要求

经济高质量发展是我国经济从"数量"到"质量"的根本转变，通过创新驱动经济发展，满足人民对美好生活的需要。透过经济高质量发展内涵、特征、目标等，可以看出经济高质量发展是经济结构转型的 2.0 版本。经济高质量发展是满足人民对美好生活的需要。实现经济高质量发展的路径则需要发展生产力，发展生产力就需要克服不平衡、不充分的发展。解决不平衡、不充分的发展则需要优化经济结构、补齐发展短板，并以创新为发展手段（国务院提出的中国制造 2025 计划以及发布的《国家创新驱动发展战略纲要》均表明要以创新驱动经济发展）。那么，创新是我国经济发展动力的转变。但最终作用路径是通过满足人民对美好生活的需要，以及发展高质量实体经济，那需要什么样的金融支持呢？本章通过上述理论模型的论述，

论证了经济高质量发展需要哪些金融满足哪些特性，为进一步加强验证本书的理论模型，将通过解读近年来经济高质量发展的现实经验，论述经济高质量发展对金融发展的内在现实要求。

经济高质量发展需要满足人民对美好生活的需要。从我国人均可支配性收入来看，2023 年，全国居民人均可支配收入为 39218 元，比上年名义增长 6.3%，扣除价格因素，实际增长 6.1%。分城乡看，城镇居民人均可支配收入为 51821 元，增长（以下如无特别说明，均为同比名义增长）5.1%。同时，从社会保障方面来看，医疗保障与养老保障并未全覆盖，而且社会保障向城镇居民倾斜较多。这说明，我国城乡之间存在明显差距，其中最重要的是城乡收入差距在逐步拉大，这也会间接导致城乡之间的社会保障拉大。可见，缩小城乡收入差距是我国经济高质量发展亟待解决的问题。而解决此问题就需要普惠性的金融服务。

经济高质量发展是从"要素驱动"向"创新驱动"的改变。在原有的生产方式下，生产力主要依靠劳动力等要素成本，但经济高质量发展需要以创新为驱动，提高生产要素的效率，转变经济发展方式。从我国经济发展的实践来看，最明显的是产业结构从劳动力、资本等要素驱动转向了数字化、信息化等要素，即创新引领产业结构的优化升级，例如 2019 年的高技术制造业以及战略性新兴产业工业增加值分别是 8.8% 与 8.4%，而全年的全国规模以上工业增加值为 5.7%，明显低于前两项增加值。可见，创新驱动我国经济高质量发展已成为共识。然而，以创新驱动并不能否定要素驱动，反而两者是辩证统一的关系，即创新驱动以要素生产率为基础，提高要素生产力需要创新驱动，而其中的关键是需要提高资本要素效率，只有提高资本要素效率才能盘活整个过程，这时就亟需具有包容性的金融服务。

经济高质量发展是由"数量"向"质量"的转变。从事实来看，我国居民对高质量产品的需求，间接反映出国内需求不足，供给端与需求端不匹配，单纯的"数量"增长已不适合经济发展，需要供给侧结构性改革，从而解决供给端的质量问题，提升实体经济部门的价值链。

与此同时，我国向经济高质量发展转变的过程中，科技发展显著增强。无论是供给端的高质量产品的生产还是实体经济部门的科技研发，都离不开对金融服务的需求。因此，经济高质量发展需要具有科技性的金融服务，为实体经济部门提供创新性的金融产品，为实体经济部门注入金融资本，增强实体经济部门的科技创新，提高供给端的产品质量。从而实现科技强国的发展目标，满足人民对高质量产品的需求。

综上所述，通过对经济高质量发展路径的剖析，了解了经济高质量发展需要与之匹配的金融服务，从而通过解读经济高质量的现实情况，明确了经济高质量发展要求金融部门提供具有包容性、效率性、科技性的金融服务，从而缩小城乡收入差距、优化、提升经济结构，助力实体经济部门发展，满足人民对美好生活的需要，破除经济发展中不平衡、不充分的问题。

第四节 数字金融与经济高质量发展协同机制

在经济增长末期与经济高质量发展前期，金融发展与经济发展衔接出现问题，例如，金融支持实体经济能力较差等，得到了诸多学者的验证。金融发展与经济高质量发展不匹配，金融部门没有转变发展模式成为拖累经济高质量发展的重要因素。因此，本书在探究金融发展契合经济高质量过程中出现的新业态(即数字金融)基础上，论述了数字金融与经济高质量发展的协同机制，从而为剖析数字金融驱动经济高质量发展的机理奠定基础。

一、金融与经济高质量的内在统一：创新性的金融供给

目前来说，我国的金融发展与经济高质量发展并未契合，最明显的特征是金融业服务中小企业以及民营企业存在很大的短板。在前期，我国传统金融体系主要是银行与政府主导，主要服务于国有企业以及制造业等，此时为粗放式的经济发展。这时期金融部门服务方式较为落后，例如，此时的金融业风控方法首先会采取看历史数据，即实体经济部门中的三张表(资产负债、利润表以及现金流量表)，其次依据抵押资产，最后看担保人，若是政府担保的话则会很快获得金融服务。在经济发展时期，我国金融体系进行了一系列改革，逐渐发展成为现代金融体系，我国金融体系有了明显的改善，金融抑制性有所减少，但金融服务仍然集中于大型企业等具有资金保障的实体经济，对中小企业以及民营企业的融资需求仍然存在歧视，正因如此，我国民营企业的平均寿命不到五年，中小企业的风险则更高，尤其是创新型企业。

我国金融体系存在的另一个问题则是金融抑制政策，即利率双轨制。当前，部分政府存在压低正规市场利率，支持国有企业发展的现象。然而，这样的做法无疑加剧了中小微企业获得贷款的难度，并间接提高了非正规市场的融资成本。

目前，在我国金融体系下，正规金融市场中的利率存在管制政策，从而导致正规金融市场即实线部分出现供给不足。虽然正规金融部门的融资成本较低，但是其服务能力有限，出于理性原则，银行为确保贷出的资金能够收回只能服务于大型企业，从而使得大部分中小微以及民营企业无法获得融资。这部分无法获得融资的企

业为需求发展只能进入非正规金融市场融资，市场利率远超管制利率。正规金融机构为中小微企业提供融资要么是增加自身风险，要么就是增加自身成本，因此，出现了中小微企业融资难等问题。

金融部门没有为经济高质量发展提供满意的金融服务。但是，随着科技创新的发展，金融与科技深度融合，数字金融填补了金融服务经济高质量发展的"漏洞"。数字金融是金融部门的新业态，利用数字化、信息化技术突破了传统金融服务瓶颈，满足了普惠金融特性。数字金融之所以能够快速发展在于正规金融服务的供给不足，而数字金融为经济高质量发展提供了创新性的金融服务。其中，最明显的则是其创新了金融服务模式，改进了金融风控能力，并变相实现了利率市场化，为金融部门带来了革命性的变化。同时，数字金融的发展是金融部门革命性的成果，不仅使金融发展与经济高质量发展相契合，金融服务实体经济能力显著增强，而且实现了金融发展与经济高质量发展的内在统一。

二、数字金融发展"内核"：功能性重塑

数字金融是金融与科技深度结合的基础，是实体经济需求多样化的结果，更是金融发展与经济高质量发展内在统一的新业态。数字金融涵盖了几乎所有金融业务，例如，支付、借贷、保险、财富管理等，其中数字货币更是成为我国货币当局关注的热点，并在 2020 年 5 月对其实行了测试。从数字金融改变传统金融业务来看，数字金融对金融业功能性重塑主要体现在以下三方面。

(一) 重塑征信体系

从信贷配给与交易成本理论可知，信息不对称以及交易成本高等因素的影响，导致了普惠金融服务的不可实现性。从我国已建成的征信体系来看，其还存在诸多问题：一是对低收入群体以及小微企业的征信覆盖面不够；二是服务于传统金融机构的信贷业务信用信息，并未纳入新兴金融机构；三是公共征信机构缺乏有效竞争，导致征信体系的运行效率与产品丰富度不够。

数字金融的发展，将互联网技术与大数据相结合。为征信系统带来了变革：一是开启了征信体系的市场化，构建了多元化的征信体系。例如，以芝麻信用 (阿里巴巴旗下的征信体系)、腾讯征信为首的八家民营征信公司开启了征信体系市场化，更是服务了诸多群体；二是扩展了征信信息来源和多样性。数字金融利用移动互联网、大数据以及云计算等技术，充分刻画了征信对象的信用状况，服务于长尾客户，例如，芝麻信用依托阿里巴巴的淘宝网数据，利用支付信息、社交信息等数据刻画客户信用；三是提供了差异化和场景化的征信产品和服务。数字金融依托信息技术，

将不同的生活场景纳入征信体系，例如，华道征信为租客提供的"猪猪分"，则是解决了房屋租赁的矛盾；四是加强了防欺诈和数据保护。数字金融依托大数据技术开发的反欺诈系统为各大征信公司开展金融业务提供了保障，例如，腾讯征信的人脸识别。

(二) 重塑融资模式

中小微企业融资难的关键在于其"软信息"较多而"硬信息"较少，这也就间接导致了信息不对称、交易成本高等问题。数字金融的发展基于数字化、信息化技术，在减少信息不对称、降低交易成本等方面具有优势。其原因在于：一是我国互联网基础设施的普及率与使用率较高。这为改变融资模式、降低交易成本提供了可能。二是数字金融降低了获客成本。这为解决信息不对称问题提供了新渠道，在数字金融服务下，用户可以跨越时间与空间享受金融服务，为企业融资提供便捷，且数字金融能有效甄别个体信用程度，为金融机构提供决策。三是简化了融资双方的融资流程，降低了贷款成本。数字金融的服务基本是线上完成，减少了对物理网点的依赖，为借贷双方降低了不必要的贷款成本。四是有利于个性化与场景化节点，促进了金融创新。数字金融借助大数据等技术从海量数据中挖掘长尾客户，减少信息不对称，为客户进行风险评级，并可根据支付场景与个人需求提供多样化的金融服务，为用户提供更为合理的金融服务。

(三) 重塑监管方式

数字金融创新了金融监管体系，为金融监管当局提供了多样化的金融监管方式。从目前来看，数字金融发展为监管当局提供了：一是合作式监管。合作式监管是指在建立准入监管的基础上，结合自律式监管，从而达到监管主体与被监管主体共同合作监管的目的。二是强化了功能性监管。数字金融的发展也带来诸多风险，如信息风险、资金风险等，为有效监管数字金融风险，金融监管主体实现了与其他监管部门共同协作，强化金融系统内的功能性监管，突出金融系统外的协同监管，为数字金融的发展及时"纠偏"。

三、金融与经济的内在均衡：数字金融与经济高质量的协同

数字金融解决了金融资源错配，并为中小企业提供了低成本和高效率的金融服务，回归了金融本源，使原本金融市场存在的功能性缺陷逐步修复和弥合，与当前经济高质量发展内涵、目标等多方面实现协同。

(一) 形成了直接融资与间接融资平衡互补的竞争性市场结构

数字金融的出现实现了金融市场与经济结构的动态平衡。从我国金融资源格局来看，资本市场在金融深化与改革过程中发挥着积极作用，推动了我国直接融资的发展，有力地支持了实体经济发展，而以银行为主导的金融体系 (数字金融发展之前) 形成的间接融资对实体经济的支持力度不足，并出现直接融资与间接融资不协调、不平衡的问题。从企业角度来说，直接融资的本质是所有权的问题，间接融资则是债权债务的关系，因此企业更倾向于间接融资，但是，以银行为主导的间接融资存在着融资 "歧视"。数字金融出现后，其独特的功能承载和风控机制，对推动间接融资的发展起到了重要作用，中小企业融资约束明显缓解，此时金融市场形成直接融资与间接融资平衡互补的竞争格局。

(二) 建立了高质量的全能配置型金融供给

为适应经济高质量发展对金融发展的要求，金融体系不断进行创新与优化，形成了数字金融。数字金融式金融与科技的深度结合，满足了不同规模、不同领域以及不同群体的金融服务需求，实现了金融配置功能完备，兼具了直接融资与间接融资双层结构的金融供给。从已有的实践经验来看，数字金融为保险业、产业基金等金融领域发挥着最大化的服务效率，并以市场化手段引导着产业发展，促进经济结构转型，从而促使金融供给回归本源。

(三) 构建了从直接到间接的分层匹配、穿透协同配置机制

数字金融利用银行、证券、互联网公司等多种金融机构、科技公司以及类金融机构提供金融服务。数字金融通过数字化、信息化技术合理运用金融资源、客户数据等创新了金融产品和服务，为不同阶层、不同层次的金融需求群体提供高效、合规、低成本的金融服务，为不同领域、不同规模与不同阶段的实体经济部门建立征信体系、融资平台、风控机制，从而实现了从 "分层" 到 "穿透" 的资源协同效应，为金融发展与经济高质量发展契合提供了有效路径。

(四) 实现了政府、市场与金融机构的多元格局

数字金融的发展一方面发挥了市场在资源配置中的决定性作用，另一方面，发挥了政府的作用。经济高质量发展以创新为驱动，为数字金融发展提供了制度空间，数字金融通过数字化、信息化技术能够充分调动金融资源，以共享经济的理念，构造政府、市场与社会资源协同的共享平台。数字金融重塑了产品定价与风控机制，

创新了金融产品，并有效协同了财政、信贷与融资的积极作用，建立了以数字化、信息化技术为主导，以银行、证券、保险等多种金融服务为一体的金融资源组合，为经济高质量发展提供了多元化的金融服务。

综上所述，数字金融的发展逐步改善间接融资结构，使直接融资与间接融资动态平衡互补，推动着经济结构转型升级，健全多层次、多样化、互补型、功能完备和高效率的金融服务体系，为经济高质量发展提供高质量的金融支持。因此，数字金融从解决金融资源错配到实现金融与经济高质量发展的协同都发挥着重要的作用，为金融更好地服务于实体经济也发挥了重要作用。

第五节　数字金融对经济高质量发展的作用机制

数字金融通过大数据、云计算、区块链等数字技术降低了金融服务的边际成本，提高了金融部门的资源配置效率，有利于满足弱势群体的金融服务，改善中小微企业融资约束，驱动经济高质量发展。然而，仅谈论了数字金融影响经济高质量发展的理论逻辑，对数字金融作用机制分析不足。但从上节理论逻辑的分析可知，数字金融能使城乡收入差距更为收敛，中小微企业能有更多机会获得金融服务，进而提高企业创新。因此，本节将从收入分配、机会公平以及创新驱动入手深入分析数字金融对经济高质量发展的作用机制。

一、收入分配机制

经济高质量发展要满足人们对个人可支配性收入增长的要求，缩小城乡收入差距。一方面，数字金融得益于大数据、云计算等数字技术的发展，能为弱势群体直接提供信贷、理财、储蓄等一体化的金融服务。同时，通过数字金融影响居民部门的理论逻辑来看，数字金融解决了低收入人群的融资难题，为低收入群体的收入增长做出重要贡献。另一方面，通过数字金融影响金融部门的理论逻辑来看，数字金融降低了金融业的边际成本，提高了金融资源配置效率，扩大了金融服务覆盖面，使得农村居民、贫困居民等弱势群体同样能享受金融服务，提高个人收入，缩小弱势群体同城镇居民的收入差距。

此外，数字金融通过促进经济发展影响贫困居民，提高了贫困居民收入，具有减缓贫困的作用。因此，数字金融发展满足了人们对金融服务的需求，驱动了经济高质量发展。具体而言，数字金融通过直接与间接影响改善了农村居民、贫困居民收入的收入分配机制。

(一) 数字金融对收入分配机制的直接影响

1. 居民信贷业务影响

在传统金融主导的金融市场中，金融服务需要付出一定的成本。此时，传统金融机构基于自身利益的诉求，会向经济发达地区开展金融服务，而经济欠发达地区的金融服务却无法满足此类需求。同时，农村居民、贫困居民等弱势群体的个人收入有限，且缺少必要的抵押资产，导致弱势群体不能获得金融服务。

数字金融通过数字技术的运用，缓解了由于信息不对称所带来的金融服务"门槛"，解决了排斥效应、弱势群体融资难及融资贵等难题。数字金融的发展尤其是满足了农村居民获取金融服务的需求，提高了农村居民收入水平，进一步缩小了城乡收入差距。数字金融的发展在一定程度上解决了弱势群体融资难、融资贵等问题，农村居民、贫困居民等通过数字金融获得了金融服务，提高了个人收入水平，进而缓解了城乡收入差距。

2. 居民储蓄业务影响

传统金融在进行理财业务时，受益群体主要集中于中高收入群体，农村居民、贫困居民等弱势群体的理财需求往往被排斥在金融服务之外。然而，数字金融的发展，使得弱势群体通过互联网技术即可实现闲散资金的理财需求。一方面，弱势群体通过数字金融获得了额外的资金收益，实现了闲散资金的保值、增值；另一方面，弱势群体通过数字金融购买理财产品，更好地防范了资金通货膨胀风险以及未来不确定性风险，例如，农村居民的收入主要以农业生产为主，但环境的变化对其收入影响很大，农村居民收入存在未来不确定性分析，而农村居民通过数字金融服务有效地应对了未来收入不确定性的问题，且增加了农村居民个人收入。此外，数字金融机构将弱势群体的闲散资金吸收起来，通过数字化技术进行投资，可帮助弱势群体进行扩大再生产，提高个人收入，缩小城乡收入差距。

(二) 数字金融对收入分配机制的间接影响

1. 经济高质量增长

数字金融借助大数据、区块链等技术进一步降低金融信息搜集成本、交易成本、定价成本等，进而增加了金融供给，扩大了服务范围，并通过数字技术实现了金融资源的再配置，提高了金融资源配置效率，促进了经济高质量发展。经济高质量发展提升了整个社会的福利、效益，创造了更多就业机会，提高了居民收入水平，尤其是提高了农村居民、贫困居民的收入水平，进而实现了缩小城乡收入差距、缓解贫困的目标。数字金融的发展驱动了经济高质量发展，而经济高质量发展实现缩小城乡收入差距、缓解贫困的路径主要有"涓滴效应"与"亲贫式增长"，前者是指在经济发展早期阶段，富人掌握了大部分的社会资源，享受到了更多的社会效益，而弱势群体享受到的社会效益相对有限。随着经济的增长，政府有了充足的财政，为弱势群体提供了更多就业与补贴，满足了弱势群体的社会福利要求，此时政府也在致力于减少贫困、缩小城乡收入差距。当经济处于高质量发展时，更多弱势群体享受到了经济增长的成果，此时经济增长过程就类似于"涓滴"，经济发展的最终目标使社会所有群体能享受到经济增长成果，实现社会群体的共同富裕。"涓滴效应"的实现是市场自由配置的结果，能够提高弱势群体的收入水平，改善贫困状况，缩小城乡收入差距。"亲贫式增长"对应的是调节"涓滴效应"市场失灵时的状态，主要是指在"涓滴效应"市场失灵时，政府通过必要的政策干预，增加财政支出，使弱势群体获得的社会福利高于富人，满足弱势群体的基本要求，使经济增长成果能充分惠及弱势群体，进而实现弱势群体的收入增长。

2. 收入再分配

数字金融通过运用大数据、云计算等数字技术大幅增加了金融供给，扩大了金融服务的覆盖面，提高了金融资源配置效率，降低了金融服务的边际成本，进而实现了收入再分配。例如，当前我国数字金融服务已下沉到偏远农村地区，实现了金融业务的支付、存储等功能，使偏远农村地区可将生产产品销售给全国各地的客户，扩大了经营范围，实现了收入增值。同时，数字金融将金融业务扩展与延伸到全国每个地方，使农村居民、贫困居民不再局限于地方金融供给的限制，可直接通过移动终端完成投资、理财、保险等金融服务，有助于农村居民、贫困居民等弱势群体享受金融服务，进而增加个人收入。例如，众筹等金融服务在弱势群体面对未来的不确定性时，为其提供资金援助，大幅度减轻了农村居民、贫困居民等弱势群体的负担。

二、机会公平机制

从公平与效率理论可知，要想实现社会的机会公平，就要注意补偿社会环境所带来的劣势，避免"环境偏差"出现努力差异的现象。在传统金融主导下的金融市场中，弱势群体的金融可得性差，被金融机构服务的机会较低，造成弱势群体发展受限，如中小微企业因无法获得融资出现破产，城乡收入差距的进一步拉大等现象。金融服务的缺失是阻碍弱势群体发展的环境劣势，不仅影响到弱势群体个人，如就业、教育等，更影响到产业发展。因此，提高弱势群体金融可得性，补偿传统金融体系下弱势群体的金融环境，改善金融"环境偏差"问题，是满足弱势群体金融服务需求，促进金融服务的机会公平。

数字金融借助大数据、云计算等数字技术，突破了传统金融服务地域、群体等方面限制，减少了交易成本、信息搜集成本以及信息不对称等问题，对金融"环境偏差"进行补位，为弱势群体提供更广泛的金融服务，不仅有利于金融体系的机会公平，而且促进了其他方面的机会公平。

(一) 数字金融促进了金融机会的公平

数字金融依托数字技术优势降低了弱势群体金融服务准入"门槛"，突破了传统金融发展的高成本、低效率问题，通过构建多元化场景为无法获得传统金融服务的群体提供平等的金融服务，推动了金融效率的提升，为弱势群体提供平等的金融机会，增强了金融服务实体经济能力，驱动经济高质量发展。伴随着数字金融的广泛运用，金融在支持实体经济发展，提供农村居民教育、就业机会等方面更为公平。

(二) 数字金融改善了金融体系的机会公平

传统金融体系效率低下问题，是农村居民、中小微企业无法有效激活经济的重要因素。数字金融突破传统金融技术瓶颈，为信贷受阻的农村居民、中小微企业注入活力。从金融机构来看，数字金融优化了直接融资体系与间接融资体系。在金融机构中，数字金融依托数字化、智能化技术，全面改变了金融机构运营、风控、销售等领域，有效降低了金融机构运营成本、定价成本，提升了风险控制效率，促进了金融机构数字化转型，进而提升了金融业资源配置效率。与此同时，从金融结构来看 (即直接融资与间接融资)，数字金融的发展更好地对接了资本市场的直接融资，在面对间接融资不畅的问题上 (金融服务中小微企业)，数字金融借助大数据、精准画像等技术精准匹配需要金融服务的实体企业，使中小微企业能够获得更多的间接融资，进而改善了金融结构。

(三) 数字金融促进了企业信贷、资产管理等机会更能平等获取

金融市场出现"环境偏差"，导致我国金融体系对弱势群体的支持不足。随着数字化技术的快速发展，数字金融利用人工智能等技术打破了产业、地域等方面的金融服务限制，让更多产业有机会快速发展，从而激活企业活力，参与经济活动，驱动经济高质量发展。例如，数字金融的出现促进了服务业的快速发展，打破了传统金融只服务于国家急需的产业限制，激活了社会生产力，推动了我国产业结构转型、升级，驱动了我国经济高质量发展。

三、创新驱动机制

林毅夫等指出经济高质量发展需要以创新为手段。以创新为驱动不仅有助于经济结构的转型升级，还能为社会提供更多的就业机会。那么，数字金融如何作用于创新驱动机制，进而驱动经济高质量发展？因此，本部分将探究数字金融如何影响创新驱动机制，进而驱动经济高质量发展的。

与传统金融相比，数字金融具有明显的技术与创新特征。从宏观层面来看，数字金融影响创新驱动机制体现为数字技术对经济增长模式的改变。传统经济增长模式更为粗放，第一、二、三产业相互分割，不考虑产业结构的协同性。现今，在数字金融的驱动下，金融业结合数字化技术模糊了金融服务边界，创新了金融产品，推动了产业的跨界与融合，并通过数字化技术驱动金融资源进行精准投放，进而驱动经济全要素生产率的提升。从微观层面来看，数字金融驱动实体经济创新体现在企业内部以及企业之间的运营模式、融资模式以及组织模式的改变，增强了企业创新能力，提升了企业全要素生产率。一方面，从企业内部来看，数字金融通过创新金融产品驱动企业创新可以理解为数字金融缓解企业融资约束，从而促成企业有充足资金进行创新，包括创新企业运行模式、企业内部管理流程等方面。例如，传统企业通过获得数字金融所提供的资金实现企业数字化转型；另一方面，从企业之间发展来看，数字金融借助大数据、区块链等数字化技术与产业相融合，并结合产业需要创新金融产品，如供应链金融，并依靠数字化技术向产业链两端延伸，包括横向延伸价值链，纵向衍生产业链，模糊产业边界，促进产业协同发展，进而创造新商业模式以及新产品。

此外，依据数字金融理论可知，数字金融能够降低信息搜寻成本、交易成本、产品定价成本等，打破了传统金融市场垄断，增加了金融市场的活跃程度，使不同产业的企业能有机会参与金融活动，进而增强实体经济能力，实现高质量的经济增长。同时，数字金融通过提高金融资源配置效率，优化金融资源配置结构，为产业结构转型提供了基础。

第六节　数字金融驱动经济高质量发展的传导路径

收入分配、机会公平以及创新驱动是实现经济高质量发展的重要机制。通过上节分析可知，数字金融优化改变了经济高质量发展的收入分配、机会公平以及创新驱动机制。然而，数字金融的本质仍然是金融属性，通过第一节数字金融影响金融部门的理论逻辑来看，数字金融改变了传统金融属性，实现了金融共享，提升了金融资源配置效率，提高了金融创新性。那么，数字金融是如何利用其金融属性，驱动经济高质量发展的呢？因此，本部分将详细探究数字金融如何通过金融包容性、金融效率性以及金融创新性三个传导渠道驱动经济高质量发展。

一、金融包容性传导

数字金融借助大数据、云计算等数字化技术降低了信息搜寻成本、交易成本，对经济高质量发展的推动，具有明显的外部性和溢出性。但数字金融对经济高质量发展的间接推动作用远超其直接作用，因为数字金融增加了金融包容性特征，直接影响到社会收入分配。

在传统金融模式下，金融中介在金融交易活动中扮演着重要作用，任何金融活动都离不开金融中介的参与。由此导致传统金融服务下的低效率、信息不对称、金融供给不足等诸多问题。数字金融的出现改变了传统金融运营、服务模式，提高了金融服务效率，促成了金融包容性特征。而金融包容性特征刚好弥补了传统金融供给不足的天然缺陷，实现了金融普惠性，且通过扩大金融服务覆盖面，使更多的金融需求者参与金融活动并从中获益，尤其是金融包容性特征覆盖了传统金融模式下被忽视的农村居民、贫困居民等弱势群体。数字金融的金融包容性特征强调的是金融资源的共享，包括支付、交易等多种金融方式。此外，数字金融利用移动终端技术为金融共享提供了必要的技术支撑，实现了全民参与金融活动。

数字金融的金融包容性特征淡化了金融中介角色，缓解了信息不对称，减少了交易成本，使得金融供需双方不再局限于特定的地区、时间参与金融活动，供需双方仅通过移动互联、网络互联即可实现金融活动。数字金融通过金融包容性特征驱动经济高质量发展的表现：一是从金融供给者角度看，数字金融的金融包容性作为一种资源，推动了更多金融资源提供者无须金融中介即可直接参与金融活动，增加了金融供给，实现了金融供给者社会财富的增加。二是从金融需求者角度看，数字金融的金融包容性可作为一种金融产品，使得更多的农村居民、贫困居民等弱势群体享受到这种金融产品，改善社会福利、减缓贫困以及缩小城乡收入差距。具体而言，通常认为缩小城乡收入差距需要政府增加财政转移支付，但是这样做却忽略了个体的依赖情绪以及懒惰行为，进而可能导致政府财政大面积赤字，反而使城乡收入差距越来越大。然而，数字金融的金融包容性使得农村居民、贫困居民等弱势群体能获得同样的金融服务，激发个体努力程度，实现个人收入水平的增长。可见，数字金融的金融包容性提高了弱势群体参与经济活动的积极性，促进弱势群体从个人努力开始，实现个人收入的增长。

据此，根据上述分析，本书认为数字金融通过金融包容性特征，服务于农村居民、贫困居民等弱势群体，改善了收入分配机制，缩小了城乡收入差距，对经济高质量发展具有正向推动作用。

二、金融效率性传导

数字金融的发展打破了传统金融主导下的金融资源配置状态，实现了金融资源去中介化的对接方式，缓解了中小企业融资约束。数字金融重构了金融资源配置状态，实现了低成本运营、信用评估以及担保系统为一体的金融资源交易，金融资源得到了高效率、公平的配置状态，缓解了中小企业融资难、融资贵等难题，从而驱动了经济高质量发展。

数字金融重构金融资源配置方式，提高了金融服务实体的经济效率。具体而言，数字金融在金融资源流通、交易的过程中，重构金融活动基本运行规则和制度，将供给侧与需求侧重新连接，让所有经济主体参与金融要素配置活动，进而增强金融服务实体经济的能力，驱动经济高质量发展。

数字金融依托互联网、大数据以及云计算等技术的发展，使得支付、融资、担保、征信等多种金融工具能够实现云端互联、互通。金融活动参与主体实现了去中介化的云端互联。其中资金供给方的参与主体更为多样化，包括政府部门、金融机构以及企业和个人，多样化的参与主体带来了充沛的金融资源。充沛的金融资源不是进入了传统金融机构，而是进入了去中介化的数字金融机构。数字金融机构在获取充沛的金融资源后，可利用大数据、区块链、人工智能等数字化、信息化、智能化技术进行整合分析，包括对资金供给方的风险偏好、投资回报率等。金融资源在经过数字金融机构分析后，将金融资源按照时间、风险等方面进行切割打包，进而形成多样化的金融产品。多样化的金融产品将进入金融市场中，与传统金融不同的是，数字金融会对资金需求方的信用体系进行主动分析，进而缓解资金需求方的信息不对称问题。同时，为保证资金供给方与需求方的精准匹配，数字金融采用公开平台的方式，让资金供给方通过大数据分析判断资金需求方的一些基本信息，以充分减少违约风险的发生。以阿里巴巴旗下的阿里小贷为例，阿里小贷通过对中小微企业所提供的流水、支付宝账号以及企业财务等信息进行信用评级，为大量中小微企业提供了信用贷款服务，极大地缓解了中小微企业融资约束。

依托于大数据、云计算等数字化技术的数字金融服务重构了金融资源配置方式，提高了金融资源配置效率。相比传统金融而言，数字金融下的金融资源实现了资本的快速积累及对接，极大地缓解了中小微企业融资约束，将中小微企业所关注的"资本"问题转换到提高生产与创新能力上，加速了产业结构升级和经济结构转型，从而驱动了我国经济高质量发展。

据此，根据上述分析，本书认为数字金融通过金融效率性，重构金融资源配置方式，缓解了中小微企业融资约束问题，提高了金融资源利用质量，激发了企业创新能力，进而驱动经济高质量发展。

三、金融创新性传导

熊彼特（Schumpeter）认为创新驱动产业升级，进而促进经济快速增长，但是经济增长的源泉是全要素生产率的提升。经济高质量发展的内涵是产业创新驱动，而要实现产业创新驱动的经济增长，就要提升区域全要素生产率。从金融发展角度来说，金融发展的不完善导致企业融资成本的增加，进而限制了企业创新，降低了区域全要素生产率。数字金融的出现降低了信息搜集成本，突破了地理边界，推动了实体经济运行，进而有助于提高经济产出和生产率。因此，本书认为数字金融能够通过提高金融创新能力，推动区域全要素生产率的提升，进而驱动经济高质量发展。

（一）催生长尾市场促进区域全要素生产率提升

从微观层面看，数字金融能借助数字化、智能化技术服务于长尾市场，缓解企业融资约束，激发企业创新活力，促进区域全要素生产率的提升。根据第一章长尾理论可知，位于正态分布曲线两端的金融市场为非主流市场。但非主流市场需求量却远远大于主流市场。传统金融机构主导的金融市场主要服务于主流市场，此时的金融市场偏向"二八定律"，将金融资源主要集中于大客户，弱势群体很少获得金融服务。数字金融的出现降低了金融服务"门槛"，打破了"二八定律"，增加了中小微企业信贷渠道，满足了长尾市场的金融服务需求。同时，数字金融依托大数据、人工智能等技术，重构了金融交易、支付、监管等规则，增加了金融服务供给，并由此产生了金融服务的新商业模式，推动了新金融业态的形成。例如，供应链金融以及"金融超市"等金融新业务，拓宽了实体经济融资渠道，突破了金融服务的地域、时间限制，金融服务边界逐渐向普惠性特征发展，为长尾市场客户提供多样化金融产品。值得一提的是，数字金融深挖金融功能，创新金融产品，颠覆了传统金融服务模式，催生了以农村居民、中小微企业等弱势群体为主的长尾效应。具体而言，数字金融通过大数据、人工智能等技术实现了对弱势群体的信息搜集、分析以及决策功能，并辅以区块链技术降低金融风险，下沉到长尾市场，改善了企业融资方式，促使企业有充足资金进行创新，进而促成全要素的提升。

(二) 发挥知识溢出效应推动全要素生产率提升

从空间层面来说，数字金融通过金融创新发挥了知识溢出效应，进而推动了区域全要素生产率的提升。知识溢出在空间中表现为在不同空间层面中无意识的知识交流活动。具体而言，数字金融利用金融创新发挥知识溢出效应，推动区域全要素生产率提升的方式主要有两种：一是利用网络效应。数字金融通过创新金融产品，而金融产品则会表现为显性知识，进而可通过金融产品提升区域全要素生产率。此外，数字金融依托大数据、区块链、云计算等技术创新金融产品，具有显著的知识属性。数字金融所创新的金融产品依赖于互联网技术的传播，而互联网最典型的特征是具有网络效应，创新的金融产品通过网络打破了知识的地理限制，加速知识向外溢出，其金融产品受益者通过吸收金融产品，提升区域研发活力，促成全要素生产率的提升。二是利用流动效应。数字金融的出现具有典型的创新属性，而数字金融的运用则是将创新知识在区域之间进行流动。数字金融所依托的数字技术能加速实体经济进行知识吸收。隐性知识是指需要通过人与人之间的交流进行传递的知识活动。那么，数字金融的隐性知识则会通过数字化技术向实体经济溢出，进而增加区域实体经济的活力，推动全要素生产率的提升。具体而言，数字金融的发展会培养创新型人才，而人才之间会产生流动效应，会反哺数字金融以及实体经济发展，对实体经济创新产生积极作用，强化人才在企业中的作用，且人才之间的传递作用会使实体经济吸收与模仿，进而提高实体经济生产效率以及推动创新，促使区域全要素生产率的提升。

据此，根据上述分析，本书认为数字金融通过金融创新催生了长尾市场，且通过发挥知识溢出效应，激发区域实体经济活力，促成区域全要素生产率的提升，进而驱动经济高质量发展。

第四章 城乡一体化的发展及其理论基础

第一节 城乡一体化的含义及意义

一、城乡一体化的内涵及特点

(一) 城乡一体化的内涵

关于城乡一体化的内涵，不同的人有不同的看法。有的学者认为，城乡一体化有广义和狭义之分。从狭义上来看，城乡一体化的实现主要是经济方面的一体化，即城乡经济通过相互补充，从而成为一体式发展。广义上的城乡一体化不止包括经济上的一体化，在社会、文化、生态等各个方面都要实现城乡一体化。有的学者从空间布局的层面来进行考虑，他们认为，城乡一体化是"自然—空间—人类"的良性循环系统或者最优空间网络系统。有的学者从社会生产力发展的水平看待城乡一体化，在他们看来，城乡一体化的出现是因为社会生产力水平的发展，当社会生产力水平上升到一定程度时，必然会出现城乡一体化。有的学者从城镇化发展阶段出发，他们认为城乡一体化是城市化发展的高级阶段。

城乡一体化形成和发展的原因主要是发展中国家为了减少城乡差距，消除城乡二元对立结构。从学术界关于城乡一体化的定义可以很明显看出，它具有时代特点和地域性特点。随着我国改革开放的不断深入，以及我国市场经济体制的不断完善和发展，城乡一体化的内涵和外延也随之不断增大，其范围也变得更加广阔。城乡一体化的定义不能简单地从城市或农村的一个方面来考虑，也不应该就地理或时代范围进行单方面的限制。

总的来说，科学的城乡一体化需要以一个高水平的社会生产力为基础，对城乡的经济社会发展进行综合考虑。然后通过城乡互动，使城市和乡村双方的经济进行互补，从而形成一个和谐发展的城乡一体化社会结构。其含义可以包括以下几个内容。

其一，城乡一体化是人类发展中的一个理想追求目标。在社会实现城乡一体化后，国家的居民可以不分身份，在平等的基础上，分享人类的文明成果。

其二，要想实现城乡一体化，其前提是生产力水平在很大程度上得到了提高。城市和农村的生产力都达到一个很高的水平，有助于缩小城乡差距、消除二元结构。

其三，城乡一体化不是一朝一夕可以实现的，它是一个漫长的渐进的过程。区域不同、国家不同，其资源禀赋是不一样的，因此，各个国家和地区的城乡一体化过程长短也是不一样的。有的地区和国家会比较长，有的城乡一体化进程则比较短。

其四，城乡一体化不是靠城市或乡村单方面的努力可以实现的，它需要城乡双向共同努力。城市和村庄是不可分割、相互交织、相互作用、相互支持的，共同努力创造和谐的城乡社会。

其五，在实现城乡一体化后，并不是城乡合一，不做任何区分，而是城乡作为社会的两个部分，两者之间仍然会有差异性。但是，这种差异性不再是城乡在各方面的差距，而是双方各自具有不同的特点。

其六，城乡一体化并不是人类关于社会发展的最终追求目标。它只是一个阶段性的发展目标，当人类社会实现城乡一体化后，社会生产力水平不断发展和提高，人类社会的发展会有更高的追求。

(二) 城乡一体化的特点

1. 目的性

城乡一体化并不是凭空想象，它的发展有着相当明确的目标——逐步消除发展中国家长期存在的城乡二元结构，最终形成和谐的城乡一体化社会结构。城乡一体化发展的不同阶段也有不同的目的。在其初期，城乡一体化的目的是使城乡差距减小，就一些影响城乡居民生产的项目和发展达成一致。例如，城乡居民的收入达到一致；城乡居民在社会保障待遇方面能够有同样的机会；城乡居民在教育、医疗等方面享受同等待遇。在后期，城市和乡村主要的差距已经没有了，关于空间布局、生态环境规划等方面也做好了整合，但城市和乡村仍有各自的鲜明特点。

2. 阶段性

城乡一体化是阶段性实现的，它在缩小城乡差距时不是一蹴而就的，而是一个渐进的变化过程。地区不同，城乡一体化的过程长短和进展时间是不同的。在经济技术发达的地区，由于有着完善的基础设施，因此城乡一体化的起点会比较高，所用的时间就会比较短。而经济欠发达地区则与此相反，需要的时间就较长。

总而言之，城乡一体化进程可分为两个阶段。第一阶段是城乡一体化的初始阶段，在这个阶段主要目的是解决城乡差距的突出问题。在初始阶段，随着社会经济的发展，逐渐消除城乡差距，在生活水平上，城乡居民会逐渐趋于一致。在该阶段，主要采取的措施有农业产业化、农业现代化、城市化、工业反哺农业、城市支持农村等。第二阶段是城乡一体化的后期阶段，在后期主要是解决城乡空间布局以及生态环境保护问题。居民不再是因为生活的原因而选择在哪里定居，在城市或是在乡村定居只是居民的爱好选择。在这一时期，现代城乡交通信息网，使城乡居民可以自由流动。如果居民喜欢城市，就可以搬到城市生活，而喜欢农村的话，就可以到农村生活。总的来说，这两个阶段没有严格的界限，一定程度上来看，这两个阶段的工作会有部分重复。

3. 广泛性

城乡一体化是考虑整个城乡的发展。因此，城乡一体化涉及的议题具有广泛性，如政治、经济、社会、文化、生态环境、规划布局等方面。从政治方面来看，城乡居民两者不再具有政治制度上的差异，也不存在政治方面的歧视，城乡居民同为国家居民，他们有着同样的权利。从经济方面来看，城乡一体化能够反映出三大产业的合理布局，且有利于城乡的技术和资源优势得到充分发挥，进而提高国家的生产力，使国家的经济效益达到最大化。从社会方面看，城乡一体化体现了城市和乡村两大部门的和谐统一发展，使资源和要素能够在城市和乡村之间合理流动，居民的生存和发展不再受到城乡差距的影响。从文化方面来看，居民无论是在哪个地方，其思想观念和文化水平不再有差距，人才在城市和乡村之间均匀分布。从生态环境方面来看，在保护好环境的前提下，对各种环境资源做好合理配置，从而使环境可以实现自我循环，实现生态环境可持续发展。从规划布局方面来看，城乡一体化要使城乡元素合理分布，既要满足城乡居民生存生活的需要，也要促进生态环境的发展。

4. 长期性

从现实来看，世界上各个国家的城乡关系基本经历了乡村孕育城市、城乡分区、城乡对立、城乡融合几个阶段，由此可以说，在城乡融合过程中城乡一体化是一个重要的步骤。城乡一体化的实现是一个漫长的过程，它具有连续性和渐进性，其所需要的时间要以各个国家的社会经济发展情况为基础。发展中国家由于经济基础相对薄弱，在实现城乡一体化的过程中，面临的问题会比较多，因此，其实现城乡一体化也需要花更长的时间。

5. 双向性

由于城乡间的差距和差异，才提出和实施的城乡一体化，对于发展中国家来说更是如此。城乡分割和对立其主要原因是人为造成的，长期以来，农村是城市发展的资本积累和商品销售地，为了促进城市的发展，农村付出了极大的代价。然而，缩小甚至消除城乡差距、最终实现城乡一体化这一目标，需要城市和乡村共同作用才可能实现。农村地区要致力于发展农业技术，提高农业产出能力，生产更多优质农产品和其他产品，并提高整个农村的生存能力。同时，农村剩余劳动力转移到城市，满足城市的劳动力需求，促进城市工业和服务业的发展。城市应当利用其主导地位优势，与农村加强沟通与合作，向农村提供大量的资金以及先进的技术和管理经验，从而提高农村的发展速度。总的来说，农村的发展需要城市的反哺，同时当农村变得更加好时，它也会为城市商品提供一个更大的销售区域。更重要的是，城乡环境保护、规划和布局需要城乡之间的协调。

6. 差别性

城乡一体化就是要用全面和系统的观点，综合考虑城市和乡村的发展，对城乡进行统筹规划。城乡一体化不是将乡村变成城市，也不是将城市变为乡村，而是在城乡一体化后，城市和乡村各保留着自己的特点。城市有其大气、繁华和炫目，农村保持其清新、典雅、自然、秀丽。农村的农业、工业、商业、交通、建筑等各个产业都要得到发展。农业的生产方式和管理技术得到改进，但其会继续保留着一些本色。总之，城市和乡村各自为对方的发展提供补充，两者相辅相成，城市和乡村的差异不会消灭，但两者之间没有差距，只存在不同性。

二、城乡一体化的意义

(一) 吸取世界各国在城镇化过程中的经验教训

从世界近代城镇化进程看，早期实现城镇化的西方国家，也是从解决城乡二元结构入手的。当时城市和乡村存在两个方面的差别，一方面，城市快速发展的工业有很高的劳动生产率，而农村的劳动生产率很低。另一方面，城市主要是资本主义生产关系，而农村主要是封建主义生产关系。这些国家通过推进城镇化，逐步消灭了这两个方面的差别，资本主义生产关系覆盖了整个社会，城市和农村的劳动生产率也基本拉平了。由此可以说，他们已经实现了"城乡一体化"，这在很大程度上取得了成功。并非所有国家都在城市化进程中实现了"城乡一体化"。比如，拉美一些国家在城镇化进程中，不仅没有克服城乡二元结构，反而扩大了城乡之间的差别，城市畸形发展，农村陷于破败，使二元结构的问题更加严重。除了原有的城乡二元结构之外，这些国家又出现了新的"城市二元结构"，也就是在城市内部，由于贫富悬殊，形成了穷人区和富人区的对立。在穷人区集聚着大量的失业和无业的居民，生活水平低下，犯罪率很高，成为影响城市安定的重要因素。"城市二元结构"来源于城乡二元结构，是城市化进程中的不当行为，对经济和社会发展产生了巨大的负面影响。

(二) 城乡二元结构是当前中国国情最大特点之一，实现"城乡一体化"是摆在我们面前的重要课题

中华人民共和国成立以后，城乡之间的对立关系改变了，同时，为彻底改变旧

中国遗留下来的城乡二元结构，国家也做出了长期的努力。这种努力主要包括生产力和社会制度两个方面。从社会制度方面来看，中华人民共和国成立后，在城市里没收了官僚资本，直接建立了社会主义公有制，但农村还是小农经济。20世纪50年代中期实现了农业合作化，1958年又实现了"公社化"。这样，城乡都实行的是统一的社会主义制度。从生产力方面来看，1958年开始的大搞农田水利建设运动，1964年开始的"农业学大寨"运动，推行农业"八字宪法"，都提高了农村生产力水平。改革开放以后，农村实行家庭联产承包制，这使得农民积极性被调动起来，粮食获得连年丰收。加上乡镇企业的崛起，乡村发生了很大变化。有两个时间段农民实际收入增长速度甚至超过城市居民。

一个时间段是20世纪80年代上半期，农村包产到户政策的推行和农产品收购价格的提高，推动了农民收入的提高。另一个时间段是1994年至1997年，城市经济紧缩，由于农产品价格上涨和产量提升，农民收入得到了较快的增长。进入21世纪，国家一直强调要"以工补农，以城促乡"，2003年取消了农村的教育附加费。2003年到2006年取消了农业税以及其他大部分费用，消除了农民的税费负担。随之，国家提出"建设社会主义新农村"的口号，政府对农村的投入每年增加15%。再加上这期间大量农民工进城，务工农民收入增加。

虽然中华人民共和国成立以来，城乡关系有了巨大改变，但应该承认，城乡二元结构问题并没有从根本上解决。这表现在：城乡之间在劳动生产率和经济发展水平方面的差距仍然很大。城乡居民在收入方面的差距并没有缩小，而是有所拉大。历史形成的城乡分割的户籍制度，在产品分配方面的不均等问题虽然基本解决，但公共服务方面仍然有着巨大差别。面对新建立的社会主义市场经济新体制，世界经济全球化的大趋势，城乡之间在经济体制方面仍然存在着重大差别。城镇的经济主体已经能够比较好地和市场经济接轨，而农村以家庭为单元的超小规模的经营主体，不适应市场经济，不适应农业的现代化要求。无论在生产要素自由流动、人口自由流动方面，还是在城乡之间互联互促方面，都还存在许多障碍，偏远地区贫困农村的发展问题更大、更需要得到解决。这些都说明，城乡之间不仅存在广义的城乡二元结构问题，而且存在狭义的二元体制问题。所以，实现"城乡一体化"，进一步解决城乡二元结构问题，应该作为我国新型城镇化的基本目标。

（三）强调"城乡一体化"是为了对农业现代化更加重视，保障城镇化的健康发展

在我们这样的传统农业大国，城镇化中最容易出现的问题是顾了一头，丢了另一头，顾了城镇，丢了农村。在谈论农业人口大量向城镇转移的时候，经常会出现这样一种观点，即认为城镇化过程将会导致农业的衰退，青壮年农业劳动力不再从事农业劳动了，今后谁来种田？农村只剩下老人、妇女和儿童，他们能担负得起艰辛的种植粮食的任务吗？如果外出务工的男性劳动者在城里找到了比较稳定的工作后，把妻子和孩子都接到城镇去安家了，那么农村岂不变成"老人村"了？不得不承认，农民进城将给农业发展带来巨大的影响。但解决方案不是不搞城镇化，而是加快农业现代化。城镇化是农业现代化发展的黄金机遇。

一是城镇化对农业现代化发展提出了强烈的需求。农村人口向城镇转移，使得再用"人海战术"解决农业问题成为不可能，不能再停留在一家一户"小打小闹"的农业水平上，传统农业再也不能继续下去了。正是这种"逼上梁山"式的强烈的需求，促进了农业现代化发展，国家需要农业现代化，农民也需要农业现代化，农业现代化成为必然。

二是随着城镇化进程的推进，生产要素的重新组合得到了深入发展。在农村人口向城镇转移的同时，资本、技术、人才也会流向农村，并在农村生产要素重组中发挥更大作用。新型的农村需要新型农业企业家，能够吸纳和整合各种要素的各种经济组织将在农村获得空前的发展。这就为农业现代化创造了基础条件。

三是城镇化促进了城乡一体化，必然带动农业现代化。城镇化吸收了农业的多余劳动力，使农业的劳动生产率得到了提高；城镇工业的发展和第三产业的发展，为农业现代化提供了技术、设备和多种服务；城乡人口的增多，扩大了农产品消费的需求；城乡经济渠道畅通，必然扩大和扩展农产品的市场；城乡文化交流必然导致农民素质的提高，等等。

第二节　我国城乡关系的历史发展

一、封建制经济形态下的城乡关系演进（公元前221—1840年）

（一）城乡关系演进的过程

1. 秦汉时期——城市初步发展与城乡分离加剧

（1）城市初步发展

在先秦时期，由于疆域的扩展，随着郡县制的施行和新建，改建了许多城市，城乡关系在奴隶制下继续分离。秦统一后，将原来六国城市按规模等级改设为新的郡县，在五岭以外的南越地区，改设了桂林、南海、象郡三个郡县；在阴山以北，靠近匈奴的区域，设置了九原郡，主要作为与匈奴商业来往的地区。秦朝共设四十八个郡、一千多个县。汉朝时中国疆域扩大，城市数量继续上升，郡级城市增长了一倍，多达103座，县级城市达到1587座，增长了近50%。

（2）农业逐步发展

首先，生产工具进步、牛耕的推广使用、铁犁牛耕技术的改进、耕田和整地保墒技术的提高带来了耕作水平的提高；其次，栽培技术不断改进；再次，治理黄河、新建水利工程、修复旧有水利工程代表着水利工程的建设与发展；最后，粮食品种及产量不断增加。

2. 隋唐时期——多种因素促进城乡融合

（1）农业生产力的大发展

唐代是农业生产工具得到改进及进行广泛使用的一个繁华时代，铁制的铲、锄、镰等农业工具基本已经普及全国各地区，原有的直辕犁使用起来比较费劲，后期曲辕犁的出现节省了大量人力，这些都在很大程度上促进了农业发展，解放了农业劳动力。唐代农田水利事业很发达，据统计当时全国水利灌溉工程达264处，所兴修的水利工程大约有320万顷。农业生产技术的进步带动了城乡关系的发展。

（2）农业生产关系的变化

具体来说，均田制的瓦解、人身依附关系的变化和两税法代替租庸调制促进了城乡关系。商品经济的发展，加快了商业资本的积累速度，大规模土地发展很快，均田制逐步消亡，出现了土地庄园制，农民与土地之间的人身依附关系减弱，庄园制的发展有利于规模经营和商品经济的发展，这些都在不同层面有力地促进了城市的发展；两税法逐渐推行，让货币成为交换的主体媒介，也就意味着唐代货币经济已经较为成熟，而城市的发展依赖于商品货币关系的改进，因此两税法的实行也促进了城市的发展。

（3）逐渐形成城市贸易与农村草市互为补充的全国性市场

一方面，隋唐时期，随着中国的统一和社会经济的恢复和发展，商业再次繁荣起来。长安与洛阳既是当时的政治中心，又是最为繁盛的国际性商业都会；一些新兴商业都市伴随着运河、漕渠的疏浚以及商业贸易的发展而不断出现，如运河上的汴州，运河、长江交汇处的扬州，淮河与运河交汇处的楚州；随着海外贸易的发展，沿海城市广州、杭州、明州、泉州以及长江流域的荆州和益州等也逐渐发展起来。

另一方面，为了能够适应分散于各地的小商品生产者的要求，解决广大农村地区的商品交换问题，降低农村因过于分散所带来的交通不便，在远离城市的农村地区相继出现了草市贸易，这成为城市贸易的很好补充，从而形成了一个全国性的市场。

3. 宋元时期——以商品交换和流动为纽带的城乡共同发展

宋元时期中国城乡关系出现一些新趋势，主要表现为以下几个方面。

（1）我国南方的城乡融合水平大大提高

宋元时期，中国的经济社会经历了一次重大的转变，经济重心由北方转移至南方。在公元8世纪时，中国3/4的人口居住在北方，北方的主要农作物为小麦和谷子；到了13世纪末，中国3/4的人口居住在长江以南地区，主要农作物为水稻。

这种变化的重要原因是：随着水利技术的进步和对早熟作物品种的开发种植（尤其是占城稻的引进），中国南方由一片沼泽遍布的不适合人类居住的地区变为一片可以进行大规模水稻种植的理想区域，以粗放为特征的旱地农业转化成了以精耕细作为特征的水稻农业。

由此，南方依赖精耕细作的水稻农业养活了大量人口，众多人口的聚集又带来了手工业的发展、桑蚕种植和缫丝业的发展、棉纺织加工业的发展，进一步推动了商业的发展，由此南方开始了大规模的旧城扩张和新城建设。于是，中国南方出现了程度相当高的城乡融合态势。

（2）城市化水平达到封建社会的峰值

自战国到宋朝的一千年间，中国城市化水平逐渐提高。南宋时达到了22%，而这也是中国封建社会历史上城市化水平的峰值，甚至高于中华人民共和国成立后1957年的城市化水平。

宋朝不但拥有汴京和杭州两个世界性的大城市，并且由于产业集聚的效应以及地域特点，很多大规模生产的商品集中在其他城市，同时区域性分工的发展也带来了全国工商业城市数量的增加，当时已经形成了长江下游的浙江、福建沿海的许多繁华城市，苏州、南京、杭州、宁波、泉州等都是闻名中外的贸易城市和活跃的国际港口。

（3）农业商业化由部分区域向全国扩展

在宋朝之前，中国自给自足农业经济的解体与商业化农业的发展都仅限于城市及某些农作物的产区。而到了宋朝，农业商业化的发展则是全国性的，自给自足的农业相当程度上变成了商业化农业。

一是大量农作物和农业加工品商业化程度大大提高。宋代时新作物逐渐推广，稻米的变种被培植出来，江苏的大米闻名全国，输出北方城市和南方及东南沿海省份；干姜、蘑菇、西瓜和荔枝都逐渐变为大规模生产，福建是荔枝的生产基地，不仅在国内市场独占鳌头，还出口到了国外市场；茶叶也成为中国社会各阶层人士的日常消费品，因此产量也大幅度提升；蓝靛和茜草这两种染料占据了国内很大的市场份额，该产业已经形成规模化生产，并日益专业化；木料、油脂等的专业化生产支持了不断增长的造船业、建筑业和水利工程的需要；桑竹作为印刷业、出版业的主要原料，随着印刷业的快速发展，纸张的需求大幅度增加，桑竹的种植也日益扩大规模。

二是农业商业化市场不断扩展。许多省及县的治所成为商业中心，农村则发展出很多农贸市场，它们相继成为农村市场的商业中心；虽然市场规模较小，但网络非常发达，这些如蛛网般的网络将各个乡镇和地区连接起来，形成了全国性的交易市场，这些网络的发展带动了长途运输的空前发展，远途贸易的发展扩张了许多商品的全国市场，更是带动了各类批发、零售产业的发展，也带来了旅游业的快速扩张。

4. 明清时期——发达的小城镇和市场经济促进城乡融合发展

明清时期，中国城乡融合达到了新高度：农村商品经济获得了新发展，新兴商业市镇快速发展，发达的手工业带动了城乡进一步融合。

(1) 农村商品经济有了新发展

明清时期，人口激增，人均占有的土地锐减，生产力低下，人地矛盾迫使农户改变原有的农业模式，将传统农作物的种植逐渐转向经济作物栽培方面，并将劳动力投向各类家庭手工业生产，同时伴随着日益提高的生产力水平，中国尤其是江南地区农村商品经济获得了较大发展。

其一，明朝时农业已经形成了一种较为合适的制度框架：土地制度发生了变化，大多数农民转变为拥有生产与经营自主权的自耕农和佃农，自耕农可以自由买卖土地，在地方市场出售他们的农产品。

其二，明清时家庭副业成为小农经济的有益补充，副业所需专业化程度较高，所以分工更为明确，投入成本较农业高，因此也改变了原有的家庭生产结构和家庭组织结构，这在一定程度上促进了家庭手工业品的商品化发展，并进一步形成区域分工格局，江南地区也因此快速地成长为全国性纺织品生产基地，形成新的产业结构。

其三，明清时大部分手工纺织品不再是家庭内部自给自足，大部分都以交换为目的，因此各农户家庭手工业生产的专业化程度也在不断提升。

(2) 一批新兴商业市镇有了新发展

由于农村家庭内部组织分工的调整，带动了整个社会生产结构改变，农村手工业日益兴起，也在一定程度上推动了明清时期城市功能的变化，促进其发展。

其一，城镇的数量有了明显增加。江南六府的市镇数在宋代仅有71座，到清代则增至479座，其中，吴江的盛泽镇、嘉兴的濮院镇、嘉定的罗店镇和南翔镇等是其中的典型代表。

其二，市镇规模有了很大扩展。少数市镇的规模与繁荣程度甚至超越了传统的地区治所，如湖州府所辖的南浔镇其规模就超过了府城，故有"湖州整个城，不及南浔半爿镇"之说。

其三，部分城镇手工业有了明显发展。以苏州城的染踹业为例，康熙年间全城已有踹坊三百余户，踹匠万余人，至雍正年间，除去布号自设的染坊外，尚有独立染坊64处，踹坊450家，染工、踹匠总人数均达万人以上。

其四，很多市镇在商业功能上与周边农村相辅相成。它们将商品销售至周边农村，向农村购买原料，为交换提供便捷的场所，市场向工业提供农民所需商品的信息，等等。

（3）发达的手工业促进城乡进一步融合

明清时的中国，尤其是江南地区农村家庭手工业的兴起，在一定程度上也拉动了纺织品的商品化，手工业者在市镇出售纺织品，获取货币，再用货币购入生活所需的农产品，这使得家庭手工业再生产得以延续，并不断发展。

江南的纺织品销往全国各地，这些交易活动通过牙行进行。农户先将纺织品售予牙行，获取货币。牙行收购纺织品并集中存货，再销售给外地客商，进而销往全国。而一些外地客商也会将其他商品贩运至牙行销售，本地农户用自己的货币买取外地的产品，由此便形成了完整的商业链条。因此小市镇不但解决了江南农村居民的生计问题，而且还有力地支持了农村手工业的生产与进一步发展。

因此说，农村手工业的发展带动了江南小城镇的繁荣，而小城镇的发展也为农村手工业的进一步发展提供了平台和机会，二者相互依赖，互为媒介。

（二）城乡关系演进的原因

1.技术进步所带来的产业进步和生产组织方式变革

以宋代为例，在手工业方面，南方较高的土地生产率支撑了稠密的人口，降低了运输成本，增加了农产品中可参加市场交换的比重。这进一步释放了劳动力，使得更多的劳动力参与到手工业中，尤其是棉纺织业，促进了轻工业的发展，中国人的生活质量也有了显著提高。

工业方面，工业部门首次大规模出现便是在宋代，技术进步大力推动了这一时期工业的发展。宋朝金银铜铁的产量不但远远超过唐朝，而且后来的明清两代也无法望其项背。铁、铜等金属被铸造成犁铧、锄头、镰刀等农业生产工具，钉子、桥梁构件、大车等工业生产工具，茶具、器皿、镜子、雕像及随身饰物等生活用品，以及最为重要的货币。

生产组织方面，工厂提供更多的就业岗位，投入更多资金，进一步细化劳动分工，全国情况基本一致。有些地区纺织业规模大幅度增长，比如，四川一纺织工场就雇用工匠500余名，并配备织布机154台；苏北的36家冶铁户雇用了超过3600名专职矿工，有些制铁作坊，雇用工人就超过了 5000 名。

2. 粮食因素和自然灾害是城乡关系演变的重要纽带

（1）粮食生产决定封建制经济形态下城市发展的边界

土地的稀缺意味着农业劳动生产率水平会左右农产品的剩余，而剩余农产品又制约着城市发展的规模，如果城市规模过大，其发展必然会因缺乏农产品供应而受到限制。

同时，粮食运输成本也会对城市发展规模设定可能性限制，便捷的交通运输设备及道路会使粮食的运输成本降低，可以增加农产品的供给途径和范围，会让城市规模扩大成为可能，反之则会制约城市的规模发展。

以唐朝为例，距离京城较近的关中地区，所生产的粮食较少，无法满足都城长安的巨大需求，政府必须从南方地区调入粮食、布帛。但由于洛阳至长安之间缺乏有效的运输条件和手段，运输不便且成本高昂，从而迫使一些唐代帝王变成了"逐粮天子"，即在关中饥馑时期不得不"屈尊"远赴东都洛阳"就食"。

（2）自然灾害严重影响城乡关系的正常发展

据统计，公元前 206 年至 1936 年间，我国历史上有案可查的较大规模的自然灾害就达 5150 次[①]，即平均每半年就有一次，而没有记录的和区域性的自然灾害更是不计其数。

根据《汉书·高帝纪》的相关记载，"二年六月，关中大饥，米斛万钱，人相食"。《旧五代史·晋少帝本纪》记载，"天福八年，州郡二十七蝗……饿死者数十万"。

3. 战乱四起和政权更迭严重影响了城乡关系的正常发展

（1）战争对城市经济和城乡关系的正常发展造成严重影响

战时敌对各方对城市的长期围困和攻击，以及破城后胜利者的大肆屠戮与焚掠，曾对许多城市造成过毁灭性的打击。北魏都城洛阳曾盛极一时，后因迭经战乱，一度竟变为"城郭崩毁，宫室倾覆……墙披蒿艾，巷罗荆棘。野兽穴于荒阶，山鸟巢于庭树。……农夫野老，艺黍于双阙"的荒城。

晚明时期，军备支出超过中国全年财政支出总额的 70%，经常性支出中军事支出所占的比例从未低过 50%，一般会达到 60% 至 80%。

万历末年明朝实行定额加派，军费在岁出总数中所占的比例更加突出，16 世纪 20 年代，有的年份军事支出竟然达到太仓银库支出的 90% 以上。从绝对数额看，明朝后期，每年的军费支出也都超过 2000 万两白银。

---

① 邓拓. 中国救荒史 [M]. 北京：三联书店，1958：124.

（2）朝代更换和政权中心迁移对城市兴衰产生重要影响

唐末军阀朱温在篡位前，强劫唐昭宗及百官赴洛阳，为充实洛阳，"令长安居人，按籍迁居，撤屋木，自渭浮河而下，连甍哭号，月余不息"。从此，长安这座古代世界著名的大都市便一蹶不振，再也难以恢复往昔之繁盛。

二、近代经济形态下的城乡关系演进（1840—1949 年）

（一）城乡关系演进的过程

1. 第一阶段（1840—1910 年）——外力冲击为主的城乡加速分离过程

外力冲击为主的城乡加速分离过程，主要表现在以下三个方面。

其一，部分开埠城市成为商业和工业城市。在西方工业化的发展压力下，面对战争的连年失利，中国被迫开放一批沿海城市用于通商，这些城市在对外贸易的发展中，率先走上近代化的道路。贸易的发展，也相应推动了近代工业的变革，工业化渐渐在开放性城市中实施，并带动其他城市的工业化以及商业化的发展。我国的城市逐渐走向以工业和商业为主的近代化道路。

其二，开埠城市周边农村卷入市场经济。随着开埠城市的工商业得到迅速发展，城市周边农村也遇到了挑战和机遇，农民也进入商品经济的大潮中，自给自足的自然经济慢慢走向衰败，商品经济得到了快速发展，城乡之间成为市场经济运行中互相链接的一部分。

其三，城市对农村的经济支配地位逐渐形成。城市与农村联系的深度与广度由于城市工商业的发展也有了一定的扩展，大城市逐渐成为区域社会、经济、文化以及政治各种要素的集中区，城市生产中心和流通中心的地位得以确立，并借助新式工业、交通运输业、贸易业等将其影响辐射到腹地农村。

2. 第二阶段（1910—1949 年）——内外冲击结合导致城乡关系对立统一发展

1911 年，清朝灭亡，中国进入民国。但是即便如此，也没有对中国城乡关系瓦解的趋势起到一个好的扭转作用。这主要是因为两个方面：一方面，中国的战乱持续了近 40 年的时间，对社会生产力造成了很大的破坏，使得中国城乡经济也为此遭受重创；另一方面，中国农民长期以来受到双重的掠夺与剥削：除了受到来自外国资本的掠夺与剥削之外，还在很大程度上受到官僚资本、民办资本，甚至是民族资本的掠夺与剥削。

大量资本都将重点集中放在城市，农村为城市提供原料、劳动力，是城市发展的源泉，农村也是工业产品的最大销售市场，因此在这种投资极度偏激的情况下，城乡关系与矛盾也突出表现出来。比如，城乡差距不断扩大，都市的表面繁荣，广大农村的衰败，因此有经济学家这样评论近代的城乡关系：近代式的若干商业都市和停滞着的广大农村同时存在。

但近代城市与农村间的经济联系得到了逐渐加强。因为对外贸易的扩张，加大了对商品的需求，刺激了投资，增加了较多的就业岗位，又加上城市工商业的发展带动了农民的社会分工，因此，城乡之间的交流不断深化，人口流动更加频繁。

(二) 城乡关系演进的原因

1. 经济社会发展的客观规律使农村自然经济逐渐瓦解从而推动城乡融合发展

封建社会追求高度中央集权和大一统的政治体制，自然经济为主的经济制度，杂糅着儒、佛、道的中国文化，封建宗法治度维系的家庭和社会关系都使得中国市场经济发展极其缓慢，自然经济难以瓦解。

但到了封建社会晚期，即明中期之后，随着生产力的发展和分工的持续深化，全国性的商业贸易网络逐渐形成，金融业等生产性服务业快速发展，在棉纺织、缫丝、金属冶炼等产业中出现了规模较大的工场式生产组织方式，中国市场经济得到了空前的发展（一说资本主义萌芽）。

由此，中国自然经济逐渐瓦解，促进城乡融合的因素出现。虽然中国的经济发展受到外部巨大冲击，但这种经济发展客观规律的力量一直作用在中国近代的经济形态下的整个过程之中。如果这种经济规律的自发力量持续作用下去，中国会自然进入市场经济形态，走上资本主义道路。

那么，中国的城市与农村的关系也就会像西方国家的城镇化过程那样，出现一个分离、加速分离再逐步融合的过程，但是外部冲击阻挠了这一自然而然的城乡关系演变进程。

2. 资本主义严重破坏了中国城乡关系的正常发展进程

(1) 西方国家工业文明和市场经济的冲击导致中国城乡分离加速

近代，西方资本主义国家就正式地对内河航运、口岸设厂、铁路修筑、收购权、开矿权在税收控制和贷款优先等权利进行了相关的控制。

也正是在这个时候开始，西方列强的商品和资本逐渐冲击到中国古老的农业文明和自然经济，使得中国几千年来城乡差别甚小的状况开始出现大幅度的变化，这在一定程度上加速了城乡之间的分离。

(2) 部分发展中国家对中国的城乡关系也造成冲击

原本中国的农产品能够凭借人口红利优势去占据世界市场一席之地，然而在受到其他发展中国家的冲击之后，这种优势正在逐渐减弱。

3. 洋务运动和民族资本的崛起加速了中国城乡分离

在西方资本主义国家市场经济、工业文明和资本的侵入、冲击和示范下，国内一批官僚、绅士和富商阶层中的有识之士，利用相应的资金，相继在城市，特别是在一些通商口岸中，创办了一系列涉及工矿、交通运输、金融、商业等多个领域的近代资本主义企业。

具体而言，这些企业一共有两大类，第一类是洋务运动中发展起来的官办企业，第二类则是洋务运动衰落后所发展起来的民族资本企业。经过几十年的发展，我国近代经济部门（包括所有内外资企业）占全国 GDP 的比重已由 1890 年的 0.9％上升至 1933 年的 5.3％。

各类的军事工业和民用工业企业都积极学习并全力引进西方的新式机器设备、科学技术和先进经营管理方法，生产各类商品，提供各式服务。同时，洋务运动的开展和民族资本的崛起也冲击了中国的传统文化。在城市中，商品经济文化逐渐渗透，小市民文化受到冲击；而在广大农村，自然经济文化受到的冲击极小，小农文化根深蒂固。由此，城乡差距进一步扩大，使得城乡分离趋势明显。

三、计划经济形态下的城乡关系演进

(一) 城乡关系演进的过程

1. 第一阶段（1949—1952 年）——城乡融合的新型城乡关系初步建立

一是恢复和发展农村商品经济。在这一阶段，国营商业和供销合作社基本形成完整体系，几乎掌握流通领域中的大部分重要物资；对于集市贸易予以一定程度的发展，积极开展城乡之间的物资交流；积极恢复被损坏的交通运输设施；严格控制资本家的一些非法商业活动。

二是制定合理的农副产品与工业产品价格，处理好两者的比价关系。关于农副产品的具体价格，分别在 1951 年 11 月及 1952 年 2 月、9 月和 12 月进行了四次提高。这在一定程度上使工农业产品价格存在的"剪刀差"现象得以缩小。实施以上两项措施，获得了非常可观的效果，有效扭转了长期以来形成的城乡对立、"农村包围城市"的格局。

2. 第二阶段（1953—1957 年）——城乡融合的新型城乡关系不断发展

"一五"时期，国家在整体上进行了规划，有计划地建设了大规模的工业，与此同时，还对部分城市进行了新建、扩建。实际来说，有计划、大规模扩建城市是有一定益处的。因为，这样一来，无异于是在原有基础上增加了城市的就业岗位，容纳了一定的自由流动人口，使得大量的农村人口进入城市成为可能。

(二) 城乡关系演进的原因

1. 工农业产品不等价交换制度导致长期以来城市对农村的合法剥削

国家在实施第一个五年计划之后，为了积极支持重工业的深度发展，采用了扭曲工农业产品相对价格和交换关系的政策，之所以这么做是为了能使工业品价格有所提高的同时，进一步压低农产品价格，从而人为制造不利于农业发展的贸易条件。

2. 粮食等重要物资的统购统销制度加剧城乡分离

长期以来实施的工农业产品的剪刀差，使得农民始终在交换中处于弱势地位。不平等的交换环境，为了保护自己的剩余索取权，在博弈过程中，他们开始采取惜售粮食的策略，然而这种消极的方式使日益紧张的粮食供求矛盾开始激化，严重影响了工业化建设的进程。

于是，政务院为了能够及时解决这种迫切的危机，在1953年11月，通过《统购统销命令》明确规定，"生产粮食的农民应按国家规定的收购粮种、收购价格和计划收购的分配数量将余粮售给国家"。随后政务院又发布了一系列的相关文件和法规，进一步完善了以粮食为主的统购统销制度。

3. 户籍制度使得城乡差距和城乡分割局面被锁死

为了能够进一步保证有足够的劳动力从事农业生产，以及城市相对充沛和高水平的生活资料和公共服务的有限供给不被过多的人分享，在实行工农业产品不等价交换、统购统销、农业合作化制度的同时，必须对农村人口向城市的流动进行合理控制。

国家从20世纪50年代初开始，就陆续采取了严格禁止企业单位从农村招工、把进城农民遣送原籍、在城市建立收容机构等强制性措施，以对农民向城市的自由迁移进行控制。

20世纪50年代后期，户籍管理制度体系建立，从体制、政策到各项管理制度等方面都极为严格地限制了农村人口随意流入城市，把城乡间人口的迁徙直接纳入国家的控制之下。这一制度的建立，集中反映了计划经济时代城乡政策制定中的城市倾向特征。

四、市场经济形态下的城乡关系演进（1978 年至今）

（一）城乡关系演进的过程

1. 第一阶段（1978—2002 年）——"前改革时代"城乡关系起伏明显并逐渐出现分离

（1）城乡居民收入差距持续扩大

2002 年，城镇居民人均可支配收入达到 7703 元，比 1984 年增长 11.7 倍；农民人均纯收入为 2476 元，比 1984 年增长 6 倍，城乡居民收入之比扩大为 3.11∶1，而如果考虑到城乡居民在社会保障与社会福利等方面的差距，二者的收入之比可能达到 7∶1[①]。

（2）农民负担持续加重

农民负担持续加重主要表现为农民收入增长在逐渐变得缓慢的同时，党提出"三提五统"政策，是指村级三项提留和五项乡统筹。村提留是村级集体经济组织按规定从农民生产收入中提取的用于村一级维持或扩大再生产、兴办公益事业和日常管理开支费用的总称。包括三项，即公积金、公益金和管理费。乡统筹是指乡（镇）合作经济组织依法向所属单位（包括乡镇、村办企业、联户企业）和农户收取的，用于乡村两级办学（即农村教育事业费附加）、计划生育、优抚、民兵训练、修建乡村道路等民办公助事业的款项。这些政策让农民负担更加加重，在某些地区某些年份，一些农民的收入甚至无法负担上述的提留款和统筹金。而城镇居民却无须缴纳。

从一定程度上看，工农业剪刀差依然没有得到一个乐观的解决，并且农药、化肥等农业生产资料的价格在不断提高，粮食成本不断增加，但是粮食价格却始终持续一种低迷状态，工农业产品的比价不合理，也是促使农民负担一直加重的原因。

（3）城市化过程中农地问题突出

不规范的征用土地、不对等的土地补偿等社会现象，促使失去土地的农民没有生活保障，于是出现了"种田无地、上班无岗、低保无份"的"三无"失地农民。

（4）失地农民风险增大

由于长期被禁锢在土地上，接受教育的水平较低，导致农民工在失地后的就业机会较少，就业档次较低，劳动待遇较差，社会保障水平较低等问题，与城市居民有着本质区别。

就像农村和城市存在差别一样，相对应的农民工和城市居民相比较而言，不论

---

① 夏永祥. 改革开放 30 年来我国城乡关系的演变与思考 [J]. 苏州大学学报，2008（06）：18-20.

是在身份地位、教育水平、就业机会方面，还是在劳动待遇、社会保障和参政议政等方面，所具有的差距也不小，这主要是因为资源和权利在分配过程中没有达到一种平衡的状态，因而造成了严重的不公平，由此使得城乡居民及其后代生活状况与发展空间存在巨大差异。

2.第二阶段（2003年至今）——"后改革时代"城乡关系开始进入一个统筹城乡时代

面对"前改革时代"城乡关系中所出现的一些严重问题，党和国家领导集体重新认识了城乡关系。中共十七届三中全会在2008年10月通过了《中共中央关于推进农村改革发展若干重大问题的决定》，对农村改革的相关发展作出了新的战略部署。该决定明确提出，逐步实现农民工劳动报酬、子女就学、公共卫生、住房租购等与城镇居民享有同等待遇，并到2020年基本建立城乡经济社会发展一体化的体制机制。

在后改革时代进行具体的实践过程中，国家在科学发展观的指导下，采取了一系列明确的政策措施加大对农业农村的投入和补贴，将农民作为根本保障和改善民生的重点，大力地促进农民收入的增长。

（二）城乡关系演进的原因

1.统筹城乡的政策促进城乡融合发展

(1)"两个趋向"的论断奠定新型城乡关系基调

据相关数据统计，2003年，中国人均GDP已超过1000美元，农业占GDP的比重已降至15%以内，工农业产值比重已超过3∶1，这些指标均达到或超过了工业反哺农业起步阶段的国际参照值，进一步表明我国已初步具备了工业反哺农业的实力。

2004年10月，胡锦涛在中共十六届四中全会上对城乡关系作出了全新的阐释："综观一些工业化国家发展的历程，在工业化初始阶段，农业支持工业、为工业提供积累是带有普遍性的趋向；但在工业化达到相当程度以后，工业反哺农业、城市支持农村，实现工业与农业、城市与农村的协调发展，也是带有普遍性的趋向。"

"两个趋向"预示着我国未来城乡结构将会发生根本性的转变。中共十七届三中全会通过的《中共中央关于推进农村改革发展若干重大问题的决定》，指出我国总体上已进入以工促农、以城带乡的发展阶段；进入加快改造传统农业、走中国特色农业现代化道路的关键时刻；进入着力破除城乡二元结构、形成城乡经济社会发展一体化新格局的重要时期。把新农村建设提上日程，统筹城乡发展。

（2）农村土地承包经营权流转逐渐放开

1995年3月，《国务院批转农业部关于稳定和完善土地承包关系意见的通知》明确提出，建立土地承包经营权流转机制，在坚持土地集体所有权和不改变土地农业用途的前提下，经发包方同意，允许承包方在承包期内，对承包标的依法转包、转让、互换、入股等。

2005年11月，农业部颁布的《农村土地承包经营权流转管理办法》对土地承包经营权流转进行了具体规定。2008年中国共产党十七届三中全会通过的《中共中央关于推进农村改革发展若干重大问题的决定》进一步明确提出，"加强土地承包经营权流转管理和服务，建立健全土地承包经营权流转市场，按照依法自愿有偿原则，允许农民以转包、出租、互换、转让、股份合作等形式流转土地承包经营权，发展多种形式的适度规模经营"。

（3）对农村公共服务的不断投入减小城乡之间的差距

2003年1月，国务院有针对性地发出的《关于建立新型农村合作医疗制度的意见》面向各级政府，对农村医疗卫生事业承担更大的责任，做了整体详细的明确规定，这在一定意义上来说，无异于突破了农村卫生医疗"民办、公助"的传统模式。

2005年年底，国务院发出的《关于深化农村义务教育经费保障机制改革的通知》规定："全部免除农村义务教育阶段学生学杂费，继续对贫困家庭学生免费提供教科书并补助寄宿生生活费"，将农村义务教育全面纳入国家财政的保障之内。

2.改革的累积效应和城市利益集团的影响进一步使城乡差距扩大

进入"后改革时代"，城乡统筹发展受到来自国家的更多关注。但由于"级差式"发展方式、"分离化"改革措施的累积效应和城市既得利益集团的影响，城市偏向的政策想要一时作出改变并不是一件易事，这必然会造成城乡之间出现差距，在短期内难以填平。

在这四十年的改革与不断地累积过程中，城市所具有的优势也在逐渐地增加，不仅如此，城市的投资效益与生活舒适度也在整体上得到一定的提高，由此可见，城市偏向的政策转变想要进一步使城市偏向的具体行为有所转变并不是一件容易的事。

关于我国的城乡关系，在采取进行深化改革措施过程中，一旦在某种程度上把城市居民的相对福利进行一定的降低时，就会触及城市的利益集团，他们会因此对政府施加一定的压力，以迫使政府对相关政策进行调整，或者对利益均等化改革进行一定程度的抵制，或者将农民从改革所获得的利益群体中排除出去。

第三节　城乡一体化发展的理论基础

城乡发展一体化的理论基础较为宽泛，古希腊经典、古典经济学、空想社会主义、马克思主义经济学以及当代西方经济学中均有与城乡关系相关的理论阐述。

一、古希腊经典

纵观人类发展的历史，城市一般是从乡村进化而来的，如早期城市雅典。经过提秀斯改革之后，雅典逐渐发展成为初具政治、经济、宗教功能的城市。雅典城市产生之后，城市与乡村更多的是军事上互动的攻守空间。经济方面，雅典城市与乡村存在一定的市场交换，以此互通余缺使双方可以维持基本的经济社会运转。城市在提供商品和服务的同时，也为城乡商品交易和社会服务提供了比以前更加便利的市场和环境。

（一）色诺芬关于城乡发展的观点

色诺芬在著作《经济论》和《雅典的收入》之中，体现了其经济思想和主张。色诺芬的主要经济观点是：第一，色诺芬认为农业在经济部门中地位最高，土地是所有财富中最重要、最可靠的资源，他将城市经济活动与乡村经济活动区分开来，城市的消费是建立在以农业生产和乡村对城市资源的供给基础之上的；第二，色诺芬在其著作中，充分表达了自己对工商业的鄙视和厌恶，认为这些不过是"所谓粗俗的技艺，会伤害公民的身体和精神"。

但在另一方面，他又觉得发展城邦的工商业是必要的。在《雅典的收入》一书中，色诺芬集中表达了他的重商思想，认为发展城邦的工商是必要的，因为这能解决城邦平民贫困的问题。这种矛盾思想之所以会集中在色诺芬一人身上，主要取决于当时的经济发展状况，以及色诺芬本人的政治立场。色诺芬是最早从分工视角来论述城乡差别的，尽管还很肤浅，但是其论述的合理性是不容置疑并有一定价值的。

（二）亚里士多德关于城乡关系的论述

亚里士多德关于城乡关系的论述主要体现在对德莫（Demoe）的描述中。亚里士多德把德莫看作邦内居民，是"自由而贫穷，同时又为邦内多数的人们"。他界定城市是城邦的中心区，乡村是城邦中的其他地域。与色诺芬相比，亚里士多德并没有专门的经济类著作描述城乡关系，不过德莫是"浓缩的城乡关系的自治单位，Demoe 所蕴含的政治、经济等诸多功能，正是深入研究古典时期雅典城乡关系的基础"①。

二、古典经济学

(一) 重农学派的观点

鲍泰罗是意大利重商主义时期的人口思想家，研究领域很广，涉及宗教、国家、政治、经济和人口问题。当时意大利各大城市经济社会发展几乎停滞，鲍泰罗为找出瓶颈，对农业生产和城市发展的关系进行了重点研究，最后得出结论为农产品剩余是城市存在的基础。这一结论为后来城市化研究提供了一个重要前提。

冯·杜能是经济地理学和农业地理学的创始人。早期的理论家多强调城乡关联发展，在经济学和经济地理学萌芽时期，城乡关系系统性的研究方法和理论就已经形成。在经济地理学中，杜能树立了城乡联系研究的一个典范。在《孤立国同农业和国民经济的关系》一书中，杜能系统阐述了围绕农产品消费中心 (城市) 与农产品生产地 (农村) 之间的布局关联，以及围绕城市的农业土地经营种类、经营强度以及应当如何安排土地利用的空间结构问题。

杜能在研究中提出了一系列经济社会假设条件，如他提出"孤立国"的前提条件是只有一个城市，且该城市位于"孤立国"中央位置，由城市供给农村所需产品等。在这些前提假设下，杜能建立了"孤立国"理论。该理论提出城市和农村的发展是紧密联系在一起的，以城市为中心，在生产布局上形成许多有规则的、界限清晰的同心境圈，每个境圈都有自己的代表性产品，配套有独立的耕种制度。在工业布局方面，杜能认为将工业全集中在大城市并不是最好的，更不能把所有的工厂都集中在首都中心，而应以城市为中心进行全境的生产布局，提出要根据产品的性质决定生产圈，交通运输费用较高的产品应规划在城市近郊生产，不易保存的鲜货也宜安排在近郊生产。杜能把生产费用最小和销售价格最低看成生产布局的最高原则，既要考虑接近消费地，还必须考虑接近原料产地。区位理论为更合理地配置城市郊区 (腹地) 的产业、提高土地的利用程度，使之更好地为城市服务，进而促进城乡一体化提供了有价值的理论基础。

(二) 古典政治经济学的观点

(1) 亚当·斯密的观点

亚当·斯密在《国富论》中比较详细而系统地对城乡理论进行了阐述和解析，

---

① 解光云. 多维视域下的古典雅典城乡关系 [M]. 合肥: 安徽人民出版社, 2007: 11.

在英国历史发展经验的基础上，他总结了城乡发展所遵循的规律，研究了各种外部因素对城乡发展所产生的影响。《国富论》指出，"农业上劳动力的增进，总跟不上制造业上劳动力增进的主要原因，也许就是农业不能采用完全的分工制度"[①]。这一认识开启了工农业二元经济思想。另一方面，斯密还切换视角，从社会分工方面研究了城乡方面的相关理论，具体来说，他的理论主要包括四点。

第一，城镇出现于分工之后。斯密对古典经济学所做的一大贡献便是创造了分工这一经济学概念。他认为因为分工现象才出现了城市，继而演化出城乡关系这一理论。"没有工匠的帮助，农耕必大感不便，且会时作时辍。"工匠成为"农民进行农业活动"不可分割的一个群体，工匠们在某一个区域集聚起来，就逐渐形成了小镇。接下来，小镇规模不断扩大，其他工匠逐渐集聚进来，零售商人逐渐加入进来。于是，小城市渐渐形成了[②]。斯密认为，城市和农村之间是互相交换农作物和制造品的关系。在这一交换市场中，市民和农民之间是平等互利的。

第二，城乡市场之间是平等互利的。斯密认为，城市的性质决定其离不开农村的产品供应。例如，城市必然要与农村互通商品，农村提供基本生活资料和原材料，城市提供生产资料和日常生活用品，两者互通有无，互相受益。

第三，城市产业的集聚会提高生产效率。斯密认为，农业是各产业的基础，强调"按照事物的自然趋势，进步社会的资本，首先是大部分投在农业上，其次投在工业上，最后投在国外贸易上"[③]。与此同时，他强调都市产业提高了效率，促进了产业聚集，扩大了就业容量，促进了封建领主特权的废除。

第四，城乡关系互动表现为工商业对农村的改良。在斯密看来，城乡的最终协调发展，是市场力量自发推动的结果。城乡的最终协调发展需要经过很长的历史时期。斯密提出了三种改进措施：一是为农村的原生产物提供一个大且方便的市场，以促进农村的开发改进；二是都市居民用赚取的财富购买闲置的土地，可以比农民更主动更投入地进行土地改良；三是工商业的发展改变了农村居民与其邻人的战争和对上司的依附状态，"使他们有秩序，有好政府，有个人的安全和自由"[④]。

(2) 大卫·李嘉图的观点

大卫·李嘉图从劳动价值理论和分配理论的角度全面阐述了农业部门在经济中占统治地位的社会里的资本积累问题。他认为，要实现财富增加一定要扩大资本积累。他关于农业资本积累的论述对解释城乡收入差距的形成有重要意义。李嘉图

① [英] 亚当·斯密. 国富论 [M]. 郭大力，王亚南，译. 北京：商务印书馆，2014：14.
② [英] 亚当·斯密. 国富论 [M]. 郭大力，王亚南，译. 北京：商务印书馆，2014：348.
③ [英] 亚当·斯密. 国富论 [M]. 郭大力，王亚南，译. 北京：商务印书馆，2014：350.
④ [英] 亚当·斯密. 国富论 [M]. 郭大力，王亚南，译. 北京：商务印书馆，2014：373-389.

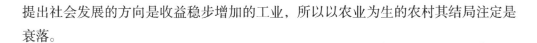

提出社会发展的方向是收益稳步增加的工业，所以以农业为生的农村其结局注定是衰落。

三、空想社会主义者

（一）对当时城乡关系状况及存在的问题进行批判

以揭露资本主义本质和构想未来社会为目的的空想社会主义者圣西门、傅立叶和欧文等对城乡一体化理论进行了探索。夏尔·傅立叶认为，城市和乡村的本质区别是工业和农业，理想社会中没有工农差别和城乡对立。但是实际上，城市主宰着农村，两者地位并不平等。傅立叶认为，城乡工农结合可以组成"法郎吉"，进一步实现自由劳动，消除城乡差别、工农差别等。欧文认为，"工业城市是贫穷、邪恶、犯罪和苦难的渊薮；而所筹划的新村将是富裕、睿智、率性和幸福的园地"，主张用"理性的社会制度"，即共产主义制度来代替资本主义制度。圣西门提出，"社会是一座巨大的、复杂的工厂……一个阶级由从属于农业劳动的人构成，另一个阶级由受雇于工厂和国家的人构成……他们是社会组织体系中的平等成员"。这种城乡产业、城乡人民和全体社会成员都平等的理想主义社会，批判了当时社会中的阶级矛盾，特别是城市和乡村相对立的局面。

（二）对未来城乡关系的设想

在莫尔对未来的设想中，"住在同一地点和同一教区的人，同一城市、同一乡镇、同一教区的全体男女，应该构成一个大家庭。彼此都以兄弟姊妹看待，互助互爱。公社之间应该互相结盟，保持和平协调，互相援助"。针对资本主义的"文明制度"，夏尔·傅立叶作出了更深层次的批判，其详尽描绘了理想社会的未来模样，成为城乡一体化思想最早、最系统的论述。罗伯特·欧文批判资本主义制度，并创造出了改造社会的一整套计划。他提出用共产主义制度来取代资本主义制度，财产公有，共同幸福，人人平等，建立共产主义"新村"。在城乡关系上，"这种大小的新村（周围有距属相当的同类新村）能够兼备城市住宅和乡村住宅现有的一切优点，同时又毫无这两种社会所必然具有的无数不便与弊端"[①]。欧文将新村公社作为理想社会的基础，认为其是人类社会整个组织的基石。

总之，这些构想与历史发展阶段并不相符，实验也均宣告失败，但他们提出了如何将城市发展作为与农村协调的一个经济系统单元，使工业生产与农业发展相协

---

① 欧文选集（第 2 卷）[C]. 北京：商务印书馆，1981：119.

调这一核心问题。

四、马克思主义经济学

马克思主义经济学家关注城乡关系，借鉴了空想社会主义理论中消除城乡之间对立态度的有关思想，经过比较城市发展过程中的本质变化，追溯城乡关系的发展轨迹和历史，马克思主义经济学家认为出现城乡矛盾与冲突的最根本原因是资本主义制度的建立，只有解决了城乡矛盾才能真正实现共产主义。

(一) 马克思、恩格斯的观点

马克思解析了城乡之间的关系。在资本主义工业化大发展的背景下，城乡之间的区别越来越大，生产和生活方式逐渐出现了差异。马克思着重说明农村是人类社会得以生存和发展的基础，农产品为人类解决了最根本的温饱问题。城市在社会系统中处于最中心，其中汇聚了人类最顶尖的政治和文化文明，是推动整个社会向前不断发展的枢纽力量。

1. 农村：基础地位

农村是人类生存和发展的基础。马克思认为："农业劳动的这种自然生产率是一切剩余劳动的基础，因为一切劳动首先而且最初是以占有和生产食物为目的的。"农业是农村的命脉，没有农业，人类无法获取最基本的食物和生产资料，所以从这一方面来讲，农村的地位是不可动摇的。也正是因为农业生产的存在，使得一部分人可以解放出来去从事其他的工作，这样就出现了社会分工。社会分工之后，新的生产活动开始为社会创造其他各种形式的价值和财富。因此马克思说："农业劳动是其他一切劳动得以独立存在的自然基础和前提。"所以，农村这一基础地位是不可动摇的。

2. 城市：中心地位

城市是社会系统的中心。伴随着资本主义工业化发展，城市中逐渐汇集了丰富多样的生产要素。人员和资本源源不断地流向城市，城市的政治、经济、文化等各种要素越来越丰富，逐渐成为人类社会生存和发展的中心。马克思指出："资产阶级使农村屈服于城市的统治。它创立了巨大城市，使城市人口比农村人口大大增加起来，使很大一部分居民脱离了农村的愚昧状态。"马克思意识到工业革命的出现，使得伦敦汇集了巨大的人口规模，这一集聚效应能够很大程度地推动城市的进步和发展。

巨大的人口规模使工业化发展具备了丰富的劳动力资源，工厂能够开展大规模生产，从而大大地推动了工业体系的完善和发展。城市中逐渐出现了铁路、公路，交通设施越来越快速和便捷，进一步为经济发展创造了有利的条件。大规模的人口效应，丰富了工人队伍，促进了工人之间的相互竞争，最终使得工人队伍的整体素质不断提升。同时，因为城市的快速发展，农村也在其带动下逐渐发展起来，最终使得城市成为整个社会发展的枢纽和中心。

(二) 斯大林的城乡结合发展理论

1. "生产条件上的平等"是城乡对立消除的基本条件

斯大林意识到城市和农村、工业和农业之间存在的关系。他主张，城市和农村都达到了现代化，工业和农业都实现了社会化，整个社会的经济才可以实现均衡地高速增长。在斯大林时期，城乡之间、工农业之间存在着阶级割裂，并且两者之间的经济发展出现了严重失衡的现象，这一形势极有可能引起城市之间、工农之间阶级关系的恶化甚至破裂。而想解决这一棘手局面，就必须将更加先进的生产技术引入到农村与农业生产活动之中。在斯大林看来，达到城乡之间、工农之间生产条件的平等，就可以在一定程度上缩小城市和农村之间的差距。这个观点着重强调了技术的改进与发展在解决城乡冲突和矛盾中所起的重要作用。

2. "城市和乡村有同等的生活条件"是实现城乡一体化的标志

在恩格斯看来，当城市和农村之间的矛盾和冲突得到彻底解决的时候，大型城市会逐渐消失（显然这需要长时间的发展）。不过斯大林却主张，当城市和农村之间不存在冲突和矛盾的时候，大型城市并不会消失，而且会生成更多的大型城市，其中汇聚着最先进的文化思潮、科学技术、农产品加工机构及功能强大的工业部门。在这些大型城市的带动下，全国经济会快速发展，城乡之间的生活条件都会平等。可见，斯大林认为，城市和农村之间彻底消除矛盾和冲突是指两者之间彻底消灭最根本的差别，即所有制。除此之外，任何其他条件的改变都无法真正消除城乡之间的差别。城乡一体化并不是要消灭城乡之间、工农业之间的一切差别，而是"使城市和乡村有同等的生活条件"[①]。

五、当代西方经济学

当代西方经济学城乡关系理论研究以资源在城乡间的配置为视角，认为市场经济的发展、社会分工的深化导致城市与农村在资源配置功能上的差异。当代西方经济学主要从资源配置的角度，以发展中国家为研究对象，具体分析了社会分工的深化导致生产要素在城乡之间差异性的分布以及由此产生的城市工业部门与农村农

---

① 斯大林文集 [C]. 北京：人民出版社，1985：617.

业部门的发展差异性，解读了促进二元经济结构向城乡一元经济演进的过程，并形成了各有偏向的城乡关系理论。与马克思主义经济学强调变革生产关系、合理布局生产力不同的是，西方经济学的城乡关系理论更多强调工业化和城市化的"推拉机制"，强调城市现代工业部门的辐射带动作用以及提升农业部门发展水平在城乡二元结构转化中的作用。

(一) 强调"城市偏向"的非均衡发展

该理论认为人类社会发展的中心应该是城市，国家的发展应该集中大部分资源用以建设城市，城市发展起来后再带动乡村的共同发展。该理论主要强调城市的重要性及其对农村的主导作用，带有明显的"城市偏向"观点。

1. 刘易斯：二元结构理论

该理论结构模型解释了农民因为工资低廉而进城务工的原因。"二元"结构中的"二元"，是指发展中国家现代化的工业部门与传统的农业部门。其中，农业部门拥有数量庞大的农民，然而技术水平较为低下，生活条件比较差，农民的边际劳动生产率为零，给人们的印象是"劳动力无限供给"。工业部门劳动生产率相对农业部门来说则要高很多，具备吸纳更多劳动力的潜力。

根据该理论的观点，经济发展是推动农业部门向工业部门转变与转移的过程。刘易斯通过以下论述解释了农业部门生产要素逐渐向工业部门转移的现象。他假定，农业部门薪酬水平较低，农民在维持最低生活水平之外没有工资剩余，而工业部门的工资水平较高。在这种情况下，如果农业部门的工资不变，生存成本不变，那么农民向工业部门转移的动机就不会消失，从而使得农业部门劳动力对工业部门的供给具有无限弹性。按照刘易斯的理论不难推断，工业部门会因为吸收同等工资条件下更多数量的劳动力，而使所得利润越来越多，工业资本积累程度越来越雄厚，这样就使技术进步成为可能。当生产技术取得进步之后，工人的劳动生产率提高，工业部门进一步获得大量的利润，使其对农业部门的相对优势更加明显。这样一来，农业部门将流失更大数量的劳动力，最终结果将是农业部门流失全部剩余劳动力。

2. 佩鲁：增长极理论

1955年，佩鲁发表了著作《增长极概念的解释》，首次提出了增长极理论，并于1961年出版的《二十世纪的经济》中系统而详尽地阐述了该理论。增长极理论指出，经济发展的过程中并非每个行业的每个部门都会实现均衡发展，而是各个地区、行业、部门的经济会因为各种条件的不同而出现不同程度及速度的增长。

该理论从根本上着重指出了区域经济在发展过程中的不平衡现象，它主张集中资金和资源发展前景好、潜力大、投资效益高的地区和行业，发挥增长极的发展优势，使其与附近其他地区或行业的经济出现势差，最终利用市场经济的传导作用将其发展优势投射到附近区域。根据增长极理论的观点，城市尤其是中心城市利用自身的发展优势，成为周围地区的生产、贸易、服务、金融等中心，并且吸引其周围农业部门的内部资源，称为极化效应，并使其获得集聚效应和规模效应，进而成为城市化的驱动力；同时城市发展还会带来示范及扩散效应，辐射带动周边地区的发展。由此可见，增长极理论更强调，发展的重点应该在城市，应通过城市的发展带动农村发展。

3. 赫希曼："极化—涓滴效应"理论

赫希曼指出，当区域经济发展出现不平衡时，极化效应和涓滴效应就会出现。其中，极化效应是指城市经济快速发展过程中，行业内部会出现劳动力的价格升高，企业家的利润提高，这些将会吸引大批农业部门内部的资源进入发展较快的城市，较多的劳动力也会蜂拥而至，从而使得城乡之间的差距更加明显。涓滴效应是指城市在经济增长的过程中加大了对农业部门产品的购买量和投资规模，同时吸引了大批农业部门内部劳动力到城市工作，这一转变使得农业部门内部的边际劳动生产率和人均消费水平提高，从而缩小了城市与农村之间的差距。这一理论指出，经济增长是一种不平衡的连锁演变过程，发展中国家可以借鉴该理论，集中优势资本和资源，将其用于支持某项或某几项发展潜力巨大的部门或产业，最终通过这些部门或产业的发展来带动与其相关联部门或产业的发展。区域的基本地区单元是由城市和乡村共同构成的，二者在经济发展过程中是相互促进、相互影响、相互制约的。城市和农村因为其所具备的自身结构与外部环境存在差异，因此其经济发展的步伐和方式均存在差异。在经济发展初期，大量的优势资本和资源将会在城市集聚，并不断吸引着农业部门内的资本和劳动力，使得农村发展受到限制，城市对农村具有主导权和支配权。

4. 缪尔达尔："循环累计因果"理论

缪尔达尔指出，城乡之间的差距在市场的作用下会越来越大，城市因为具备初始优势而比其他地区率先实现经济的增长，同时农村因为缺乏经济发展所需的优势环境而渐渐落后，这就是"循环累计因果原理"。在这个原理的作用下，城市与农村之间的关系出现了以下两种现象：一是回波效应（极化效应），即各种推动经济发展的优势资源在利益的驱使下逐渐脱离农村进入城市，例如，劳动力、资金、技术等各项生产要素，最终使得城市与农村之间的差距越来越大；二是扩散效应，即扩张到一定规模的城市因为沉重的人口负担而对环境造成一系列不良影响，例如，人口密集、资源短缺、交通拥挤、环境恶化等，均会使得城市人们的生产成本增加，减缓城市经济发展速度，这时城市会失去其曾经的发展优势，不再继续扩张工业部门的规模，最终各种生产要逐渐分散向附近的农村，促使农村经济向前发展。因为这个原因，缪尔达尔主张为了促进经济高速有序地向前发展，政府应该采取集中发展优势，优先发展一部分地区的总体战略，当这一部分地区的经济发展到一定水平之后，再将其优势资源发散到周围落后地区，从而带动落后地区的经济发展，最终达到实现共同繁荣的整体经济发展目标。不过，缪尔达尔发现城市和农村之间的巨大差异已经造成两者之间产生了较大矛盾和冲突，他强调政府应该及时采取措施支持和促进农村地区的经济发展。

5. 弗里德曼："中心—外围"理论

弗里德曼在著作《区域发展政策》中认为，一国之内有的地区是经济发展的核心地区，而有的地区是经济发展的边缘区域。核心区域即经济较为发达的大型城市及其郊区，这里集聚着大量的人口和资源；边缘区域指的是经济发展比较落后的地区。

根据"中心—外围"理论，核心区域与边缘区域并非同步发展经济的步伐，核心区域在国家经济发展过程中占据着主导和统治地位，掌握着国家优势资源，在附近地区经济发展中起着龙头作用；边缘地区被核心地区所主导，依附追随着核心区域的经济发展，其中核心区域可以控制和配置各种经济资源。这一理论主张，城市和农村之间的关系，就是核心地区和边缘地区的关系，是界限分明的一种划分。城市（核心地区）聚集着最先进的生产技术和文化思潮，这些优势都是农村（边缘地区）所无法与之相比的。因此，城市具备支配和控制农村经济发展的优势，具备雄厚实力吸引农村资源和劳动力。这一理论较为偏重于城市（核心地区）在经济发展中所起的作用，而在一定程度上认为农村在整个经济体系中的作用较弱。

（二）强调"农村（农业）偏向"的非均衡发展理论

1. 舒尔茨：改造传统农业理论

舒尔茨一直认为社会工业化的基础在于农业与人力资本的开发，其在经济发展过程中占据着不可动摇的地位。在此理论中，舒尔茨将农业分成三个种类，即传统型、现代型和过渡型。他在收入流价格理论中提出，在传统农业里，来自农业生产的收入流价格是比较高的，投入传统社会的资本额收益率比较低。他指出农业技术进步，需要做好两点工作：一是改进技术，提升先进技术在农业生产中的应用程度，降低劳动力支出时间；二是发挥人力资源潜力，改革农业部门内部人员的需求与供给结构，趋于合理化。舒尔茨进一步强调，要想实现农业部门的发展，必须首先改进生产技术，实现农业的现代化，只有这样才能最终达到发展壮大农业部门的目的。

2. 乔根森模型

乔根森模型主要有以下两点理论：一是工业和农业部门是国民经济发展的两驾马车，不过农业部门占据着比工业部门更重要的位置，因为农业部门是经济发展的基础，为社会生存及发展提供着最基本的生活和生产资料；二是工业部门要实现经济增长必须以吸收农业部门的剩余劳动力为前提，因此农业部门决定着经济的发展规模和限度。如果农业部门内部不存在剩余劳动力，那么工业部门就无法吸引到更多的劳动力资源。只有当农业部门出现劳动力剩余时，工业部门才可以立即将其吸引进来，并由此产生更多的利润及更大的部门规模。当农业部门存在大量剩余劳动力时，工业部门就可以迅速扩张。因此，农业部门的剩余劳动力决定着工业部门的规模，以及整个社会工业化的发展步伐。

另外，在社会发展过程中，当农业部门内部不存在劳动剩余的时候，所有农村劳动力都在农业部门劳动，这时候被吸引到工业部门的农村劳动力会存在正边际产出。这时劳动力转移所带来的后果是工业部门产出增加，农业部门产出减少，工业部门挤占了农业部门的人力资源。可见，农业部门出现劳动力剩余是工业部门扩大发展的前提和基础。

（三）强调"城市与农村、工业与农业全面发展"的平衡发展理论

1. 拉尼斯—费景汉：二元经济论

这一理论指出了农业部门对工业部门发展所起到的重要作用及影响。该理论认为，在经济发展阶段从传统向现代转变的过程中，农业部门内部的剩余劳动力是工业部门实现规模扩张和行业发展的前提和基础。拉尼斯和费景汉认为，要实现经济的增长，必须提升农业部门的剩余劳动力，同时提高农业劳动生产率，只有这样才能促使农业生产力向非农业生产力转移，最终推动整体经济不断向前发展。因此，要使二元向一元结构转换得以实现，必须保证农业的迅速增长并使其足以满足非农劳动力对产品的消费需求，农业部门并非处于边缘化的地位，也并非处于被支配和主导的地位。该理论的最终观点是，实现工农业的平衡发展才能够最终实现二元结构转化。

2. 拉格纳·纳克斯："贫困恶性循环论"

纳克斯指出，发展中国家经济发展受到制约，并非资源紧张的原因，而是"贫困恶性循环"在起作用。资本在其形成过程，供求双方均发挥了很重要的作用，而供求始终贯穿贫困的过程，造成了恶性循环产生。首先从供给方面看，发展中国家经济发展水平较为落后，国民平均收入水平较低，实际储蓄水平相应也较低，不具备强大的储蓄能力，因此导致资本薄弱，无法扩大生产规模和提高生产效率，进而

引起下一轮的低工资现象。就这样，发展中国家逐渐就形成了弱资本、低劳动的恶性循环。从需求方面来看，发展中国家国民收入水平较低，人们生活比较贫困，不具备强大的购买力和消费能力，从而使得国内市场无法形成规模效应，不能吸引外部投资者的兴趣，最终导致没有足够的资本支撑较大的生产规模，进而不能获取较多的利润以支持其研究和改进生产技术，只能维持较低的生产效率和收益，另一个恶性循环随之出现。

以上两个循环相互影响，难以打破，最终发展中国家无法实现经济的发展，只能被迫在贫穷和落后的处境中挣扎。纳克斯又提出了平衡增长理论，该理论阐述了外部经济效益和各部门之间在供求方面具有互补性和不可分性，只有在国民经济的各个部门和各个企业进行均衡的资源配置，经济才能得到全面均衡发展。

(四) 强调"城乡 (工农业) 一体化发展"的理论

1. 霍华德：田园城市理论

霍华德在1902年出版著作《明日的田园城市》，提出田园城市理论，该理论较早地提出城乡一体化发展思想，倡导"用城乡一体的新社会结构形态来取代城乡对立的旧社会形态"。著作指出，城市规模的不断扩大给环境造成了巨大的压力，噪音、交通等各种污染不断降低着城市的生活质量，人们应该从城乡协调的新角度来看待城市的经济发展，将城市及其周边视为一个整体来进行分析，并最终解决城乡之间存在的根本问题。按照霍华德的定义："田园城市"应该具备健康生活，健康的产业，其规模不应超过实际社会生活的需要，周边应环绕着农村农业。土地所有权是共有的而非私有的。在这种模式的生活中，人们快乐地生活和工作，其中既有快节奏的城市生活模式，又间杂着自得其乐的农村生活模式，市民在这两种其乐融融的环境中愉快的生活。在霍华德的理想中，农业与工业结合，农村与城市结合，是最好的解决城乡发展问题的办法。

2. 沙里宁：有机疏散理论

沙里宁从整体上阐述和研究了城市膨胀之后所出现的一系列冲突和问题，进一步对城市发展及布局结构进行了深入研究。

沙里宁在著作《城市：它的发展、衰败和未来》中，充分而详尽地阐述了其对城市发展思维、社会经济发展状况、土地所有问题、法治问题、城市居民参与度问题、教育问题、城市规划问题等的主张，在这一系列阐述的基础上，沙里宁提出了有机疏散理论。沙里宁主张疏散过分集中的大型城市，将其中的各个分部用绿化带进行隔离，使城市分离成为较小的集镇。在这样的系统中，各分部之间是统一而又有所距离的关系。这就构成了一个城乡差距较小的城乡区域均质体。1918年，有机疏散理论在芬兰得以应用到实际之中，即是后来著名的"大赫尔辛基方案"。

3. 岸根卓郎："城乡融合设计"理论

日本学者岸根卓郎提出城乡融合设计理论，这一概念提出应该建立一个"与自然交融的社会"，这一形式将会越过城市和农村的界限。在总结前人经验的基础上，他强调不应该将城乡之间的规划与发展割裂开来，而应该把工农部门有机地结合起来，通过重组协调，建立"农工一体复合社会系统""自然—空间—人类系统"，实现城市、农村与自然三者之间的立体规划模式。他主张，不应该让城市占领农村，不能使用建设城市的战略来建设农村、改造农村，并以此来达到城乡一体化的目标。在经济发展的过程中，人类一直以来都选择性地忽视农村对经济建设所能起到的作用。岸根卓郎希望人们可以意识到，"农村最主要的作用就是保全生态系统"，以及由此产生的一系列衍生作用，例如，土地的可持续使用、土地的保护、水资源的保护以及诸多的经济功能等。

第五章　城乡一体化发展的重点

产业发展是城乡一体化发展的载体。任何一个二元经济国家或地区要兼顾经济增长、充分就业、缩小城乡差距和一定的城镇化速度这四大目标，就必须依靠产业发展，搭建产业发展载体与平台，同时需要维护公平正义，缩小贫富差距，这就需要加强城乡服务一体化，制定有效的公共服务政策，为全体公民一视同仁地提供基础公共服务。城乡一体化是中国的阶段性目标，城乡一体化不仅仅是城乡经济社会文化等方面的融合与协调，更是城市生态环境与农村生态环境融合发展、人与自然和谐共存的统一。

第一节　城乡产业发展一体化

一、制订城乡一体的产业发展规划

规划是对未来整体性、长期性、基本性问题的思考，是区域经济发展的总纲和指南。规划科学是最大的效益，规划失误是最大的浪费，规划折腾是最大的忌讳。科学合理、统筹协调、符合国情和区情的产业规划有利于发挥地区比较优势，促进相关产业协同互动，有利于扩大就业、增加税收，带动国民经济健康发展。当前，我国经济运行的主要问题是经济发展中不平衡、不协调、不可持续的矛盾依然突出。因此，要立足经济发展全局，从更广阔的宏观背景和条件出发，将三次产业作为整体加以谋划。从城乡产业空间布局、承接产业转移、发展产业集群、生产要素跨区域与跨产业流动等多方面进行谋划。

(一) 在思想认识上要将城市和乡村看作一个整体

既要摒弃那种将城乡隔离的传统认识，又要正视城市和乡村各自的特殊性，根据城市和乡村各自的比较优势与资源禀赋，科学规划产业空间布局。在突出城市积聚效应和辐射带动作用的同时，也要关注广大农村腹地的均衡发展，重视乡村的规划修编和产业布局，将乡村发展纳入区域经济总体规划中，充分发挥规划在城乡经济发展中的提振和引领作用，逐步形成城区三产互动，近郊产业园区，远郊现代农业，层次清晰、重点突出、科学合理的城乡产业空间布局。

（二）强化三次产业间联系，推动城乡产业有序转移

推动大中小城市和小城镇协调发展、产业和城镇融合发展，促进城镇化和新农村建设协调推进。在实际操作中既要避免过去城市发展非农产业，乡村发展农业的单一产业格局，也要防止出现城市工业与乡村工业齐头并进的重复建设。

应在遵循产业发展规律、区域发展规律的前提下，促进城镇化与农业现代化同步推进，既要产生积聚效应，也要避免重复建设，使城乡发挥各自优势，在产业布局和结构层次上形成优势互补。如将不再具有比较优势的非农产业由城市转移到乡村，这样既可以为乡村注入新的现代化元素，有效地提升乡村产业结构，也有利于城市集中优势资源发展高端产业，让城乡之间互补，形成新的双赢产业结构。当前的工作重点，因为农村的发展较为滞后，因此，应该加强对乡村的非农投入，比如，加快农村基础设施建设，创造产业发展环境，让非农产业在农村有序健康地发展。

（三）加快构建全国统一性的市场

统一市场既包括产品市场，也包括要素市场，对我国而言，更加紧迫的是构建统一的要素市场。要素市场有利于盘活农村的劳动力、土地和资本等主要要素资源，缩小产业差距，使产业关系逐步从政策驱动转化为市场驱动。

大市场的构建必须以妥善处理好政府与市场的关系为前提，政府要改革行政管理体制中不合理的制度安排，通过深化改革开放制度红利，解除阻碍城乡要素流动的体制障碍，为统一大市场的建立和发展创造健康的环境，要打破城乡间和区域间的地区分割，充分发挥市场配置资源的决定性作用，推进城乡产品和要素的平等交换，促进资本、劳动力、技术等生产要素在城乡间自由流动。

（四）大力发展现代产业集群

按照布局合理、产业协同、资源节约、生态环保的原则，对产业集群进行规划布局和功能定位。产业集群发展规划要纳入区域发展规划，与城乡规划、土地利用总体规划等有机衔接；加快完善产业集群能源供应、给排水、排污综合治理等基础设施，加强节能管理和"三废"有效治理，推动绿色低碳循环发展。

充分发挥龙头骨干企业的示范带动效应，鼓励龙头骨干企业将配套中小企业纳入共同的管理体系中，推动协同制造和协同创新；调动行业协会、技术机构、龙头骨干企业和中小企业作用的积极性，联合打造区域品牌；加强产业网络建设，深化移动互联网、云计算、大数据、物联网等新一代信息技术在产业集群中的应用，构

建"智慧集群";努力延伸和拓展农业产业链,加快推进农产品加工业的发展。

(五)加强城乡产业统筹发展的利益分配机制的建立

随着市场经济在我国的逐步深入,依靠指令性的行政命令方式越来越难以为继,产业协调发展涉及多个市场主体,是一个长期博弈的复杂过程。只有尊重各方利益,承认彼此的利益诉求,通过建立共赢共享机制推动城乡产业协同发展,才能实现城市乡村产业协调发展,最终实现一体化发展。因此,应该构建城乡产业发展的共享机制、上下游产业之间的利益分享机制、承接产业转移的利益传导机制等,这是实现产业协调发展的关键。

二、推进产业结构调整,助推城乡产业互动

产业结构演变的基本动因是科学技术和生产力水平的提高。根据产业结构演变规律,三次产业结构总是从第一产业居最高,逐步向第二、第三产业的次序位移变化,产业发展的重心也随之转移。在西方发达国家中,第三产业占据国内生产总值的比重超过50%,就业人数所占比重都在70%以上,像美国、日本等发达国家,其第三产业比重更是高达70%~80%。当前,我国三次产业结构不甚合理,亟须推进我国产业结构的优化调整,对加快产业转移升级意义重大。推进我国产业结构升级,在三次产业之间要分层次有重点,在各产业内部也要有层次、有差别地推进。

(一)进一步推进农业产业化进程

促进农业产业化的延伸与拓展,用先进技术和科学管理方法,使传统种植农业功能逐渐向农业旅游休闲、生态维护、文化传承等新功能方向拓展;同时要向第二产业延伸并向第三产业融合,形成三次产业融合的"第六产业"格局。鼓励以家庭农场、股份合作社、公司化运营等多种形式促进农业适度规模经营,实现农民与市场相"对接",实现农业产业与村庄组织化的互动发展。积极利用生物技术、物联网、电子商务、电子信息技术等现代科技技术改造农业,推进农业机械化发展,提高农产品产量和农业生产效率。

(二)有差别地推进工业结构优化升级,突出工业的支撑作用

中小城市要抓住特大城市、大城市产业结构升级的有利机会,优先发展劳动密集型产业,为城镇化发展提供大量的就业岗位。通过加强研发和设计,提高文化含量,提升在区域价值链的分工层次,推进劳动密集型工业向产业价值链高端发展。小城镇应该充分利用城镇本身土地、劳动力等生产要素成本比较低的特点,培育与

城市工业相配套的产业集群，引导原有的乡镇企业向小城镇聚集，并逐步实现体制、技术创新，使乡镇企业做大做强，发挥产业聚集效应。构建以高新技术产业为支撑、以先进制造业为主体、城乡产业融合发展的现代产业体系，以增强非农产业对农业剩余劳动力的吸纳力。

（三）促进服务业转型升级，多层次地发展服务业

服务业是"最大就业吸纳器"，需要强化服务业的支撑作用。通过大、中、小城市差别化地推进传统服务业向养老服务、社区服务、健康服务等新兴服务转化，促进传统服务业转型升级。针对中小城市和小城镇，要强化相关配套设施发展，通过配套完善的教育、医疗等服务业，吸引人口向城区集聚，提升城镇的消费能力，激发城镇的发展动力。对于特大城市和部分大城市，在关注传统服务转型升级、挖掘就业潜力的同时，更要注重现代服务业的发展。根据工业产业转型升级的需求，大力发展生产性服务业，促进制造业与生产性服务业的深度融合，建设生产性服务业集聚区，优化城市空间结构。

三、利用重要战略机遇期，促进农村产业发展

农村作为人们生活和生产的最大空间，也是我国目前产业发展最为薄弱的地区。从三次产业的发展差距而言，促进我国产业协调发展的难点在农村，重点在农业。目前，我国经济发展正处于增长速度换挡期、结构调整阵痛期和前期政策积累消化期叠加的关键时期，既是我国发展非农产业的重要战略机遇期，也是转变经济发展模式的关键期和突破资源环境约束、实现可持续发展的攻坚克难期。因此，坚持以促进农民增收为中心，以农村经济发展为目的，按照"企业主导，市场引导，政府推动"的原则，加强农村产业结构调整显得尤为重要和迫切。

（一）加快培育农业产业化龙头企业，带动农业产业化发展

农业产业化龙头企业是指企业加工或流通的商品必须以农产品为主，通过各种利益联结机制与农户相联系，带动农户进入市场，使农产品生产、加工、销售有机结合、相互促进，在规模和经营指标上达到规定标准，并经政府有关部门认定的企业。

农业产业化是促进传统农业走向现代农业的必由之路，不仅可以延伸农业产业链，提高初级农产品的附加值，而且有利于农业专业化、社会化和商品化发展，提高农业的整体效益。龙头企业则将开拓市场、引导生产、深化加工、科技创新、融通资金、销售服务等功能整合在一起，既是农业产业化最重要的市场主体，也是加

快推进农业现代化的重要支撑。

(二) 建立农民合作经济组织

以农户经营为基础，以某一产业或产品为纽带，通过专业合作社、股份合作社 (在合作制基础上实行股份制的一种新型合作经济组织) 以及专业协会等方式建立农民合作经济组织，提高农民的专业技术水平和进入市场的组织化程度，实现农民增收致富和促进农村第二、第三产业发展的目的。

(三) 积极发展特色园区经济

围绕地域特色优势，进一步优化产业布局，引导同类企业或产业链上的配套企业向园区集中，向最具比较优势的小城镇集聚，提高土地集约化程度，发挥产业集聚效应。努力做好农业科技示范园区、农业旅游园区、农产品物流园区等现代农业与第二、第三产业协同发展的试点和推广。

(四) 加快发展农村生产和生活性服务业

重点发展现代物流、金融保险和信息服务，促进农业生产、农村生活走向现代化。加快发展农副产品交易市场，创新农商对接、农超对接新模式，促进农产品进城、工业品下乡；完善和延伸现有市场的储藏、加工、运输、信息、检疫、检测绿色农产品认证、名牌农副产品培育等功能的农村商贸流通服务业；开展劳务输出对接，引导农村富余劳动力有序外出务工；培育、发展一批为先进农业技术推广和技术指导，为优质粮食和畜禽品种供应和良种繁育以及加工、物流等提供服务的社会化服务企业。

(五) 大力发展乡村旅游业和特色文化产业

深入挖掘独具特色的农业景观资源和民俗风情资源，加大乡村旅游市场开发和培育力度，扶持和引导有条件的农户积极发展农家乐和观光休闲农业，努力为农民增收致富提供更加广阔的渠道。

四、完善城乡一体的社会管理制度

长期以来，城乡分离的一系列社会管理制度将城市和乡村人为地划分为两个分离的世界，城市居民与乡村农民事实上的不平等成为城乡隔离的核心。根据产业发展的内在规律，逐步建立城乡一体的户籍管理、劳动力就业、社会保障和土地等一系列社会管理制度并加以完善，这是促进城乡产业协同互动的基础和前提。

(一) 逐步实现"一元"户籍制度

在有条件的地区逐步取消城乡户籍差别，取消农村户口，并以合法固定住所或稳定职业为依据，实行城乡统一的户籍管理制度，实现由身份管理向职业管理的转变。农民在取得城市户口以后，应与原城市居民获得同样平等的就业机会，在公共服务和公共物品上享有相同的市民待遇。

政府应当逐步缩减直至取消城市各种消费补贴和城市特有的社会福利，同时加大对农村公共设施和公共服务的投入，较大幅度地提高农村居民的生产条件、生活环境和福利水平，不断缩小城乡公共服务和基础设施差距。

(二) 统筹城乡社会保障制度

从推行社会保障制度改革入手，建立一元户籍制度。户籍改革的难点在于社会保障在城乡之间存在较大差异。目前，虽然有部分地区已经宣布取消农业户口，实行统一的居民户口，但这并未完全解决城乡之间、地区之间人口自由流动的问题，而仅仅是户口在名称和形式上的变化。如果不实行城乡统筹的社会保障制度，仍然会形成新的国民待遇不平等，甚至会造成对农民财产另外一种形式的侵害。

统筹城乡社会保障制度就是要拓宽社会保障覆盖范围，把具有一定工作年限的农民工纳入社会保障范围。同时，探讨建立适合我国国情的农村社会保障制度途径和模式，逐步在养老、医疗和最低生活保障等方面实现城乡统筹，使农民工在公共服务和公共物品上享有与市民同样的待遇，最终实现城乡社会保障一体化。

(三) 培育统一城乡劳动力市场

建立起城乡统一的劳动力市场和公平竞争的就业制度，首先，要取消针对农民工制定的限制性和歧视性就业政策，降低农民进城"门槛"，疏通农民进城渠道；其次，通过立法，在法律上规范劳动关系，充分尊重进城务工农民的合法权益，保证其正当利益不受损害；最后，培养新型农民，提高农民就业能力。通过对农村劳动力的培训，增强农民适应新生活和新工作的能力。

第二节　城乡公共服务一体化

一、城乡公共服务一体化的内涵及意义

城乡公共服务一体化的目的是通过采取适当的手段逐渐消除城乡间公共服务的

本质差别，其实质就是促进城乡公共服务融为一体的状态与过程。

(一) 城乡公共服务一体化的内涵

1. 城乡统筹性质

城乡公共服务一体化是城乡一体化的重要内容。城乡一体化是指在一个相互依存的区域范围内，促使城市与乡村这两个不同特质的经济社会单元融合发展、协调共生的过程。城乡一体化是城乡全面对接、共同发展和整体融合的系统工程，包括城乡空间布局一体化、基础设施一体化、产业发展一体化、劳动就业一体化、社会保障一体化、社会发展一体化以及生态环境建设与保护一体化等，其中公共服务一体化是城乡一体化最重要、最核心的内容。主要是因为：一方面，公共服务是政府"使用公共权力和公共资源向公民提供的各项服务"，有公共设施建设服务、文化教育服务、医疗卫生服务以及科技服务、体育服务、娱乐服务等，内容广泛。如果如此多的公共服务都不能实现一体化，那城乡一体化便无从谈起；另一方面，公共服务尤其是基本公共服务是实现人类全面发展的基本条件，主要是为了满足人类生存、人类尊严和健康安全的基本需要，而这恰恰是城乡一体化发展的逻辑归依。没有保护人类生存和发展方面的公共服务一体化，其他方面的一体化就会黯然失色，失去现实意义。

2. 公共服务分类

城乡公共服务一体化的重点是民生服务。公共服务的范围很广，涉及各行各业，可以将其划分为不同种类，如在领域方面，公共服务可分为基础性公共服务、经济性公共服务、社会性公共服务和安全性公共服务；在公共资源的稀缺程度方面，公共服务可分为无偿性公共服务和有偿性公共服务；在表现形态方面，公共服务可分为有形公共服务和无形公共服务；在地位上，公共服务可分为基础性公共服务和非基础性公共服务等。在这里，领域上的基础性公共服务与地位上的基础性公共服务是不同的，前者是指政府为提高和改善居民生产、生活环境而提供的道路建设、供水、供电、供气以及交通、通信等基础设施建设和维护服务，和有形公共服务或公共产品类似。而后者是指在达成一定社会共识的基础上，结合国家财政供给能力、社会发展总体水平和公民需求状况，维持社会稳定、保护公民基本权利、促进人的全面发展的公共服务，包括公共就业服务、社会保障服务、基础教育服务、基本医疗卫生服务、公共文化体育服务等。城乡公共服务一体化是公共服务的全面一体化，但一体化并非没有重点，不分主次，在公共服务发展的任何阶段中，民生服务都应该成为城乡公共服务一体化的重要领域。

3. 公正理念

城乡公共服务一体化要尊重社会成员的公民权利。城乡公共服务一体化发展，既要提高公共服务的普惠性、可及性，保障广大农村居民——不论居住得多么偏远，也不论他们的经济收入和生活水平存在多大差异，都能享有与我国经济社会发展水平相当、结果大致均等的公共服务，而且还要秉持公平正义的发展理念，确保广大农村社会成员都能享有《宪法》赋予公民的基本权利。城乡二元体制形塑下的城乡公共服务不平衡状况，违背了社会的公平正义，损害了农村社会成员的公民生存权、发展权和自由选择权。因此，城乡公共服务一体化战略的实施，除了要为农村居民的生存和发展提供公共服务外，同时，要特别注意尊重他们的自由选择权。不能因为公共服务是政府免费为农村居民提供的，就不考虑农村社会成员公共服务的真实需求，擅自替他们做主，也不能借口农村公共服务要与城市对接，就强迫农村居民居住到公共服务水平高的城郊社区或农民集中社区，更不能以农民"不听话"为理由，就肆意减少、削弱甚至剥夺部分农民的公共服务享有权利。

4. 发展趋势

城乡公共服务一体化既是一个渐进的过程，又是一种社会结构状态。城乡公共服务一体化是一个长期的实践过程，不能一蹴而就，需要经历由低到高、先易后难的渐次推进过程。但不论城乡公共服务一体化推进到何种程度，城乡公共服务一体化绝不是城乡公共服务的一样化。正如有学者在城乡公共服务均等化研究中指出的，城乡公共服务一体化"不是追求平均化和无差异化"，强调的是享有"公共服务的机会与权力平等，是最低标准的均等和最终结果的相对公平"。即使城乡公共服务一体化完全实现，农村居民与城市居民拥有的公共服务也可能存在差别，服务水平也可能有高低之别，但农村居民享有公共服务的权利与城市居民应该相同，他们都有自由选择公共服务的权利。因此，可以说城乡公共服务一体化就是一种新型的社会结构状态。在这一新型社会结构中，城乡不再是二元的，政府为城乡居民提供的公共服务是互补、共生的，即城市与农村的公共服务各有特色，但没有公共服务水平的高低区别，城乡间公共服务已形成一个封闭、完整的双向对流体。

(二) 推进城乡公共服务一体化的重要意义

1. 有利于缩小城乡差距

从20世纪80年代开始，我国大力发展乡镇企业和建设小城镇，自20世纪90年代开始，城市化进程又不断加快，实际上这并不是城乡的孤立行动，而是已经将城镇化作为城乡连接的桥梁。

20世纪80年代的小城镇建设是中国国情的城镇化，20世纪90年代的城市化承继了西方发达国家的城市化发展路径，符合城市化共性。但实践证明，小城镇建设和传统城市化的发展策略对缩小城乡差距的作用微乎其微，都不能解决中国城乡差距问题。城乡公共服务一体化弥补了以前城镇化的两个不足：一是城乡一体化仍要搞小城镇建设，仍要扩张城市发展规模，但它是优于小城镇和单纯城市扩张的举措，有助于将农村、城镇和城市形成一个连续体；二是赋予城乡一体化以新的载体或新的平台，即通过公共服务发展，尤其是农村公共服务发展，推进城乡一体化，最终使农村居民从享有与城市居民均等的公共服务向全面一体化合拢，进而使农村居民能过上与城市人均等的经济社会生活。

2.有利于解决民生问题

民生问题直接关系到国家和民族的生存和发展，它的解决关系到国民基本权利的保障。随着科学发展观的提出和贯彻，社会事业发展便以改善民生为重点，并且各级政府在和谐社会建设中也高度重视民生问题，财政对教育、卫生、社会保障、文化等主要民生领域的支出力度逐年增大。从保障民生角度看，"公共服务是指与民生密切相关的纯公共服务"；从实践经验看，城乡一体化推进快的城市，如成都市、苏州市等，都把城乡一体化的重点放在文化教育、就业培训、医疗卫生以及最低社会保障、养老保障、医疗保障等民生服务领域上，并以此为"破冰"点来促进农村居民享有与城市居民均等的公共服务。

我们应紧紧围绕民生问题推进城乡公共服务一体化发展。

一方面，可以增强政府建设新农村和发展农村城镇化的自觉，促使公共服务资源包括人力、物力和财力向农村倾斜；另一方面，可以确保政府在经济发展的基础上不断提高城乡居民生活水平和生活质量，使城乡居民"学有所教、劳有所得、病有所医、老有所养、住有所居"。为此，城乡公共服务一体化实施应该将与民生相关的公共服务作为发展重点，主要包括以下六个方面。

一是城乡基础设施建设一体化，大力推进公交、供水、供电、供气、通信等公用基础设施向农村延伸。

二是城乡社会保障一体化，健全多层次、广覆盖、可转接且与经济发展水平相适应的城乡社会保障体系。

三是城乡公共事业发展一体化，让农村人享受到与城市居民均等的教育权利、文化权利、健康权利、卫生权利、食品安全权利以及治安和环境保护权利。

四是城乡劳动就业一体化，采取非农就业和产业内就业"两轮驱动"措施，完善城乡统一的就业体系，使城乡就业的机构、登记、培训和城市一体化。

五是城乡生态文明一体化，开展美丽乡村建设，改善农村人居环境，逐步使农村的河道、污水、路灯、绿化、厨房、厕所、垃圾的治理与城市对接。

六是城乡社会管理一体化，健全农村社区村民或居民自治制度，推进乡镇和村两级社区服务中心建设，强化基层政府公共服务能力，以统一城乡社会管理和社会治理。

3. 有利于促进我国经济发展

我国制度和政策的"城市偏好"安排，使得城乡公共服务发展不平衡，但造成农村公共服务落后于城市的根本原因是我国低生产力水平和弱经济实力。今天，倡导城乡公共服务一体化，就是要纠正过去制度和政策上的失误。改革开放以后，我国经济快速发展为城乡公共服务一体化奠定了坚实的基础。只有在经济发展的推动下，才可以实现城乡公共服务一体化，但是，城乡公共服务一体化并不仅仅是受益于经济发展，同时还是拉动内需、促进经济增长的内生动力。居民消费不足、内需乏力，已经成为制约我国经济持续发展的痼疾，而我国最大的消费群体是居住在农村的农民，如果政府能通过公共服务这一集体消费形式引导并带动农民个体消费，那么，城乡公共服务一体化将成为促进我国经济发展的"增长极"。由于农民收入增长缓慢，加上国家为农民提供的社会保障不全面且水平低，他们中多数人担忧"消费风险"，不敢过"富人"生活。居民消费风险直接影响公众的消费水平和消费质量，导致消费严重不平等，需要政府通过提供公共服务来分担居民的消费风险。城乡公共服务一体化，既可以通过增加公共服务设施建设和公共服务提供的"公共消费""集体消费"，改善农村居民消费状况，提高他们的公共性消费水平，拉动内需；又可以引导农村居民放下消费包袱，大胆地进行"私人消费"，追求自己理想的消费生活。因此，随着城乡公共服务一体化的深入，农村公共消费市场和私人消费市场将随之兴旺和繁荣起来，这将成为破解我国经济发展僵局和实现社会公平的持久动力。

4. 有利于落实政府公共服务职能

政府职能在推动城乡公共服务一体化的过程中具有十分重要的作用，这主要体现在城乡公共服务一体化的实现程度上，政府职能导向决定了这一程度。尽管政府主要有经济调控、市场监管、社会管理和公共服务四大职能，但长期以来，我国政府重经济发展而轻社会建设，重行政管理而轻社会管理和公共服务，造成了政府职能的畸形成长和机理失调，使政府在经济社会发展的作用与其执政地位严重不匹配，并且严重浪费了公共资源，削弱了政府执政能力，降低了政府公共服务质量。城乡公共服务一体化的推进，有助于政府公共服务职能的进一步落实，加快政府由管理型向服务型转变。

城乡公共服务一体化及相关体制的建立，不仅在很大程度上取决于政策导向，同时还可以反作用于政府职能，促使其不得不发生职能转变，从而更好地履行公共服务责任。第一，城乡公共服务一体化战略的实施，有助于进一步明确各级政府的权责，使权责对称并协调统一起来，确保省级以上政府在城乡公共服务一体化中承担更多的责任。第二，城乡公共服务一体化目标的确立，有助于建立健全各级政府的公共服务绩效考核体系，完善上级政府对下级政府及其官员的公共服务问责制，促使政府将管理职能转移到公共服务上。第三，城乡公共服务一体化社会政策的颁布，有助于政府在推进城乡公共服务一体化进程中不断修改、完善扶持和支持农村公共事业发展的各项制度和政策，清理已有的城乡发展不合理的政策，并坚决杜绝新的不利于城乡公共服务一体化发展的制度。第四，城乡公共服务一体化的多中心治理体制的建立，有助于市场和社会力量参与公共服务的供给与管理，帮助政府更好地履行公共服务职能，以尽快实现城乡公共服务一体化的治理目标和治理价值。

二、城乡公共服务一体化的措施

(一) 建设新型农村社区服务体系

1.加强农村医疗卫生体系建设

当前，群众看病难、看病贵的问题仍是全社会普遍关注的热点，也是新型农村社区医疗卫生体系建设的重点。

第一，规范并完善农村医疗卫生机构的管理机制。政府应该组织卫生局和相关部门认真落实医改政策，改革农村的妇幼保健机构、疾控中心的组织运营方式，建立健全管理机制和运行机制，对医疗卫生机构进行科学管理、投入和监督，不断提升医疗卫生机构的技术水平，改善服务态度，以此保证农村医疗卫生事业沿着正确的方向发展。

第二，科学调整城市医疗卫生资源结构。对于新建的社区卫生机构，医疗部门应该严格审批，要充分考虑人口分布、医疗资源布局等各相关因素，要让农村卫生机构尽可能地满足一定范围内群众的就医需要。为了保证农村卫生机构的正常运行，政府要建立并实施相应的投入机制，要按照相关政策为卫生机构划拨资金。对于农村居民认可的农村卫生机构，为了让农村居民更及时地就医，社保部门应该将这些卫生机构纳入医保定点机构范围，推行农村首诊制度，实现患者的科学引流。

第三，完善各类参保人员医药费的报销规定。基层调查是各主管部门必须重视的调研手段，相关人员应该到医疗机构和患者中间进行深入调研，在遵循国家政策的前提下，为了让群众更好地享受医疗服务，要进一步调整、细化并调高医药费用的报销比例。

相关部门应该积极宣传医疗报销政策，让农村居民接受分级治疗，根据自己病情的轻重选择不同级别的医院，让低级别医院发挥其作用，高级别医院缓解病号过于集中，医院资源过于紧张的压力，让病情轻重不同的病人都可以得到有效及时的治疗。

2. 加强农村新型社区教育建设

对于当前的社会发展来说，持续学习、终身学习是每个社会公民的事，建设并完善社区教育、建设学习型社区是全社会的事，因此，为了保证这项工作的顺利展开，必须建立健全有效的保障机制。

第一，加强并充分发挥政府的统筹职能。我国农村社区教育的管理机制和运行机制还存在很多问题，这要求相关部门要进一步探索及完善。政府应该加强对农村社区教育的重视，将其纳入国家经济和社会发展整体规划中，在推进教育改革和发展的过程中将农村社区教育视为重要内容，将加强农村社区教育纳入政府的工作职责范围之内。政府在农村社区教育建设工作中，应该充分发挥自身的统筹功能，积极为建设工作提供支持，营造良好的舆论环境，制定并落实有利于农村社区教育发展的政策。各相关部门应该将日常工作与农村社区教育发展有机地结合起来，为我国农村社区教育建设和发展提供有力支持，让农村居民可以有更便利的学习条件和更舒适的学习环境。

第二，加大农村社区教育的资金投入。农村社区教育具有鲜明的公益性，应忽略其经济效益，衡量其社会效益。因此，作为一种公共产品属性的支出，应由政府投资作为主流，建立专项资金，并配套相应的财政资金使用制度，从而保证农村社区教育可以在需要时及时获得资金。明确相关部门的职责，并明确落实的情况。但是，由于我国各区域经济发展不均衡，导致农村社区资金投入差异较大，因此，在经济发展落后区域，还应通过拓展多种渠道、拓展资金来源，来促进社区教育的均衡发展。

第三，建设专业化的师资队伍。发展农村社区教育光有政策和资金支持还不够，还需要一支专业化的师资队伍提供教育力量。当前，我国各地社区都纷纷组建了自身的教育师资队伍，主要由专职人员组织管理，聘请各行业专家作为兼职教师，利用行业知识，满足农村社区教育的需求。农村社区教育师资队伍的师资配备，除了专职和兼职以外，志愿者也是不可忽视的组成部分。专职教师是指各级教育行政部门的农村社区教育的组织者与管理者；兼职教师主要来自学校选聘和社会应聘，属于专业化技术人员；志愿者教师则大部分为各个院校的退休教师，还有一部分是各行政事业部门的培训教师。专职教师可以发挥指导、督导与示范的作用，兼职和志愿者教师则承担具体的培训内容。

3. 加强新型农村社区市场服务建设

农村社区市场不健全就无法吸引大批企业进驻，这就会限制农村社区市场的商品的品种，无法提供完备的售后服务，最终就会从整体上对农村社区的服务功能产生不良影响。同时，农村社区市场是农村经济的组成部分，在促进农村经济发展方面起到了积极促进的作用。只有保证经济的健康发展，才能以此为基础建设和发展农村社区。农村社区在交通、基础设施、社区服务等各个方面都存在不足，有待进一步建设，只有依靠发展经济才能解决这些问题。而培育和完善农村社区市场就是促进农村社区经济发展的一条有效途径。

4. 加强新型农村社区志愿服务建设

加强农村社区志愿者队伍建设，是农村社区发展的重要组成部分，因此，应从以下几个方面逐步完善。

第一，强调志愿服务的全民参与。一是拓宽宣传渠道，利用村民培训机构、村民网络平台、召开村民会议，宣传志愿者服务的必要性，吸引村里的能人和权威人士首先加入志愿者队伍，发挥示范作用，通过实际行动带领人们积极参与志愿活动。二是找准定位，引导全民参与志愿者活动，遵循"分类指导，分层推进"的原则，科学划分农村居民的服务要求以及农村居民自身的服务能力。将服务主体划分成不同层级，按照这一分类建立相应的志愿者群体，以此提供更全面的志愿服务。三是加强制度的建立和完善。应该尽可能地将志愿者服务内容细化，划分不同类型的小组，让服务有效；同时在条件具备的农村社区，应该针对志愿活动建立相应的奖励政策和补贴政策，以此激励人们更积极主动地参与志愿活动，为农村社区的建设提供重要力量。

第二，强调志愿服务的全程参与。一是建立志愿者队伍服务的登记考勤制度，要保证记录的完整性和标准化，通过这一制度反映参与志愿活动主体的实际参与情况。二是建立健全服务质量信息反馈和报告制度，该制度是为服务质量提供保障，确保志愿服务不只是做样子，而是切实为农村居民解决实际问题。三是建立经常性的测评制度，只有科学有效的测评，才能及时发现和改正志愿活动中存在的问题。农村社区可以开展以小组为单位的自评和以村为单位小组的互评，以此保证服务的水平和质量。通过建立以上这些机制，能够有效保证志愿服务的持续性、全面性和高质量。

第三，强调志愿服务的全方位服务。一是扩大服务对象。针对老弱病残群体开展广泛的帮扶性服务，同时要加强对村级公共事务管理的重视程度，将其作为服务对象，组织和引导农村居民广泛参与各种活动，志愿服务应该覆盖民政保障、社会平安、农村文明和科技知识教育等各个方面的内容。二是丰富服务形式。通过群体对群体、一对一等方式，将志愿者队伍服务与农村社会组织服务有机地结合在一起，充分发挥农村志愿者队伍的作用，有机结合社群文化团体和经济合作组织，从而形成相互促进的关系，开展更广泛、有效的志愿活动。三是加强农村普法工作。通过组建专业性宣传队，设立监督岗，做到社情上下畅通。

第四，强调志愿服务的全体系管理。一是民政部门应该加强对志愿者队伍建设的正确指导，同时，应该加强对专业协会的严格审批和管理，以此保证农村志愿者工作可以顺利开展，保证志愿服务事业的健康发展。二是建立健全志愿者队伍组织，实行村级民主管理。同时，相关部门应该不定期地联合农业部门、卫生部门、安全部门等各相关部门组织活动，为农村志愿服务提供有力的制度保障。三是引入民主管理的机制，志愿者队伍的加入以及考核依赖民主评议标准，志愿者服务内容及效果在全村内公示，接受全民监督。

(二) 推动城乡基本公共服务均等化的财政制度改革

1. 明确中央与地方财权分配关系

我国当前的分税制并不完善，导致省级以下政府的事权和财权并不匹配，在县级政府和乡镇政府上表现得尤为明显，而因为县乡财政困难，严重影响了我国城乡基本公共服务均等化进程的推进。由此需要明确中央和地方财政之间的分配关系。

中央财政首先制定并实施城乡基本公共服务框架，列定具体服务的最低标准，这是在我国有效推进城乡公共服务一体化的基础，也是在我国实行有效财政转移支付的前提条件。在设定这一最低标准时，应该充分考虑各地区的实际财政和经济指标，依次进行片区划分，根据实际情况制定不同的标准，保证标准的指向性。

基层财政在城乡基本公共服务建设工程中，主要职责是提供城乡具体公共服务，这需要大量的资金投入，财政问题就成为地方服务的最大问题，只有解决了基层财政问题，才能有效地减轻农村居民的负担。这就要求省级政府制定并完善相关体制，提高省以下财政转移支付的规模，通过各种方式途径加强县乡财力。

此外，中央政府应该对地方政府的财政运行情况进行实时监控，及时了解财政运行中出现的问题，从而及时补救，对于地方政府存在的各种问题和矛盾，中央政府应该采取适当的方式引导它们及时解决。同时，应该加强财政管理的创新发展，尽可能减少中间环节和管理级次，实施运行省直管县的财政管理体制。省财政应在预算中保证转移支付的规模，保证县级财政可以正常运转。

2. 健全规范转移支付制度

在构建我国的公共财政体制的过程中，必须选择科学有效的财政转移支付机制和方式，只有这样，才能保证我国提高城乡基本公共服务水平的目标可以实现。这既是一个关键性问题，也是一个基础性问题。当转移支付的专项化倾向过高时，地方政府就会在一定程度上欠缺财政支配力，在投入建设公共服务时就会受限，公共服务同质化严重，会忽视个性化需求，从而减弱公共服务的效用水平。因此，应当采用一般性转移支付为主，专项转移支付为辅的形式，这样可以提高地方政府的财政支付力，让地方政府可以更好地满足当地公众对公共服务的个性化需求，避免地方公共服务的同质化。

此外，中央为了推进财政转移支付制度落实，中央政府还应该充分考虑我国的实际情况，建立激励机制，对于在公共服务领域增加财政支出的地区，于下年预算中，中央政府应该适当地增加转移支付规模，以此保证地方政府有足够的资金用于城乡基本公共服务建设，推进城乡基本公共服务均等化；如果地方政府在增加财政收入方面比较消极，那么，中央政府则应该适当减少转移支付规模，以此有效防止或减少不积极增加收入现象的发生。对各级政府进行公共服务考核，考核不合格的予以惩罚，以增加其不积极的机会成本。从总体上说，单纯地将地方政府的财政缺口作为中央政府用以确定转移支付规模的依据并不全面，健全转移支付制度，必须充分考虑地方政府在增加财政收入方面的实际情况和具体态度，不可一概而论。

3. 配套地方政府财政支出机制

只有保证与财政支出结构调整相关的其他体制也做出相应的调整，才能使财政支出效用最大化，降低成本，弥补市场失灵。第一，构建科学合理的人事组织结构，推进政府机构改革，以此为基础，有效地减少政府在行政管理方面的支出。第二，推进教育、医疗、养老保险等基本公共服务体制的改革，明确并充分发挥预算资金在公共服务中的基础作用，加强基本公共服务配套的建设和完善，形成多层次的供给结构。第三，财政资金管理方式的改革创新也必须同步进行，建立健全财政资金的预算编制制度，完善资金拨付制度，改进财政支出绩效评价制度，提高财政资金的使用效率。

4. 加强农村基本公共服务供给制度改革和创新

第一，加大农村基本公共服务财政投入力度。农村基本公共服务的现状与城市相比较薄弱，随着经济与社会的发展，现阶段农村公共服务的需求不断增加，而供给的增加远远不能满足需求增加的速度，这就造成了社会运转的不协调。因此，各级政府应该最大限度地加大对农村基本公共服务的资金投入力度，尽快建立和坚决执行稳定的投入增长机制。

第二，加快农村基本公共服务供给制度改革。一是保障农村基本公共服务的供给。首先，建立健全农村基本公共服务决策机制，通过适当的方式引导和鼓励农村居民参与到农村基本公共服务供给的决策过程中，充分发挥农村居民在决策中的主体性作用，保证农村居民和政府在决策过程中共同发挥作用，从而更为有效地保障农村基本公共服务供给；其次，通过有效的方式和途径对农村居民开展民主教育，加强农村基层民主建设，让农村居民正确认识并学会使用自己的权利，从而使他们在农村公共服务建设事业中充分发挥主体作用；最后，还应该提高农民的组织化水平。二是促进农村基本公共服务的信息化、科技化。首先，借助信息化手段，建立健全农村基本公共服务信息平台，为农村居民提供良好的教育、医疗卫生网络平台，提高农村公共服务水平；其次，要以信息化为载体，完善监督和管理体制，为农村基本公共服务提供全程的服务，同时有效提高农村基本公共服务效益。

第三节　城乡环境保护一体化

一、城乡一体化建设中保护生态环境现状

(一) 城市环境问题

中国改革开放已取得巨大成就，经济总量达到世界第二，经济始终保持高速增长，国内外经济学界甚至以中国模式来概括中国的发展历程。在发展目标的确定上和发展路径的选择上，中国更加自信。但经济社会取得非凡成就的同时，生态环境也付出了巨大代价，有的地方生态环境遭受的损害甚至无法用经济取得的成就来补偿，可以说，中国高速发展是以牺牲生态、破坏环境的巨大代价换来的。

1. 空气污染

经济加速推进，但相应的生态环境治理落后，是城市空气污染的主要原因，国务院发展研究中心李佐军教授的研究表明，在诸多影响因素中，城镇化对工业废气排放的影响最大，即城镇化率每上升一个百分点，会导致工业废气排放增加超过一个百分点。

2. 水污染

水污染是城市主要的污染，据估计，全国每年约1／3的工业废水和90％的生活污水未经处理就排入水体。环保部门监测显示，目前，全国城镇每天至少有1亿吨污水未经处理直接排入水体。由于城市生活污水的收集和处理设施建设状况没有得到根本改善，集中处理设施严重缺乏，污水处理技术还有待提高等原因，导致大量生活污水未经处理或处理不达标而直接进入水体。现在，生活污水排放量已经明显超过工业废水排放量，成为城市水污染的主要源头。

3. 噪声污染

城市噪声污染早已成为城市环境的一大公害。城市噪声污染主要有交通噪声、工业噪声、施工噪声以及社会生活中产生的噪声，其中，对城市影响最大的是交通噪声，如机动车辆、火车、飞机等，这些交通工具产生的噪声流动范围很广，影响非常大，城市中机动车辆产生的噪声是影响城市生活最主要的噪声。城市噪声对人体健康十分有害，一般会影响人的休息、睡眠，使人感到烦躁、萎靡不振，影响工作效率；噪声污染过大不仅会造成听力下降，还可损伤心血管、神经系统等。对正处于生长发育阶段的婴幼儿来说，噪声危害尤其明显。经常处在嘈杂环境中的婴儿不仅听力会受到损伤，智力发展也会受到影响。

4. 固体排放物污染

城市固体排放主要是工业固体排放和生活垃圾排放。高速城镇化使工业与生活固体排放量剧增。中国仅"城市垃圾"的年产量就接近1.5亿吨，而且大部分是露天堆放，不仅影响城市景观，而且侵污了大气、水和土壤，对城镇居民的健康构成极大威胁，垃圾已成为城市发展中最棘手的问题。垃圾不仅造成公害，更是资源的巨大浪费。年产1亿多吨的城市垃圾中，据估计被丢弃的"可再生资源"价值高达250亿元。

（二）农村生态环境问题

1. 农村土壤污染

近年来，随着工业化、城镇化的快速发展，耕地面积不断减少，成为影响农业持续发展的重大障碍。土壤污染是影响农业产出、农产品品质的另一重要因素。据中国农科院土壤肥料研究所近年来在全国的田间定位实验与调查显示，全国各主要农区广泛存在的不合理耕作、过度种植、农用化学品的大量投入和沟渠设施老化，已经导致农田土壤普遍性的耕层变薄，养分非均衡化严重，土壤板结，土壤生物性状退化、土壤酸化、潜育化、盐渍化增加，防旱排涝能力差，耕地土壤基础地力不断下降。研究结果还显示，全国被污染土壤已占耕地面积的1/5，约20%的集约化种植农区，氮磷肥料严重超高量使用。因养分供应极度失衡，作物病虫害严重，农田农药用量大幅度增加，导致耕地土壤盐害、酸化严重，结构破坏、农药残留、土壤污染问题十分突出，土壤生物性状、健康功能严重衰退，生产性能大幅度下降。

2. 农村生态植被严重受损

农村本是植被茂盛、空气清新、更适于居住的地方，但在资源开采、工业转移的情况下，农村生态植被受到极大影响。一是森林资源不断减少。受到乱砍滥伐、毁林种粮以及森林水灾等影响，森林资源不断减少，据估计，全国每年减少的天然林达40万公顷。二是草场退化严重。草地是一种可持续利用的自然资源，它不仅是发展畜牧业的物质基础，还是人类重要的生态屏障。但由于自然因素、人为因素，草场退化极为严重。农村生态植被遭到破坏，使农业生产失去生态屏障，导致水土流失、荒漠化、洪灾、虫灾等自然灾害频频发生。

3. 农村水污染

随着农村经济的快速发展，农村水污染时有发生，已经成为农村生态环境保护中的严重问题。常见的农村水污染主要有三个原因：一是农业生产中农药、化肥等的过度使用。二是农村非农产业生产中的废物排放。三是农村生活垃圾随意倾倒。

4. 农村大气污染

与城市一样，农村大气污染也成为农村生态环境逐渐恶化的重要原因。与城市不一样的是，农村大气污染主要有焚烧秸秆、燃煤造成的大气污染；农村非农产业造成的大气污染。农村非农产业的兴起为农村经济发展带来了希望，但高污染、高排放又对农村大气环境带来不良影响；农药、化肥大量使用造成的大气污染。

除此以外，农村不断增多的汽车、拖拉机、三轮摩托、两轮摩托等农用车辆会排出大量尾气，以及农村道路路况太差，经常出现漫天灰尘，这些也造成了农村的大气污染。大气污染不仅对农民身体健康造成危害，也对农作物的正常发育造成影响，而且严重影响着农村经济的发展。

二、城乡一体化建设中保护生态环境的意义

(一) 生态环境是城乡居民赖以生存的家园

人是生态系统中最聪明、最活跃的要素，但人不可能脱离生态环境而单独生存，生态环境为人类的存活、繁衍提供了必要的条件，良好的生态环境是人类生存与发展的基础。原因有：一方面，生态环境为人类提供了水、气、生物等基本生存资源。另一方面，生态环境不仅为人类提供基本资源，还满足了人类对舒适生活的需求。但自工业革命以来，人类对大自然的索取越来越多，对生态环境的破坏越来越大，城乡均出现了严重的空气污染、水污染、噪声污染，生态环境、生态系统承受了巨大压力。保护生态环境，也就是保护与人类休戚相关的水、大气、土壤以及生物资源，使人与生态环境的关系始终处于协调、融洽的状态，生态环境始终能为人类的生存与发展提供持续的资源。

(二) 生态环境是城乡经济持续发展的载体

经济发展严重依赖于生态环境。经济生产的所有原材料均来自生态环境，农业生产中，种植业需要土地、水、空气、阳光和种子，畜牧业需要水、植物；工业生

产需要石油、煤炭、天然气、地下金属等资源，工业加工需要水、气。经济生产中所有有用的产物被人类吸收，无用的如废气、废渣、废水重新排进生态环境。所以，经济发展一刻都离不开生态环境。我们应坚持生态环境保护与经济发展协调共进，在经济发展的同时，注重生态环境的保护和恢复。也可以将生态环境恢复保护纳入经济发展体系中，使经济主体从保护、治理、恢复生态环境中受益，与其经济发展中利润最大化的目标一致，实现经济与生态环境共同持续发展。

（三）生态环境保护是城乡生态文明建设的需要

在漫长的人类历史长河中，人类分别经过原始文明、农业文明、工业文明三个阶段。三百多年的工业文明是人类改造自然最成功、最有效的时期，但同时也为生态环境带来了巨大创伤，工业文明越来越难以承担起继续改造世界的重任，改造世界需要新的文明，这就是生态文明。如果说农业文明是"黄色文明"，工业文明是"黑色文明"，那么生态文明就是"绿色文明"。生态文明与农业文明和工业文明的共同点在于：都主张改造自然和利用自然，从中提高人的生存能力和生活水平。与农业文明和工业文明不同的是，生态文明重视生态环境保护，强调在改造和利用自然的同时，必须保护环境、爱护环境，以达到保持人类永续发展的目的。

城乡生态文明是城乡居民之间、城乡居民与社会、城乡居民与自然之间的充分融合，城乡生态文明建设是城乡一体化建设的重要内容，保护城乡生态环境是实现城乡生态文明的重要途径。

当前，在生态文明建设日趋重要的情况下，要加大生态环境保护力度，要大力打击破坏生态环境的行为，遏制生态环境恶化趋势，改进和提升生态恢复能力，改善生态环境质量，维护生态环境，最终实现城乡生态文明。

三、城乡一体化建设中环境保护的措施

（一）保护生态环境的途径和重点领域

1. 大气复合型污染防治

城镇大气"复合型"污染防治不仅应加强末端减排治理，更应注意源头及全过程的控制等。除了集中控制大的点源、面源，尚需加强低矮面源、采暖期散煤使用及无组织排放的控制等。

大气复合污染的源头在于 NOx、SO_2、NH3 和 VOCs 等气态污染物和烟、尘等多种一次污染物的存在，因此，控制大气复合污染必须多种污染物综合控制。须全面削减与大气复合污染有关的一次污染源 [机动车、燃煤 (点源及面源)、生物质燃

烧] 的排放，并加强对 PM2.5 和 O_3 生成的前体物的控制。减排 NOx 和 VOCs 有助于同时控制 O_3 和 PM2.5 的大气浓度。当前来看，我国对 SO_2 和 NO_x 的控制加强了重视，已经具有较成熟的一系列技术。

但对于 VOCs 和 NH3 的控制尚处于起步阶段，必须加大投入，加快科研与实践的步伐。由于 PM2.5 以及 O_3 污染具有区域性输送的特征，并且均与一次排放密切相关，因此，必须建立区域尺度联防联控的协同控制策略及相应的权力机构。

大气污染控制措施要有坚实的科学、工程和经济分析数据的支持，需要成本分析以评估技术效果和可执行性，并发展新的污染控制技术使排放达到更严格的标准，要对大中小污染源实施综合治理。大的污染源是污染减排的首要目标，各地需要尽快对工业源实施严格的规制以及控制机动车尾气污染。后续还必须对中小污染源实施治理，否则无法从根本上解决大气污染的问题。

总的说来，大气污染问题是一个复杂的问题，其治理需要长期的努力。为了尽快减少对公众健康的影响，可以采用利用外因来减轻内因负荷的办法，从奥运、世博、亚运等重大活动中采取的应急措施总结的经验可以看出，这种可能性是存在的。也就是在充分研究气象条件、污染源分布和空气质量三者关系的基础上，划分不同天气过程影响城市空气质量的源区，采用常态化的预测、预报、预警技术，有针对性地在污染天气系统出现前，开展分区、分源预先控制的办法，就有可能在一定程度上降低局地大气重污染出现的频率，尽可能以相对较低的污染控制代价来达到较大的空气质量改善效果。

2. 在城镇化发展过程中解决水问题的途径

水资源短缺是我国城镇生态健康的最大瓶颈之一，水污染除了加剧城市水资源短缺外，还危及饮用水安全，直接威胁着整个国民的健康。解决城镇水问题，应坚持节水优先，控制消耗；治污为本，源头削减；注重开发利用非传统水资源，提升污水废水的资源化利用水平。主要可以通过以下方面来进行：第一，城镇化发展必须着力提高各种节水措施。通过变革灌溉方式，综合利用工程节水技术、生物节水技术等，建立完善的农业节水体系。此外，依据调整农作物种植结构，推广耕作保墒技术等低投资管理措施增加节水途径。未来工业生产节水主要需要提高工业用水重复利用率，调整产业结构，发展低耗水型工业。第二，城镇化发展必须严格依照区域生态规划，充分考虑水资源的承载能力。要对现有的水资源进行保护，尤其是提高对水源及其相关流域的保护意识。此外，完善水源保护法律法规，加大执法力度，严格控制污染物质进入水源地。科学合理地规划水资源的使用，加强区域性的整体规划管理。第三，城镇化发展必须大力推进城市雨水的资源化利用及中水回用。第四，完善水资源管理体制。环保部门要继续完善严格控制污染源的法律法规，各地区要结合自身实际，制定本地区的相关政策、水环境保护规划等。此外，在水资源管理层面，建议建立相应的监控体系，制定具有地方操作性的管理方案。

3. 固体废弃物污染控制及资源化途径

解决城镇固废污染问题的途径主要有以下三个方面：一是要把城市垃圾看作可以利用的宝贵资源，大力开发城镇矿山，把大宗工业固废、生物质废物、生活垃圾与污泥等城镇固废资源化和能源化，缓解我国城镇发展的资源环境瓶颈，同时，减少对环境的污染，还可带动相关战略新兴产业发展。二是完善城镇生活垃圾收运体系，增强居民环保意识，实行垃圾分类回收处理。三是在我国现阶段必须加快固体废弃物法治建设，将其纳入法治管理轨道，尽快完善固体废弃物污染防治的法律法规和标准，建立绿色国民经济核算制度，推行绿色 GDP。

4. 生态破坏问题解决途径

解决城镇化过程中的生态破坏问题，管理者必须树立尊重自然、顺应自然、生态优先的理念。

第一，保护和维护区域整体生态安全与健康。城镇化过程不能以牺牲生态安全为代价，不能肆意破坏土地的生命机体。在制定城市规划前，必须优先划定出对于生态系统至关重要的敏感性区域作为城市发展的禁建区，保护健康与完整的区域生态安全格局，并将保护与恢复生态系统，保证生态安全贯彻到城市规划、规划建设、规划管理的全过程中。

第二，应在城镇建设中构建生态基础设施，逐步恢复生态系统服务。具体来说包括：维护和恢复河道的自然形态，保护和恢复湿地系统，保护和建立多样化的乡土生境系统，建设具有雨洪调蓄功能的"绿色海绵"系统，建立以开放空间和公园绿地为主的休闲游憩系统，构建完善与连续的绿色廊道及慢行系统等。

第三，需要建立一套优先保护生态安全的制度体系，生态系统是一个完整的生命有机体，各个要素相互联系。只有进行系统性的保护与管理，才能保证生态安全，充分发挥生态系统服务。

当务之急是探索创建能够有效统筹管理的制度体系，高度协调的机制体系，才能理顺诸多部门的关系，更好地履行生态保护的监管职能。

(二) 以生态环境保护理念贯穿城镇化建设的全过程

城镇化建设是一项复杂的系统工程，它涵盖了城镇空间规划与布局、城镇交通与产业发展、生态环境保护、人口迁移、城镇文化与人居建设、城市治理等各个领域，涉及了经济建设、政治建设、文化建设、社会建设等各个方面；为了实现人与自然、环境与经济、人与社会的和谐共生，建立起具有永续发展能力的空间格局、产业结构、生产方式和生活方式，真正走出一条有中国特色的新型城镇化道路——要以生态文明理念贯穿城镇化发展的全过程，将环境友好和资源节约作为城镇化发展的基本准则，全面落实到各大领域。

1. 生产领域

发展绿色产业。绿色产业是指采用绿色生产技术，采用无害或低害的新工艺、新技术、新方法，大力降低原材料和能源消耗，实现少投入、高产出、低污染，尽可能把环境污染物的排放消除在生产过程之中的产业，其产品称为绿色产品。绿色产业包括：绿色工业、绿色农业、绿色交通、绿色能源、绿色建筑、绿色旅游、绿色服务业等。发展绿色产业，是生产领域生态文明建设的重要内容，是推进新型工业化的重要途径。

在城镇生态文明建设的过程中，需要保持经济稳步发展的同时，促进绿色技术创新、绿色产品生产、绿色服务体系构建，降低经济社会发展对资源能源的消耗，减弱发展过程中对生态环境的负面影响，引领和推动城镇经济的绿色发展。发展绿色产业的具体途径主要包括：一是大力发展环保产业；二是发展绿色技术和标准；三是生产绿色产品；四是增强绿色管理理念。

2. 消费领域

引导公众绿色健康消费。在政府积极推动绿色采购的基础上，通过出台相关政策或者法规，加强政策导向，扩大绿色产品在市场上的占有率，以引导公众选择绿色产品。消费者作为绿色产品消费的主体，政府和企业应当各自承担对消费者的绿色教育，培育绿色需求。通过开展"绿色消费""科学消费"等主题活动，强化绿色消费行为。同时，要建立起有关干部培训、专业教育、大众宣传的立体教育网络，全方位普及新的消费理念，深入开展构建低碳社会的宣传教育，营造全民积极构建低碳社会的氛围。要提高全社会的参与意识，倡导低碳、节俭、适度的消费理念，引导消费方式的变革，探索性地建立主要家电产品碳标识等有利于低碳消费的制度，使低碳生活方式成为每个公民的良好习惯和自觉行动，建立理性消费理念，让绿色消费深入人心，推动生态教育，走向健康的发展道路。

要加强对消费的下游效应和弹性效应的关注，宣传"要舒适不要奢侈，要消费不要浪费"的消费观，建立文明、节约、绿色、低碳的大众消费理念，推动形成适合我国国情的绿色生活方式和绿色消费模式。引导公众绿色健康消费，倡导选择绿色出行，完善和强化我国绿色消费产品标识，加大企业绿色技术开发，制定、完善我国消费政策。

3. 城镇规划设计及基础设施领域

城镇规划主要包括对城镇的规模、方位、性质、三产分布、区域划分、绿化风景以及各类建筑的分布和特性等进行总体设计与布局。要把生态文明建设的理念落实到城市规划、设计的各个方面和全过程中。

第一，加强城镇水资源循环利用。应着重控制城市的规模、人口及城市群的空间分布；开展工业节水、农业节水、生活节水；推行清洁生产，源头控制污染，加强废水处理；加强废水资源化、能源化，在废水处理的同时回收水资源、能源、化工原料；开发非传统水资源，着重开发利用中水、雨水、海水、空中水等非传统水资源。

第二，城镇矿山开发利用。据统计，全球每年将产生数十亿吨废旧机电、报废汽车、废旧家电及电子电器等社会消费废物，其中蕴含着大量金属、橡胶、塑料等再生资源，成为永不枯竭的"城镇矿山"。"城镇矿山"开发利用成为21世纪的朝阳产业，对于保障资源安全供给和减轻环境压力意义重大。废旧电子电器中含有47.9%的铁、12.7%的有色金属、20.6%的塑料。构建高效的资源回收利用体系，提高城市资源利用率，不仅有利于缓解资源瓶颈，而且能促进经济增长。

4. 城镇天然生态系统保护领域

城镇生态基础设施的建设，需要注意两个方面的问题。

第一，优先保护和恢复区域天然生态系统，保证整体生态安全与健康。在城乡区域要注意加强保护森林、草地、河流、湖泊、湿地等天然生态系统；尤其要保证对生态安全特别关键的绿色空间、河湖湿地，不能被城镇发展、道路建设而随意侵占；在重要生态功能区、陆地和海洋环境敏感区、脆弱区等区域划定生态红线，实行强制性保护，建立人口与产业退出机制，对污染严重超标的区域，建立人口迁出机制，关停一些企业，在某些特别严重的区域，可以选择行业的整体性退出；保障城市河湖的水质，特别应保障饮用水源的水质安全；应保护与人类共生的一切动物、植物，营造和谐的生态环境。同时，城镇的发展应以保证生态安全为前提和基础，优先进行不建设区域的控制和恢复，再根据社会经济发展的需要进行建设用地的规划和布局。这个禁止建设区域是城镇发展不可逾越的生态底线，是城镇生态基础设施的核心与基础。

第二，加强城镇内各类生态基础设施的建设，为城镇和市民提供全面的生态系统服务。随着城镇化进程的提速，城市规模不断扩大，城市用地不断向外扩张。诸多不合理的开发模式导致一系列环境和生态问题的出现，城市中的绿色空间越来越少，可以提供的生态系统服务也越来越少。构建生态基础设施，就是要将城镇中的自然生态系统作为规划建设的骨架，维护和恢复其提供生态系统服务的能力，大力改善城市的生态环境。

5. 法治领域

建设生态文明并非是一朝一夕就可以完成的工作，而是需要我们经过长期艰苦的努力才能实现的系统工程。在这一过程中，我们需要借助政治、经济、法律等领域的相关知识，其中法律知识占据最基本的位置。

第一，强化生态文明相关立法。在我国城镇化建设进程中，政府应该高度关注环境立法的相关事项，使其服务于建设资源节约型、环境友好型社会，从法律层面做出约束条文，促使企业和居民在生产和生活过程中节约能源资源、保护生态环境，加快我国经济发展方式的转型升级，实现经济社会发展和环境资源保护之间的均衡，使人类与自然环境能够友好、和谐共处。此外，还要转变发展战略，摈弃过去以"经济效益为主"的发展战略模式，将发展目光聚焦于"经济、社会、生态效益并重，生态优先"的发展模式。

针对我国生态经济法律制度存在的不足，需要在资源税、增值税、消费税等方面采取相应措施，扩大资源税的征收范围，构建一个完整严密的资源税网体系，全面加强对我国资源环境的保护。调整不同行业类别增值税的税基和税率，从产业层面推进增值税的绿色转变，提高增值税的调整能力；同时加大消费税，特别是奢侈品的课税额度。

第二，生态专利制度改革。在推动城镇生态文明建设的过程中，各部门应重视推动生态专利法律制度的改革，通过法律法规，促进城镇生态文明建设技术的进步和推广。目前，我国尚未形成完善的生态专利法律体系，因此，政府应该加强授予范围、审查方式和强制许可等方面的监督力度，制定明确的专利权法律法规，引导专利申请的生态导向，通过制度设计拒绝公害技术的法律保护，鼓励环保专利的快速产生。同时，加强国际合作，努力争取绿色专利技术援助，大幅度降低许可使用费，充分发挥生态专利的技术引导作用。

第三，规范行政执法行为。在我国城镇化建设中，各有关部门应加强监管，进一步规范行政执法行为。一是加大相关培训力度，保证执法队伍的素养。在生态环境保护行政执法机关内部，及时开展相关法律培训，增强执法人员的法律意识和执法能力，提升执法队伍的整体素质。二是规范执法程序。执法人员在执行过程中应该严格遵守执法要求，规范佩戴执法证件，明确告知行政相对人所触犯的法律法规，出示执法部门所搜集的相关证据，严格按照法律要求执法。三是加强执法监管。要进一步加大生态环境行政执法监督管理力度，强化行业行政执法内部监管和层级监管，建立执法检查、重大案件督查等层级监督管理制度，及时纠正和处理各种违法和不当的行业行政执法行为，对于环境保护失职的相关人员，除党纪政绩处分外，还要承担相应的法律责任。四是强化环境行政强制执行力度。要对生态环境行政强制执行权的行使重新加以分配，赋予环境机关独立的地位，使其拥有独立的强制执行权。

第六章　城乡一体化发展中的农村经济建设

第一节　乡村振兴战略概述

一、乡村振兴战略的基本内涵

在党和国家以及全国人民长期不懈的努力下，我国"三农"事业的发展取得了令人瞩目的成就，主要表现为：一是转变了以往落后的农业发展生产方式，农产品的质量和数量不断提高；二是传统的农业产业结构发生了较大变化，农产品供给更加丰富多样；三是加快推进社会主义新农村建设。但受主客观等多方面因素的制约，我国"三农"事业的发展仍然面临着不少问题：一是农业生产方式较其他国家和地方来说还是相对滞后的；二是农村产业发展优势明显不足，主要体现为农村产业经营管理滞后、产业经营机制单一。

实施乡村振兴战略是有效解决新时代"三农"问题的客观需要，蕴含着深刻的内涵。第一，从主体来看，农民群众既是推动乡村振兴战略落地实施的基本力量，也是经济发展受益的直接获得者；第二，就主要目标客体而言，"五位一体总体布局"是其基础内涵；第三，从实施途径来说，应坚持循序渐进的建设模式以推动乡村振兴战略实施，促进农村全面发展与进步；第四，从具体旨向来说，利用乡村振兴战略实现广大农户的物质释放和精神解放，促进中华民族的整体复兴①。

二、乡村振兴战略提出的重要性

乡村振兴战略是习近平同志在党的十九大报告中提出的战略，是建设美丽中国、实现"两个一百年"奋斗目标、确保中华民族伟大复兴的必要路径。实施乡村振兴战略，是建设现代化经济体系的重要基础，是建设美丽中国的关键举措，是实现全体人民共同富裕的必然选择。

乡村振兴战略的实施意义重大而深远，主要表现在以下几个方面。

（1）乡村振兴战略有助于促进农业农村现代化。乡村振兴战略的实施，将有助于推动农业农村现代化，实现农村产业兴旺、生态宜居、生活富裕。这符合我国经

---

① 万信，龙迎伟.论乡村振兴战略的基本内涵、价值及实现理路[J].江苏农业科学，2018，46(07):17-20.

济社会发展进入新时代的要求，也是我国农业农村发展的必然趋势。

（2）乡村振兴战略有助于促进城乡融合发展。当前，我国城乡发展还存在一些不平衡、不充分的矛盾。乡村振兴战略的实施，将有助于促进城乡融合发展，加快推进农业农村现代化步伐，让广大农民共享更多改革发展成果。

（3）乡村振兴战略有助于提升乡村治理体系和治理能力现代化水平。实施乡村振兴战略，将有助于提升乡村治理体系和治理能力现代化水平，推动农村社会治理有效运转，提高农民的幸福感和获得感。

实施乡村振兴战略的任务艰巨，需要从多方面入手，制定科学有效的措施和方案。各级政府应加强对乡村振兴战略的重视和支持，推动乡村振兴战略的深入实施。

总的来说，乡村振兴战略的提出，旨在通过全面深化改革和创新政策举措，推动乡村经济、政治、文化、社会和生态文明建设全面升级，实现农业强、农村美、农民富的目标。这一战略的实施，将有助于促进农业农村现代化、城乡融合发展、乡村治理体系和治理能力现代化水平的提升，为全面建设社会主义现代化国家奠定坚实基础。

第二节　农村经济改革的深化与发展

一、深化农村土地制度改革

（一）土地承包经营权流转现状

1.农地流转速率低

当前，我国只有那些经济发达地区的承包农地经营权在市场流转，适应了农地流转新政策，适当地提高了速度。从总体来看，农地市场的流转发生率偏低，由于不同地区的经济发展程度不同，地区间农地流转速率差异也较大，发达地区的农地流转速率可以达到23.3%，而欠发达地区的农地流转速率只有3%。

2.农地流转交易行为不规范

一般情况下，农地流转属于承租农户和出租农户之间的自组织行为，因此，农地流转基本上是在行政村内部完成的，很少有书面契约，期限也没有明确规定，这种交易不规范的现象普遍存在。在实际调查中发现，这种问题比较普遍和严重，尤其是经济发展程度较低的地区，农地流转交易行为不规范的情况十分普遍，这种状况不仅具有普遍性，而且具有时空惯性。

3. 农地集中度和集中率都非常低

从实践角度来说，土地租赁的确可以在一定程度上提升农业经营大户的土地绩效，并且农业的去过密化已经成为大趋势。但实际上，农地流转并没有如期促进农地集中，当前的农地经营很难实现最优经营规模。近年来，科学技术在农业领域普及应用，我国农户经营家庭农场的最佳经营规模应该为15—25亩，但从家庭农场实践上看，豫东北平原传统农区行政村内的家庭农户经营规模达不到最佳经营规模，而单一地块超过3亩的有十余户，都是农户基于多年地缘关系以口头协定对原本零碎的地块进行交换的结果，没有正式契约，也没有地权证上的调整记录。

我国整体发展不平衡体现在各个方面，在农地流转方面也有所体现。我国经济发达地区相较经济欠发达、经济落后地区，在农地流转方面显示出突出成效。一些经济发达地区仍然存在农业产业，其农业内部结构转型比较充分，完成了从生存农业向利润农业的转变；绝大部分本地居民从事第二、第三产业，农户超过80%的家庭收入来自非农产业，且其"岗位"及其收入来源基本稳定；农村城镇化率高；拥有覆盖面广、较为完善的农村基本养老保险，具有良好的医疗环境，住院基本医疗保险覆盖全市，地方财政特别是村组财力对农村基本养老保险的支持力度为全国首举，并因此具有推动农地流转的协调与组织能力。

从上面的分析中可以看出，不同地区的土地流转情况不同，从实践来说，导致我国农地流转缓慢以及农地集中困境的因素是多样化的。但是其中最根本的因素就是农户承包地经营权制度的不完善，可以说，这是影响流转和发展适度规模经营以及促进农户权益保护的根本障碍。

（二）我国农村土地承包经营权流转政策要点及完善趋向

1. 坚持家庭经营的基础地位

培育以家庭为基础的土地规模经营主体，是深化我国农村土地制度改革，推动农业转型的重要战略和路线，因此，我们必须抓好以下三项工作。

一是引导农村土地长期、稳定地流向专业大户、家庭农场。鼓励地方建立土地规模经营扶持专项资金，引导农村土地流向达到适度经营规模的专业大户、家庭农场。以扶持资金为导向，引导专业大户、家庭农场与承包农户签订中长期租赁合同，稳定土地经营规模。

二是建立健全扶持专业大户、家庭农场发展的政策措施。鼓励地方将新增农业补贴、财政奖补资金、农业保险保费补贴向专业大户、家庭农场倾斜。鼓励地方设立农业担保公司，为专业大户、家庭农场提供融资服务。允许专业大户、家庭农场优先承担涉农建设项目，支持其采取先进技术、引进优良品种、提升装备水平、改善农业生产条件。

三是探索建立家庭农场注册登记制度。借鉴国外经验，总结国内实践，研究建立家庭农场制度的基本原则和实现途径。鼓励有条件的地方率先建立家庭农场注册登记制度，明确家庭农场认定标准、登记办法，制定专门的财政、税收、用地、金融、保险等扶持政策。

2. 健全土地流转监管制度

为了更好地实行土地政策，就需要加强对土地流转的监督管理，为土地制度改革深化提供保障。具体来说，完善监管制度可以发挥两方面作用：一方面是坚持农地农业用，确保国家粮食安全和主要农产品供给；另一方面是坚持农地农民用，确保农民充分就业和农村社会的和谐稳定。近年来，受农产品价格上涨和中央支农政策力度加大等诸多因素的影响，农业领域逐步成为投资热点。工商企业进入农业领域，可以带来农业发展急需的资金、技术、人才等稀缺资源，发挥技术示范、市场引导等积极作用，是工业反哺农业的重要形式，但也需要看到企业追逐利益的本质。要趋利避害，引导他们主要从事生资供应、农产品加工、流通、销售等产前产后服务，或者开发利用"四荒"资源。对于工商企业直接租种农户承包地，从实践经验看，有利有弊，且弊大于利，长远来讲隐患较多。搞得不好容易与民争利，挤占农户增收空间，阻碍专业大户、家庭农场的健康发展，导致农村社会结构复杂化。

从我国农地承包经营发展现状来看，必须加强租地资格准入、经营风险控制、土地用途监管等环节的管理和规范。这就要求相关部门和人员做到以下几点：一是探索建立租赁农户承包地准入制度。按照《农村土地承包法》关于"土地流转受让方须有农业经营能力"的要求，研究建立租赁农户承包地准入制度。对各类企业、组织租赁使用农户承包地，严格农业经营能力审查，规范流转行为，从源头上抑制"非粮化""非农化"行为。二是建立土地流转风险防范机制。通过推广使用土地流转示范合同，鼓励建立和完善土地租金预付制度。在土地流转面积较大地区，通过政府补助、流入方缴纳等方式，鼓励建立土地流转风险保障金制度。对经营规模超过一定面积的规模经营主体，制定专门的农业保险补贴政策，以降低因经营规模扩大可能导致的自然、市场风险。三是进一步强化土地流转用途监管。加大执法力度，切实纠正农村土地流转后的"非农化"经营问题。

3. 健全土地流转市场体系

随着市场经济的不断发展，要必然进行土地承包经营权流转，但需要注意的是，土地承包经营权流转必须充分尊重供需双方的真实意愿，要严格遵循平等、竞争、有序的市场原则。只有以市场为基础，建立健全土地承包经营权的信息发布、价格形成、交易保护等各项机制，才能充分提高农地资源的利用效率，使农民获得更多财产性收入。

4. 鼓励互换并地，促进适度规模经营发展

从我国农业转型发展的角度来看，我们必须重视互换并地，因为这是有效推进农业规模经营发展的重要途径，我国政府应该给予互换并地一定的引导和扶持。一是认真总结各地的好经验、好做法，明确开展互换并地的基本原则和操作办法，指导有条件的地方在农民自愿、互惠互利的基础上稳步开展互换并地；二是建议各级财政设立"农民承包地互换并地规模化整理专项资金"，对组织开展互换并地成效明显的县、乡、村进行"以奖代补"，以发挥政策的引导作用；三是鼓励地方通过与高标准农田建设、土地整理、中低产田改造、农田水利建设等涉农项目挂钩，引导农民自愿开展互换并地，完善田间配套设施，提高耕地质量，推动土地规模化经营。

二、培育家庭农场

（一）家庭农场的特点

1. 以适度规模经营为基础

经营家庭农场的一项基础条件是达到一定经营规模。不论是种植还是养殖，都需要达到一定经营规模，这也是家庭农场区别于传统小农户的重要标志。需要注意的是，结合我国农业实际，家庭农场有最佳的经营规模，并不是经营规模越大对家庭农场发展越好。一是要保证家庭农场的经营规模与家庭成员的劳动能力相匹配，只有这样，才能保证家庭劳动力得到充分发挥，并且可以避免由于过多雇用其他劳动力而降低劳动效率；二是要保证家庭农场经营规模与可以取得相对体面的收入相匹配，也就是要保证家庭农场经营规模可以满足家庭劳动力的平均收入其至超过当地城镇居民的收入水平。经营规模适度是一个相对概念，根据从事行业不同、生产农产品种类不同等，"适度"也会随之调整。此外，农田基础条件、农业生产技术等要素的改变也会对适度规模造成影响，因此，要根据自身实际情况，灵活地决定适度的家庭农场经营规模。

2. 以农为主业

家庭农场主要生产具有商品性的农产品，也就是说，其与传统农户生产有显著区别，家庭农场为专业化生产，目的是向市场提供商品，而不是为了自给自足。家庭农场从事专业化生产，主要产品为商品性农产品，从事种植业、养殖业生产，有一业为主和种养结合这两种生产模式，家庭农产开展农产品生产活动是为了满足市场需求、获得市场认可，同时，这也是家庭农场得以生存和发展的重要基础。家庭农场的生产活动具有季节性，在农闲时家庭成员可以从事其他工作，但农场是家庭成员的主要劳动场所，农产品的专业化生产经营是他们的主要收入来源，这也是家庭农场与以非农收入为主的兼业农户之间的区别。当前，我国农业生产大多为家庭农场生产。

3. 以家庭为生产经营单位

随着市场经济发展和农业转型发展，我国逐渐形成了很多新型农业经营主体，包括家庭农场、专业大户、合作社和龙头企业等经营主体，其中，家庭农场是以家庭成员为主要劳动力，以家庭作为基本核算单位的农业经营主体，这也是区别于其他经营主体最显著的特点。在家庭农场生产经营中，各个环节都是以家庭作为基本单位的，这也决定了家庭农场经营会继承家庭经营产权清晰、目标一致、决策迅速、劳动监督成本低等优势。这里所说的家庭成员，可以是户籍上规定的核心家庭成员，也可以是有婚姻关系或血缘关系的大家庭成员。但并不是说家庭农场只可以将家庭成员作为劳动力，家庭农场同样可以雇工，但一般情况下雇工数量不会超过家庭务农劳动力的数量，家庭农场可能在农忙时节临时雇工。

(二) 培育家庭农场的必要性

1. 提升我国农业市场竞争力的需要

随着经济全球化推进和改革开放深化，农产品市场也逐渐与国际市场接轨。在这样的背景下，提高农户经营的专业化、集约化水平就显得尤为重要，只有这样，才能使我国农业生产具有较强的市场竞争力，才可以有效促进我国整体农业市场的发展，因此，必须对这项工作统筹规划，作出前瞻性战略部署。从世界各国的城镇化发展经验来看，在培育农业规模经营主体方面存在两个主要误区。

第一，一些拉美国家为了发展农业盲目鼓励工商资本投向农业生产，这就迫使大量农业劳动力不得不进城务工，这些劳动力在城市中集聚，形成贫民窟，严重影响了国家的经济转型升级。

第二，日本等国家长期无法明确其农业经营方向，犹豫是保持小农经营，还是大力推进规模经营，这种犹豫不决导致农业规模经营户难以发展，农业市场竞争力无法提升。

从各国发展经验可以看出，推进我国农业经济转型升级，提升农业市场竞争力，必须明确发展方向，明确培育家庭农场的战略目标，并围绕该目标建立并不断完善培育家庭农场的政策体系。

2. 发展规模经营和提高务农效益，兼顾劳动生产率与土地产出率同步提升的需要

一旦土地经营规模发生变化，土地产出率、劳动生产率都会随之发生一定变化。当土地经营规模过小时，虽然可以有效提高土地产出率，但是却会对劳动生产率造

成不利影响，在一定程度上制约农民收入的增长。造成大量农民到城市务工的根本原因，是土地经营规模过小且务农效益低，无法满足农民的生存和发展需要。

由于人均土地少，导致很难提高农业生产经营的劳动效率。当然，并不是说土地经营规模越大越好，经营面积过大可能影响土地产出率，虽然劳动效率提高了，但是不利于农业增产，并且这也不符合我国人均土地面积小的基本国情。由此可以看出，推进农业规模经营，要同时重视劳动生产率和土地产出率的提高，这就要求我们在开展农业经营时，要保证规模在"适度"的范围内。家庭农场是以家庭成员为主要劳动力的经营模式，必须在充分考虑土地自然状况、生产经营农产品品种、家庭成员劳动能力、农业机械化水平等各相关要素的基础上，确定合适的家庭农场经营规模，从而实现土地生产率与劳动生产率的最优配置。根据实际情况明确家庭农场的经营规模，同时兼顾劳动生产率和务农效率的提高，进而可以有效避免为了追求经营规模的扩大而降低土地产出率的情况发生。

3. 应对"谁来种地、谁来务农"问题的需要

一些学者认为，培育和发展家庭农场与城镇化发展存在一定联系，因为城镇化发展具有倒逼作用，从而促进农村和农业发展，促进家庭农场发展。一方面，大量农村青壮年劳动力到城市务工，导致一些农村土地没有得到充分利用，出现了粗放经营甚至是撂荒的现象，为了不浪费土地资源，就需要将这部分土地流转给有意愿、有能力开展农业生产经营的农民；另一方面，一些地区为了促进经济增长，盲目地鼓励工商企业租种农民承包地，这种面积大、时间长的土地占用严重挤占了农民务农的就业空间，还很可能导致"非农化"。基于此，我国有必要培育和发展以农户为单位的家庭农场，可以同时规避企业大规模种地和小农户粗放经营容易发生的问题，并且可以实现农业的集约化、规模化经营，符合我国农业发展要求。从实践角度来说，培育家庭农场是一项长期任务，必须从整体上把握，制定具有前瞻性的培育和发展战略，建立健全相应的政策体系。

4. 健全新型农业经营体系的需要

就我国农业目前的发展阶段来说，承包经营农户是最基本的经营主体，也就是基本农户。以此为基础，我国农业经营主体不断发展，逐渐形成专业大户、家庭农场等新型农业经营主体。在基本农户、专业大户和家庭农场的基础上，组建农民合作社。一般情况下，农业产业化龙头企业需要通过农民合作社与其他农户联系，可以说，农民合作社是农业产业化龙头企业与基本农户、专业大户、家庭农场沟通的桥梁。不同的农业经营主体既相对独立，又紧密联系，这些经营主体共同构成了现代农业经营体系。

就我国当前农业发展实际来说，应该将专业大户、家庭农场作为关注的重点，

因为自从我国开始推进农业产业化发展以来，就相继出台了扶持和保护农业专业合作社、龙头企业的政策，基本上形成了扶持政策体系，但是并没有专门针对专业大户、家庭农场构建的扶持政策体系。而农业大户相较于家庭农场来说内涵比较模糊，因此，我们更多的是强调家庭农场的培育和发展，针对具有明确内涵的家庭农场可以制定相应的扶持方针和政策。

具体来说，家庭农场与专业大户主要存在以下几点区别：第一，专业大户涵盖的经营者身份比较宽泛，农民或其他身份都可以成为专业大户，家庭农场经营者则仅限于农民家庭成员；第二，专业大户涉及的行业范围比较广泛，如农机等与农业生产经营相关的行业经营者都可以成为农业大户，而家庭农场生产经营的领域比较明确，是以种养业为主的农业经营主体；第三，专业大户通常不会限制雇工的数量，很多农业大户主要是依靠雇工实现产品生产的，而家庭农场则是以家庭成员为主要劳动力，同时只会在农忙时临时性雇工；第四，专业大户通常只从事某一行业或环节的专业经营，而家庭农场则从事农业综合经营，也就是实行种养结合的综合经营。因此，对于那些农村劳动力转移程度较高，第二、第三产业比较发达的地区，应该更多将发展重心放在培育和发展家庭农场上。

5.坚持和完善农村基本经营制度的需要

随着市场经济的不断发展，传统农户小市场想要继续发展必须实现与大市场的对接，而从实践来看，二者的顺利对接存在很多难以解决的问题，而这也导致一些人对家庭经营产生怀疑，怀疑其是否能适应农业现代化发展。随着工业化、城镇化进程加快，传统农户小市场与大市场对接的问题更加显著，一些地区盲目鼓励工商企业长时间、大面积租种农民承包地就突出体现了这个问题。家庭农场则可以适应现代农业发展，它继承和体现了家庭经营的诸多优势，同时还有效克服了承包农户"小而全"的弊端，这是一种具有旺盛生命力的农业经营主体。培育和发展家庭农场，很好地坚持和完善了家庭经营制度和统分结合的双层经营体制。

（三）培育家庭农场的策略建议

从我国农业转型发展的推进情况来看，培育和发展家庭农场，必须坚持农村基本经营制度和家庭经营主体地位，保证方向性与渐进性的相互统一，从实际出发，稳步推进，加强示范引导、加大扶持力度、完善服务管理，推动家庭农场的健康发展。

1.建立健全农业社会化服务体系

应该以"主体多元化、服务专业化、运行市场化"为准则和方向，建立健全新型的农业社会化服务体系，有机结合公益性服务和经营性服务，有机结合专项服务和综合服务，以此从农业社会化服务方面为家庭农场的发展提供有力支撑。

2. 完善税收、金融和保险政策

在税收、金融和保险方面给予家庭农场充分的政策支持。明确家庭农场享有与农户同等的税收优惠政策。为家庭农场提供相应的金融产品，并不断创新和完善金融产品和服务，为家庭农场提供金融支持，帮助他们更好地解决支付土地租金、购买农资、改良土地等问题。针对家庭农场生产经营活动的特点，制定农业保险政策，有效地降低家庭农场承受的生产、经营、市场等方面的风险，提升他们面对各种风险的能力。

3. 完善农业补贴政策

进一步完善农业补贴政策，落实中央关于农业补贴增量主要支持新型农业经营主体的要求，针对家庭农场生产经营涉及的农机、良种、农资等内容制定补贴政策。各级财政应该针对家庭农场设立专门的发展扶持基金，以此引导家庭农场有效提升自身的经营水平，以示范性家庭农场为扶持重点，为家庭农场建设健全农田基础设施、修建仓储设备，并为家庭农场经营者设立技术和管理等方面的培训课程，以此提升他们的技术水平和管理水平，实现家庭农场生产经营的标准化、信息化、品牌化，从整体上提升家庭农场生产经营的水平。

三、发展农民合作社

(一) 农民专业合作社的定义和性质

农民专业合作社是在农村家庭承包经营基础上，同类农产品的生产经营者或者同类农业生产经营服务的提供者、利用者，自愿联合、民主管理的互助性经济组织。农民专业合作社以成员为主要服务对象，提供产前、产中、产后的技术以及信息、生产资料购买和农产品的销售、加工、运输等服务。

第一，农民专业合作社是一种经济组织。随着市场经济发展，我国农业经营主体也在不断丰富。近年来，各种农民专业经济合作组织发展迅猛，但只有从事经营活动的实体型农民专业经济合作组织才是农民专业合作社。因此，社区性农村集体经济组织，如村委会和农村合作金融组织、社会团体法人类型的农民专业合作组织，或只从事专业的技术、信息等服务活动，不从事营利性经营活动的农业生产技术协会和农产品行业协会等不属于农民专业合作社。

第二，农民专业合作社具有专业性。农民专业合作社以同类农产品的生产或者同类农业生产经营服务为纽带，提供该类农产品的销售、加工、运输、储藏、农业生产资料的购买，以及与该类农业生产经营有关的技术、信息等服务，其经营服务的内容具有很强的专业性，如粮食种植专业合作社、葡萄种植专业合作社等。

第三，农民专业合作社具有互助性。农民专业合作社的目的是实现社员的自我服务，对于那些单个农户不能做或做不好的事情，利用社员全体相互合作的力量来完成，也就是说，农民专业合作社对社员的服务不以营利为目的。

第四，农民专业合作社具有自愿性和民主性。任何单位和个人不得强迫农民成立或参加农民专业合作社，农民入社、退社自由；农民专业合作社的社员在组织内部地位平等，实行民主管理，运行过程中始终体现民主精神。

第五，农民专业合作社以农村家庭承包经营为基础。农民专业合作社是由依法享有农村土地承包经营权的农村集体经济组织成员，即农民自愿组织起来的新型合作社。加入农民专业合作社不改变家庭承包经营。

(二) 农村专业合作社发展的重要意义

1. 中国农业基本经营制度的重大创新

我国农业实行统分结合、双层经营的基本经营制度，该体制是建立在家庭联产承包经营基础上的。随着市场经济的不断发展，我国农业经营面临巨大的环境变化，这就导致传统的家庭经营方式已经难以适应当前的发展要求，使得我们必须做出改变。

从我国农业发展实践来看，以家庭承包责任制为基础形成的农村专业合作经济组织是符合我国社会发展需要的伟大创造，促进了我国农村和农业经济的改革和发展。农村专业合作经济组织顺应了中国农业生产的专业化、商品化、社会化和市场化的改革趋向，是中国农业基本经营制度的重大创新。农村专业合作组织发展，不仅有效地实现了千家万户小生产与千变万化大市场的有效对接，形成了规模经营，提高了农民参与市场竞争的组织化程度，解决了一家一户难以解决或者无法解决的生产经营难题，增强了农户抵御风险的能力，而且优化了农村各种生产要素配置，发展壮大了农村品牌产业和特色经济，促进了农村经济结构的调整和现代农业的发展。特别是，农村专业合作组织的出现改善了小农户与农产品加工企业之间的交易条件，促进了从小农户到龙头企业、城市超市的纵向一体化的农业产业链的形成，优化了龙头企业和小农户之间的风险共担、互利互惠、相对稳定的利益联结机制，为分散的小农户有序参与农业产业化经营，分享更多农产品生产经营的收益提供了制度保障。

2. 农民分享现代化成果的有效机制

农民专业合作社是具有自愿性、自助性的组织，由农业生产经营者和相关服务提供者、利用者组成，该组织成立的目的在于帮助社员更好地开展农业生产经营活动，为农户成员提供最大限度的生产经营服务，追求社员间的公平，保护和增进普通社员的利益，实现组织成员利益的最大化。农村专业合作组织已成为农户分享现代化成果的有效机制，主要表现在以下几个方面。

(1) 通过自我服务和民主决策维护小农户的经济利益和权利诉求

处于小规模分户经营模式下的农户处于分散状态，这也是农户在市场中始终处于弱势地位的重要原因。农村专业合作组织通过农户成员的集体行动，既可以有效地解决农户农业生产经营公共产品供给不足的问题，也可通过与政府的沟通及时反映农户的权利诉求，使政府的相关立法和政府决策有利于农户的生产经营和农村经济发展，尽可能减少对小农户的经济利益等社会权利的伤害，也可以把政府的政策信息、农产品市场价格、农业科技信息等及时传达给农户，实现对农业和农民的指导和引导，减少农民生产的盲目性和无序性。虽然一些机构和学者要求我们清醒地认识农村专业合作组织在扶贫、促进社会公平、帮助弱者方面的局限性，但农村专业合作组织作为弱势农民群体中的强势个体之间的联合，其对农民经济权益和其他社会权利的维护仍然是一支不容忽视的正义力量。

(2) 促进建立农产品质量等级和农产品标准化

农村专业合作组织可以正确引导农产品质量等级和标准化的建设，有效地改善农产品的社会认可度，提高了整个产业的经营业绩，使生产者得到了更多的报酬。一些农村专业合作组织在引导农民发展专业化种植养殖产业时，采用统一的生产程序、技术标准和质量标准，为农户成员生产的农产品取得"绿色产品"认证，走向国际市场创造条件。事实上，中国农产品领域中的"名、特、优"品，绝大多数是农村专业合作组织进行专业化生产经营的结果。

(3) 统一生产、销售活动，提高农户生产经营效率

农村专业合作组织通过统一生产、统一销售等相关的农业生产经营服务活动，融技术指导、信息传递、生产资料供应、资金融通、产品销售等服务功能于一体，高效有序地组织小农户进入大市场，有效提高了农业生产经营效率，延长了农业产业链，增强了小农户抵御市场和自然双重风险的能力，实现了农民的增产增收，是让农民分享现代化成果的有效机制和形式。农民专业合作组织以农村家庭承包经营为基础，立足当地资源，以种植养殖业的生产经营活动为纽带，将分散小农户的生产经营活动组织整合起来，实现了农村生产要素的优化配置，提高了农业生产规模化和专业化水平，推动了当地优势农产品生产和特色产业发展，带动了加工、销售、储运等第二、第三产业的发展，拓宽了农村富余劳动力转移和农民增收的渠道，形成了农民分享现代化成果的有效机制。不少农村专业合作组织通过创办加工、销售企业，或与农业产业化龙头企业相互投资、参股，探索"公司＋专业合作组织＋农户"的新型产业化经营模式，寻找农产品增值的新途径和新空间。

（三）加快培育新型农业经营主体

1. 扶持种养大户

随着城市的快速发展以及工业化和城镇化的不断推进，农村劳动力转移的速度不断加快，这就导致农村人口不断减少，土地不断向种田大户集中，土地经营规模逐步扩大。加快提升传统农民技能，培育新型职业农民，推动农业经营主体职业化。鼓励和支持高校毕业生以及农业科技人员投身农业创业，发展一批新型职业农民。支持和引导具有一技之长的普通农户，通过土地流转、规模经营等方式，培育其成为专业大户。整合政策、项目、资金等资源，汇聚各方力量，大力发展农村职业教育，积极实施"现代农业人才支撑计划""阳光工程""一村一名大学生工程"，培养造就一批农村实用人才和农村青年致富带头人。引导和鼓励具有生产规模、资金实力和专业特长的农村专业大户，在工商部门登记注册成为家庭农场。加强家庭农场的管理指导，强化培训教育力度，加大技术服务和资金等支持，帮助解决家庭农场在发展中的困难。积极引导家庭农场按现代企业制度模式规范运行，推动家庭农场开展大规模、高层次的联合，形成规模化、专业化、社会化程度更高的合作农场。支持引导家庭农场或合作农场向农民合作社方向发展，鼓励家庭农场或合作农场按股份合作形式组建农业公司，引导其成为带领农民进入市场的重要经济组织。突出农业特色，拓展农业功能，发挥农业综合效益，大力发展休闲农庄，推动休闲农庄规模经营。加大政策扶持力度，引导专业技能少、资金实力弱的农户通过劳力、土地、资金以及生产工具的合作，发展灵活多样的联户经营。积极引导联户经营的农户，按照统一生产规程、统一管理模式、统一品种种养、统一渠道销售等形式，发展规模化、专业化生产。

2. 发展农民合作社

农业市场经济竞争激烈，农民个体在农业市场中处于弱势地位，缺少议价能力，导致其难以在市场中获得应有的收益。这就要求我们按照"积极发展、逐步规范、强化扶持、提升素质"的要求，最广泛地动员农户尤其是低收入农户积极参加各类农民合作社，促进农民合作社的跨越式发展。立足本地资源特色，因地制宜，积极培育林、果、蔬菜等特色产业农民合作社；着眼粮食优势产区，结合高标准良田建设，大力发展粮食产业农民合作社；利用大中型灌区节水改造和小型农田水利重点县建设，进一步完善农民用水合作组织。加快发展第二、第三产业农民合作社，支持农村各类经营主体在农产品加工、储存、运输、销售等环节兴办农民合作社。深入开展示范创建行动，建设一批组织机构健全、内部管理民主、财务核算规范、运行机制完善、利益分配合理的示范农民合作社。依托现有职能部门，健全农民合作社指导服务体系。

要加强农民合作社辅导员队伍的建设，各级财政部门应该针对农民合作社设立专项工作经费和辅导员培训经费，为工作顺利进行提供资金支持。围绕粮食、畜禽、果蔬、渔业、茶叶、种子等优势产业，引导同区域、同行业、同类型农民合作社之间，以产品和产业为纽带，在带动技术、产品、资本、品牌等方面开展联合与合作，积极组建农民合作社联社。

第三节　智慧农业和绿色农业

一、智慧农业

(一) 现代农业信息化发展趋势

1. 信息化成为现代农业发展的制高点

在当前的知识经济时代，科学技术是推动产业发展的核心力量，是推动人类社会持续发展的重要能源。从全球农业生产发展进程可以看出，每一次科技和工具上的重大突破，都将农业推上一个新的台阶，推向一个新的历史时期。

信息技术在21世纪得到了飞跃式发展，这在我国的农业生产经营中也有所体现，尤其是随着农业现代化发展的不断推进，信息化技术在农业生产经营中逐渐得到了广泛应用。农业信息化在农业生产经营管理、农业信息获取及处理、农业专家系统、农业系统模拟、农业决策支持系统、农业计算机网络等方面，都极大地提高了我国农业生产科技水平和经营效益，进一步加快了农业现代化发展进程。目前，农业信息化的应用和发展主要呈现以下特征。

第一，农业信息网络化发展迅猛。据估计，全国互联网上的农业信息网站超过5万家。农业信息网络化的发展，使广大农业生产者能够广泛获取各种先进的农业科技信息，选择和学习最适用的先进农业技术，了解市场行情、政策信息，及时做出农业生产经营决策，有效地减少农业经营风险，获取最佳经济效益。

第二，"数字农业"成为农业信息化的具体体现形式。随着大数据技术的发展，该技术越来越多地应用在各个领域，农业大数据就是大数据的理念、技术和方法在农业领域的具体应用与实践。我国已进入传统农业向现代农业加快转变的关键时期，突破资源和环境两道"金箍"的制约，破解成本"地板"和价格"天花板"双重挤压，提升我国农业国际竞争力等，都需要农业大数据服务作为重要支撑。

第三，农业信息化向农业全产业链扩散。随着农业信息化的发展，信息技术的应用不再局限于农业系统中某一有限的区域、某一生产技术环节或某一独立的经营管理行为。它的应用已扩展到农业系统中的农业生产、经营管理、农产品销售以及生态环境等整个农业产业链的各环节和各领域。

当前，网络信息技术在农业领域的应用越来越普及，现代农业的发展离不开对信息化技术的应用，现代农业与信息技术的有机融合为农业生产的各个领域带来了新的活力，以物联网、大数据、云计算、移动互联、人工智能等为主要特征的信息技术和科技手段与我国农业、农村和农民深入跨界融合，为我国由传统农业向现代化农业实现转型升级不断积蓄力量。

2. 信息技术助推农业全产业链改造和升级

从农业全产业链的角度来看，信息技术有效地推动了现代农业全产业链的不断升级，现代农业对信息技术的应用带动了我国农业生产智能化、经营网络化、管理数据化和服务在线化水平的不断提升。

第一，农业大数据积极实践。随着现代信息技术的发展，大数据技术成为广泛应用于各个领域的现代化技术。具体来说，大数据是指海量数据的集合，是国家的基础性战略资源，大数据已发展为发现新知识、创造新价值、提升新能力的新一代信息技术和服务业态。农业大数据作为大数据的重要实践，正在加速我国农业农村服务体系的革新。基于农业大数据技术对农业各主要生产领域在生产过程中采集的大量数据进行分析处理，可以提供"精准化"的农资配方、"智慧化"的管理决策和设施控制，达到农业增产、农民增收的目的；基于农村大数据技术的电子政务系统管理，可以提升政府办事效能，提高政务工作效率和公共服务水平；基于农业农村海量数据监测统计和关联分析，可以实现对当前农业形势的科学判断以及对未来形势的科学预判，为科学决策提供支撑，成为我国农业监测预警工作的主攻方向。目前，农业大数据在我国已具备了从概念到应用落地的条件，迎来了飞速发展的黄金机遇期。

第二，电子商务迅猛发展。在"互联网＋"时代，电子商务迎来了飞速发展。电子商务是以网络信息技术为手段，从事商品交换业务的商务活动，是传统商业与网络信息技术的有机结合。电子商务与农产品经营深入融合，突破时间和空间上的限制，正在转变我国农产品的经营方式，农业电子商务依托互联网已经成为推动我国农业农村经济发展的新引擎。一是电子商务加速了农产品经营网络化，解决了农产品"难卖"的问题，增加了农产品销售数量，并倒逼农业生产标准化、规模化，提高了农产品供给的质量效益，提高了农民的收入水平；二是电子商务促进了农业"小生产"与"大市场"的有效对接，从一定程度上改变了以往农产品产销信息不对称的局面，农民可以主动调整农业生产结构，规避生产风险，提升了农业生产的效率；

三是电子商务拓展了农产品的分销渠道，解决了农产品销路不畅的窘境，提高了农民生产农产品的积极性。

第三，物联网技术有机融合。物联网技术是信息技术发展到一定程度的产物，也是实现智能化的基础。随着物联网技术与农业生产的有机融合，使农业自动化控制、智能化管理等成为可能，在很大程度上提高了我国农业生产效率。物联网技术基于信息感知设备和数据采集系统获取作物生长的各种环境因子信息（感知层），结合无线和有线网络等完成信息的传送与共享（传输层），将信息保存到信息服务平台（平台层），基于模型分析，通过计算机技术与自动化控制技术实现对作物生长的精准调控以及病虫害防治（应用层），降低农业资源和劳动力成本，提高农业生产效率。近年来，随着芯片、传感器等硬件价格的不断下降，以及通信网络、云计算和智能处理技术的革新和进步，物联网迎来了快速发展期。

3. 精准农业促进农业生产过程高效管理

信息技术在现代农业发展中越来越重要，在农业生产过程中，依靠网络信息技术基本上实现了精准农业，精准化是现代农业发展的重要特征和趋势。精准农业是按照田间每一操作单元的环境条件和作物产量的时空差异性，精细准确地调整各种农艺措施，最大限度地优化水、肥、农药等投入的数量和时机，以期获得最高产量和最大经济效益，同时，保护农业生态环境，保护土地等农业自然资源。

可以看出，现代农业生产与信息技术具有密不可分的联系，信息技术在现代农业生产中发挥着不可取代的重要作用。在产前阶段，通过传感器、卫星通信等感应导航技术，可以实现对农机作业的精准控制，提高农机作业效率；在产中阶段，通过精准变量施肥、打药控制技术，可以实现肥料的精确投放，提高肥料利用效率；在产后阶段，利用采摘机器人，可以实现对设施园艺作物果实的采摘，降低工人的劳动强度和劳务费用。

4. 信息化成为破解农业发展瓶颈的重要途径

改革开放以来，我国在各个领域获得了飞跃式发展，农业领域同样得到了长足发展，我国农业发展速度得到了快速提升，但不可否认的是，我国农业生产整体水平仍然处于传统农业生产阶段，当前最主要的任务是推动我国农业的现代化发展。人口的增长、资源的短缺以及环境污染的日趋加重，严重制约着我国农业的可持续发展，迫切需要转变农业发展方式，加快农业结构调整，而农业农村信息化建设则成为破解以上难题的重要途径。

第一，人口增长和资源约束，要求我国提高农业生产能力。改变传统的生产方式，迫切需要突破产业发展的技术瓶颈，而信息技术在这方面将大有可为。目前，我国农业信息化建设在数据库、信息网络、精细农业以及农业多媒体技术等领域都取得了一定突破，成为我国农业提质增效、破解我国农业发展瓶颈的新引擎。

第二，农业生产影响因素多，要求我国提高信息收集和处理能力。我国农业属弱势产业，受自然因素、经济因素、市场因素、人为因素影响较大，对信息的需求程度要高于其他行业。开发农产品供需分析系统、市场价格预测系统和农业生产决策系统等，可辅助农业生产者合理安排相关生产，减少生产盲目性，最大限度地规避来自各个方面的风险。

第三，因为基础知识和技术支撑的限制，农民获取和利用信息能力较差。由于信息技术在农村地区普及较晚，导致我国农民利用信息资源的意识和积极性不足，缺乏有效利用信息技术的知识和能力，农业信息传播效率不高。通过开展农业公益服务、便民服务、电子商务服务、培训体验等服务途径，提高农民现代信息技术的应用水平，信息进户工程正在成为破解农村信息化"最后一公里"问题的重点农业工程。目前，我国已在26个省（自治区、直辖市）的116个县试点建成运营2.4万个益农信息社[①]，为农民打通了信息获取通道，探索出一系列切实可行的农业农村信息化商业运行模式。

（二）智慧农业经营

1. 新型农业经营主体服务平台

国务院印发的《关于积极推进"互联网+"行动的指导意见》中，将构建新型农业生产经营体系放在首位，指出："鼓励互联网企业建立农业服务平台，支撑专业大户、家庭农场、农民合作社、农业产业化龙头企业等新型农业生产经营主体，加强产销衔接，实现农业生产由生产导向向消费导向转变。"

推进农业现代化发展要求我们构建新型农业生产经营体系，也就是说，必须根据农业发展要求创新农业生产经营机制，以此为基础，探索出一条生产技术先进、适度规模经营、市场竞争力强、生态环境良好的新型农业现代化道路。农业的转型升级必须依靠科技创新驱动，转变农业发展方式，要把现代社会中各种先进适用的生产要素引进和注入农业，从过度依赖资源向依靠科技人才、劳动者素质等转变。培育新型农业生产经营体系，首先，重点是支持和培育种养殖大户、农民专业合作社、家庭农场、农业企业等新型生产经营与产业主体，它们是未来农业生产的主要承担者，是实现农业现代化的主力；其次，要依靠科技来发展农业，把物联网作为现代农业发展的重要渠道、平台和方向，加大研发、推广与应用力度；最后，应该充分考虑生态环境可持续发展这一重要问题，推动农业现代化建设，发展智慧农业，

---

① 陈艺娇. 农民得实惠、企业有钱赚、政府得民心信息进村助力"三农"新跨越[J]. 农家参谋，2016（12）：6-7.

应该将其作为一个重要目标，必须协调并兼顾农业高产高效与资源生态永续利用，以有效解决资源环境约束为导向，大力发展资源节约型和环境友好型农业。通过构建新型农业生产经营体系，会为现代农业发展与农业现代化的实现插上翅膀，让百姓富与生态美在发展现代农业中得以有机统一。

现代农业相较传统农业对新型农业经营主体提出了更高的要求。传统农业中，农业生产个体户通常只重视农产品的种植，但现代农业则要求他们必须将农业生产的全产业链（采购、生产、流通等）诸多环节进行整合。在新型农业经营主体整体实力较弱的前提下，如何培育新型主体，依靠新兴的力量帮助农业新型主体发展壮大是一个亟待解决的问题。互联网的本质是分享、互动、虚拟、服务，充分发挥互联网的优势，通过互联网技术与外部资源的对接，将打开整体服务于新型农业经营主体的局面。以互联网为依托，构建新型农业经营主体服务平台，将为农民带来更多便利的服务，充分让新型农业经营主体、农资厂商、农技推广人员等都参与其中，共同实现其价值。

2. 农村土地流转公共服务平台

发展现代农业要求我们加强土地流转，开展适度规模经营，这是智慧农业经营管理的一项重要内容。土地流转服务体系是新型农业经营体系的重要组成部分，是农村土地流转规范、有序、高效进行的基本保障。建立健全农村土地流转服务体系，需要做到以下几方面。

第一，建立政策咨询机制。由于土地的特殊性质，农村土地流转具有很强的政策性，其与农民的生产生活具有直接关系。因此，必须秉承科学决策、民主决策的基本原则。为此，需要建立政策咨询机制，更好地发挥政策咨询在土地流转中的作用。一是构建政策咨询体系；二是注重顶层设计与尊重群众首创相结合。

第二，健全信息交流机制。政府部门应加强土地流转信息机制的建设，适应农村发展要求，着眼满足农民需要，积极为农民土地流转提供信息服务与指导；适应信息化社会要求，完善土地流转信息收集、处理、存储及传递方式，提高信息化、电子化水平。各地应建立区域土地流转信息服务中心，建立由县级土地流转综合服务中心、乡镇土地流转服务中心和村级土地流转服务站组成的县、乡、村三级土地流转市场服务体系。在此基础上，逐步建立覆盖全国的包括土地流转信息平台、网络通信平台和决策支持平台在内的土地流转信息管理系统。

第三，完善价格评估机制。建立健全农村土地流转市场，必须建立并完善价格评估机制，因为土地流转价格评估是实现土地收益在国家、村集体、流出方、流入方和管理者之间合理、公平分配的关键。因此，必须完善土地流转价格评估机制。首先，构建科学的农地等级体系；其次，制定完善流转土地估价指标体系；再次，建立完善流转土地资产评估机构，引入第三方土地评估机构和评估人员对流转交易价格进行评估；最后，建立健全土地流转评估价格信息收集、处理与公开发布制度。

自从我国制定并开始实施土地流转制度以来，各地也相继实施农地流转试点，在政策支持下，我国成立了农村产权交易所，构建了农村土地入市平台，建立县、乡、村三级土地流转管理服务机构，发展了多种形式的土地流转中介服务组织，搭建了县、村三级宽带网络信息平台，及时准确地公开土地流转信息，加强对流转信息的收集、整理、归档和保管，及时为广大农户提供土地流转政策咨询、土地登记、信息发布、合同制定、纠纷仲裁、法律援助等服务。

3.农业信息监测平台

(1)农业灾害预警

农业生产存在较大的自然风险，容易受到农业灾害的威胁，因此，进行科学有效的农业灾害预警具有重要意义。具体来说，农业灾害主要包含三种，即农业气象灾害、农业生物灾害以及农业环境灾害，农业灾害是灾害系统中最大的部门灾害。农业灾害的破坏作用是水、旱、风、虫、雹、霜、雪、病、火、侵蚀、污染等灾害侵害农用动植物、干扰农业生产正常进行、造成农业灾情的过程，也就是灾害载体与承灾体相互作用的过程。有些灾害的发生过程较长，如水土流失、土壤沙化等，称为缓发性灾害，大多数灾害则发生迅速，称为突发性灾害，如洪水、冰雹等。

农业生产与农业灾害有直接联系，一旦发生农业灾害，就很可能会对农业生产造成沉重打击，甚至对社会产生一定负面效应。首先，农业灾害会直接对农户的生产生活造成危害；其次，农业灾害导致与农业生产相关的工业、商业、金融等社会经济部门受到一定影响。资金被抽调、转移到农业领域用于抗灾、救灾，扶持生产或用于灾后援助，解决灾区人民生活问题，因此其他部门的生产计划受到影响，不能如期执行；在建或计划建设项目被推迟，延期或搁置；社会经济处于停滞甚至衰退萧条的状态，最终影响国家政权的稳定。

综上所述，可以看出对农业灾害进行预警，对于增强人们对农业灾害的认识，进一步提前制定相应的减灾决策以及防御措施，保障社会效益具有重要意义。

(2)农产品市场波动预测

农业是国民经济的基础部门，农产品市场价格与民生息息相关，同时还关系着社会稳定。因此，维持稳定的农产品市场价格具有重要意义，这就要求我们必须加强农产品市场波动监测预警。农产品市场价格受多种复杂因素的影响，使得波动加剧、风险凸显，预测难度加大。

二、绿色农业

(一) 绿色农业的提出

绿色农业是一个大的发展方向，具体来说，我们现在所说的绿色农业发展是指绿色农业的发展，这是符合我国当前实际情况的农业发展模式。随着农业的发展，绿色农业、低碳农业、循环农业成为替代石油农业的现代农业模式。虽然它们在定义、内容方面存在很多差异，但在本质上是一致的，主要表现在以下方面。

首先，农业生产的目的都是替代石油农业，克服石油农业带来的高耗能、高污染、高成本等一系列弊端；其次，农业生产过程都力求合理利用农业资源、多利用、少排放，有效保护生态环境，农业发展与自然界和谐相处，促进人类社会的可持续发展；最后，农业生产体系都主张使用有机肥料，不使用或少使用农业化学物质 (农药、化肥、激素等)，防止对生态环境的污染和农产品的污染，保障农产品的质量安全。

从以上分析可以看出，绿色农业、低碳农业、循环农业在本质上存在一定的共同点，基于此，我们将三者有机融合，从而提出了绿色农业。这样能更全面、系统、准确、科学反映其内涵特征。可以说，绿色农业本身就是一个可持续农业系统的有机整体，是更深层次的现代可持续农业系统。

(二) 绿色农业发展的意义

1. 发展绿色农业是实现农业现代化的基础与核心

绿色农业符合现代农业发展要求，是农业发展理念和模式的创新，其对于推进农业现代化具有重要意义。发展现代农业是社会主义新农村建设的首要任务，是以科学发展观统领农村工作的必然要求。推进现代农业建设，顺应我国经济发展的客观趋势，符合当今世界农业发展的一般规律，是促进农民增加收入的基本途径，是提高农业综合生产能力的重要举措，是建设社会主义新农村的产业基础。要用现代物质条件装备农业，用现代科学技术改造农业，用现代产业体系提升农业，用现代经营形式推进农业，用现代发展理念引领农业，用培养新型农民发展农业，提高农业水利化、机械化和信息化水平，提高土地产出率、资源利用率和农业劳动生产率，提高农业素质、效益和竞争力。实现农业现代化的过程，实际上就是对传统农业进行科学改造、发展农村生产力的过程，就是促进传统农业增长方式转变的过程，实现农业现代化是为了实现农业又好又快的发展。必须把建设现代农业作为贯穿新农村建设和现代化全过程一项长期艰巨的任务，切实抓紧抓好。

中国农业必须向现代农业发展，而现代农业则要求农业发展的各个环节都要实现绿色低碳循环，这也是现代农业的核心。第一，要提高农产品的产量和质量，保证农产品的安全、绿色和营养，要为农业生产构建良好的农业生态环境，促使农业发展满足人们对生活质量和身体健康的要求；第二，发展现代农业，就要实现农业生产过程的绿色低碳循环，可以看出，绿色农业是适应现代农业发展要求的新模式，是促进农业现代化实现的战略举措。

发展绿色农业，需要实现农业发展的绿色化、低碳化、循环化，并且只有同时实现这三点才是真正的绿色农业。绿色化就是实现农业生产全过程的绿色，这是指从最初的田头种植到最终被搬上餐桌都要保证绿色有机，保证农产品的安全健康；低碳化就是要求农业生产全过程都要以节约生产资料为原则，提高投入产出比，减少或不排放污染，在经营环节也要遵守这一基本原则，实现农业的低碳经营和低碳发展，实现农业发展与生态文明发展的有机结合；循环化就是实现农业生产各个环节的绿色循环，即在农产品生产、消费、回收等各个阶段均实现绿色循环，尽可能做到农业生产经营的综合利用和变废为宝。

总之，发展绿色农业对实现中国现代农业及农业现代化具有重要的现实意义和深远的战略意义。

2. 发展绿色农业是提高农产品质量和突破国际贸易壁垒的关键

随着发达国家生态意识的不断提高，各国对农产品的生态标准要求也越来越高，以环境安全和食品安全为主导的绿色壁垒在国际贸易中越来越明显。发展绿色农业有利于提高农产品质量和突破国际贸易壁垒，提高农业的经济效益和农民的收入。

3. 绿色农业是实现人类社会与自然环境和谐共处的关键

现代农业对生态与环境及资源的依赖性越来越强。有限的土地资源、水资源、生物资源，越来越严重的自然灾害以及遭到人类社会破坏的生态环境等，都对农业生产造成了一定制约，农业想要实现快速、稳定、可持续发展，就必须实现与自然环境的和谐统一。因此，有必要发展绿色农业，这符合农业发展的现实要求，同时，也是现代农业的基础特征，只有发展绿色农业，才能有效降低能源消耗、减轻或避免生态破坏和环境污染；只有发展绿色农业，才能促使农业内部的物质和能量更好地实现相互交换，充分发挥物质和能量的作用，有效地改善农业生产条件与环境；只有发展绿色农业，才能在较大程度上降低资源环境承受的压力，才能实现资源节约、生态保护的目标，并且以此为基础提高农产品的安全性，更好地满足人们对农产品的质量要求，实现人类社会与自然环境的和谐共处，促使农业可持续发展。

4. 发展绿色农业是提高人们生活质量和健康水平的关键

农业是国民经济的基础部门，农业是人们生存和发展的基础，随着人类社会的不断进步，人们对农产品的要求也越来越高，绿色、有机、无公害成为现代农产品需要具备的特征，而想要生产出这样的农产品，就必须大力推动绿色农业的发展。只有切实有效地推进绿色农业的发展，才可以生产出符合市场需要的农产品，才能满足人们对农业生产的社会需求。

此外，绿色、有机、无公害的农产品也是现代社会发展和人们健康生活的基础。随着工业化发展，农业生态环境遭到了严重破坏，在严重的农业污染环境中，食品安全事件时有发生，食品安全问题也逐渐成为一个人们共同关注的重要问题。因此，不论是农业发展方面，还是社会需求方面，都要求我们发展绿色农业，这是保障食品安全的重要途径。食品安全直接关系到人们的健康水平和生活质量。从以上分析可以看出，为了适应现代社会发展，有必要切实有效地推进绿色农业发展。

5.发展绿色农业是实现农业可持续发展的关键

绿色农业是全球可持续发展的重要组成部分，是社会、经济、生态发展的必然要求，农业的可持续发展必然是发展绿色农业。用系统论观点看，绿色农业是一个系统，是可持续发展系统的一个子系统或是重要组成要素，没有绿色农业发展，也就没有全面系统的可持续发展。

（三）绿色农业经济战略

1.绿色农业产业化发展战略

（1）建立健全绿色农产品的标准体系

发展绿色农业产业化可以加强对环境的保护，但是想要发挥这个作用就必须充分借助市场。因此，想要充分发挥绿色供应链的作用，就要建立、健全绿色农产品市场来对企业和个人的经济行为进行规范和约束。建立绿色农产品市场，首先就要搞好绿色产品标准体系建设，为此，可以考虑将绿色农产品分为两个等级层次，一级作为达到国际ISO14000环保论证，适应国际市场准入的绿色通道级别；二级作为普及型，基本相当于目前无公害食品，逐步达到绿色食品A级水平。要按照世贸组织《卫生与植物卫生措施协议》，迅速设立我国的"绿色贸易壁垒"，建立和完善国内环保贸易法律体制。同时，积极推行ISO14000环境质量管理新体系，引入ISO14000系列国际环境标准，以规范企业等组织行为，达到节省资源、减少环境污染、改善环境质量、促进绿色农产品出口和绿色农业经济持续健康发展的目的。

（2）充分发挥信息化对绿色农业产业化、市场化和现代化的带动作用

实现绿色农业产业化发展，最基本的就是转变农业发展理念，要舍弃小农经济的狭隘观念，充分发挥信息化的作用，推动绿色农业向产业化、市场化和现代化的方向发展。发展现代化绿色农业，要充分利用信息技术，以此促进传统产业的改造

升级，同时，还要建立健全现代化农业技术监测体系。因此，有必要建立适应现代农业发展需要的农产品电子商务体系，利用各种媒体提高农业信息的传递速度和质量，使农业生产者可以通过网络及时了解产品的信息，从而科学地决定产品的生产量；在生产过程中，农户可以利用专业系统合理地控制农作物生长环境的温度、湿度，适时施肥、施药，这样可以有效提高农产品的产量和质量，还可以根据市场需求调节产品成熟期；在产后阶段，农户可以利用信息平台掌握综合信息，决定产品是直接上市还是深加工，或者可以选择直接储藏等，这样可以实现农产品及时均衡上市。此后，农户还可以通过反馈信息进一步完善产品的生产，升级和完善产业结构、产品结构。为了实现农业现代化发展，应该将信息网络终端接到乡镇村企业及农户，形成以资源为本的信息系统，通过网络信息技术连接专家和农户，使农户可以及时有效地获得农业信息，掌握和应用农业科技。

（3）完善绿色农产品物流管理体系，发展绿色创汇产业

农产品物流一直是农业生产经营面临的一个难题，完善农产品物流管理具有重要意义，这就要求我们建设完善农产品市场体系和信息服务设施，也就是应该在农业基地附近建设区域性专业批发市场，完善市场交易、检测检验和信息服务等设施，增强服务功能，扩大辐射范围。根据具体的条件和实际需要，在这些市场设立绿色农产品专门交易区，从而促进产销的衔接，积极组织实施绿色农产品名牌战略，扩大绿色农产品在国内外的知名度，进一步提高其市场占有率；密切关注绿色农产品国际市场的变化，针对国际贸易中的技术壁垒，建立预警机制，以便及时应对；发挥比较优势，根据不同区域的特点，建立诸如劳动密集型或技术密集型的绿色农业产业基地，以质优、价廉、物美的绿色农产品扩大国内外市场份额。在绿色农产品生产、加工、包装和运输过程中推行全程质量控制技术，建立绿色农产品质量监督检验测试体系，建立与国际质量标准接轨的绿色农业质量标准体系。应该进一步改革完善农产品的外贸体制，扩大农产品生产企业的进出口经营权，推动农业产业化经营的发展，以此保证农产品出口企业可以从绿色农产品的生产全过程中把握产品质量，将"绿色"理念贯穿整个农产品生产、加工、包装和销售等各个环节。

（4）加大政府对绿色农业产业化发展的扶持力度

就我国绿色农业发展的实际情况来说，政府应该从以下几个方面入手提供重点支持：第一，加大绿色农产品的宣传力度，培育绿色农产品市场；第二，加大绿色农业技术的普及力度，提高农民的技术水平；第三，加大绿色农业技术的研究、开发力度，努力开发适用的绿色农业新技术，如病虫害防治技术、土壤改良技术等；第四，制订绿色农业技术人才的发展规划，大力培养绿色农业专门人才；第五，培育龙头企业，实施产业化经营；第六，多方筹集支农资金，加大资金扶持力度，对

绿色农业产业化发展予以税收减免、现金补贴等支持。

2.绿色农业市场化发展战略

我国在绿色农业发展方面投入了大量的人力物力，但由于各种因素的限制，导致我国绿色农业市场化步伐缓慢，具体来说，绿色农业市场主体不完备，市场体系和市场基础设施难以完全满足市场机制运行的要求。推进绿色农业市场化，要从培育绿色农业市场主体，发展绿色农业生产要素市场，促进绿色农业专业化生产，健全绿色农产品市场流通体系以及加大政府对绿色农业的保护和支持力度等方面着手。

（1）多管齐下，壮大绿色农业市场主体

第一，壮大绿色农业市场主体。现代农业是在市场经济条件下进行的，农户在这样的发展背景下属于独立自主的主体，因此，他们必须对于自己生产什么、为谁生产和怎样生产有绝对的决策权。农户必须依法享有各种生产和交易所必需的权利，特别是清晰的土地产权、就业权和劳动收益权。必须根除政府的强制行为，革除城乡分割制度，给予农民和市民同样的待遇，改变农民处于弱势群体的状态。此外，还应提高广大农民的综合素质，加强对农民的职业技能培训，为提高农民参与市场和社会分工创造条件；积极推进农村教育综合改革，统筹安排基础教育、职业教育和成人教育，进一步完善农村教育体系；积极发展多层次、多形式的农村职业教育。对农民的培训，不仅要包括对农业产业结构调整所需要的农业技术的培训，为农业培养大批专业技术人才，而且需要根据农民的意愿进行工业技术、服务技能方面的培训，以促进农业劳动力向非农转移。加大对农民自愿创建农业合作组织的有力支持，在市场经济条件下，市场竞争更为激烈，这就导致分散的农民个体家庭必须与大型农业企业进行竞争，但农户个体经营无力与组织化、社会化程度较高的大企业抗争，农户个体家庭就会在市场竞争中处于不利地位。因此，必须依据市场化要求和经济利益原则，把分散的农民家庭生产经营单位组织起来，组建多种形式的农产品生产、加工、销售合作社，使农户分散的土地、资产、资金和劳动力等生产要素在较大的范围内和较高的层面上有效地组合起来，形成社会化生产的组织形式，从而使分散的农户联合起来有组织地进入市场。

第二，农户成为市场主体的条件。在市场经济条件下，农户是否可以实现利益最大化以及实现的程度与其实际占有的资源数量、资源的利用效率以及资源配置情况等具有直接联系。农户作为完整意义上的农业市场主体而存在，至少具备以下几个条件：拥有作为市场主体的权利，享有独立决策生产什么、为谁生产、怎样生产的经营权；具备追求利润最大化的能力和物质基础；农户作为一个市场生产单位，需要承担决策、生产、销售等职能，因此，农民要成为市场主体，必须具有各种能力和足够的土地、资金等要素来投资生产，同时，也必须有较强的资金积累能力。

第三，壮大绿色农业市场主体，是推进绿色农业市场化的前提。虽然在绿色农业市场环境下，市场主体需要将绿色生产经营作为重要前提，但其本质追求仍然是实现家庭收益最大化，家庭效用最大化并不是绿色市场主体的最主要目标。只有具有完全意义上的市场主体，才能对价格变化做出灵敏反应，才会根据价格的变化调整农产品结构，才会在市场的竞争压力下学会采用新技术，降低成本，优化产品质量，根据市场需要调整生产品种。商品化生产的农户应以家庭收益最大化为目标，对市场价格的反应才会是灵敏的，对发展绿色农业的动力才会是无限的。半自给性的农户以家庭效用最大化为目标，其生产动力来自家庭人口对农产品的需求、生活条件的改善，不足以促进其调整生产结构、提高劳动生产率。现阶段，大多数农户还是半自给半商品经济的复合体，农户的这种经济性质决定其决策目标是多元的。在生产什么、生产多少和如何生产等基本经济问题方面，首先考虑的便是家庭成员的消费需要，其次才是市场需求。前者关系到自身生存，具有刚性；后者属于发展问题，具有弹性。随着社会的发展和时代的进步，我国在农业发展方面做出了调整，以农产品需求结构的变化形势作为基础，对农业产业结构进行调整，但是在战略实施的过程中，大多数农户态度比较冷淡，造成这种现象的原因就是这些农户在生产什么的决策中还是保留着刚性的"生存理性"。

（2）建立健全社会化服务体系，促进绿色农业专业化生产

第一，绿色农业生产社会化服务是农户参与市场分工的重要条件。单个农户在进行专业化生产时，通常都是建立在良好的社会化服务外部条件的基础上的，如投入品的购买、生产过程中的技术服务、产品的加工销售等必须能够方便地获得。随着农户商品生产规模的扩大，单个农户已经不再可能独立完成农业生产的全部过程，而必须借助和依靠农户外部的资源与力量，把农业生产的一部分甚至大部分环节交由专业人员、专业组织或专业部门操作。

第二，建立社会化服务体系，促进农户专业化生产。农业社会化服务包含的内容十分丰富，其包括专业经济技术部门、乡村合作经济组织和社会其他方面为农、林、牧、副、渔各业发展所提供的服务。农业社会化服务的内容，是为农民提供产前、产中和产后的全过程综合配套服务。近几年来，农业社会化服务在全国范围内蓬勃兴起，对促进农村经济发展起到了重要作用。农业社会化服务的形式，要以乡村集体或合作经济组织为基础，以专业经济技术部门为依托，以农民自办服务为补充，形成多经济成分、多渠道、多形式和多层次的服务体系。同时，鼓励各地方、各部门在实践中勇于探索和创新，努力建设一个适合不同地区生产力发展水平的、多样化的绿色农业社会化服务体系。

第七章 城乡一体化发展中的新型城镇化建设

第一节 新型城镇化建设的理论基础

一、城市化与城镇化

(一)城市化的基本含义

城市化一词源于英文 urbanization，其词头 urban 意为都市的、市镇的；其词尾 ization 由 iz（e）+ation 组成，表示行为的过程，意为"……化"。1867 年，西班牙城市规划设计师赛达在《城市化原理》中从工程技术角度较早使用"城市化"一词，迄今已经有 100 多年的历史了。由于城市化是一种动态的、复杂的、长期的影响深远的经济社会转变过程，因此，自"城市化"一词诞生以来，就受到不同学科背景学者的密切关注，并进行了深入研究。

人口学家倾向于城市化是农村人口不断向城市迁移，城市人口比重不断提升的过程。如赫茨勒指出：城市化，就是人口从乡村地区流向大城市以及人口在城市的集中。威尔逊在《人口辞典》中认为：人口城市化，即指居住在城市地区的人口比重上升的现象。经济学家侧重于从经济与城市的关系出发，强调城市化是从乡村经济向城市经济形态的转变过程。沃纳·赫希认为：城市化是从人口稀疏、孤立分布等特征的农村经济，转变为具有基本对立特征的城市经济的变化过程。社会学家以社群网（人与人之间的关系网）的密度、深度和广度作为研究城市的对象，强调社会生活方式的产生、发展和扩散的过程。如美国学者沃思指出：城市化意味着乡村生活方式向城市生活方式质变的全过程；日本社会学家矶村英一认为，城市化的概念应该包括社会结构和社会关系的特点，城市化应该分为形态的城市化、社会结构的城市化和思想感情的城市化三个方面。地理学的城市化定义强调人口、产业等由乡村地域景观向城市地域景观的转化和集中过程。日本地理学家山鹿城次指出，城市化概念应当包括城市地域的扩大，大城市地域的形成，城市关系的形成与变化，等等。城市化的概念与城市概念一样，迄今为止没有统一的定论。

通过对诸多城市化定义的汇总整合，在此总结出城市化的内涵：随着非农经济向城市集中，农村人口向城市集中，城市基础设施不断完善，其综合承载力不断增强，逐步实现经济城市化、空间城市化、人口城市化，完成人们生活方式从乡村社会向现代都市的转变。

（二）城镇化的内涵

"城镇化"是我国学者创造的一个具有中国特色的新概念，显然，该词汇的出现要晚于"城市化"。1991 年，辜胜阻在《非农化与城镇化研究》中使用了"城镇化"的概念，提出了中国城镇化发展的"二元城镇化理论"，即在推行以发展城市圈、城市带为特点的网络型城市的同时，推进农村范围内的村庄和居民点向城镇聚集。农村城镇化作为整个城市化过程的重要组成部分，指农村人口由第一产业向第二、第三产业转移，居住地由农村区域向城镇区域迁移的空间聚集过程。具体表现为：农民身份的转变，生活方式的改变，基础设施和公共服务的提升和共享，等等。城镇化是我国发展阶段的产物，是一个发展中的概念，一个历史的范畴，符合中国当前由农业人口占很大比重的传统社会向非农业人口占多数的现代化社会转变的历史过程，是我国在实现工业化、现代化过程中所经历社会变迁的一种反映。因此，党的十五届三中全会通过的《中共中央关于农业和农村工作若干重大问题的决定》正式使用了"城镇化"一词，这是近 50 年来中国首次在最高官方文件中使用"城镇化"。

（三）城市化与城镇化的关系

从前文对城市化和城镇化含义的界定可以看出，二者是既有联系又有区别的概念。两者的相同点是：都是实现了人口从分散到集中，人们从事农业活动到从事非农业活动，实现农民的职业转换和居住地的空间转移过程。也就是说，两种提法的"化"字内涵是完全一致的，指的都是事物朝着某种目标运行的变化向度、发展态势、变迁路径和演进趋向的动态过程。两个概念的差别，在于"城市"和"城镇"的差别。其不仅是中文词汇的不同，更是基本内涵的差异。《现代汉语词典》对"城市"一词的解释是："人口集中、工商业发达、居民以非农业为主，通常是周围地区的政治、经济、文化中心。"《现代汉语词典》对"城镇"一词的解释是："城市和集镇。"而对"集镇"的解释是："以非农业人口为主的比城市小的居住区。"1989 年 12 月 26 日，第七届全国人民代表大会常务委员会第十一次会议通过的《中华人民共和国城市规划法》第三条对"城市"一词的解释是："本法所称城市，是指国家按行政建制设立的直辖市、市、镇。"尽管在 2008 年颁布《中华人民共和国城乡规划法》取代《中华人民共和国城市规划法》，但"城市"的定义未做改变。据规划局的解释是：这里的"镇"指的是非农业人口为十万左右，是小城市的范畴。在实际操作中，通常指的是位于县城的城关镇，及少数的具有一定规模的"城镇"。而"城镇化"中的"镇"，指所有的建制镇及乡镇管辖的小集镇。因此，城市不等于城镇，城市化不等于城镇化，城市化水平不等于城镇化水平。"城镇化"模型的基本结构是："城镇化"＝"城市化"＋"乡镇化"。城镇化不仅包含了城市化的主张，更是包含了乡镇化的导向。

从国家层面将"城镇化"一词取代"城市化"，是基于小城镇在中国的特殊作用，使得"城镇化"的提法更符合中国国情。采用"城镇化"的概念，一方面有利于避免片面发展大城市而产生的一系列问题，确保制定城镇化政策时既包含大城市，又积极发展小城镇，从而建立布局合理的城镇体系，使得农村人口有序转移，城乡经济社会协调发展。

二、新型城镇化概念的提出

改革开放以来，我国城镇化进程不断加快，这对于扩大内需、推动经济发展具有不可替代的作用。

城镇化是现代化的必由之路，也是实现人民幸福生活的重要路径。党的二十大报告着重指出："推进以人为核心的新型城镇化"，这是坚持以人民为中心发展理念的具体体现，为推动社会主义现代化建设并实现高质量发展提供了根本遵循和科学指导。党的二十大报告还指出，高质量发展是全面建设社会主义现代化国家的首要任务。通过推进以人为核心的新型城镇化，可以实现外出务工群体的有序流动和有效就业，提高他们的收入水平和消费能力，进而扩大中等收入群体的规模，形成更加稳定的内需市场，并推动国内大循环；可以促进人才、技术和资本等生产要素在城乡之间的流动和优化配置，提升社会全要素生产率，进而稳步提升我国经济增长的质量和效益；可以激发社会中各类主体的创新和创业活力，培育数字经济、平台经济和共享经济等新业态，打造具有一定国内和国际竞争力的现代产业集群和创新中心。

《"十四五"新型城镇化实施方案》明确"十四五"时期深入推进以人为核心的新型城镇化战略的目标任务和政策举措。

新型城镇化的核心是以人为本的城镇化，这就要求不断提升城镇化建设的质量内涵，推动城镇化由数量规模增加向注重质量内涵转变。具体体现在以下几方面：一是重在强调产业支撑、人居环境、社会保障、生活方式等方面实现从"乡"到"城"的转变；二是通过观念更新、体制革新、技术创新和文化复兴，推动全社会的新型工业化、区域城镇化、社会信息化、农业现代化、生态良性化的发展过程；三是通过建立以改革农村土地制度为主的补偿机制、以改革户籍制度为主的基础设施和公共服务共享机制、以产业支撑和城镇体系建设为主的协同机制，推动农村人口真正能够"转得出、进得来、留得住"；四是要改变以往依靠中心城市带动的城市化发展战略，而是要更加强调发展城市群、大中小城市和小城镇协调发展的城乡一体化建设方针。

综上所述，不论从新型城镇化提出的发展历程，还是从其实质内涵、现实意义看，它都必将成为今后一个时期中国发展的重要战略任务。

三、新型城镇化建设的重要意义

(一) 新型城镇化是经济全球化背景下我国从整体上加入世界城市网络体系的客观需要

当今世界，经济全球化、信息化是发展的总体趋势。随着经济全球化、信息化程度越来越高，通信和交通的发展使得资源的流动成本日益降低，各国的经济体系将越来越开放，各种资源 (信息、技术、资金和人力) 的跨国流动规模也越来越大，这将要求各国在全球化进程中，经济结构在空间上进行重新组合，于是城市和区域体系将再次演化，形成崭新的多级、多层次、有机联系的世界城市网络。因此，在我国当前正处在加速城镇化的关键时期，必须改变基于传统"大一统"国家治理的框架，分为首都、省会、中心城市、县城等级别的传统的城市体系构建思路，从经济全球化的生产、流通、交换体系的形成机制出发，加入世界城市网络体系高度，构建新的功能节点。这就要求我国充分发挥后发优势，借鉴发达国家城市化的经验教训，高起点、高质量地建设新型城镇化，通过新兴产业的发展融合城镇化进程，构建新的城市网络体系，特别是要建立国际性和区域性的创新中心城市，并使之尽快成为中国与世界经济连接的新节点。

(二) 新型城镇化是我国扩大内需和转变经济发展方式的强大动力

近些年，党中央多次提出经济发展方式要从依赖出口和投资转变到消费、投资、出口协调发展上来，增强消费对经济的拉动作用，特别强调要在扩大内需上下功夫。而新型城镇化就是一个扩内需、转方式的过程，这个过程在宏观上表现为经济结构、社会结构、文化观念、空间结构的变迁，在微观上表现为个人就业方式、消费方式、休闲方式、思想观念等的转变。这些转换都会有一个物质化的外在表现，那就是消费结构的转变。

随着农民大规模进城定居，在新生活环境下，进城农民的生活方式、居住方式、思想观念等发生着翻天覆地的变化，其消费观念和生活需求潜力得到充分释放，对医疗、休闲、通信等城市公共设施和服务产生巨量需求，这就创造和提升了巨大的刚性内需。

（三）新型城镇化是解决和预防传统城镇化造成诸多经济社会问题的有效途径

改革开放后，我国的城镇化水平得到了极大提升，然而这种粗放的规模扩张式的传统城镇化发展模式，不论对于经济转型还是自身的可持续发展，都产生了诸多不利影响。这就呼唤以新型城镇化战略化解传统城镇化面临的诸多问题。一是新型工业化呼唤新型城镇化。要走科技含量高、经济效益好、资源消耗低、环境污染少的集约式、内涵式的新型工业化道路，必然要求较高素质的人力资源、与区域经济发展和产业布局紧密衔接的城市布局，以及农业转移人口有序市民化和公共服务协调发展，注重城镇化的社会管理和服务创新。新型城镇化完全符合新型工业化的要求，为新型工业化的发展提供了坚实的保障。二是以新型城镇化解决中国城镇化自身发展中出现的问题。尽管我国的城镇化还滞后于工业化，但已经出现了各种不良倾向。诸如，半城镇化、被城镇化、"大跃进"城镇化等现象，从而造成大城市过度集聚、小城镇无序开发、耕地滥占滥用、地区发展失衡、城市之间关系不协调、两栖人口不断增加等诸多问题，如果不采取新型的科学的城镇化道路，尽早预防和解决这些经济社会问题，以后将更难根治，严重制约我国走可持续发展道路。

（四）新型城镇化是统筹城乡发展、推动产业升级的引擎

新型城镇化的一个重要内容，就是逐步实现基础设施和公共服务的城乡共享，可以使进入城市的农业人口享受城市的发展成果，同时，使得城市文明向农村扩散，特别是就地城镇化的农民生活方式城市化、接受的公共服务城市化，逐步改变城乡二元经济社会结构，实现城乡一体化均等的融合式发展。

此外，新型城镇化为产业结构升级提供了重要依托。新型城镇化以人口迁出机制、城乡共享机制、人口迁入机制等体制机制为动力，不仅推动了以教育、医疗、就业、社会保障等为主要内容的城镇公共服务的发展，也推动了以商贸、餐饮、旅游等为主要内容的城镇消费型服务业和以金融、保险、物流等为主要内容的生产型服务业的发展，从而有力地引导和促进了我国的产业升级和结构转型。

第二节　新型城镇化建设中的文明城镇建设

"文明城镇"称号对于提升城市品位、优化发展环境、扩大对外开放、增强城市软实力，特别是提升新型城镇化建设质量，促进城镇化进程健康、可持续发展，具有十分重要的意义。因此，在新型城镇化建设进程中，应注重城镇的精神文明建设，

着力提升城镇的文化内涵，建设富裕文明的新型城镇。

一、新型文明城镇建设的重要意义

(一) 新型文明城镇建设是推广全国文明城市建设经验的迫切需要

当前来看，享有全国文明城市 (区) 荣誉称号的城市有五十多个市 (区)，很多城镇都建立了在全国叫得响的工作品牌。如鞍山着力打造"唱讲学做创"活动品牌，郭明义的先进事迹在全国引起了巨大反响，全国人民都亲切地称他为"雷锋传人"。与此同时，一系列有影响力的工作品牌在全省乃至全国开展，如"农家书屋"，这对强化舆论监督能力有很大作用。又如，北京市西城区全面实施"经济强区、文化兴区、环境优区"战略，在新的起点上持续推进更高水平文明城区建设。再如，南京市推出"平民英雄""温暖外来人员"慢"功"出细"活"等许多做法，尤其是形成了向着生态南京迈进的创建特色，体现了新型城镇化的环保特色。苏州市积极举办全国文明城市苏州论坛，发表了《苏州宣言》。马鞍山市深度开发李白文化、三国文化、当涂民歌等文化品牌资源，充分发挥文化效应等。

另外，大庆以惠民工程为载体，在文明城市创建中提升城市品质、提高百姓福祉；银川提出巩固深化创建成果要在系统性、长效性上下功夫；包头力求把全国文明城市测评体系的各项测评指标转化为常态工作目标，把全国文明城市测评方法转变为常态管理办法；广州推进文明城市建设的常态工作和迎"国检"工作的有机结合等宝贵经验，值得我们借鉴吸收，以促进新型文明城镇建设。

(二) 新型文明城镇建设是促进城镇经济社会更好发展的重要保证

通过文明城镇建设，真正贯彻"以人为本"的新型城镇化建设核心要求，就要加快基础设施建设，完善城市服务功能；加强城市环境综合整治，提高人民生活质量；加强思想道德教育，提高市民文明素质；转变机关作风，提高办事效率；加快发展文化事业，提高城市品位；强化社会治安综合治理、实现社会政治稳定等，从而建设良好的政务环境、法治环境、市场环境、人文环境、生活环境和生态环境，促进经济社会的全面、协调、可持续发展，保证新型城镇化建设能够良性开展、全面进步。一个地区的发展离不开人才，有了人才提供智力保障，才能推动当地的发展。"精神文明建设作用的目标是人的精神世界的现代化，任务是促进人的素质的全面提高。社会主义精神文明的一大任务就是培养'四有'新人。"可见，通过精神文明建设提高人的素质，同时，不断践行科教兴国、人才强国、创新驱动的战略思想，培养大量人才，从而为新型城镇化建设提供强有力的智力支持与人才保障。

二、新型文明城镇建设的目标和重点任务

(一) 新型文明城镇的建设目标

文明城镇建设目标，就是要突出重点、精准发力、注重细节、深度推进，不断改善人居环境，提高市民的文明素质和城镇的文明程度，营造廉洁高效的政务环境、公正公平的法治环境、规范守信的市场环境、健康向上的人文环境、安居乐业的生活环境和可持续发展的生态环境，努力把城镇建设得更加优美、更加有序、更加和谐，促进城镇经济更加发展、政治更加安定、文化更加繁荣、社会更加和谐、民生更加殷实、风尚更加良好，努力打造文明传承创新区，努力把城镇建设成区域文化中心和精神文明高地。

(二) 新型文明城镇建设的重点任务

1. 解决新型文明城镇建设氛围不浓的问题

当前，新型文明城镇建设氛围不够浓厚，宣传力度需进一步加强。存在的主要问题是：个别新闻媒体的文明城镇建设专题专栏时断时续，基本没有在主要版面、黄金时段刊播大篇幅、有深度的重量级报道，宣传密度、力度不够；主要公共场所、市区主干道、出入市口以建设新型文明城镇为主题的大型公益广告档次不高，广告数量较少；广场、车站、机场等公共场所建设新型文明城镇的主题公益广告少，商业广告多、乱、杂，有些地方用字不规范，制作品位低，影响了城镇形象；街道办事处和社区精神文明创建专栏内容更新慢、频率低、形式不够多样化、影响不够广泛；城镇网通、移动、联通利用手机短信形式宣传建设新型文明城镇工作力度还不够、形式不活、氛围不浓；市民对建设新型文明城镇的知晓率不够高，宣传发动还需要加大力度，城镇所有单位、全体市民参与文明城镇的积极性还需要进一步调动。这些都需要党和政府在新型文明城镇建设过程中高度重视，并着力加以解决。

2. 加强突出问题治理

当前新型文明城镇建设中还存在一些突出问题，影响城镇的文明形象。比如，个别地方垃圾乱堆乱放、"五小"反弹，卫生状况滑坡严重；少数都市村庄、背街小巷、集贸市场以及无主管企业杂居院社区人居住环境投入和整治力度不够，市民投诉较多；交通秩序不够规范，行人、非机动车乱闯红灯、乱穿马路、违法停车、乱停乱放等不文明交通行为仍然十分突出。因此，在解决交通拥堵、道路破损、道路占用、市容市貌等问题方面亟待突破，在食品行业、窗口行业、公共场所等重点领域需加大常态化检查惩处力度。

3.要着力提高公民思想道德素质

城镇的文明程度，归根结底取决于市民的文明素质。就一些文明城镇目前的建设情况来看，随地吐痰，乱扔果皮纸屑，乱倒垃圾，乱摆乱放，私自摆摊设点，光膀子喝酒、打架斗殴、小偷小摸、坑蒙拐骗等现象时有发生，不同程度地影响了城镇的形象，市民文明素质的提高是一个长期的过程。

另外，根据问卷调查显示，"市民对政府诚信的满意度""行业风气满意度""群众对反腐倡廉工作的满意度"等指标达标情况不够稳定，体现出各级党政机关、执法部门及窗口行业的办事效率、服务水平有待进一步提高。

4.扩大文明城镇建设投入

新型文明城镇建设中面临的一些突出问题，不论是解决交通拥堵、城市绿地建设、市容市貌整治等，还是改善居民的住房、教育、就业、养老等民生问题，都需要足够的公共建设方面的投入，需要坚实的财力做保障。特别是地铁、城市快速路、地下管网、市容绿化等基础设施，投入大、见效慢、周期长，更需要决策者和市民达成共识，宁可在其他方面日子过紧一些，也要在这方面加大投入，补基础设施的欠账，补民生事业投入的不足。这都需要付出高昂的成本，需要大量的财政投入，而当前投入仍然不足，严重制约了一些地方的文明城镇建设。另外，文明城镇建设中各项经费开支缺乏长效机制，往往突击建设时经费比较能保证，而大量的日常文明城镇建设经费缺乏统筹规划和总体设计，经费投入随意性较大，科学性、严谨性、可持续性欠缺。

5.坚持责权利统一提高公共服务水平

在文明城镇建设工作中，人、财、物的调配权主要集中在上级部门，而责任主要集中在下级特别是基层一线部门，这就导致了一定程度上的责、权、利不均衡。同时，文明城镇建设的目的是利民惠民，本身要求政府从管理型政府转变为服务型政府。但囿于种种原因，在文明城镇建设中，往往是进一步强化了政府的城市管理角色，加大了对市民的治理力度，在给市民生活带来很多不便的同时，也引发很多新的矛盾和冲突，造成许多新的不和谐因素，比如，城管在文明城镇管理中和商贩的冲突等，就是其中的典型代表。如何转变管理理念，促进城市管理者换位思考，变"堵"式管理为"疏"式管理，变严打高压式管理为温情脉脉的服务型管理，达到管理者和被管理者和谐共生、互相体谅、互相支持的理想状态，依然是文明城镇建设中任重道远需要解决的问题。

6.建立长效机制，健全领导体制、奖惩机制、网格化管理机制等，巩固提升文明城镇建设成果

当前一些地方在文明城镇建设工作中，还存在"大呼隆""一阵风"的现象，突

击性、突发性工作比较多，工作依然存在紧一阵、松一阵以及应付上级检查评比的现象，还没有形成健全的长效机制。监督检查偶发性、临时性较多，常态化、规范化监督不足。巩固提升文明城镇建设成果的工作机制尚未形成体系，需要在常态化、长效化上下大力气。如何经常抓、长期抓，把文明城镇建设各项指标体系分解部署，深度融入各项建设和管理事业中，融入城镇广泛开展的网格化管理中去，做到经济发展和精神文明两手抓、两不误，依然是我们需要下大力气加强和完善的重要环节。

三、新型文明城镇建设的对策建议

(一) 立足一个出发点："教民惠民、持续求进"

建设文明城镇，核心是"以人为本"，落脚点是人民，是通过人民群众素质的提高，把城镇建设得更加美好，最终使全体市民受益，达到共建共享的目标。

1. 加强公民道德建设，提升市民的文明素质

加强公民道德建设，要以全面加强教育为先，同时，促进学校教育、家庭教育、社会教育以及其他方面教育之间的协调，从而形成一个完备的教育体系，发挥他们各自的职能作用，才能真正地实现公民道德的提高。要突出加强社会教育，着力培养文明市民，提升文明城镇水平。加大"讲文明、树新风"公益广告宣传力度；持续在社区、机关、学校、企业等基层单位开展爱国歌曲大家唱活动；深入开展学雷锋志愿服务，在学校开展学雷锋主题班日、主题队日、主题团日等实践活动，在社区开展"学雷锋，献爱心"活动，企业开展"岗位学雷锋，争做好员工"活动等方式进行宣传。

着力提高青少年文明水平，把道德教育融入幼儿园、中小学教育的全过程：一是中小学广泛开展"道德讲堂"活动；二是弘扬雷锋精神，开展志愿服务活动；三是大力推进"我们的节日"主题教育活动；四是大力推进资源节约活动，积极倡导勤俭节约之风；五是统筹相关部门综合整治对青少年成长不利的社会环境，加强网吧、歌厅等娱乐场所管理，严禁青少年进入不良场所。

2. 加大民生事业的投入，提升市民的幸福指数

"仓廪实而知礼节。"市民民生保障程度越高，幸福指数也就会相应提高，公民就有条件更加注重礼仪道德修养，更加重视营造文明美好的人居环境和社会秩序。要在经济不断发展、政府财力不断增强的基础上，不断加大民生事业投入，巩固提升教育公平、养老保障、全民医保等工作，加大城中村、棚户区改造和公租房建设力度等，提高公共文化体育设施建设水平等。另外，城市绿化、环境整治、社区居民环境的整洁、城市交通的畅通都是衡量城镇文明程度的重要指标。政府相关部门

对此必须采取有力措施，秉行"尽力而为，量力而行"的准则，将保障和改善民生作为城镇文明建设的主线，并且通过创办和实施一系列项目来改善老百姓的生活质量，将城镇建设成为富强、文明、和谐、美丽的新型现代化城镇。

第一，在教育方面，要进一步加大教育事业的投入，提高教师收入待遇，切实解决好"入园难""入园贵"和"入学难""入学贵"的问题。首先要保障学生的教育公平，优化资助贫困学生的运行机制；其次要优化城乡之间的教育资源配置，统筹各方面资源体系，合理调配教师，使得公办学校的班级和教师都实现标准化配置；最后要加大优质资源的覆盖范围，利用信息化的优势，稳步缩小区域、城乡以及学校之间的差距。

第二，在养老方面，要健全和完善覆盖城乡居民的社会养老保险体系。随着经济的向前发展、财政收入的增加、物价在合理范围内波动等诸多因素的影响，有望实现养老金在合理范围内稳定增长，同时做好顶层设计，从根本上解决"双轨制"矛盾，以及由此形成的养老金"待遇差"问题。要加快建立社会养老服务体系和发展老年服务产业，重点发展居家养老服务，着力发展社区养老服务，统筹发展机构养老服务，保障人人老有所养、老有所依。

第三，在医保方面，改革支付方式，健全全民医保体系和重特大疾病医疗保险、救助制度。提高城镇基本医疗报销水平，切实减轻参保人员的医疗负担。提高农村医疗保障，不断提高新农合医保补助标准。一些省市级重点医院可以定期开展对乡村卫生室的帮扶活动，重点医院可以利用自身的技术、教学、人才优势，对乡村医生进行职业培训，更新他们的医学知识和技能，提高乡村医生的技术水平和医疗服务水平，让农民享受高质量的医疗服务。

第四，要进一步依法依规加快城中村改造。根据新型城镇化建设的统一部署，进一步加快城中村、合村并城改造步伐，各市区范围内、各开发区范围内、开发区周边3公里范围内以及目前县城规划区范围内、新组团起步区范围内、市级以上产业集聚区范围内的村，除特色村予以保留外，其余城中村、合村并城等都要在规定时间内全部启动改造。"城中村"改造是个系统工程，事关村民、租房者、开发商等多方的利益，必须坚持政府主导、市场运作、群众自愿、区级负责、因地制宜、一村一案，条件成熟一个，审批改造一个的原则，依法、健康、有序地进行。通过城中村改造，把原农民聚居村落变成现代化城市社区，早日改善群众的居住环境和城市面貌，提升城市形象。

第五，要下大力气实施"居者有其屋"工程。住房是广大工薪阶层和亿万农民工在城镇安身立命、安居乐业的根本和基础，住房问题决定当今中国的人心向背。特别是在谈到房地产时，房价一直处于高高在上的情况，许多人拿出几辈人的积蓄，都没办法买到一套房子，甚至有的人倾其所有，都无法买到一套哪怕仅够容身的住房。因此，对于城市生活的工薪阶层、进城打工的农民以及80后、90后这些人来说，住房，成为他们依靠自己的力量几乎都已经无法解决的关键问题。中国的住房建设道路，总的方向就是以政府为主提供基本保障、以市场为主满足多层次需求的住房供应体系。当前要重点加大棚户区改造和公租房建设力度，试点开征房产税。要坚持以需定供、优化品种、并轨管理、分级补贴的原则，完善政策体系，科学编制规划，强化目标责任，加强建设管理，强力推进以公租房为主的保障房建设，千方百计加快住房保障全覆盖。

第六，要进一步加大公共文化体育设施建设力度，为老百姓提供更多更好、更优质的公共文化服务。从地方实际出发，传承特色文化，加大投入，建设新型的城镇群艺馆、图书馆、美术馆、博物馆等，让公共文化基础设施遍及城乡，让公共文化活动来到市民身边，让每个人都能享受到均等的文化服务。

(二) 把握两个重点：提高全民参与度与加强社会管理

1. 大力提高市民文明城镇建设参与度

要整合宣传资源，建立宣传教育中心，充分发挥媒介的作用，利用手机短信、移动电视等新兴传播手段，调动公益广告、宣传橱窗等多种载体，积极争取记者、作家等社会力量参与到文明城镇建设的宣传报道工作中来。

第一，加大公益广告建设力度。制定文明城镇公益广告覆盖标准，结合拆迁和旧城改造等工程，因地制宜地加大公益广告牌的建设力度。可以在城镇的出入口、主干道节点等人多、影响大的位置多设置一些大型、巨型而又美观的永久性公益广告牌，建设、市政园林等部门可以对这类广告牌的开设简化审批程序，城管执法部门可以对公益广告牌加大保护力度。建设公益广告牌的资金来源可以社会化，出资兴建公益广告牌的投资主体可以享有广告牌四分之一到三分之一的商业广告发布权。

第二，开展全民环境保护活动，凝心聚力建设美丽城镇。目前，一些城镇的主要街道两旁随手丢的垃圾较多，对市容市貌影响很坏。垃圾乱扔，不是只有环保部门才能管，每一个社会公众都有保护环境的责任。一些城镇公众的环境参与意识呈明显的"依赖政府型"，公众对自身及其他社会组织应该做的环保工作缺乏清晰认识。要消除这种现象，就必须充分调动公众的参与度，让更多人参与环保。建议为了更好地促进文明城镇建设，政府需要设立文明城镇建设热线电话，这样，当市民看到一些不利于文明城镇建设的情况时，例如，环境卫生不干净、城市里的公共设施被人破坏、一些不文明行为或者窗口行业服务不规范等问题，随时都可以拨打热线电话进行举报。鼓励全民参与并自发成立民间环境保护组织和志愿者组织，在法律许可的范围内，通过有组织的环保公益活动，引导全民参与进行环保活动。

第三，大力开展文明城镇建设进家庭活动，有效扩大群众的知晓率和参与度。组织动员广大市民"人人参与、家家行动"，努力"从我做起、从现在做起"，积极提升文明素质，为文明城镇建设作出积极贡献。

第四，市民文明培训进社区，充分发挥区、街道、社居委的作用，通过社居委，一抓市民文明规范养成培育；二抓载体活动，如抓文明小区、文明道路创建，积极引导市民自觉不自觉地投身到文明城镇建设活动中去；三抓文明城镇建设典型，发挥先进典型的带动力量，带动整体文明水平的提升。

第五，建立完整的全民参与、鼓励机制，使人们不仅要从自身做起，从一点一滴的小事做起，而且要带动周围的群众，为社会道德的提高献出自己的一份绵薄力量。同时，调动广大人民的积极性，使他们自愿投身到学雷锋、树新风、做好事等志愿服务中来，此外，大力开展一些志愿服务活动，比如，扶持老人，帮助残疾人，照顾小孩等，替国家出一份力。

2. 健全市民文明素质提升的硬性制度保障

市民文明素质的提升离不开制度的刚性约束作用。目前，在社会上经常会有一些失德现象的发生，例如，现在信用风险变得越来越大，主要是由于其相关的诚信体系建设不完善，让失信者有机可乘。除此之外，失德现象频繁出现，其根本原因是我国相关法律法规的缺失，造成了无法对这些失德行为进行警戒和惩治，以至于在一定程度上纵容了这些失德现象的发生。因此，提升市民的文明素质必须有制度的刚性约束。

第一，健全法律法规构筑道德保障体系。为了弘扬社会正气，并为激浊扬清创造良好的法治环境，需要特别完善相关的法律法规。此外，为了增强大家向上向善的动力，还应制定相关的奖励和保护见义勇为行为的法规条例，甚至还可以采用经济、行政等手段来引导大家，逐步形成引导与约束、自律与他律相结合的道德保障机制。

第二，增强全民诚信体制建设。经全国人大批准，我国将建立以组织机构代码和居民身份证号为基础的社会信用代码制度。治理失信行为的最有效的措施是在全社会建立一套比较完整的诚信体制，应加快完善我国的征信系统使其覆盖全社会，形成一个较为完善的惩戒防范机制。此外，还应健全个人和单位的信用档案，完善"黑名单"制度，以此搭建一个统一的信用记录平台。

第三，建立惩戒机制。古人云："严刑重典者成，弛法宽刑者败。"要想把国家道德失去规范性治理好，决不可以只靠道德的教育和舆论界给予谴责，最主要的还是国家要制定相关的法律法规，实施相关的措施，对于那些失去道德和败坏道德的人给予相应的惩罚，对于那些违反法律的人实施必要的打击。对于公共场合的不雅行为给予严重的惩罚，是世界上大多数国家普遍的做法。

第四，加强各项具体管理制度的构建，把集中治理做到规范化、常态化。把重点放到集中整治公共秩序上来，加强管理制度建设，主要包括公园广场、机场车站、旅游景区、体育场馆等的场合，依法依规防范和惩处不文明行为。整治窗口行业是这次的重点，行业规范一定要严格，纪律要求必须严明，杜绝靠人情、托关系才能办事的不好现象，避免"门难进、脸难看、话难听、事难办"的社会现象再次出现，扭转"吃拿卡要"等不良风气，把暗访和集中曝光制度建立起来，把良好的政风行风树立起来。

(三) 着力两个难点：保障弱势群体和转变政府职能

一个城市的文明水平，不仅体现在一些重点、亮点和闪光点上，更要看城市的角落和边缘地带，看城市的穷人和底层阶层的生活状况和文明程度。政府要切实转变职能，眼光向下，关心关注关爱弱势群体的民生保障，着力提高底层群众文明水平，才能为全民提升文明程度打好基础、提供前提、创造条件。

1. 解决好城镇弱势群体的民生保障

第一，党委政府要更多关注城镇弱势群体，努力使他们享有学有所教、劳有所得、病有所医、老有所养、住有所居的基本需求。公共财政要向弱势群体民生倾斜，通过提供公共产品和服务满足弱势群体的公共需求。加速弱势群体民生保障体系的构建，把公共服务体系做到公平公正、惠及全民、水平适度、可持续发展的程度，真正使全民共享改革和经济发展的成果，推动城镇向更高文明程度迈进。

第二，尽快将农民工纳入城镇救助范围。对在城镇里已经有了相对稳定工作和居住地的农民工可以直接加入该地的城镇救助范围，对那些没有稳定下来的农民工国家，则应指定统一的救助标准并建立救助基金。尽快建立城乡一体的社会救助体系，以扫除社会救助的盲区。

第三，实施就业援助，建立"流动机制"。对弱势群体的救助应考虑如何帮助弱势群体就业。一是提高其劳动技能。可让有工作能力的弱势群体在开办的免费培训班中学会一技之长；二是对那些没有正常工作能力的弱势群体，可根据条件因人设岗，如开办福利工厂帮助就业；三是鼓励那些有创业欲望的弱势群体，通过减免税收、简化手续等一系列措施帮助这些人创业，或者在有条件的地方设立小额创业基金，提供免费贷款服务。

2. 加快转变政府行政管理职能

加快城镇的现代化步伐，建设更高程度的城镇文明，要求我们必须采取切实有力的措施，加快实现政府职能转变。要提升群众的满意度，关键在于提升政府形象。要以打造为民务实清廉为目标，强化政府在城市发展过程中的宏观调控、社会保障和公共服务职能。加强政府的民主化建设，提高广大市民参与城镇建设的积极性，拓宽市民参与文明城镇建设的途径。转变政府职能，放宽市场准入，凡是那些适合社会组织和企业提供的产品和服务应有计划地转为社会和市场运作，通过项目管理、公开采购等方式提高效能。

（四）选准文明城镇建设的突破点

1. 建立健全文明城镇建设指标体系

完善的指标体系是评价和考核文明城镇建设的重要标准，确保文明城镇建设工作的整体推进，就应构建完善的指标体系，为建设文明城镇提供科学的衡量标准。建立健全指标体系，可为具体的工作提供相应的指标、标准，能够更好地衡量建设文明城镇工作过程中各项工作完成的程度，同时，可以有力监督各项工作顺利有效地完成，为巩固提升文明城镇的建设得到有力的保障。据《全国城市文明程度指数测评体系》，可将文明城镇建设指标体系的构建工作具体化，例如：细化重点工作材料审核、实地考察现场、问卷调查、未成年人思想道德建设工作等部分，将每部分都具体到点，使整个指标体系能够覆盖到构建文明城镇建设的方方面面。只有拥有完善的指标体系，才能使文明城镇建设工作顺利并有序地进展下去。

2. 突出"三个注重"

当前，一些地方开展文明城镇建设成效显著，但对照《公民道德建设实施纲要》《全国城市文明程度指数测评体系》《全国未成年人思想道德建设测评体系》等各测评体系标准，有很多不合标准的项目。文明城镇建设应对整体工作注重查验，不达标项目坚决整改；对达标但标准不高的项目要注重提升；对易反弹问题要注重治理。要抓好学习培训、责任分解、宣传发动、督促检查；开展好"讲文明、树新风"文明道德公益广告的宣传、学习雷锋精神和参与志愿服务、道德模范的评选以及有助于形成学习道德模范、崇尚道德模范、争当道德模范的社会风范的活动；要注重抓好落实各个测评体系与文明城镇建设指数测评体系的有机结合。

3. 改善社区人居环境

市容市貌是城镇的形象，直接影响文明城镇建设的基本标准。环境卫生是文明城镇建设和城镇整治过程中最为顽固和最易反弹的问题，因此，坚持做好城镇环境卫生显得任重而道远，这就更要求我们做到循序渐进、层层推进，在原有的基础上更近一步，开展大规模城镇无缝隙绿化、市容卫生环境整治，改善市容市貌环境。加强城市绿化工作，完成城区主要景观绿化工程，依托城镇道路建设生态廊道，提高建成区绿化覆盖率、绿地率及城市人均公园绿地面积。要加大人行道、绿化带公共服务设施的管理，确保完好整洁美观。改善社区人居环境，提升公共绿地及小区庭院绿化的管理和养护水平，确保公共绿地内的花草树木生长良好，卫生干净整洁。

4. 着力解决城镇交通拥堵问题

交通拥堵是文明城镇建设中的突出问题，是提高城镇文明水平的重点难点，同时也是我们在城镇文明建设中最薄弱的环节，更是广大市民心之所系的问题。交通拥堵问题能否很好地解决，直接关系到城镇文明水平的进程，关系到城镇的形象，关系到整体环境治理的进程，关系到人民群众的幸福生活，关系到一个城镇的功能效率，体现出城镇竞争力的高低。对这一突出问题，各部门要重视、要不遗余力地进行整改，在提高运输和通行的效率、道路和交通设施的效率、合理规划和建设的效率上下功夫。要分清主次矛盾，分清轻重缓急，采用科学有效的手段，及早动工，从解决最突出、最关键的矛盾、最大的瓶颈开始，通过政府和市场两大主力加大投资，集中精力和财力做最重要的、最关键、最有效的事情，从而使交通拥堵的问题得到一定程度的改善，使市民的生活水平得到应有的提高。具体应做到：规范车辆管理，对进出城镇的各类运营车辆加强管理，做到各类客运车车容整洁、遵守交通规则；要加强机动车辆停放管理，科学划定停车区域，从严查处机动车辆乱停乱放、随意调头等行为；完善道路标志标牌，要做到各类交通设施、道路标志标线规范醒目，交通警示牌无破损倾斜，确保交通秩序井然有序；交警部门要合理设置路口红绿灯的通行时间，避免造成车辆拥堵。

四、构建新型文明城镇建设的长效机制

建设新型文明城镇，关键在长效，核心在机制。要在狠抓文明城镇建设常态管理的同时，探索完善长效机制，确保文明城镇建设工作常态化、具体化，推动精神文明创建工作步入科学化、制度化的发展轨道。

(一)建立统一指挥、整体推进的组织领导体制

文明城镇的建设需要上下联动、各方协同，加强党对关键部门关键岗位干部的培养、任用和监管的工作，"党委政府统一领导，文明委组织协调，党政部门各负其责，人大、政协视察监督指导，群众组织密切配合"，并纳入网格化管理目标的文明城镇建设长效机制。

1. 党委政府统一领导

要强化党对重要部门的干部的培养、任用和监管的组织领导，把《全国文明城市测评体系》的内容、文明城镇建设的目标任务纳入城镇经济社会发展总体布局中，

与各地、各部门经济社会发展目标和工作职责进行衔接，同步布置、同步落实、同步推进。要充分发挥党总览全局、协调各方的领导核心作用，着力提高政府的执行力，形成党委政府齐抓共管局面。建议设立党委政府主要领导担任组长的新型文明城镇建设领导小组，负责新型文明城镇的总体设计、统筹协调、整体推进、督促落实。严格落实层级责任制度、"一把手"责任制度、督查问责制度等，以坚强的组织和制度保障，确保完成新型文明城镇建设的各项任务。

2. 文明委组织协调

文明委要在党委政府的统一领导下，组织和协调各相关部门，根据《全国文明城市测评体系》，制定《文明城镇建设责任分解书》，切实推进各项任务的完成。对涉及多个部门和单位的文明城镇建设工作，文明委要积极主动、认真负责，搞好组织协调，相关单位要不等不靠、积极配合，自觉抓好落实。着力推进各成员单位的工作智能，坚持协调牵头部门与职能部门，促进重点工作与长效建设共发展，结合常态性督查与阶段性考评，注重推进文明建设各项工作。

3. 人大、政协视察监督指导

要对人大代表和政协委员的作用重视起来，每年要向人大代表、政协委员通报文明城镇建设工作情况，人大代表和政协委员通过巡视纠察、建言献策，增进提升文明城镇建设各项工作的水平。对于他们提交的涉及文明城镇建设工作的议案、提案，要在最短的时间内完成，使得人大代表、政协委员的满意率得以提升。

要不断创新监督工作的方式方法，人大代表、政协委员通过参加定期举办的新型文明城镇建设工作交流会、现场会，针对建设过程中出现的问题及时通报并且调整限期；同时，通过组织人大、政协组织实地视察、督查、点评等形式，整体推动文明城镇建设工作的深入开展。

4. 群众组织密切配合

倡导社会组织联动机制，重视服务群众，同时，要动员全民参与进来，把"共有资源、共创文明、共享成果、共建家园"作为核心，深入开展新型文明城镇建设工作，推动其更快地发展。在各个行业、部门单位，大到机关事业单位、学校以及医院等，小到各乡镇事业单位，甚至在街道办事处，采取定期举办座谈会、悬挂宣传标语、启用宣传车、制作专栏板报等各种可促进文明建设工作发展的形式，将"践行社会主义荣辱观"《"三管九不"市民行为规范》《公民道德建设实施纲要》以及《市民公约》进行更大范围的宣传，使"讲文明、讲卫生、讲科学、讲公德"的理念深入民心，同时，要加强群众的责任意识和主人翁意识。地方和驻区部队紧密联合，共同进行市容市貌整治、道路绿化亮化、义务植树、扶危济困等活动。各群众团体，如共青团、工会、妇联等，利用自身与群众联系紧密的优势，组织更多别具一格、引人注目、各式各样的文明建设活动，吸引更多的群众参与进来，扩大群众的参与率。

5. 纳入网络化管理目标

积极探索在中心城区、社区和城郊村镇开展文明网格化管理工作，建立网格化文明管理分工负责制，构筑文明城镇建设工作网络，努力将社区居民和基层群众的力量凝聚起来，把社区和村镇党员、骨干的作用发挥出来，把文明城镇建设工作渗透到社区和基层工作的各个方面，形成文明城镇建设工作新格局。将网格管理工作纳入创先争优活动和文明城镇建设考核体系，纳入街道社区和党员干部年度绩效考核，督促指导网格管理人员采取上门走访、电话联系、蹲点联系等方式，开展经常性联系服务活动，全面了解群众情况，准确把握群众诉求。

(二) 建立常态化网络宣传教育机制

1. 组建网上文明宣传教育队伍

组建一支网上文明宣传教育队伍，他们要具有较高的素质、道德素养、文字表达能力、一定的网络技术水平和较高的政治觉悟。从人员组成上看，可由文明志愿者、教师、行政工作人员、人民调解员、社工、社区民警、居 (村) 委干部等构成；从组织构架上看，要确立自上而下的组织网络，按照实际情况区分虚拟责任区；从工作职责上来看，主要是按期对虚拟责任区的各大论坛、微博进行监管，对网上可以直接回答的道德问题进行处理，对敏感问题、重点事件和可能引发后果的言论及时地汇总、汇报。

2. 建立网上文明宣传教育平台

要有充足的准备来考察本地区的网络实际情况，如微博、博客及其他一些网上交流平台的实际情况，弄清网络信息底数。通过与互联网服务提供商、论坛提供单位等商议，适时在网上开通"网上道德文明咨询""网上调解"等功能，先进行局部试点，摸索探究出好的方法和机制，待成熟后再推广。另外，还应当与电信服务商、移动、联通等无线通信网络服务提供商进行协商，逐渐创办在无线通信网络领域开展文明宣传教育的平台，通过发手机短信的方式来宣传文明教育，用手机短信的这种方式对公众的道德需求进行调研等。在与相关服务提供商协商的同时，应当摸索出一条可以长期发展的道路，找出公益与效益相结合的双赢模式。

3. 降低成本整合资源寻求共赢

充分地利用网上资源进行宣传，从而建立一个完整的网上文明宣传框架。随着网络城镇和网络商务的迅猛发展，人们的生活、消费大部分通过网络来完成，智能手机的网络沟通已成为市民必不可少的交流方式，网络占据人们的生活时间日益增多，对人们的价值观念和文明习惯起着巨大的潜移默化的影响，因此，要高度重视网络阵地，整合网络资源，在发挥网络方便快捷的交易沟通作用的同时，加强网络的文明道德建设。从全国互联网发展来看，微博、博客、微信、易信、网上通信、网上商业交易等简便快捷，网络越来越成为人们沟通的一个不可或缺的渠道，因此，网络必将成为一个消息的集散地，成为人们传播获取消息的纽带。推动网络建设，维护网络健康发展，势在必行。构建文明城镇，网络需先行。

4. 构建网络舆情危机处置机制

建立一套自上而下的网上舆情危机处置联动机制，划分好各单位成员的职责跟分工，并且由各级文宣办按照各地的具体情况，开展具有针对性的网上文明宣传教育工作。在工作中，如遇网民在网上埋怨、诉苦、对政策有所质疑等情况，由各虚拟责任区文明道德工作者进行网上沟通解决和文明宣传。

(三) 构建主要领导直接负责的经费投入和人事配备体制

文明城镇建设长效机制的健全是涉及整个城镇政治、经济、文化和社会各个方面的社会系统工程，必须在精神上坚守、行动上坚持、措施上坚决，形成"领导直接管、经费很充足、人员能保证、事事能落实"的人力物力保障长效机制。

1. 着力构建长效综合管理机制

建立领导责任机制，要求采取"省市联动、市区同创、军民共建、条块结合、领导分包、全民参与"的办法，充分发挥市文明委、市管理委员会和城区领导小组之间相互协调配合，完成城市体制改革，将"事权一致，分级负责"作为原则，使城市管理体系得到进一步的完善，从而形成"协调一致，分工明确"的管理体系。建立领导班子成员分工负责制度，做到事事有人管，人人有专责，并切实履行自己的职责，独立开展工作，又要密切配合，关心全局工作，积极参与领导，做到分工不分家，创造团结协作的人际关系和良好的工作环境。

2. 着力构建长效综合财政机制

要对文明城镇建设的财政健全完善文明城镇建设的财政机制，为了使常态化文明城镇建设的顺利进行，需要加大经费的投入，使重要项目及活动的经费得以保证。把精神文明建设划分到社会发展的总体规划中来，把专项和日常工作经费都归为财政预算。财政投入要将社会事业、城市管理和基层社区作为重点。将《全国文明城市测评体系》作为标准，将新闻媒体和城市户外广告资源按照一定的比例投入关于常态化文明建设的宣传。最后，还需要把精神文明建设的各项表彰奖励制度继续执行下去。

3. 着力构建长效综合人力机制

建设文明城镇，必须有充足的人员保障，保证各项工作有人抓、有人管，防止过去"说起来重要、做起来没人"问题的发生。要强化工作人员保障，逐步完善和强化市、区两级精神文明建设的专职队伍力量，打造一支具有政治很强、业务精良、纪律严格、作风纯正的精神文明建设队伍。

4. 着力构建长效综合实践机制

构建文明城镇的目标十分明确，任务已经分解到位，关键在狠抓落实。当前，要对照标准全面排查，巩固成绩，补漏补缺，狠抓贯彻执行。一定要在某个具体的环节上拿出实招、办实事、务实效，把工作的重点放到解决薄弱环节、突出问题这两个方面上，尤其要针对自身的不足采取改进措施。要一切从实际出发，理论联系实际，不夸大，不缩小，脚踏实地，做好各项工作。

(四) 建立责、权、利统一的绩效评价体制

将文明城镇建设的工作情况当作评价各级领导组织和领导干部业绩的一项重要指标，监察部门要把它并入考核部门单位效能建设的评价体系，实现"责任主体清晰化""目标考核具体化""监督检查常规化"。

1. 创建"有权必有责、有责必有利、无责必去权"的分工负责长效机制

依照权责统一、建管并重的理念，寻找建立和城市发展相适应的长期有效的管理运行机制，综合利用法律政策、文教传媒等手段，攻克难点、提高效能。合并和理清市、区各部门间的关系，为长期有效的管理提供人力、物力、财力的支撑，形成一种"统一规划、归地管理、分级负责、市场运作"的工作格局。要强化城市的管理，达到使城市管理权力能够真正下移，让城乡两区包括其街道、社区承担应有的责任、义务，还有必要的行政执法权和处罚权 (可以采取交托授权的方式)，并且把政府、资金、人力发放给基层，做到责任、权力及利益相互统一，效率和效益相互一致。

2. 要建立人民群众的评价监督反馈机制

紧紧依靠人民群众作为强大的监督者，规范专兼职人员的执法行为，专兼职人员责、权、利统一的绩效评价也有据可查。意见反馈评价机构的负责人由各地组织部领导兼任，由纪检系统辅助，保证评价机构的工作顺利进行。

3. 要提高专兼职人员队伍责权利的平衡和协调

要制定严格的专兼职工作人员的编制统计系统，明确其工作内容以及注意事项。明确专兼职人员责、权、利的各种类型，责任、权力、利益维持一种平衡的关系，不能有明显的差别，承担一定的责任就要给予其相应的权力与利益，这样才能在约束其行为的同时又激发其工作积极性。

(五) 完善干部带头和全民参与的奖惩体制

加强新型文明城镇建设，需要全体市民人人负责、人人参与，心往一处想、劲往一处使，强化"纵向到底、横向到边"的"责任环""相互衔接、相互监督"的"约束链"，形成"一级带着一级干，一级做给一级看"的良性循环，使文明城镇建设真正做到领导负责、上下同心、严格规范、有序推进，形成"干部带头、全民动手、同舟共济、共建共享"齐抓共管的长效机制。

1. 干部带头

建立和完善各项工作机制，促进领导干部以身作则，深入群众，深入基层社区，带头宣传推动，让市民关注知晓此事，同时，了解基层存在的问题并听取基层的意见建议，结合工作实际，因地制宜地设计载体和抓手，制定与本地区本部门相适应的文明城镇建设实施方案，制定完备的奖惩政策，确保各项工作任务得到贯彻落实。实行文明城镇建设督查周报制度，严格对照《全国文明城市测评体系》和《全国未成年人思想道德建设工作测评体系》进行反复检查，对于那些未整改事项、反复事项，以督查专报、文明城镇建设督查通知书等形式向上级党委、政府工作报告。

2. 全民参与

以"让群众参与、使群众得益、受群众监督"为要求，积极探索广大人民群众参与文明城镇建设的新途径、新办法。基层社区组织应积极组织社区活动，主动处理社区居民之间的矛盾，构建和谐社区。充分发挥在校师生人员集中的特点，加强宣传教育，让大中小学生成为宣传文明城镇建设的生力军，从而带动市民家庭对文明城镇建设的了解，使其能够主动加入弘扬文明行为的行列中来。城镇的各种社会组织、社会团体，尤其是新闻媒体，应当积极宣传，大力引导，让真善美得到弘扬，让假丑恶受到惩处，使得文明新风弥漫各个城镇。

总的来看，文明城镇建设不仅是一项社会的系统工程，同时也是一项需要长期进行的工作任务。只有着力于把文明城镇建设的各项测评指标转化为各级党委、政府的日常工作重点，进一步提升文明城镇建设水平，在更高水平上深入推进文明，才能构建具有时代特征、地域特点的社会发展特色和文明优势。城镇建设工作，使文明城镇这个新型城镇化的亮丽名片更加璀璨夺目。

第三节　新型城镇化建设中的特色小镇建设

探索新常态下的新型城镇化道路，对于适应经济新常态，大力实施"三大发展战略"、实现"两个跨越",具有重大现实意义和深远历史意义。特色小镇作为新型城镇化建设的重点之一,对解决城镇化进程中出现的"产城不融合、空间分布不合理、市民化进程滞后"等问题起着重要作用。

一、特色小镇的内涵和主要特征

"特色小镇"概念最早由浙江省政府提出,旨在搭建新型产业发展平台,培育特色小镇,促进新型城镇化建设和产业发展。

(一)理念求新

理念创新是特色小镇的首要特征。首先,不同于传统以规模生产为导向的发展模式,特色小镇强调特色引领和专业化生产,寻求差异化发展模式;其次,不同于传统重经济增长而轻生态环境保护的发展方式,也不同于单纯强调生产功能而轻居住生活功能的园区开发模式,特色小镇强调生产、生活、生态的协同发展,追求在推动经济增长的同时,也注重提升当地的生活条件,改善当地生态环境。

(二)产业独特

特色产业是特色小镇的核心,既有基于本地资源形成的产业,也有传统产业升级改造或是满足新的市场需求而形成的新型产业。特色产业注重凸显地域特色,或是利用区位条件、市场需求等将产业链的某一环节做专、做精,形成品牌效应。从产业类型看,特色小镇的产业包括特色农业(中草药、茶叶、花卉等)、历史经典产业(丝绸、陶瓷、石器、木雕等)、新兴产业(金融、信息经济、时尚经济、健康养生、高端装备制造等)以及依托当地资源文化等发展起来的文旅产业(生态旅游、休闲旅游等)等。

(三)功能复合

功能复合是特色小镇建设的内在要求,具备经济、社会、生态等的复合功能,不同于其他类型小城镇仅强调某一方面。首先,特色小镇通过特色产业发展,形成具有竞争力的经济功能;其次,特色小镇通过配置提升基础设施和公共服务水平,形成完善的社会生活功能;再次,特色小镇通过保护山水环境,形成良好的生态功能;最后,特色小镇经济和生活功能要具有一定的空间邻近性,便于当地居民和外来人员对消费、娱乐等的需求。通过综合功能的提升,特色小镇已成为宜业宜居宜游之地。

（四）生态宜人

可识别性是特色小镇风貌的内在特征，无论是自然风光、历史人文的特色小镇，还是产业主导型的特色小镇，都应具备宜人的生态。具体而言，特色小镇格局要顺应山水地形特征，保持原有的自然本底和原有肌理。特色小镇的尺度要控制小而宜人，不应照搬城市的建设模式，建设尺度、街道格局、开发街区要贴近当地居民生活、延续邻里关系，保持较为统一和鲜明的风貌特征。特色小镇要传承当地传统文化，保护传统建筑和艺术作品，不照搬其他地区文化。

（五）创意引领

创意是特色小镇发展的潜力所在，体现在产业培育、风貌设计、文化打造、管理创新等方面。在产业培育方面，体现地域要素特色和资源禀赋；在风貌设计上，要凸显可识别性；在文化打造方面，既要传承传统文化，也要积极引入企业文化、产品文化等新形态；在管理创新方面，要适应经济社会发展需求，不断提升特色小镇运营和管理效率。

二、我国特色小镇建设路径

（一）围绕时代目标，建立与时代目标相适应的特色小镇目标

1. 围绕新时代的城镇化发展要求建设特色小镇

新时代的城镇化是高质量的城镇化，必须走创新发展、协调发展、绿色发展、开放发展和共享发展之路，必须在"五位一体"总体布局和"四个全面"的战略布局下发展。总之，新时代的特色小镇建设必须为新时代新型城镇化作出贡献。

2. 围绕新时代产业发展要求建设产业小镇

新时代要求发展战略性新兴产业和历史经典产业，也要求传统产业转型升级。因此，特色小镇的产业选择最好是战略性新兴产业和具有文化传承和广阔市场的经典产业。如果是传统产业，最好与新时代文化创意和市场需求进行深度结合。总之，特色小镇要具有产业转型升级功能。

3. 围绕新时代的社会主要矛盾和国家战略建设特色小镇

新时代的特色小镇必须围绕解决人们对美好生活的需要与发展不平衡不充分的矛盾展开，特色小镇建设必须坚持目标导向和问题导向统一。新时代中国特色小镇要为国家战略提供必要服务，尤其是要结合中国制造、乡村振兴战略和全面建成小康社会等作出必要贡献。

(二) 设计切实可行的特色小镇产业模式

1. 要重视小镇主导产业本身的成长性和集群可能性

产业是小镇建设的生命源泉，必须选择符合新时代发展要求和具有高成长性的产业，不能选择技术落后、产能过剩，甚至会在可预见的时间内淘汰的产业。同时，如果主导产业难以形成集群，也不具备成为特色小镇主导产业的条件，只有具有集群可能性的产业才有能力托起特色小镇发展的未来。

2. 理顺政府和企业的合作关系，要确立政府引导、市场化和以企业为主体的发展模式

政府引导的主要任务是设计好政策框架要求，并为被政府认可的特色小镇提供必要的基础设施建设和基本公共服务。特色小镇建设主体应为企业，企业必须具有独立运营能力，而不是靠政府奖补资金维持特色小镇的基本运转。

3. 重视邻近地区市场资源的可整合性

邻近地区市场资源的可整合性是影响特色小镇成败的重要因素。良好的创意和产品服务能力是否能寄托于特色小镇这个载体上，在很大程度上取决于特色小镇自身及周边市场资源的网络支撑能力，只有当能和自身邻近市场资源充分融合的情况下，才有可能建设出具有成长性和竞争力的特色小镇。

(三) 建立和完善当地特色小镇发展的政策保障体系

一是国家发展和改革委员会应尽快出台更为具体的特色小镇申报通知和奖补政策。目前，国家发展和改革委员会联合其他部委已经下发了关于规范推进特色小镇的意见，但具体实施意见和第三批特色小镇申报通知还未出台。由国家发改委出台的第三批特色小镇申报通知将为新时代中国特色小镇建设提供最新的行动指南。

二是地方政府要有所作为，建议对照国家发改委关于规范推进特色小镇的意见及时完善当地特色小镇政策。可以通过入股、租赁等形式加快特色小镇的项目用地审批流程；可以通过建立专项产业基金等形式为特色小镇提供融资支持；可以通过制定各类人才计划和返乡创业政策为特色小镇提供人力资源支撑；可以通过税收减免等形式为特色小镇建设的长远发展提供现金流支持。

三是特色小镇建设要顺应产业发展规律，不能急功近利。目前，成为大家心中典范的特色小镇一般不是强行规划设计出来的，而是在顺应产业规划、城镇化规律和时代要求的基础上发展起来的。因此，特色小镇建设要顺势而为，不可任意设计。

(四) 建立相对统一的基本评测标准，加强特色小镇的规范性治理

特色小镇的多元化、多样性，决定了特色小镇难以形成统一的评测标准。从特色小镇自身而言，其类型多样，主导产业和建设目标不尽相同，不同类型小镇之间的差异显而易见。但是，特色小镇建设必须建立相对统一的基本评测标准体系。新时代中国特色小镇建设至少重点把握以下几个方面的内容。

第一，特色小镇的产业基础和发展潜力，这是特色小镇最核心的因素。

第二，特色小镇建设面积要控制在 1~3 平方公里，具体情况具体分析，但不能过大或过小。

第三，特色小镇建设必须重视人居功能，但前提是要有产业支撑，防止以人居功能为名行房地产之实。

第四，要重视文旅元素，除了旅游类的特色小镇，其他特色小镇要严格按照景区标准建设，但必须考虑文化传承和旅游功能，文化应该围绕主导产业的文化和适当的民俗结合，旅游应该是生产、生活、生态景观的融合。

第五，必须实行严格创建制、达标制，而不是命名制。各级政府应该为已经建设并达到基本要求的特色小镇提供必要的奖补资金或其他优惠政策，而不是命名就给奖补资金。在实施创建制过程中，实行宽进严出、先建设后补助的政策，对一些符合基本创建标准的特色小镇投资企业提供必要的优惠政策和先行先试的创新机会。

第八章　城市收缩的时空演变及其驱动机理

第一节　城市收缩的类别与时空分异特征

一、城市收缩的类别

城市收缩是指城市在发展过程中，由于各种原因导致城市面积缩小、人口数量下降、经济活动减少等现象。这种现象不仅影响城市的发展，也给城市居民的生活带来了诸多影响。本节将从三个方面探讨城市收缩的类别，分别是人口收缩、经济收缩和社会收缩。

（一）人口收缩

人口收缩是指由于各种原因导致城市人口数量下降的现象。这可能是由于城市化进程的加速、移民迁移、老龄化等因素导致的。人口收缩可能导致城市人口密度下降，城市活力减弱，进而影响城市的发展和居民的生活质量。

（二）经济收缩

经济收缩是指城市经济发展停滞或衰退的现象。这可能是由于产业结构调整、市场竞争加剧、资源枯竭等因素导致的。经济收缩可能导致城市就业机会减少，居民收入水平下降，进而影响城市居民的生活水平和城市的发展。

（三）社会收缩

社会收缩是指城市社会结构、文化和生活方式发生变化的现象。这可能是由于城市化进程中传统社区的消失、外来移民的融入困难、文化多样性的丧失等因素导致的。社会收缩可能导致城市居民的生活质量下降，社区凝聚力减弱，进而影响城市的稳定和发展。

综上所述，城市收缩是一个复杂的现象，涉及人口、经济和社会等多个方面。在应对城市收缩的过程中，需要综合考虑各种因素，采取有效的措施，促进城市的可持续发展。同时，也需要关注城市居民的生活质量，为他们提供更好的生活环境和就业机会。

二、城市收缩的时空分异特征

(一) 城市综合收缩时空特征

中国综合收缩城市共25个，其中17个分布在东北三省，占收缩城市的68%，且收缩程度较为严重。东北17个收缩城市中的12个属于老工业城市，包括鞍山、抚顺、本溪、营口、阜新、辽阳和铁岭等，占东北收缩城市的70%以上；除东北三省外的8个城市分别位于内蒙古 (4个)、山西 (1个)、江苏 (1个)、安徽 (1个) 和宁夏 (1个)5个省级行政单元，且收缩程度较轻微。由此可以看出，东北三省成为综合收缩城市的主要集中分布区，收缩程度较其他省区更为严重，尤其是东北的老工业城市占据东北收缩城市的主体地位。除东北三省外，内蒙古的综合收缩城市最多且较为集中，而其他省区的分布较少且相对分散。

总体上看，中国综合收缩城市集中分布在东北三省，尤其是辽宁、吉林和内蒙古交界地带最为集中，除东北三省外，整体数量上并不多。中国综合收缩城市数量呈明显增加趋势，收缩程度逐渐加重。东北三省是主要集中分布区，且在山西、内蒙古、江西、安徽、四川和甘肃等省和自治区也开始出现收缩城市，但我国主要城市群地区和除辽宁以外东部沿海地区出现收缩城市的现象并不明显。

这也说明在我国发展水平较低的地区更容易出现收缩现象。事实上，目前我国大部分地级以上城市还是以增长型为主，但收缩现象已然开始呈现。由此也可以预测，随着时间的推进，综合收缩城市的数量会进一步增多，收缩程度会进一步加重，分布范围也将进一步扩大，未来将会有更多的城市进入收缩状态。

(二) 分要素城市收缩时空特征

1. 中国城市人口收缩时空分异特征

中国人口收缩城市共59个，其中26个分布在东北三省，占人口收缩城市的44.07%，且收缩程度较为严重；其余33个城市分别位于内蒙古 (5个)、河南 (4个)、河北 (3个)、山西 (3个)、湖南 (3个)、宁夏 (3个)、安徽 (2个)、江苏 (1个)、浙江 (1个)、江西 (1个)、山东 (1个)、四川 (1个)、贵州 (1个)、云南 (1个)、西藏 (1个)、甘肃 (1个) 和新疆 (1个)17个省级行政单元，可见分布范围之广。由此可以看出，东北三省成为人口收缩城市的主要集中分布区，同时在内蒙古、河南、河北、山西、湖南和宁夏等省区人口的分布也较多，其中轻微收缩城市和中度收缩城市的分布范围更广，但在收缩程度上东北三省以轻度收缩和中度收缩类别为主，较其他省区更为严重。

2. 中国城市经济收缩时空分异特征

中国经济收缩城市共45个，其中20个分布在东北三省，占收缩城市的44.44%；其余25个城市分别位于内蒙古（5个）、广东（4个）、湖南（3个）、河北（2个）、江苏（2个）、甘肃（2个）、山西（1个）、浙江（1个）、安徽（1个）、江西（1个）、湖北（1个）、四川（1个）和宁夏（1个）等14个省级行政单元，可见分布范围较广。从收缩的严重程度看，东北三省的城市经济收缩程度更加严重，在10个重度收缩城市中，有7个分布在东北三省。由此可以看出，东北三省的经济收缩城市不仅数量多，而且收缩程度更为严重；除东北三省外，内蒙古、广东和湖南等省区的经济收缩城市数量也较多，收缩程度以中度为主。

中国经济收缩城市呈现增长趋势，城市经济收缩不仅在东北三省比较普遍，其在全国其他省区也较普遍，且分布范围有进一步扩大的趋势。

3. 中国城市社会收缩时空分异特征

中国社会收缩城市共3个，分别是巴彦淖尔、辽阳和葫芦岛，其中辽阳和葫芦岛位于辽宁，占收缩城市的2/3，收缩程度较轻微；而巴彦淖尔位于内蒙古，属于中度收缩城市。由此可以看出，中国社会收缩城市数量少，分布在辽宁和内蒙古，没有出现重度收缩城市。中国社会收缩城市呈现爆发式增长。

综合来看，我国不同类型收缩城市中的人口收缩城市和经济收缩城市分布范围较广，而社会收缩城市和综合收缩城市的空间分布范围相对较小，东北三省成为我国各类收缩城市分布最为集中的地区，各类收缩城市的数量呈现增加趋势，收缩程度呈现加重趋势，空间分布范围也有进一步扩大的趋势。

同时还可以发现，在经济较为发达的城市群地区，除辽宁以外的东部沿海地区和长江经济带地区的收缩城市数量较少，即使出现收缩现象，收缩程度也较轻微。

第二节　基于城市收缩驱动机理的类型划分

导致城市出现收缩现象的驱动机理复杂多样，根据不同的驱动机理可以将收缩型城市分为不同类型。因此，本研究基于中国城市收缩的驱动机理，将收缩型城市分为5种类型，分别为中心城市极化型、支柱资源枯竭型、区划调整收缩型、政策引导收缩型和其他因素收缩型。

一、中心城市极化型

中心城市极化型是指由于靠近中心城市，因其强烈的虹吸效应从而引起周边城市收缩的现象。随着全球化的深入以及中国工业化和城市化进程的不断推进，中国的大城市群逐渐成为进入世界的枢纽地区，参与国际分工与合作，尤其是城市群内部的核心城市在不断发展壮大，由于这些较为发达的城市群及其核心城市在交通、通信等基础设施建设方面相对完善，环境治理能力较强，创新驱动发展成效显著，在增长极的作用下，由于受到循环积累因果效应的影响，率先发展起来的城市会形成其自身强大的发展势能，从而会吸引周边城市的人才、资源、资金等各种优质发展要素逐渐汇集到这些较为发达的核心城市和区域，导致城市群边缘城市失去优质发展要素而出现收缩现象。

比如，西南地区随着重庆和成都被确立为国家中心城市，成渝城市群得到快速发展，目前，已发展成为国家级城市群，重庆和成都作为成渝城市群的核心城市，由于具备较强的科技创新能力、完善的基础设施、国家政策的大力扶持，重庆和成都快速发展壮大，通过强大的虹吸效应，吸附周边城市优质的发展资源，从而导致周边的遂宁、广安、自贡、雅安、眉山、绵阳、德阳和内江等城市在不同维度上开始出现不同程度的收缩现象。再比如，京津冀城市群作为国家级城市群，拥有北京和天津两大核心城市，同时还有石家庄等次核心城市，北京和天津作为直辖市，同时也是国家中心城市，石家庄作为河北省的省会城市，这三大城市发展水平较高，尤其是北京和天津，核心城市吸纳周边城市的发展要素，使自身得到快速发展，从而导致周边的秦皇岛、邯郸、唐山、邢台、沧州、保定、张家口和承德等城市出现收缩现象，这也是出现环京津贫困带的原因。

目前来看，这种核心城市或区域的吸附作用是中国城市收缩的主要驱动因素，不仅体现在核心城市与周边城市之间，在城市内部出现城区增长，而且周边县市出现收缩现象也较为普遍，这与中国目前的发展阶段有着密切关系。

尽管中国出现的收缩城市数量并不多，增长型城市依然占有绝大多数，但这同样需要中国在做大做强城市群以及主要核心城市时重点兼顾周边城市的发展。而国外城市收缩的主要驱动因素有去工业化、人口老龄化、政治变革，以及西方发达国家城市自身发展阶段导致的郊区化和逆城市化等，尤其不同城市发展阶段导致的城市收缩现象，西方发达国家的城市由于发展过程中的极化涓滴效应，再加上城市发展比较成熟，市内交通拥堵、环境变差、住房紧缺等因素，致使中心城区的发展要素向周边地区和城市流出，从而导致中心城区或中心城市出现收缩现象，这也是中国和发达国家城市收缩驱动机制的最大不同。

二、支柱资源枯竭型

支柱资源枯竭型城市是指那些依靠自然资源（煤炭、石油、森林等），尤其是矿产资源的开发利用，从而带动相关支柱产业发展起来的城市，由于这些矿产资源大多属于不可再生资源，随着经济的不断发展逐渐消耗大量资源，在资源面临枯竭时，相关支柱产业的发展也会受到相应的影响，从而制约城市的进一步发展，并出现收缩现象。中华人民共和国成立后，我国的经济发展主要依靠重化工业的带动，工业发展需要各种矿产资源。因此，煤矿、石油等自然资源禀赋优越的城市得到了快速发展。但随着我国经济的转型发展，综合水平不断提高，在资源短缺与环境约束的条件下，高耗能、高污染的产业很难有足够的发展空间，而且资源型城市也面临资源枯竭问题，相应城市的进一步发展也受到较大制约。因此，我国的城市收缩以工矿资源型城市转型而导致的收缩现象最为常见，由于这类城市的资源面临枯竭，主导产业的发展受到制约，从而引发相关产业收缩，同时，由于城市的创新能力和转型能力不足，而其他新兴产业尚未形成规模，也缺乏相关的配套基础设施，城市转型发展困难重重，导致工人大量下岗，就业机会进一步减少，而且由于长期发展工业带来的环境污染问题，很难吸引大量人才集聚，这样容易形成恶性循环，城市发展进一步受阻，出现更为严重的收缩问题。

这类以资源起家的城市主要分布在我国的东北、西北和西南等自然资源丰富的地区，如鞍山、铜川和内江等城市。这类城市大多位于我国的老工业基地，在老工业基地城市由增长转为收缩的过程中，以转向经济收缩型和人口经济收缩型为主，而转向单纯的人口收缩型并不显著，可见经济下滑是多数老工业城市收缩的一个首要特征。这也说明，资源型城市收缩从最初经济收缩开始，进而引发人口收缩和社会收缩。

三、区划调整收缩型

区划调整收缩型是指由于行政区划的调整，从而导致城市出现收缩。区划调整导致的收缩有以下几类情况，首先是行政级别的降低会导致出现收缩现象；其次是被合并的地区，由于整体发展的考虑，被合并地区的发展重视程度不够，可能会出现收缩现象；再次是新城新区的规划建设，会导致老城区出现收缩现象；最后是城市化发展的过程中，临近中心城区的县或县级市由于中心城市发展的需要，可能会被划为市辖区，从而得到较快发展，而距离中心城区较远的边缘县或县级市可能会出现收缩。

四、政策引导收缩型

国家和区域制定了很多发展政策，比如改革开放政策的实施，经国务院批准最先设立4个经济特区：厦门、深圳、珠海和汕头，以及后来的14个首批沿海开放城市：北海、湛江、广州、福州、温州、宁波、上海、南通、连云港、青岛、烟台、秦皇岛和大连，再比如，西部大开发过程中的区域核心城市以及"一带一路"沿线的重要节点城市，在国家政策的引导与扶持下，均得到快速发展。

长期以来，关于政策引导城市的未来发展，往往促使城市不断做大、做强，从而承担更多功能或职能，但随着城市的不断壮大，会出现很多与城市自身发展不相符的城市功能或职能，会影响城市的进一步发展，政策引导城市出现收缩现象并不一定是消极的事情，这在很大程度上能够合理精简城市功能，使城市的功能结构更加合理，运行效率更高。政策引导收缩型是指城市的发展受到相关政策引导和干预，将那些与城市自身发展不相符的城市功能或职能向外搬迁到周边其他地区，从而疏解一些不必要的职能或功能，由此出现的收缩现象。

五、其他因素收缩型

其他因素导致的收缩现象也有很多，比如区域发展差异的影响，区位条件的改变，经济危机的扰动等，这都会导致城市收缩现象的出现。大区域之间的发展水平差异导致的城市收缩现象依然十分显著。从我国的四大经济板块看，东南沿海地区的经济社会发展水平较高，在全国范围内具备较强的吸引力，成为人口净流入地，"孔雀东南飞"描述的就是这一现象；东北三省随着经济的下滑，振兴东北的政策成效并不显著，由于东北三省传统的国有型企业比重高，老工业基地城市转型发展困难，出现了大量下岗职工，为了寻求新的就业岗位，从而导致人口大量流出；而随着西部大开发和中部崛起战略初现成效，中西部的核心城市成为吸引人口流入的主要地区，成都、重庆、西安、郑州等被列为国家中心城市，得到了国家政策的红利，成为发展较快的城市，能够吸引周边城市优质发展要素的流入。但总体来看，全国流向东南沿海发达地区的人口依然较多。

距离中心城区较偏远的县市面临收缩困境的现象逐渐开始变得普遍。城区增长、郊区和周边县市收缩型城市基本属于这种情况，比如秦皇岛、邯郸、张家口和衡水等城市周边县市出现的收缩现象。其收缩的直接体现为大量人口外流，常住人口减少，由于购买能力下降，房地产行业逐步下滑，房价也开始下降，等等。再比如，交通区位条件的改变，会促使一个城市发展起来，同样也会导致一个城市逐渐没落，从而出现收缩现象。

事实上，造成城市出现收缩的原因还有很多，内在关系也极其复杂。有些城市出现收缩现象是由一种驱动机制主导的，而有些城市的收缩则是多种因素相互作用共同导致的。因此，在判断一个城市出现收缩的驱动机理时要综合考虑，准确研判，并有针对性地预测其未来发展趋势，只有这样，才能为出现收缩现象的城市提供科学、合理的应对策略。

第三节　城市收缩的应对策略

国内外学者在应对城市收缩的策略方面进行了大量研究，尤其是国外较早经历了城市收缩过程，在应对城市收缩问题时，总结了大量的宝贵经验。概括来看有以下两个方面：一方面是振兴城镇化战略，通过各种手段逆转城市的收缩与衰退现象，实现城市增长；另一方面则是顺应城市收缩的趋势，通过精明收缩的方式，实现城市的科学发展。中国的城市化有别于西方国家，在借鉴西方国家应对城市收缩经验与教训的同时，需要探索中国本土化的应对策略，以期为中国的管理者和决策者提供切实可行的对策建议，应对中国城市收缩的策略如下。

一、城市收缩的应对思路和应对原则

中国的城市化独具一格，在应对中国的城市收缩问题时，首先需要科学、客观地认知中国的城市收缩问题，保持积极、乐观的态度，按照统筹兼顾、因地制宜、因时制宜和因城制宜的原则，在准确研判中国收缩型城市未来发展方向的基础上，顺应城市发展潮流和趋势，制定具体可行且有针对性的应对方案和措施。

(一) 城市收缩的应对思路

科学认知中国的城市收缩现象，以积极、乐观的态度应对中国城市收缩问题。通过对西方国家应对城市收缩策略的研究，可以获取一些有益的启示。但中国城市在发展阶段、历史条件等方面有别于西方发达国家的城市。因此，城市发展过程中出现收缩现象，需要科学、合理地看待中国的城市收缩问题，学术界和规划界有责任，也有义务向全社会解释"什么是城市收缩，城市为什么会收缩，以及如何应对城市收缩问题"，避免引起人们对收缩的恐慌。

在词性上，"收缩"是一个中性的概念，与"衰退""没落"等所表现出的现象较为相似，却有着本质的区别。城市收缩存在正面和负面效应，其负面效应往往容易被人发现，比如经济下滑严重、人口大量流失、社会服务功能降低，等等；而正面效应，比如有助于生产要素的空间重构，是城市转型发展、瘦身强体等的新契机和正面机遇等往往被忽视。

长期以来，中国城市发展和规划的顶层设计是基于城市扩张和增长的背景制定的，其目的是为了促使城市未来发展中进一步扩张和增长。但随着全球化的持续深入，中国工业化和城市化进程的不断推进，区域之间发展的不平衡问题逐步加剧，再加上国际国内环境的剧烈变化，导致城市收缩现象开始凸显，从全国范围看，不仅欠发达地区城市收缩现象明显，即使发达地区也出现了城市收缩的问题。

应当深刻认识城市收缩现象并不是偶然发生的，有时也不是暂时的现象。城市收缩是中国城市化进程中的一个阶段，是必然且正常的现象，也是城市发展的规律，不能被看作一种"城市病"，而且城市收缩与城市衰退有着本质的区别，我们应当客观对待。尤其是在全球经济的发展逐步放缓，中国经济转型发展进入关键期，过去的经济增长主要建立在大规模的基础设施建设、房地产、外贸出口等领域，但这些领域逐渐进入瓶颈期，再加上人口老龄化逐渐严重、生育率持续降低和其他一些不稳定因素的叠加，会导致未来中国城市收缩问题成为常态化。因此，城市收缩问题需要引起全社会的高度关注，首先要改变"城市理应增长"的主流观念，在政策引导下的学术界和规划界需要在国土空间规划体系中的总体布局和规划中高度重视并考虑收缩型城市的规划编制问题，以乐观、积极的态度应对中国的城市收缩带来的机遇与挑战。

国内外在应对城市收缩的策略方面进行了大量研究，基本形成了两种应对思路。一种认为城市收缩是一个贬义词，意味着城市出现了衰退、没落的迹象，因此，主张复兴城市，为城市注入新的发展活力，使城市重新繁荣起来；另一种观点则认为，城市收缩是城市化进程中的正常现象，应当利用城市收缩的契机，科学调整城市结构，合理精简城市职能，使城市实现高质量发展。最近几年，"韧性城市"概念作为一种全新的城市发展理念得到社会各界的广泛认同。提升城市自身的韧性程度和水平，是应对城市收缩问题的重要途径。

准确研判收缩型城市未来发展方向是制定收缩型城市应对策略的重要前提。比如，对于城市群周边城市出现的收缩问题，要根据具体城市的发展状况进行适当调整，在城市群发育初期，城市群的核心城市通过吸附周边要素资源大力发展是主要趋势，而周边城市由于不具备快速发展的条件而出现收缩现象往往是必然现象，周边城市完全可以通过转变发展方式，通过为核心城市提供休闲娱乐设施，并为城市群的主要城市提供生态服务功能；而随着城市群的壮大，又会通过辐射带动作用，促进周边城市的发展，此时，这些周边城市又要顺应发展的潮流转型发展。城市的收缩与增长往往具有交替性，而且要灵活应对，提升城市的韧性就显得尤为重要。因此，城市出现收缩现象或多或少会对城市的发展产生一定的影响，这也是城市面临的危机与挑战，提升城市的韧性能力和水平能够从一定程度上解决城市收缩带来的负面影响。因此，中国城市收缩具体应对思路是在提升城市韧性度的基础上，制定本土化、差异化的城市收缩应对策略，即对于适合增长的收缩型城市需采取积极的振兴战略，而对于适合收缩的收缩型城市则需采取适应收缩趋势的精明的收缩策略。

(二) 城市收缩的应对原则

城市出现收缩现象需要引起社会的普遍关注，但也不必过于恐慌。在面对城市收缩引发的一系列问题时，主要的应对原则有统筹兼顾、因地制宜、因时制宜和因城制宜等。统筹兼顾原则是指综合考虑各种因素，进行统一筹划和安排，全面考虑各级、各类城市自身的发展需求，在顺应内外部大环境变化的趋势下，制订适合每个收缩型城市发展的战略规划。因地制宜原则是指要实事求是，依照每个城市的具体、实际的发展情况，在尊重自然本底条件的基础上，采取切实、有效、灵活的应对措施。因时制宜原则是指结合城市自身的发展阶段，采取适当的措施，即适合城市进一步发展的战略规划。因城制宜原则是指根据城市自身的规模等级和具体的功能定位，采取适合自身的发展模式。

因此，在应对中国城市的收缩问题时，总的原则是按照主体功能区规划，并根据城市所面临的具体状况，即城市所处的外部环境与自身的发展阶段以及城市所属的类型、规模和功能定位，遵循统筹兼顾、因地制宜、因时制宜和因城制宜的原则，进行中国城市收缩应对策略的制定。

二、振兴城镇化战略

城市出现收缩现象在很大程度上是由该城市的产业衰退引起的，这里的城市收缩和城市衰退较为相似。因此，要结合具体城市的发展状况，对于适合大力发展的城市制定增长型城市发展战略。尤其是资源枯竭型城市，这部分城市由于资源枯竭，会导致与资源相关的产业发展受阻导致经济出现收缩，进而引发人口收缩和社会收缩，尽管资源枯竭会限制城市依赖资源发展，但可以通过相关政策的扶持，在适合增长的收缩连片区打造区域增长极，营造良好的市场投资环境，同时提高科技创新水平，加快产业转型发展弥补这些不足，从而促进城市发展进入良性循环状态，使城市变得更加健康，更有活力，具体措施如下。

(一) 打造收缩区域增长极

在中国，位于城市群边缘地区的城市较容易出现收缩现象。城市群的核心区域与核心城市往往是增长的中心，而周边地区缺乏人口吸引力较强的中心城市，往往成为收缩区域，甚至某些城市群的核心区域也会出现收缩，尤其是东北地区的老工业城市分布较广，尽管省会城市和副省级城市等核心城市具备一定的吸附能力，但与其他地区的核心城市相比缺乏竞争力，而老工业城市整体转型发展困难，容易形成范围较广的收缩连片区。因此，需要结合全国的主体功能区划，在适合复兴增长的收缩城市连片区，选择区位条件好、建设用地多、发展潜力大的收缩城市，积极打造区域增长极，从而带动周边收缩型城市的快速增长。

在收缩连片区打造区域增长极，最直接的方式是承接发达地区的产业转移。政府通过制定优厚的政策，如财政转移支付、税收优惠等实现地区间的产业转移，科学规划建设用地，为相关产业高标准建造配套设施，提升公共服务水平，打造收缩区域核心增长极，创造更多优质就业岗位，吸引人才流入，带动周边收缩型城市实现复兴增长。此外，在收缩连片区的非中心城市，协同增长极发展相关产业的同时，积极发挥自身特色，打造地方特色品牌。最后，协同规划收缩城市连片区内的产业分工、信息共享、公共基础设施共建等，促进区域内收缩型城市的协同发展。

（二）营造良好市场投资环境

城市快速发展，很大一方面得益于良好的政策环境。我国经历了较长时间的计划经济体制，政府主导经济发展成为必然，但在这个过程中存在很多的弊端。尽管目前在政策上一直强调要加强市场在资源配置中的决定性作用，但政府的作用存在很强的滞后性。比如，东北三省目前面临的处境正是这种原因造成的，尤其是很多资源型城市中的大型国企和央企作为城市经济发展的命脉，发展模式老旧、活力不足，而民营企业的发展也受到很大制约，短期内做出重大改变也不现实。此外，由于政府和企业之间的信息不对称、自然环境条件的约束、官僚主义气息浓厚等现象，导致投资者对城市的投资环境产生了消极心态。

因此，政府要发挥其重要的引导作用，从营造良好的市场投资环境入手。对于适合大力发展的收缩型城市，尤其是资源枯竭型城市，政府要坚持简政放权，进一步放宽市场准入门槛，简化企业进出机制，营造良好的营商环境，加强信用监管，维护公平有序的市场秩序，充分发挥市场作用，促进资本自由流动，提高资源配置效率，实现市场对资源的合理配置。通过大力招商引资，积极引入新兴产业，淘汰那些高耗能、高污染、不适宜城市高质量发展的传统产业，并加快城市的新旧动能转换，振兴城市经济，通过经济的转型发展形成强大的势能，进而吸引外部新技术和大量外来企业入驻，尤其是发展活力较强的民营企业，以促进本地经济的快速发展。

（三）鼓励科技创新，实现转型发展

城市出现收缩往往与其创新能力不足有密切关系，尤其是收缩型城市中的老工业城市和资源型城市创新水平不够，难以带动产业的优化升级，容易出现收缩现象。

因此，一方面要加强科技创新保障机制，尤其是知识产权的保护，维护公平、公正的创新环境，为城市创新水平和科技创新能力的提升保驾护航；另一方面，对于适合大力发展的收缩型城市，应当鼓励科技创新，加大科技创新的投入力度，扩大科技支出在财政支出中的占比，将科技投入稳定增长作为国家创新战略的重要保障，为经济转型和结构调整奠定坚实的基础，并制定一系列的奖励机制，给予科研人员优厚的待遇，提升研发人员比例，同时，积极引导产学研密切交流与合作，加快科技成果的转化效率，促进高技术科技成果实现产业化，以科技创新培育新动能，推动新兴产业快速成长，带动城市产业结构优化升级，促进收缩型城市实现转型发展。

三、城市精明收缩战略

关于收缩型城市规划，有不少学者进行过大量相关的研究，但目前全世界范围内很少有城市制定过收缩型发展规划。这主要与人们的传统观念有较大关系，人们的固有观念认为，城市的发展理应是一个不断增长的过程，一旦城市出现了收缩现象，就容易引起恐慌。事实上，城市收缩现象是城市化必然经历的阶段，是城市化进入高级阶段的必然产物，难以避免。因此，中国在应对城市收缩问题时要借鉴国外的经验，同时也要结合中国具体城市的发展状况，对于适合收缩趋势的部分收缩型城市应该合理选择精明收缩，控制城市用地规模，避免盲目扩张带来的资源浪费，调整收缩型城市产业结构，同时，加强城市社会保障，提升服务功能，促进城市高质量发展，防止城市衰退。具体的措施介绍如下。

(一) 控制用地规模，进行生态重建

城市收缩现象主要体现在人口、经济和社会层面，在空间上由于建设用地较为刚性，用地收缩表现并不明显，但在城市增长方面却十分显著。因此，对于人口持续减少但城市用地却不断增加的收缩型城市，应当严格把关城市用地的审批，控制城市用地规模，避免城市盲目扩张带来不必要的资源浪费，盘活现有城市用地，重视"质"的提升。

收缩型城市的生态环境问题往往较为突出，通过前面章节影响因素的定量分析可以发现，城市环境质量是导致城市出现收缩的重要因素。因此，对于收缩型城市应当重点治理环境污染问题，进行必要的生态重建。在政策层面，将城市环境质量的提升纳入政府的政绩考核范围内，保证城市生态优先发展。首先，加强宣传力度，提高市民环保意识，重视垃圾分类监管；其次，调整城市能源消费结构，合理布局工业发展空间；再次，美化城市环境，将废弃、闲置等利用价值不大的城市用地，通过植树种草，修建公园等方式改造为城市绿地，增加城市绿地面积；最后，合理

开发城市旅游资源，改善人居环境质量，打造宜居性城市。通过一系列措施，改善城市生态环境质量，实现城市的高质量发展。

（二）调整产业结构，促进高质量发展

城市出现收缩现象经常与产业结构单一密切相关，尤其是东北三省作为全国城市收缩分布最为广泛和典型的地区，同时作为全国的老工业基地，资源型城市众多，产业结构过于僵化，需要调整产业结构，引导城市产业结构转型。对于不适宜大规模开发的生态环境脆弱的收缩型城市而言，制定收缩型城市规划策略，比如，山区较多的城市，重点发展水果种植、观光旅游等当地的特色产业，以保护生态环境和绿色转型发展为主，实现收缩型城市瘦身强体。再比如，部分人口收缩城市应当顺应收缩趋势，提升第三产业占比，促进经济多元化发展，通过科技创新带动产业结构优化升级，用机器替代大量低技术含量的劳动力，提高生产效率，以促进城市经济社会的高质量发展。

（三）加强社会保障，提升城市服务功能

公共服务的供给需求随着城市化进程不断提高，城市出现收缩往往意味着城市功能的衰退，经常伴随老龄化、犯罪率、失业率升高等一系列社会问题，加强社会保障，提升城市服务功能，是收缩型城市可持续发展的重要保障。

首先，建立健全社会保障和服务体系，提升社会福利水平，同时，可以借鉴美国的经验，收缩城市应当建立土地银行，回收废弃、闲置城市用地，进行统一收储、规划和改造，比如，可以利用废弃工厂或楼房，建设休闲娱乐广场、博物馆、美术馆、养老院等基础设施，打造城市文化，举办马拉松等体育赛事，并加强教育资源的整合与农村基础教育资源配置，统筹城乡发展，推动城乡公共服务均等化，完善相应的配套基础设施，提升收缩型城市的社会服务功能和土地利用价值，改善市容市貌，有助于收缩型城市实现可持续发展。

四、提升收缩城市韧性水平

城市出现收缩现象在某种程度上说明其存在一定的脆弱性，城市脆弱性增强，说明其相应的韧性水平会有所降低，因此，城市出现收缩往往与其韧性水平的下降密切相关，相关研究也表明东北三省城市经济韧性普遍较弱，这也是东北三省容易出现收缩现象的重要原因，所以，提升城市韧性水平是应对城市收缩的重要途径。主要的应对措施包括：完善城市基础设施建设，加强城市间的交流与合作，实现优势互补，吸引高素质人才，适度鼓励生育，等等。

(一) 完善基础设施建设，提升韧性水平

城市工程韧性即城市的基础设施水平，是城市韧性的重要组成部分，完善的基础设施建设是城市正常运行的重要保障，也是城市韧性水平的重要体现。通过前面章节中关于中国城市收缩影响因素的定量分析可以发现，市内交通等基础设施的影响最为重要。近几年提出的"新基建"逐渐成为各地政府工作报告中的高频词，"新基建"是新型基础设施建设的简称，主要包括5G基站建设在内的七大领域，并涉及诸多产业链。收缩型城市应当抓住"新基建"普及的重要契机，一方面依托"新基建"催生的新产业，通过新产业的发展带动上下游产业共同发展，规划建设相关的产业园区，促进城市产业结构优化升级，实现经济转型发展，从而能够吸引更多人才流入，为城市发展注入新的活力；另一方面，科学、合理规划"新基建"的空间布局，加大资金的投入力度，加快完善新型基础设施的建设，是收缩型城市韧性水平提升的关键。

(二) 加强合作，实现城市间优势互补

区域间的发展差异是导致城市收缩的重要因素，尤其是中国的城市群地区发展水平较高，核心城市和区域是增长的主要地区，而城市群的边缘城市以及省级行政单元的交界处是收缩型中小城市分布较多的地区。首先，需要统筹核心城市与周边城市的关系，明确不同城市的功能定位；其次，要加强城市间在信息等方面的交流、共享与合作，加快增长型城市与收缩型城市间的分工协作，发挥城市各自的比较优势，实现优势互补，尤其是东北老工业基地的振兴，关键是每个城市的振兴，各城市之间要加强在高端装备制造业、生物医药等高技术产业之间的合作与交流，同时，在产业功能上避免趋同现象，减少恶性竞争，重点是沿海城市港口之间的恶性竞争，促进城市间的高效、协同发展，是区域内收缩型城市韧性提升的重要保障。

(三) 吸引人才，适度鼓励生育

城市出现收缩现象的主要特征是城市常住人口的减少，尤其是年轻劳动力和高素质人口的流失。城市的核心竞争力是人才，而人才的流失往往会导致城市韧性的降低。因此，注重人才的引进与培养是提升城市韧性水平的重要途径。一方面，要加强引人和留人机制，通过多种方式优化人才落户政策，提升城市的开放性与包容性，为新引入人才提供良好的发展平台，并解决其住房、医疗、子女上学等一系列问题，消除其后顾之忧，同时，当地政府应加大对人才培养的投入，重点培养与当地产业发展相匹配的高端人才，并吸引外出的杰出人才返乡支持家乡建设；另一方

面，随着中国人口红利的逐渐消失，尤其是收缩型城市老龄化等问题日益严重，需要采取适度放开生育、增加新生儿补贴、提供婴幼儿照护服务等一系列适度鼓励生育的政策。

第九章 财务管理概论

第一节 财务管理的内涵

一、财务管理的定义及其原则

财务管理是基于企业再生产过程中客观存在的财务活动和财务关系而产生的，是企业组织财务活动、处理与各方面财务关系的一项经济管理工作。

企业开展财务管理，就是要充分发挥财务管理的运筹作用，力求实现企业内部条件、外部环境和企业目标之间的动态平衡，并从平衡中求发展，促使企业实现发展战略和经营目标。因此，应当遵循一定的财务管理原则，这是企业财务活动内在的要求。一般来说，企业财务管理原则包括以下七项。

(一) 资本结构优化原则

企业在资金筹集过程中要考虑资金成本的高低，发挥财务杠杆的作用，选择最佳的筹资方式，保持最有利于实现企业发展战略和财务目标的资本结构。

(二) 资源有效配置原则

企业在生产经营过程中，对拥有的各项资源进行有效配置和优化组合，并随着生产经营和市场竞争情况的变化不断进行动态调整，使其发挥最大的利用效果。

(三) 现金收支平衡原则

企业在组织财务活动时，力求使现金收支在数量上和时间上达到动态的协调平衡，实现资金链条环环相扣，以保证企业生产经营活动连续顺利进行。

(四) 成本效益最优原则

在企业生产经营活动中，加强成本管理，控制费用水平，实现以尽可能少的成本耗费获得最大的效益，从而提高企业的成本竞争优势。

(五) 收益风险均衡原则

企业在组织财务活动时，对存在的收益与风险互相依存的关系经过充分评估后进行正确的抉择，取得合理的平衡。

(六) 分级授权管理原则

建立内部分级财务管理制度，规定企业内部不同管理层次、不同部门的财务管理权限及其相应的责任，明确互相制约又互相配合的管理关系。

(七) 利益关系协调原则

利用经济手段处理企业相关利益主体的财务关系，兼顾投资者、经营者及其他职工、债权人和国家等各方利益，为企业创造和谐的运行环境。

二、财务管理与其他学科的关系

财务管理作为一项经济管理工作，与生产管理、质量管理和营销管理一样，是管理学科的一个分支，是研究企业的资源和行为的管理。只是财务管理以资金作为衡量标准，研究资金在企业内部及企业和市场之间的流动及资金的增值。

财务管理的基础是经济学中的微观经济理论，其中的消费理论、生产理论、市场均衡理论及生产要素价格理论为财务管理学提供了理论基础，是财务理论研究的出发点。

会计学原理以及会计处理信息和分析资料的技术为财务管理提供了研究的方法和途径。大量的会计信息成为管理人员和投资者研究企业现金流量和财务状况的重要依据。

财务管理中经常运用的数学工具是数理统计和优化方法。数学方法的应用，使财务管理中一些模糊问题和不确定性问题定量化，为财务决策提供了有力的支持。因此，数量分析是财务管理研究的重要手段。

总之，财务管理与经济学、会计学、管理学及数学这四门学科的关系最为密切。它是建立在经济学的理论基础之上，利用会计提供的信息资料，运用数学方法和手段，按照管理学的一般原则进行研究的科学。

第二节 财务管理的目标

企业财务管理者经常要做出决策，而决策是为了达到某个目标，是有目的性的。

企业财务管理可以有许多目标，例如，企业利润最大化、管理人员和职工报酬最大化、企业价值最大化、对国民收入的贡献最大化，等等。企业的财务决策不可能使上述目标都达到最优，那么，企业财务管理最主要的目标是什么呢？我们从企业的目标出发，在充分研究企业财务活动客观规律的基础上确定财务管理的目标。

一、企业的目标

企业是以盈利为目的的组织，其出发点和归宿是盈利。企业一旦成立，就会面临竞争，并始终处于生存和倒闭、发展和萎缩的矛盾之中，企业必须生存下去才能有活力，只有不断发展才能求得生存。因此，企业的目标表现为生存、发展和获利。

（一）生存

企业只有生存，才可能获利。企业在市场中生存下去的基本条件是以收抵支和到期偿债。为此，力求保持以收抵支和偿还到期债务的能力，减少企业的破产风险，使企业能长期、稳定地生存下去，是企业目标对财务管理的第一个要求。

（二）发展

企业是在发展中求得生存的。企业发展表现为产品和服务质量的提高，市场份额和收入的扩大。企业如果不能发展，就有可能产生生存危机。企业的发展要求投入更多更好的物质资源、人力资源，改进技术和管理。在市场经济中，各种资源的取得都需要付出相应的货币资金。因此，筹集企业发展所需的资金，是企业目标对财务管理的第二个要求。

（三）获利

企业只有能够获利，才有存在的价值。从理财的角度来看，盈利就是使资产获得超过企业投资的回报。在市场经济中，没有免费使用的资金，资金的每项来源都有其成本。每项资产都是投资，都应获得相应的报酬。对企业正常经营产生的资金和从外部获得的资金加以有效利用，是企业目标对财务管理的第三个要求。

二、企业财务管理的目标

从根本上来说，企业财务管理目标取决于企业目标，取决于特定的社会经济模式。企业财务管理目标具有体制性特征，整个社会经济体制、经济模式和企业所采用的组织制度，在很大程度上决定了企业财务管理目标的取向。根据现代企业财务管理理论和实践，最具代表性的财务管理目标主要有以下几种观点。

（一）利润最大化

利润最大化，就是假定企业财务管理以实现利润最大为目标。

以利润最大化作为财务管理目标，主要原因有三：一是人类从事生产经营活动的目的是创造更多的剩余产品，在市场经济条件下，剩余产品的多少可以用利润这个指标来衡量；二是在自由竞争的资本市场中，资本的使用权最终属于获利最多的企业；三是只有每个企业都最大限度地创造利润，整个社会的财富才可能实现最大化，从而带来社会的进步和发展。

利润最大化目标的主要优点是，企业追求利润最大化，就必须讲求经济核算，加强管理，改进技术，提高劳动生产率，降低产品成本。这些措施都有利于企业资源的合理配置，有利于企业整体经济效益的提高。

但是，以利润最大化作为财务管理目标存在以下缺陷。

（1）没有考虑利润实现时间和资金的时间价值。比如，今年100万元的利润和10年以后同等数量的利润其实际价值是不一样的，10年间还会有时间价值的增加，而且这一数值会随着贴现率的不同而有所不同。

（2）没有考虑风险问题。不同行业具有不同的风险，同等利润值在不同行业中的意义也不相同。比如，风险比较高的高科技企业和风险相对较低的制造业企业无法进行简单比较。

（3）没有反映创造的利润与投入的资本之间的关系。

（4）可能影响企业短期财务决策倾向，影响企业的长远发展。由于利润指标通常按年计算，因此，企业决策也往往会服务于年度指标的完成或实现。

（二）股东财富最大化

股东财富最大化，是指企业财务管理以实现股东财富最大为目标。在上市公司，股东财富是由其所拥有的股票数量和股票市场价格两方面决定的。在股票数量一定时，股票价格达到最高，股东财富也就达到最大。

与利润最大化相比，股东财富最大化的主要优点介绍如下。

（1）考虑了风险因素，因为通常股价会对风险作出较敏感的反应。

（2）在一定程度上能避免企业短期行为，因为不仅目前的利润会影响股价，预期未来的利润同样会对股价产生重要影响。

（3）对上市公司而言，股东财富最大化目标比较容易量化，便于考核和奖惩。

但是，以股东财富最大化作为财务管理目标也存在缺点。

（1）通常只适用于上市公司，非上市公司难以应用，因为非上市公司无法像上市公司一样随时准确地获得公司股价。

（2）股价受众多因素影响，特别是企业外部的因素，有些还可能是非正常因素。股价不能完全准确反映企业财务管理状况，如有的上市公司虽处于破产的边缘，但由于可能存在某些机会，其股票市价依然走高。

（3）强调更多的是股东利益，对其他相关者的利益重视度不够。

（三）企业价值最大化

企业价值最大化，是指企业财务管理以实现企业价值最大为目标。企业价值可以理解为企业所有者权益和债权人权益的市场价值，或者是企业所能创造的预计未来现金流量的现值。未来现金流量这一概念，包含了资金的时间价值和风险价值两个方面的因素。因为未来现金流量的预测包含了不确定性和风险因素，而现金流量的现值是以资金的时间价值为基础，对现金流量进行折现计算得出的。

企业价值最大化要求企业通过采用最优的财务政策，充分考虑资金的时间价值和风险与报酬的关系，在保证企业长期稳定发展的基础上使企业总价值达到最大。

以企业价值最大化作为财务管理目标，具有以下优点。

（1）考虑了取得报酬的时间，并用时间价值的原理进行了计量。

（2）考虑了风险与报酬的关系。

（3）将企业长期、稳定的发展和持续的获利能力放在首位，能克服企业在追求利润上的短期行为，因为不仅目前利润会影响企业价值，预期未来的利润对企业价值也会产生重大影响。

（4）用价值代替价格，克服了外界市场因素的过多干扰，有效规避了企业的短期行为。

但是，以企业价值最大化作为财务管理目标也存在一些问题。

（1）企业的价值过于理论化，不易操作。尽管对于上市公司，股票价格的变动在一定程度上揭示了企业价值的变化，但股价是多种因素共同作用的结果，特别是在资本市场效率低下的情况下，股票价格很难反映企业的价值。

（2）对于非上市公司，只有对企业进行专门的评估才能确定其价值，而在评估企业的资产时，由于受评估标准和评估方式的影响，很难做到客观、准确。近年来，随着上市公司数量的增加，以及上市公司在国民经济中地位、作用的增强，企业价值最大化目标逐渐得到了广泛认可。

（四）相关者利益最大化

现代企业是多边契约关系的总和，要确立科学的财务管理目标，首先就要考虑哪些利益关系会对企业发展产生影响。在市场经济中，企业的理财主体更加细化和多元化。股东作为企业所有者，在企业中承担着最大的权力、义务、风险和报酬，但是债权人、员工、企业经营者、客户、供应商和政府也为企业承担着风险。比如：

（1）随着举债经营的企业越来越多，以及举债比例和规模不断扩大，债权人的风险大大增加。

（2）在社会分工日益细化的今天，简单劳动越来越少，复杂劳动越来越多，职工的再就业风险不断增加。

（3）在现代企业制度下，企业经理人受所有者委托，作为代理人管理和经营企业，在激烈的市场竞争和复杂多变的形势下，代理人应承担的责任越来越大，风险也随之加大。

（4）随着市场竞争和经济全球化的影响，企业与客户以及企业与供应商之间不再是简单的买卖关系，更多的是长期的伙伴关系，处于一条供应链上，共同参与同其他供应链的竞争，因而也与企业共同承担一部分风险。

（5）政府不管是作为出资人，还是作为监管机构，都与企业各方的利益密切相关。

综上所述，企业的利益相关者不仅包括股东，还包括债权人、企业经营者、客户、供应商、员工、政府等。因此，在确定企业财务管理目标时，不能忽视这些相关利益群体的利益。

相关者利益最大化目标的具体内容包括如下几个方面。

（1）强调风险与报酬的均衡，将风险限制在企业可以承受的范围内。

（2）强调股东的首要地位，并强调企业与股东之间的协调关系。

（3）强调对代理人即企业经营者的监督和控制，建立有效的激励机制以使企业战略目标顺利实施。

（4）关心本企业普通职工的利益，创造优美和谐的工作环境，提供合理恰当的福利待遇，培养职工长期努力为企业工作。

（5）不断加强与债权人的关系，培养可靠的资金供应者。

（6）关心客户的长期利益，以保持销售收入的长期稳定增长。

（7）加强与供应商的协作，共同面对市场竞争，并注重企业形象的宣传，遵守承诺，讲究信誉。

（8）保持与政府部门的良好关系。

以相关者利益最大化作为财务管理目标，具有以下优点。

（1）有利于企业长期稳定发展。这一目标注重企业在发展过程中考虑并满足各利益相关者的利益。在追求长期稳定发展的过程中，站在企业角度进行投资研究，避免只站在股东的角度进行投资可能导致的一系列问题。

（2）体现了合作共赢的价值理念，有利于实现企业经济效益和社会效益的统一。由于兼顾了企业、股东、政府、客户等的利益，企业就不仅仅是一个单纯营利的组织，还承担了一定的社会责任。企业在寻求其自身发展和利益最大化的过程中，为了客户及其他利益相关者的利益，就会依法经营、依法管理，正确处理各种财务关系，自觉维护和切实保障国家、集体和社会公众的合法权益。

（3）这一目标本身是一个多元化、多层次的目标体系，较好地兼顾了各利益主体的利益。这一目标可使企业各利益主体相互作用、相互协调，并在使企业利益、股东利益最大化的同时，也使其他利益相关者利益达到最大化，也就是将企业财富这块"蛋糕"做到最大的同时，保证每个利益主体所得的"蛋糕"更多。

（4）体现了前瞻性和现实性的统一。比如，企业作为利益相关者之一，有其一套评价指标，如未来企业报酬贴现值；股东的评价指标可以使用股票市价；债权人可以寻求风险最小、利息最大；员工可以确保工资福利；政府可考虑社会效益等。不同的利益相关者有各自的指标，只要合理合法、互利互惠、相互协调，就可以实现所有相关者利益的最大化。

因此，相关者利益最大化是企业财务管理最理想的目标。但鉴于该目标过于理想化且无法操作，本书后续章节仍采用企业价值最大化作为财务管理的目标。

三、利益冲突的协调

将相关者利益最大化作为财务管理目标，其首要任务就是要协调相关者的利益关系，化解他们之间的利益冲突。协调相关者的利益冲突，要把握的原则是：尽可能使企业相关者的利益分配在数量上和时间上达到动态的协调平衡。而在所有的利益冲突协调中，所有者与经营者、所有者与债权人利益冲突的协调至关重要。

（一）所有者与经营者利益冲突的协调

在现代企业中，经营者一般不拥有占支配地位的股权，他们只是所有者的代理人。所有者期望经营者代表他们的利益工作，实现所有者财富最大化，而经营者则有其自身的利益考虑，二者的目标经常不一致。通常而言，所有者支付给经营者报酬的多少，在于经营者能够为所有者创造多少财富。经营者和所有者的主要利益冲突，就是经营者希望在创造财富的同时，能够获取更多的报酬、更多的享受；而所有者则希望以较小的代价（支付较少报酬）实现更多的财富。

协调这一利益冲突，通常可采取以下方式。

（1）解聘。这是一种所有者约束经营者的办法。所有者监督经营者，如果经营者绩效不佳，就将其解聘；经营者为了不被解聘，就需要努力工作，为其实现财务管理目标服务。

（2）接收。这是一种通过市场约束经营者的办法。如果经营者决策失误，经营不力，绩效不佳，该企业就可能被其他企业强行接收或吞并，经营者也会被解聘。经营者为了避免这种接收，就必须努力实现财务管理目标。

（3）激励。激励就是将经营者的报酬与其绩效直接挂钩，以使经营者自觉采取提高所有者财富的措施。激励通常有两种方式。

第一，股票期权。它是允许经营者以约定的价格购买一定数量的本企业股票，股票的市场价格高于约定价格的部分就是经营者所得的报酬。经营者为了获得更大的股价上涨益处，必然主动采取能够提高股价的行动，从而增加所有者财富。

第二，绩效股。它是企业运用每股收益、资产收益率等指标来评价经营者绩效，并视其绩效大小给予经营者数量不等的股票作为报酬。如果经营者绩效未能达到规定目标，经营者将丧失原来持有的部分绩效股。这种方式使经营者不仅为了多得绩效股而不断采取措施提高经营绩效，而且为了使每股市价最大化，也会采取各种措施使股票市价稳定上升，从而增加所有者财富。即使由于客观原因股价并未提高，经营者也会因为获取绩效股而获利。

（二）所有者与债权人利益冲突的协调

所有者的目标可能与债权人期望实现的目标发生矛盾。首先，所有者可能要求经营者改变举债资金的原定用途，将其用于风险更高的项目，这会增大偿债风险，债权人的负债价值也必然会降低，造成债权人风险与收益的不对称。因为高风险的项目一旦成功，额外的利润就会被所有者独享；如若失败，债权人却要与所有者共同承担由此造成的损失；其次，所有者可能在未征得现有债权人同意的情况下，要求经营者举借新债，因为偿债风险相应增大，使原有债权的价值降低。

所有者与债权人的上述利益冲突，可以通过以下方式解决。

（1）限制性借债。债权人通过事先规定借债用途、借债担保条款和借债信用条件，使所有者不能通过以上两种方式削弱债权人的债权价值。

（2）收回借款或停止借款。当债权人发现企业有侵蚀其债权价值的意图时，可采取收回债权或不再给予新的借款措施，从而保护自身权益。

第三节　财务管理的环境

环境因素的变化往往表现为不确定性。企业财务管理环境，是指企业财务管理系统所面临的对财务管理系统有影响作用的一切不确定因素的总和。这些不确定因素在财务管理中必须予以关注。企业只有在财务管理环境的各种因素作用下实现财务管理活动的协调平衡，才能生存和发展，达成财务管理的目标。如果财务管理者善于研究财务管理环境，能够科学地预测环境的变化，采取有效的措施，则会对财务管理环境起到影响作用。因此，进行财务管理活动必须以财务管理环境为依据，正确地制定财务管理策略。

一、经济环境

在影响财务管理的各种外部环境中，经济环境是最为重要的。经济环境是指影响财务管理系统的各种经济因素，主要包括经济周期、经济发展水平、经济政策和通货膨胀水平等。

(一)经济周期

经济周期，即经济发展与运行出现的波动性，包括复苏、繁荣、衰退和萧条几个阶段的循环。在经济周期的不同阶段要采取相应的财务管理战略。西方财务学者探讨了经济周期中的财务管理战略。

(二)经济发展水平

企业财务管理的发展水平与经济发展水平是密切相关的，一般来说，经济发展水平越高，财务管理水平就越好。因为在经济发达国家或地区的经济生活中存在许多新的经济内容、复杂的经济关系和完善的生产方式，使财务管理的内容不断创新，并创造出越来越多先进的财务管理方法。

(三)经济政策

经济政策包括财税体制、金融体制、外汇体制、外贸体制、计划体制、价格体制、投资体制、社会保障制度等方面。这些方面的变化深刻地影响着企业财务管理系统的运行。例如，金融政策中货币的发行量、信贷规模都能影响企业投资的资金来源和投资的预期收益；财税政策会影响企业的资金结构和投资项目的选择等；价格政策能影响资金的投向和投资的回收期及预期收益等。

(四)通货膨胀水平

通货膨胀对企业财务活动的影响是多方面的，主要表现如下。
(1)引起资金占用的大幅增加，增加企业的资金需求。

(2) 引起企业利润虚增，企业资金由于利润分配而流失。

(3) 引起利润上升，加大企业的权益资金成本。

(4) 引起有价证券价格下降，增加企业的筹资难度。

(5) 引起资金供应紧张，致使企业筹资困难。

为了减轻通货膨胀对企业造成的不利影响，企业应当采取措施加以防范。在通货膨胀初期，货币面临贬值的风险，这时，企业进行投资可以避免风险，实现资本保值；与客户应签订长期购货合同，以减少物价上涨造成的损失；取得长期负债，保持资本成本的稳定。在通货膨胀持续期，企业可以采用比较严格的信用条件，减少企业债权；调整财务政策，防止和减少企业资本流失等。

二、法律环境

市场经济是以法律规范和市场规则为特征的制度经济。企业必须在既定的法律环境下从事经营。法律为企业经营活动规定了活动空间，也为企业在相应空间内自由经营提供了法律上的保护。与企业经营有关的法律很多，在此，就只对财务管理有重要影响的企业组织形式和工商税收制度做简要叙述。

(一) 企业组织形式

设立一个企业，首先面临的问题是要采取哪种组织形式。各国的企业组织形式不完全相同，但通常有三类：独资企业、合伙企业和公司制企业。

(1) 独资企业。独资企业是指一人投资经营的企业，其投资者对企业债务负无限责任，具有结构简单、容易开办、限制较少等优点，但因个人财力有限、信用不足，经常面临筹资困难。

(2) 合伙企业。合伙企业是指由两个或两个以上合伙人订立合伙协议，共同出资、合伙经营、共享收益、共担风险，并对合伙企业债务承担无限连带责任的营利性组织。合伙企业具有开办容易、信用较佳的优点，但也存在责任无限、权力分散、决策缓慢等缺点。

(3) 公司制企业。公司制企业 (简称公司) 是指依照公司法登记设立，以其全部法人财产，依法自主经营、自负盈亏的企业。在我国，公司法所称公司指有限责任公司和股份有限公司，公司股东作为出资者以其出资额或所持股份为限，对公司承担有限责任。

不同的组织形式对企业财务管理有重要影响。如果是独资企业，财务管理比较简单，主要是利用业主自己的资金和供应商提供的商业信用。因为信用有限，其利用借款筹资的能力亦相当有限，银行和其他人都不太愿意冒险借钱给独资企业。独资企业的业主要抽回资金也比较简单，无任何法律限制。

合伙企业的资金来源和信用能力比独资企业有所增加，盈余分配也更加复杂。因此，合伙企业的财务管理要比独资企业复杂得多。

公司制企业引起的财务问题最多，公司不仅要争取获得最大利润，而且要争取让股东财富最大化；公司的资金来源多种多样，筹资方式也很多，需要进行认真分析和选择；盈余分配也不像独资企业与合伙企业那样简单，要考虑企业内部和外部的许多因素。

绝大多数的大型企业采用公司制。公司制企业也是具有较高再投资率的其他组织形式企业的转型方向。究竟是哪些因素在引导企业更多采用公司制这一组织形式？这是一个复杂的问题，有些甚至连公司理论也无法解释。通常，公司制企业的选择基于企业规模、潜在增长能力、再投资能力等因素。

第一，大型企业要以个人独资企业或合伙企业形式存在是非常困难的。这两个组织形式具有无限责任、有限企业寿命和产权转让困难三个重大缺陷，这些缺陷决定了企业难以筹集到大量资金。

第二，企业潜在的增长机会需要资金支持，同时，为未来的增长需提高融资能力，包括权益资本和债务资本。个人独资企业和合伙企业在权益资本融资方面的能力非常有限。公司在资本市场上的融资能力具有得天独厚的优势。

第三，公司拥有的再投资机会多。公司比合伙企业和个人独资企业更容易留存收益，更有利于再投资有利可图的机会（或项目）。

（二）工商税收制度

国家税收制度特别是工商税收制度，是企业财务管理的重要外部条件。中华人民共和国成立后，我国经过几次较大的税制改革，形成了流转税、所得税、资源税、财产税、行为税、特定目的税等工商税收种类。

企业财务管理者应当熟悉国家税收法律、法规的规定，不仅要掌握各个税种的计征范围、计征依据和税率，而且要了解差别税率的制定精神，减税、免税的原则规定，自觉地按照税法导向进行财务活动。

三、金融环境

企业需要资金从事投资和经营活动，而资金的取得，除了自有资金，主要来自金融机构和金融市场。金融环境是企业财务管理最主要的环境因素，包括金融市场、金融机构、金融体系等。

（一）金融市场

金融市场是指资金供应者和资金需求者双方通过某种形式融通资金达成交易的场所，是以资金为交易对象的一种抽象市场。

（二）金融机构

资金供应者与资金需求者之间有时进行直接交易，但更多的是通过一定的金融机构进行间接交易。资金从供应者转到需求者手中，大部分要通过金融机构进行。财务管理者若想最有效地筹集资金，必须对金融机构有所了解，这些金融机构主要包括经营贷款业务的金融机构、经营证券的金融机构以及其他金融机构。

（三）金融体系

由金融市场、金融机构和资金供应者、需求者所构成的资金集中与分配的系统，称为金融体系。健全的金融体系，使资金供应者和需求者自由地参加交易，为资金的融通提供了方便，且有利于引导资金流向最有利的部门，因而对国家的经济发展和企业的财务管理工作具有重要意义。

第四节　财务管理工作的组织

要搞好企业财务管理，顺利地实现财务管理目标，必须合理有效地组织财务管理工作。

一、内部财务管理体制

企业内部的财务管理体制，主要是规定企业内部各项财务活动的运行方式，确定企业内部各级各部门之间的财务关系。建立企业内部的财务管理体制，是加强企业财务管理的重要措施。企业内部的财务管理体制，是企业内部财务管理办法的主要内容。它与企业总体财务管理体制相适应，同时，根据企业规模大小、工作基础强弱加以确定，大体上有以下两种方式。

（一）一级核算方式

在小型企业，通常采取一级核算方式。财务管理权限集中于厂部，厂部统一安排各项资金，处理财务收支，核算成本和盈亏；二级单位（班组、车间等）一般只负责管理、登记所使用的财产、物资，记录直接开支的费用，不负责管理资金，不核算成本和盈亏，不进行收入结算。

(二) 二级核算方式

在大中型企业，通常采取二级核算方式。厂部统一安排各项资金、处理财务收支、核算成本和盈亏，二级单位要负责管理一部分资金，核算成本，有的还要计算盈亏，相互之间的经济往来要进行计价结算，对于资金、成本等要核定计划指标，定期进行考核。

在实行企业内部经济核算制和经营责任制的条件下，确定企业内部财务管理体制主要应研究以下几方面的问题：①资金控制制度；②收支管理制度；③内部结算制度；④物质奖励制度。

企业内部的财务管理体制，应该根据各个企业的条件加以确定，其内容不能千篇一律，采用的具体形式可以多样化。随着分级分权管理的进一步推行，企业内部财务管理体制的内容也必将不断完善。

二、企业财务管理组织结构

健全的企业财务管理组织结构，是有效开展企业财务活动、实现财务目标的重要条件。企业财务管理组织结构会因企业规模的大小而不同。在小型企业中，财务管理工作是会计工作的一部分，其工作重点是利用商业信用集资和回收企业的应收账款，很少关心投资决策和筹资方式的选择。因此，在小型企业中，一般没有单独的财务管理机构，若有，也只是会计部门的一部分而已。

随着企业规模的扩大，财务决策在企业战略决策中越来越重要。所以，在大中型企业中，一般设有独立的财务管理机构，并设一名专管财务的公司副总，即财务总监(总会计师)全面负责企业的财务工作，有的企业甚至由公司总经理亲自管理财务工作。

由于财务管理具有综合性的特点，因此，财务副总裁最有希望升任公司总裁。在财务副总裁之下，有两位重要管理人员：财务长(treasurer)和会计长(controller)。财务长负责资金筹集和使用以及股利分配等工作；有时，风险管理、保险、兼并与收购活动以及制定财务制度也是财务部门的职责。财务长负责的财务部门一般下设财务分析与预算组、融资管理组、投资管理组、现金管理组和信用与保险管理组，并设专人负责。会计长主要负责会计、税务以及审计等方面的工作。会计部门一般下设税务会计组、财务会计组、成本核算与管理组、会计信息系统组、管理会计组和内部审计组，并由专人负责。

(一) 财务长的职责

(1) 筹集资金。预测资金需要量，确定融资渠道和选择最佳的融资方式，以满足企业生产经营对资金的需要。

(2) 投资管理。做好投资决策工作，并与各投资机构保持良好的关系。

(3) 财务分析与预算。通过财务报表分析，向企业管理当局提供决策支持信息，编制财务预算，进行财务控制。

(4) 股利分配。协助董事会处理好股利分配工作，以使股东财富最大化。

(5) 银行和保管。承担银行职能，对企业货币的收入和支出、有价证券的买卖以及其他财务活动进行管理。

(6) 信用和收款。制定信用政策，催收企业的应收账款。

(7) 现金管理。确定现金的最佳金额，进行现金的效益性和真实性管理。

(8) 保险。鉴别和估计企业应保险财产可能发生的损失，选择保险的适当构成，制定有利于企业的保险条款，负责养老金的管理。

(二) 会计长的职责

(1) 法定财务报告。按会计原则、会计核算程序，连续、系统、全面地记录经济业务，定期向外部利益集团 (股东、债权人、政府税务部门、客户等) 提供有关的法定财务报告。

(2) 企业内部管理报告。收集和整理与企业管理有关的各种信息，编制管理报告并提供给企业管理当局，以便管理当局作出正确的决策。

(3) 成本核算与管理。对企业的产品和各部门进行成本核算与考核。

(4) 税务会计。制定必要的税务政策和税务程序，负责申报纳税，进行税收筹划并合理避税。

(5) 内部审计。利用内部审计相对独立的地位，进行财务审计、经济效益审计和各种专项审计。

(6) 会计信息系统。有效地管理企业的会计信息系统，满足会计信息的安全性、准确性和及时性的要求。

(三) 财务委员会的职责

除财务部门管理财务之外，大型公司往往还采取财务委员会形式，即利用委员会中不同背景和知识结构的委员来制定公司财务政策并作出重大的财务决策。例如，IBM、通用汽车公司等都设有财务管理委员会，委员是来自各个职能部门和重要的生产经营部门的主要负责人。财务委员会协同董事会对资本投资和经营预算等重大财务事项进行财务决策。

第五节　财务管理与经济发展

随着经济的快速发展，财务管理在经济发展中的重要性日益凸显。经济发展对财务管理提出了更高的要求，财务管理需要适应经济发展的需求，提高自身的专业素质和管理水平，以更好地服务经济发展。

一、经济发展对财务管理的影响

经济发展与财务管理之间的关系，一直是经济学家和财务管理专家研究的重点。本节将从以下几个方面详细分析经济发展对财务管理的影响。

(一) 经济发展水平影响财务管理的目标

财务管理的目标与企业利益最大化息息相关，同时，也在很大程度上受经济发展的影响。这是因为企业是经济发展的主体，企业发展受制于社会、政治、文化等多种环境因素，财务管理则是这些环境因素中重要的一个。经济快速发展必然带动企业的扩张和发展，企业规模扩大，业务范围拓宽，财务管理目标也必然随之变化。此外，经济发展水平还影响企业的融资能力，进而影响企业的投资能力和资金运营效率。

(二) 经济发展影响财务管理的理念

财务管理理念是财务管理工作的基础，它决定了财务管理工作的方向和策略。随着经济的发展，财务管理的理念也在不断变化。首先，随着市场竞争的加剧，企业需要更加注重资金的管理和运用，这使得企业更加重视财务风险管理，同时，要求财务人员增强风险意识；其次，随着信息技术的发展，企业需要更加注重财务信息化的建设，以提高财务管理的效率和准确性；最后，随着经济全球化的推进，企业需要更加注重财务国际化的问题，以适应国际市场的竞争和监管要求。

(三) 经济发展影响财务管理的模式

财务管理模式是财务管理的重要内容之一，它包括财务管理的组织结构、流程、方法、工具等方面。随着经济的发展，财务管理的模式也在不断变化。首先，随着企业规模的扩大和业务的拓展，财务管理需要更加注重跨部门、跨组织的协调和合作。其次，随着信息技术的发展，财务管理需要更加注重信息化技术的应用，以提高财务管理的效率和准确性。最后，随着经济全球化的推进，财务管理需要更加注重跨国企业的财务管理问题，以满足不同国家和地区的监管要求。

(四) 经济发展影响财务管理的风险

财务风险管理是财务管理的重要组成部分之一，它涉及财务风险识别、评估、控制等方面。随着经济的发展，财务风险管理的内容和方式也在不断变化。首先，随着市场竞争的加剧和业务范围的扩大，企业需要更加注重财务风险的管理和控制；其次，随着经济全球化的发展，企业需要更加注重跨国企业的财务风险问题，以适应不同国家和地区的监管要求。

此外，经济发展还带来一些新的财务风险因素，如经济周期的变化、政策法规的变化等。这些因素都对财务风险管理提出了更高的要求。

(五) 经济发展影响财务管理的环境

随着经济的发展，财务管理环境发生了巨大的变化。一方面，经济全球化使得企业面临的竞争更加激烈，企业需要不断提升自身的竞争力，加强财务管理，提高财务决策水平；另一方面，信息技术的发展也带来了财务管理的变化，财务管理的手段更加现代化，信息传递的速度也更快。这些变化要求财务管理人员需要不断学习新知识，更新自己的观念和知识结构，以适应新环境的变化。

(六) 经济发展影响财务管理的内容

随着经济的发展，财务管理的内容也发生了变化。首先，企业的经营业务日益多样化，涉及的财务问题也越来越多，这要求财务管理人员需要具备更全面的财务知识和管理技能；其次，企业需要加强风险管理，增强风险防范意识，以应对各种不确定因素带来的风险；最后，企业还需要加强内部控制，提高财务管理的规范性和透明度，以保障企业的健康发展。

综上所述，经济发展对财务管理的影响是多方面的。企业应该根据经济发展的实际情况，不断调整和完善财务管理体系和方法，以提高财务管理的效率和准确性，为企业的发展提供更好的支持和保障。

二、经济发展对财务管理的需求

财务管理是企业管理的重要组成部分，它涉及企业的资金筹集、资金运用、成本控制、风险管理等多个方面。在经济全球化的背景下，财务管理对企业的发展起着至关重要的作用。本节将从以下几方面阐述经济发展对财务管理的需求。

(一) 资金筹集

资金是企业运营的基础，资金筹集是企业财务管理的重要环节。随着经济的发展，企业对资金的需求越来越大，筹资渠道也日益多样化。在这种情况下，企业需要制定合理的筹资策略，选择合适的筹资方式，以满足企业的资金需求。同时，企业还需要关注市场变化，及时调整筹资策略，以应对市场风险。

(二) 资金运用

资金运用是企业财务管理的重要内容之一，它涉及企业的投资、经营、销售等多个方面。随着经济的发展，企业不但需要不断优化资金运用方式，提高资金使用效率，还需要关注市场变化，及时调整投资策略，以应对市场风险。同时，企业还需要加强内部控制，确保资金的安全性和合规性。

(三) 成本控制

成本控制是企业财务管理的重要组成部分，它涉及企业的生产、销售、管理等多个方面。随着经济的发展，企业不但需要不断优化成本控制方式，降低成本费用，提高企业的盈利能力，还需要加强成本核算，确保成本信息的准确性和完整性。同时，企业还需要关注市场变化，及时调整成本控制策略，以应对市场风险。

(四) 风险管理

风险管理是企业财务管理的重要组成部分之一，它涉及企业的各种风险因素，如市场风险、信用风险、操作风险等。随着经济的发展，企业面临的财务风险日益加大，企业需要加强风险管理，建立健全风险管理制度和机制，以提高企业的抗风险能力。

综上所述，经济发展对财务管理提出了更高的要求。财务管理在企业发展中扮演着至关重要的角色。随着经济的发展，财务管理的方式和方法也需要不断改进和创新。因此，企业需要加强对财务管理的重视程度，提高财务管理水平，以适应经济发展的需要。同时，政府也需要加强对财务管理的监管和指导，推动财务管理水平的整体提升。

三、财务管理对经济发展的推动

财务管理不仅有助于规范企业财务行为，为企业提供更准确和全面的财务信息，还为企业提供了更有效的资金管理手段，以及更加全面的风险管理手段。本节将从推动企业投资决策、规范企业财务行为、为企业提供更准确和全面的财务信息、为企业提供更有效的资金管理手段以及为企业提供更加全面的风险管理手段五个方面，探讨财务管理对经济发展的推动作用。

(一) 推动企业投资决策

财务管理在企业投资决策中起着至关重要的作用。它通过对市场趋势的分析，为企业提供准确的财务数据，帮助企业做出明智的投资决策。通过财务管理，企业可以了解自身的财务状况，评估投资项目的风险和收益，从而做出更加科学、合理的投资决策。

此外，财务管理还可以为企业提供多元化的投资策略，降低投资风险，提高企业的投资回报率。

(二) 规范企业财务行为

财务管理有助于规范企业的财务行为，确保企业财务信息的真实性和准确性。通过建立健全财务管理体系，财务管理者可以对企业财务活动进行全面监控，及时发现并纠正不合规、不合理的财务行为。这不仅有助于提高企业的财务管理水平，还有利于树立企业的良好形象，增强企业的市场竞争力。

(三) 为企业提供更准确和全面的财务信息

财务管理的一项重要职责就是提供准确和全面的财务信息。这不仅包括财务报表，如资产负债表、现金流量表和利润表，还包括一些非财务信息，如市场数据、行业趋势等。这些信息对于企业决策者来说至关重要，因为它们提供了关于企业运营状况、盈利能力和风险水平的关键信息。准确和全面的财务信息，可以帮助企业决策者做出更明智的决策，从而提高企业的运转效率和盈利能力。

(四) 为企业提供更有效的资金管理手段

有效的资金管理是每个企业成功的关键。财务管理可以通过提供更有效的资金管理手段来推动经济发展。首先，财务管理可以通过对资金的集中管理和控制，确保资金的安全性和流动性；其次，财务管理可以通过合理的投资策略，确保资金得到最优的回报；最后，财务管理还可以通过精确的预算和预测，确保企业资金的使用效率和效果。这些有效的资金管理手段，可以帮助企业节省成本，提高利润，进而推动经济发展。

（五）为企业提供更加全面的风险管理手段

随着市场环境的变化，企业面临的风险也越来越多样化。财务管理可以通过提供更加全面的风险管理手段来推动经济发展。首先，财务管理可以通过风险评估，识别和评估各种潜在的风险，并制定相应的风险应对策略；其次，财务管理可以通过建立风险管理体系，确保企业能够及时应对各种风险；最后，财务管理还可以通过保险等手段，为企业提供额外的风险保障。这些全面的风险管理手段可以帮助企业降低风险，提高运营稳定性，进而推动经济发展。

综上所述，财务管理在经济发展中扮演着至关重要的角色。只有不断提高财务管理水平和管理能力，才能更好地推动经济的发展和壮大。因此，企业应该重视财务管理的重要性，加强财务管理体系的建设和完善，提高财务管理的效率和准确性，为企业的发展提供有力的支持和保障。

第十章　基于农村集体经济的财务管理

第一节　新型农村集体经济发展的相关概念界定及重要性

一、新型农村集体经济的相关概念界定

概念界定是研究展开的基点。新时代以来，党中央对于壮大新型农村集体经济给予了持续性的高度重视。新型农村集体经济到底"新"在何处，为何受到如此重视，是当今热议的话题。因此，对新型农村集体经济展开研究，有必要明确其相关概念。

（一）传统农村集体经济

集体经济又称集体所有制经济，追根溯源，"集体所有制"首提于马克思，实行于苏联的集体农庄所有制，应用于苏联的城农两级的工业与服务业。我国农村和城镇在向社会主义迈进过程中，引入了这一概念并进行应用，其是指土地等生产资料由集体即部分劳动群众集体占有，集体内成员共同劳动，采用按劳分配的公有制经济形式。

传统农村集体经济是集体所有制应用于农村地区的社会主义经济形态，主要是指20世纪40年代末到改革开放之前的农村集体经济。彼时的传统农村集体经济，是根据马克思主义认为小农经济自身存在诸多弊端不利于农民的生存和发展，采取一定程度的劳动联合是弥补小农经济不足的有效方式这一观点进行的探索。

传统农村集体经济在社会主义改造过程中经历了劳动互助组、初级社、高级社、再到人民公社的发展历程。在高级社的实现形式下，土地等生产资料由农民个人所有制转变为社会主义农民群众集体所有制，经营方式和分配方式采取集体经营，按劳分配。而人民公社的实现形主要表现出"一大二公"特征，生产的规模极大，包含内容极广，公有化程度极高；在分配上表现出"一平二调"，完全的平均主义极大挫伤了生产者的积极性；在经营管理上表现出基层政权组织和人民公社交叉的形式，在国家统一管理下运行，丧失了合作组织运行的独立性，易造成僵化，同时，内部社员采取集体化的生活方式。随着人民公社存在的问题不断暴露，中国共产党通过召开会议针对所有制问题做出了一定调整，初步探索了"三级所有，队为基础"的

经营体制，但其思想上仍局限在集体所有等同于集体经营，这种超越生产力水平的生产关系对农村集体经济发展造成了一定程度的阻碍。在人民公社运动影响下，党对于传统农村集体经济的内涵认识是高度集中的计划经济体制下的集体所有制经济。从生产资料的产权归属来说，所有权和经营权归集体所有，农民在国家指令下生产和劳动，采取平均主义的分配方式。如今，仍然存在将计划经济时期的传统农村集体经济当作新型农村集体经济的错误认识，清晰阐释新型农村集体经济的"新"至关重要。

(二) 新型农村集体经济

新型农村集体经济是指改革开放以来发展至今的公有制经济形态。随着农村各项制度改革的不断开展，新型农村集体经济的内涵也在不断得到丰富。新时代以来，党中央围绕着清产核资量化到户和股份合作制改革两项工作的农村集体产权制度改革，使得新型农村集体经济内涵进一步得到丰富。

发展新型农村集体经济，要充分灵活运用家庭经营与集体经营相结合的双层经营体制，在产权归属明晰的条件下，实现资源要素按份所有，以股份合作的形式，构建利益联结共同体，通过资源资产的保值增值，达到共同发展的目的。加之新时代以来，乡村振兴战略稳步推进，五大发展要求引领农村地区发展，产业兴旺更是促进农村经济发展的重要途径，由此可以说，在坚持集体所有，统分结合的经营体制下，推进农村一、二、三产业融合，发展具有特色的集体产业，也在一定程度上丰富了新型农村集体经济的内涵。

因此，新型农村集体经济可以概括为是以生产资料集体所有制和统分结合的双层经营体制为基础，以维护农民个人权益，产权归属清晰，鼓励倡导多元化的合作经营为主要特征，以立足于集体资源资产，创新农村产业融合，探索多样化的新型农村集体经济发展模式为路径，以实现乡村振兴和共同富裕为目标，以按劳分配与按生产要素分配相结合为分配方式的公有制经济形态。

新型农村集体经济与传统农村集体经济相比，在产权体系、实现形式、组织效率、分配方式上体现出"新型"。

第一，新型农村集体经济产权体系更加清晰。新型农村集体经济发展得益于农村集体产权制度改革不断深化，通过核实集体资产数量，量化到人，在股份合作制改革基础上，能够明确产权归属主体与各项股份权能。在产权分置的基础上，所有权与经营权、承包权、收益权等分离，在完善的农村产权交易市场上，能够实现各项股份权能的自由流转，从而更加激活新型农村集体经济内生动力。

第二，新型农村集体经济实现形式更加多样化。新型农村集体经济的经营形式是家庭经营与集体经营的有机结合，加上产权结构清晰，与市场经济不断适应过程中在组织形式和经营方式上有更大的创新潜力。例如，以土地和资金入股的股份经济合作形式，为农民服务的经营业务较宽泛的农民专业合作经济形式，以资源资产为经济增长点的特色集体产业或物业经济等。

第三，新型农村集体经济组织效率更高。新型农村集体经济组织对内实行民主管理，对外以独立法人身份遵循市场经济规律参与市场竞争，加上明晰的产权结构在经营管理上任用专业型管理人才，同时，实行有效的激励制度和监督机制，能够提高管理效率。

第四，新型农村集体经济在分配方式上更具公平和效率。新型农村集体经济采取按劳分配和按生产要素分配相结合的方式，使得农民的收益权得到保障，加上内部实行民主管理，农民得以有效监督，保证了集体经济收益分配的透明性。

（三）新型农村集体经济实现形式

实现形式是某种关系的具体体现。农村集体经济又称农村集体所有制经济，这实际是指部分劳动群众集体对生产资料的占有、支配、运营管理、收益分配的经济关系，体现在法律层面则表现为产权关系，即集体掌握生产资料的所有权。所以，农村集体经济实现形式是对这些经济关系的具体体现，也可以说是围绕着产权制度，对产权关系的组合，表现为由此派生的多样化的经营方式和组织形式。本质上是使得生产资料得到有效利用，提高农民集体的收益。

所以说，农村集体经济与其实现形式不能混合等同，两者联系之，亦有区别。有效的实现形式具有多样性，基本条件是需要具备激活生产力、激发成员积极性、维护成员利益、提高参与市场的竞争力的作用，同时，要具备灵活高效的体制机制。

新型农村集体经济实现形式则是在统分结合的双层经营体制下，经过农村集体产权制度改革，产权归属和权责界定得以明晰，在与社会主义市场经济体制相适应过程中探索出的多样化的经营方式和组织形式，像改制后的股份经济合作社、土地或资金入股的股份合作社、集体经济组织＋龙头企业、立足当地资源资产的集体产业等。新时代以来，全国各地深入开展农村集体产权制度改革，对新型农村集体经济实现形式探索出了多种模式，如跨村联营型、"飞地"抱团型、党支部领办型、资源开发型、物业经营型、资产盘活型等，这些模式在有效整合集体资源资产的基础上，实现了保值增值，促进了新型农村集体经济的发展。

二、我国新型农村集体经济发展的重要性

国家现代化的实现不能没有农业农村现代化，中华民族实现伟大复兴不能没有

乡村振兴，全体人民走向共同富裕不能落下农村地区的人民群众。这些目标的实现，离不开我国新型农村集体经济的发展。

(一) 推进乡村振兴的重要途径

乡村振兴战略是党中央解决"三农"问题，不断补齐农村地区发展短板，实现城乡融合发展，破解新时代以来社会主要矛盾的重大战略。在党中央的战略指导和政府政策的支持下，各地区结合丰富的理论成果逐步推进乡村振兴战略的实践。现如今，全面建成小康社会的目标如期实现，绝对贫困的消除使得脱贫攻坚任务基本完成，继续着眼乡村振兴战略的五个总要求，能够进一步巩固脱贫攻坚成果，助推农业农村现代化和共同富裕目标的实现。这就需要探究新型农村集体经济发展与五大要求的契合点，坚持统筹规划和立足实际，使新型农村集体经济的推动力得到发挥。进一步来说，新型农村集体经济得到发展壮大，集体收益增加，基层党组织才能有充足的资金，激活农村闲置集体资产，支持多样化发展模式，基层干部才能更加有信心、有底气引进外部资本投资本地乡村产业，实现新型农集体经济的持续性发展，进而实现乡村振兴。

具体来说，新型农村集体经济发展能够推进"产业兴旺"。农村地区要真正获得发展，实现农民增收，关键要发展农村产业。我国大部分地区在发展新型农村集体经济时，需要在产权明晰和农村产权交易市场完善的基础上，创新发展思路，不断探索新路径。例如，立足于农业，从产量导向转为质量导向，产业链延长，实现三次产业有效融合，培育形成特色优势产业和知名农产品品牌，这就推动了乡村产业振兴的进展。新型农村集体经济发展能够促进"生态宜居"的实现。农村生态文明建设既需要在农业生产发展上做到节约资源，高效利用，合理使用化学肥料做到清洁生产，集中清理产后垃圾；也需要在生活上做到绿色生活，引进现代科学技术，改善人居环境。而发展壮大新型农村集体经济，恰恰能够因地制宜的在当地特有资源基础上塑造较好的生态、适居的环境，充分践行"绿水青山就是金山银山"[1]的生态文明理念。新型农村集体经济发展能够推动"乡风文明"建设。乡风文明建设要立足当地优秀传统文化资源，积极弘扬社会主义主流意识形态，融入爱国精神、时代精神，推进农村地区道德建设。而发展壮大新型农村集体经济不仅可以为乡风文明提供物质基础，而且在共同推进新型集体经济发展过程中接受新型职业农民培训，农民集体意识不断增强，更易于接受先进理念，法律素养有所提升，精神面貌实现焕然一新，为乡风文明建设奠定了良好的基础。新型农村集体经济发展能够推进

---

[1] 推动生态文明建设迈上新台阶 [N]. 人民日报，2022-03-10(007).

"治理有效"的实现。乡村治理现代化的实现需要村民自治组织与集体经济组织相互作用。在发展壮大新型农村集体经济的过程中，不断抓好高素质基层党组织队伍建设，通过层层压实发展新型农村集体经济责任机制，增强基层党组织战斗力，从而实现基层党组织引领乡村实现治理现代化。同时，新型农村集体经济组织通过内部民主管理，突出农民主体地位，增强农民主动性，深化农村地区自治水平。不断健全相关法律法规，明确新型农村集体经济组织法人地位，规范运行管理机制，能够促进乡村地区法治建设。新型农村集体经济能够推进"生活富裕"的实现。要使农民群众深深感受到获得感和幸福感，就需要密切关注、切实解决农村地区的民生问题，提高农村地区基础设施水平。发展壮大新型农村集体经济，使得农村产业迈上新台阶，产业的振兴为农民提供更多就业岗位，为农民增收提供更多途径，为农村现代化建设提供更多物质保障。

(二) 实现共同富裕的必由之路

第一，新型农村集体经济发展能够缩小我国城乡居民的收入差距。近年来，新型城镇化进程加快，农转非比例不断增加，但仍有一部分人口生活在农村地区。促进农民富足富强，是实现共同富裕的基本前提。在农业大国的国情下，广大农民群众不断提高收入水平走向共同富裕，整个社会主义中国才能实现富裕和强大。一方面，新型农村集体经济发展能够使得农村生产力得以深层次发展。这是因为新型农村集体经济发展具有经济效益能够提供物质保障，同时，具有社会效益能够提供社会化服务。生产力的发展离不开农民素质的提高、基础设施的高质量发展、充足的资金积累和先进思想理念的传播等，而要使得这些生产要素有高水平的提升则离不开新型农村集体经济来发挥经济效益和社会效益。另一方面，新型农村集体经济发展能够实现农民增收愿望。发展新型农村集体经济能够在实现产业融合、提质升级过程中创新农民收入渠道，农民除了获得集体资源资产租赁所得的收入、土地或者资金入股股份经济合作社获得股东分红外，还可以在集体牵头的产业园区或混合所有制企业内进行劳动，获得劳动报酬，从而解决农民工结构性就业难问题。新型农村集体经济发展，增加了集体性收益，能够充分发挥集体收入的社会效益，为困难群众提供帮扶，适当调节贫富差距。同时，新型农村集体经济发展，不仅使农民在物质上获得富裕，集体经济组织还有能力发展公益性文化事业和文化产业，保障农民实现精神富足。

第二，我国新型农村集体经济发展能够促进世界农村经济的发展。一方面，共同富裕目标的实现不仅是我国社会主义建设的最终目标，也是其他社会主义国家未来的奋斗目标，我国新型农村集体经济发展实践探索，能够为其他社会主义国家提供样板示范。对社会主义国家来说，基本坚持生产资料集体所有制，在基本经济制度相似的情况下，我国新型农村集体经济发展实践能够为其他社会主义国家提供一定的示范作用。同时，我国新型农村集体经济在发展过程中，农民个人逐渐融入集体，在集体中不断树立自由、平等、奉献、合作的意识，逐渐实现自身价值，这有助于其他社会主义国家有更多农民意识到发展集体经济的重要意义；另一方面，在人类命运共同体理念的倡导下，我国新型农村集体经济发展也能够为世界农村经济发展贡献力量。近几年来，我国经济向高质量迈进，国际地位不断提高，在世界经济繁荣发展中具有重要地位。我国新型农村集体经济的发展将对国际上实现农业稳定发展产生一定作用。同时，我国发展新型农村集体经济，进行农业规模化经营，有利于大型农业机械发挥作用进而推进农业机械化和产业化发展，提高粮食产量，对于解决世界范围内粮食安全问题起到推动作用。

（三）满足农业现代化的迫切需要

第一，新型农村集体经济发展能够满足生产集约化的需要。农业现代化的发展要求是以较少的资源投入，在先进技术的支持下获取较高收益的集约式生产。规模化经营是实现集约化生产的前提。从农村经营方式对比来看，独户经营在一定程度上使农村生产力发展受限，阻碍规模化经营的实现。改变粗放型增长模式，推进农业绿色发展，这都需要农村集体经济发挥作用。促进数字化技术赋能农业全产业链，推进农业资本化运作，实现农业生产全面机械化、专业化，是分散的家庭经营不能完成的。而新型农村集体经济的强组织性和规模性经营能够满足集约化生产的需要。

第二，新型农村集体经济发展能够满足节约交易成本的需要。从目前情况来看，我国实行的双层经营体制以分散的农户经营为主，统一经营层面的规模经营相比较为薄弱。由于分散经营的农户人数较多、规模小的特点，难以形成合力，在谈判和竞争中成本过高，与其他市场主体相比往往处于弱势地位。在这种情况下，规模化、集约化的新型农村集体经济能够进一步提升小农户组织化程度，打造利益共联的有机综合体。一方面，农民在集体经济组织带领下，以集体形式参与市场活动，与个体经营活动相比降低了交易成本；另一方面，集体经济组织能够有效及时地获取信息和传达信息。能够借助先进的信息化手段，及时掌握市场多元化需求，整合优势因素，因地制宜地发展适合本地的产业新业态，打造特色产品品牌。通过农村集体经济数字管理平台，使得农民准确掌握气象、就业、政策等相关信息，建立健全新型农业社会化服务体系。

第三，新型农村集体经济发展能够满足提升农业农村科技供给水平的需要。农业农村的现代科技运用程度是衡量农业现代化的关键指标。根据中华人民共和国农业农村部统计数据显示，目前，我国农业科技进步贡献率超60%，农作物耕种收综合机械化率超过70%。从维护我国粮食安全底线角度来说，农业科技化率的提高意味着生产力水平和生产效率的提升，为创造我国自己的大粮仓提供了技术支持，同时，改变了农民世世代代"日出而作，日落而息"和"脸朝黄土，背朝天"的原始生产方式，农民有更多精力探索增加收入的新路径。这也说明，如果要加快推进农业现代化，就必须在科技投入上向强化现代农业科技方面倾斜。面对农业对科技运用存在的问题以及现代农业的发展要求，这都需要通过发展新型农村集体经济来提供帮助。

第二节　农村集体经济组织财务管理的概念

一、村集体经济组织的概念

农村集体经济组织是除国家以外对土地拥有所有权的唯一的一个组织。它是为实行社会主义公有制改造，在自然乡村范围内，由农民自愿联合，将其各自所有的生产资料（土地、较大型农具、耕畜）投入集体所有，由集体组织农业生产经营，农民进行集体劳动，各尽所能，按劳分配的农业社会主义经济组织。在不同的时期与阶段，农村集体经济组织的含义存在着一定的差别。具体来说，在农业合作化以后至改革开放前，农村集体经济组织代表的是农民将各自拥有的生产资料相组合后形成的由集体来组织管理农业生产经营的集体生产经营组织。而自改革开放以后，农村集体经济组织则是指在土地等农业基本生产资料集体所有的基础上形成的，按照居民居住的村落区域所划分的集体经营组织。

在农村集体经济组织的范畴中涵盖着三个级别，具体为：①以村民小组为单位的农村集体经济组织；②以村级为单位的集体经济组织；③以乡镇级别为单位的集体经济组织。

农村集体经济组织主要承担的任务就是管理协调、生产服务及资产积累。其经济活动主要涉及：管理农田水利等农业生产设施建设；管理土地等经营项目和自然资源的发包；管理具体经营项目的福利费、管理费、收益分配及具体收支等；管理财政转移的上缴收入、发包收入、支付收入等；村民承担一事一议筹资筹劳结算及管理等；管理集体财产的增减变动，包括集体公益金、公积金、物资、债务、债券、财产等。农村集体经济组织的监管主体是政府，监管对象是该组织成员，主要监管该组织的财务的具体运作状况。通过对农村民主管理实践的情况进行调查与研究后，得知村集体经济组织与村民委员会间的关系经常是较为混乱的，因此，有必要理清其关系，进而更好地将村集体经济组织、村民委员会的作用与价值发挥出来。

根据当前国内现有的法律法规，得知村集体经济组织、村民委员会属于两个不同的组织，并且它们之间是相互独立的。其中，根据《农业法》《宪法》等相关法律法规，得知村集体经济组织是一种组织形式，是农村统分结合双层经营机制的"统"的功能的承担者，可以将其划分为村民小组、村、乡镇三个级别；根据《村委会组织法》，指出"村民委员会属于基层群众性自治组织，是村民自治制度的重要组织之一，在民主决策、民主监督、民主管理、民主选举的背景下，以实现村民的自我服务、自我教育、自我管理"。

二、村集体经济组织财务的概念

所谓村集体经济组织财务，代表的是对村集体经济组织的资金进行计量、记录、报告、核算、管理的财务活动。村集体经济组织财务管理的过程中，主要的管理环节包括：资金筹资、耗费、分配、回收及使用。同时，还涉及了土地承包获得的土地承包核算；对集体所有的果园、林地、池塘等承包获得收入核算；集体资产增加或减少的记录；举办的村办企业上缴对集体空房出租、年底利润分配、利润管理、年末股金分红、税后盈余返还等。

在长时间的农村集体经济组织经营发展中，成员经营成果会不断地累积，并形成集体所有资产，这些资产是由组织集体共同所有的资产，拥有所有权和使用权。其中资产类型包括：经营类和非经营类的资产，还有一些特殊资产如山林、水面积土地等。因存在集体资产管理活动和生产活动，进而产生财务管理活动。

在农村生产经营期间，伴随着实物商品价值形态的持续变化，最终形成了资金运动。基于理论层面来看，村级财务管理属于一项对各方面财务关系处理的经济管理工作，是基于农村再生产过程中客观存在的财务关系、财务活动所产生的。

农村集体经济组织的财务管理代表的是对直接由农民集体占有与支配的各种集体资产所发生的收入、分配、使用等财务活动所开展的计划、核算、控制及监督，通常也被称为农村集体财务管理。集体财务管理属于一项综合性的农村经济管理活动，涵盖着财务关系、财务活动等，其特征重点表现在政策性、法规性、技术性。

基于微观层面来看，农村集体财务管理涵盖着集体投资、筹资、生产经营资金管理及资金的分配和回收；基于宏观层面来分析，农村集体财务管理是农村集体经济组织再生产过程中的财务关系、资金运动。

农村集体财务管理与企业财务管理具有很多相似之处，它们都具备以下功能：财务计划、财务预测、财务控制、财务决策、财务分析与评价等。在财务管理实践的进程中，因村委会被赋予了两种职能，同时，兼具农村社会事务管理与集体经济发展的职责，所以，相比企业财务管理来说，农村财务管理的特点会更加显著，尤其是在管理方式、目标及内容上，并且始终坚持管理民主、公正、公平原则。

三、村集体经济组织财务管理的概念

对村集体经济组织的经济活动和社区服务中的资金及其运动的管理就是村集体组织财务管理。

财务管理实际上是村集体经济组织的管理过程中的一个环节，或者说是一方面的管理。村集体经济组织管理涵盖着财务管理、物资供应管理、劳动管理、生产管理、销售管理、设备管理、技术管理。财务管理是集体经济组织整个管理活动的一部分，它和其他部分既相互制约，又相互联系，同时，它又有着自己的特色和科学的分工。具体来讲，财务管理就是组织农村集体经济组织资金运动，处理农村集体经济组织各方面的财务关系的一项综合性经济管理工作。

简而言之，财务管理就是对村集体经济组织资金运动所进行的组织、监督和调节，凡是对村集体经济组织资金运动进行组织、监督和调节的活动，便是村集体经济组织的财务管理活动。针对管理内容来说，是由负债管理、固定资产及其他长期资产管理、流动资产管理、资金筹集管理、经营收支及其分配管理等构成的。

村级经济组织指的是各村的经济合作社或村农工商总公司。根据宪法，村民委员会是群众的基层自治组织，村范围内的经济事务和社会事务应基本上由村民委员会和村民代表大会自主解决。乡财政所与村级经济组织和村办企业有什么关系呢？村民委员会既是村民的自治组织，但它同时又是乡政权的下属基层组织，乡政权指导、监督村民委员会的工作，特别是涉及一些属于国家政权机关授权的事务时，比如，征缴税款、执行计划生育政策、对村办企业的劳动保护给予指导等，乡政权有督促村政权执行的义务。尤其是在当前村民委员会的自治还不完善，村民的民主意识还不强，不能对村民委员会的行政管理权力进行有效监督的情况下，就更需要乡级政权机关发挥出监督的作用与价值。需要注意的是，乡级政权机关想要更好地行使监督权，则加大对村办企业、村级经济组织财务管理的监督力度是最有效、最直接的方法。

通过对比村集体经济组织与企业在财务管理方面的差异性，得知两者存在不同之处，主要表现如下。

（1）二者的管理目标不同。企业经营发展的最终目的就是效益最大化，是以盈利为目的的运营机构，财务管理目标包括：利润、企业价值、股东权益、相关者利益实现最大化。但村集体经济组织，与企业相比在本质上还是存在着很大差别的，其主要是带着村民从事各种生产活动，目的并非以获利为目标，而是借助于此激发

村民的参与热情，调动参与财务管理的积极性，始终坚持公正、公开、公平的管理原则，将民主权全面施展出来，保证每位村民都能够行使自己的权利，从而营造良好稳定的发展现状。

（2）二者的管理方式不同。首先，企业财务管理主要就是依托于企业现有经营进行展开，财务人员对此制订预算计划，对企业经济活动加以具体的分析和核算，借助于企业现有资产实现企业利益最大化目标。而在村集体经济组织财务管理过程中，对于民主、监督及公开的重视度更高。为能够确保所有村民权益不受侵害，组织将权力分散到各村民手中，在处理重大事项方面，村委会制定决策方案，并召开村民代表大会，村民在大会上进行投票行使自己的民主权利，真正意义上实现了村民自己当家做主的美好愿景。其次，在财务管理过程中，最为关键的一项工作任务就是财务公开。不管是否为重大事项，都要依据规定进行定期财务公开。与此同时，村民会对公开的财务内容进行全面的监督，从而共同营造公开透明的财务管理环境。

（3）二者的内容不同。企业财务管理的核心就是组织财务活动，借助一些有效举措，针对财务关系实施严格的核算，其中具体涉及的内容有：分、运、投、筹，也就是利润的分配、资金合理运用、资产投入、资金筹集。而对于村集体经济组织财务管理来说，主要就是针对资产的减少、增加及收益分配方面加以管理。其中，资产管理的关键在于资金管理，尤其是专项资金管理要特别关注。村集体经济组织财务管理的核心，主要就是怎样进行专项资金的管理与使用，实现专款专项专用。与此同时，还针对日常经济活动、承包业务、资产保全加强监管。

（4）二者的原则不同。企业财务管理的原则主要就是按照国家相关规定，遵从有关标准要求进行处理财务关系和活动。财务管理原则包括：成本收益风险综合权衡、委托代理、现金收支平衡、系统及管理等。而对于村级财务管理来说，其主要原则包括：一是村民掌握所有的村集体财产，可以说村民是村财产的所有者和使用者，进而在财务收支方面，村民的权利也比较大，村民有权决定村财产的使用，表现出了村民的民主权利；二是村民应对财务工作进行全面的了解和监督，其中凸显出了公开性的原则；三是村级财务管理应该在确保现有资产不损失的前提下，实现资产的增值保值，对资产进行科学化的使用与管理，从中凸显了效率性的原则。

（5）二者的环境不同。企业财务管理环境主要就是通过财务管理与活动的共同作用，促使企业处于某特性的发展环境下运作，其中具体囊括直接和间接环境。直接环境主要就是对企业财务活动具有直接性影响的环境，如竞争者、债权人等；间接环境则是宏观环境，包括：法律、政治、经济等环境。而对于村级财务管理来说，其不仅仅是财务管理的重要组成，也是一项重要的管理工作。不但要将财务核算工作落实到根本上，还要对国家出台的有关政策加以了解和掌控，将村民利益放在第一位。此外，村经济发展状况、财务人员专业素养、村干部对财务工作的关注重视度，都会给财务管理带来直接性影响。

四、村集体经济组织政府监管的概念

根据《农村集体经济组织工作实施细则》，农村集体经济组织实行民主选举、民主决策、民主管理和民主监督，并接受市一级和区一级农业农村局和各镇农经管理部门的指导和监督。

农村集体经济组织的民主自治和政府监管两者间相互联系、互相补充，合力推进村集体经济组织健康发展，但两者之间也存在较大的区别。

（1）实施主体不同。民主监督由村民或村民代表通过集体经济组织成员大会、集体经济组织成员代表大会、理事会和监事会实施；政府监督由市、区农业农村局和镇的农经管理部门实施。

（2）实现形式不同。民主监督部分，成员大会或成员代表大会由理事长召集和主持；理事会、监事会会议分别由理事长召集和主持。政府监管部分由镇挂点领导、镇农村集体"三资"管理服务中心负责人（如该集体经济组织的资源、资产已纳入三资管理服务中心管理）、村党组织领导班子成员通过农村集体经济组织联席会议实现日常监督管理，联席会议由村党支部书记负责召集和主持。

（3）监督的内容不同。在农村集体经济组织民主监督中，监督的内容是农村经济组织的资产资金经营、财务管理、收益分配等经营管理情况；政府对农村集体经济组织的监督管理，监督的内容是农村集体经济组织的行政运作（含财务运作）、民主自治、公共服务能力等情况。

第三节 加强我国农村财务管理建设的具体措施

一、我国农村财务管理的作用和内涵

农村财务管理是农村资产保值与增值的基础，一直是农村经济管理工作的重点和难点。因为涉及广大农民的切身利益，所以农村财务问题既成了广大农民关心的热点，又是农村工作的焦点和难点，更是党群、干群关系紧张的根源。农村财务管理的好坏，直接影响到村级班子的团结，关系到党群、干群关系的融洽与农村工作的顺利进展。近年来，仙桃市不断加强对农村财务的管理，在农村财务管理方面出台了一系列法律、政策、法规及制度等，各级农村干部也做了大量工作，取得了明显的成绩。由于农村财务管理面大，情况复杂，也存在一些现实中不可回避的问题，

值得认真研究和解决。

（一）加强财务管理的作用

1. 有利于农村政务公开，增加财务收支的透明度，增强村民对财务管理的监督积极性

近几年，国家在财务公开的制度建设上做了大量的工作，初见成效，使财务管理和财务公开工作初步走上法治化轨道。目前，全国已经有 20 个省（区、市）制定颁发了农村集体财务管理方面的法规和规章。其中，有 6 个省（区、市）制定颁发了农村集体财务管理条例或办法，有 17 个省（区、市）制定颁发了农村集体资产管理条例或办法，有 11 个省（区、市）制定颁发了农村集体经济审计条例或办法，多数地方都在条例或办法中对村级实行财务公开提出了明确的要求。仙桃市政府还专门出台了《仙桃市农村集体财务公开制度》，要求行政区域内的村都要实行财务公开，明确规定了财务公开的内容、时间、程序。要求业务主管部门对财务公开工作加强指导和监督，并且公开的所有信息可供村民随时查询，及时了解相关的会计信息和资料，对所查询的信息与公布的信息不相符的可以向上级党委和政府业务部门举报。这样做到相互制约，起到公开效果，做到群众明白，干部清白。同时也增强了村民对财务管理工作监督的积极性。

2. 有利于政府能够全面、准确掌握经费的收支情况，能够保证农村经济的有效运行

通过加强农村财务管理，各级村组必须及时报告经费使用情况，并且可以根据使用情况，进行全面的分析总结，通过分析总结使各种财务信息迅速传递到政府的业务部门，各级政府可以及时了解经费的使用情况、使用明细、使用的方向等信息，为各级领导的科学决策提供信息支持，减少失误和不必要的浪费。同时也能提高农民群众对经济运行的监控能力，保证农村经济的有效运行。

3. 有利于财务工作的规范化和工作效率的提高

长期以来，由于各省、市、自治区对本省农村财务管理的方式不统一，经济发展参差不齐，导致农村财务管理的模式以及核算的方式相差很大，各地都有自己的管理模式和核算办法。加强统一财务管理模式后，一方面可以规范财务行为和管理行为，并通过建立规范的责任制度和会计资料档案的管理，有效地遏制腐败行为，为国家挽回经济损失。另一方面加强农村财务管理后，可以使会计和出纳从繁重的会计记账、报账中解脱出来，变被动管理为主动管理，真正体现会计的最大职能，大大提高工作效率，另外，会计和出纳节余的时间还可以起到监督作用，同时兼任其他行政职务，从而进一步减少工作人员，降低相应成本和负担，真正实现高效、

节能。

4.有利于现代化管理思想的变革

在社会主义新农村建设过程中,农村现代化的管理水平是根本,也是基础。要使我国农业现代化,增强在国际社会的竞争力,做好农村财务管理等财务工作占有非常重要的位置,加强农村财务管理就是为现代化的农村管理强基固本,提供有力的财务支撑,对现代农业的发展起到有力的推动作用。

(二) 农村财务管理的内涵

农村财务工作是指再生产过程中客观存在的资金运动过程中所体现出来的经济利益关系。财务管理是基于农村再生产过程中客观存在的财务活动而产生的,所谓"农村财务活动",就是农村资金的筹集、投入、使用、回收和分配的资金运动过程,表面上是钱和物的增减变化,实质上是人与人之间的经济利益关系。所以说农村的财务活动就是处理各方面财务关系的一项经济管理工作。

一般情况下,农村财务管理的基本内涵的实质是处理农村资金从筹集到分配的一系列活动中的财务管理关系,就是资金怎么筹措,如何分配的问题。通常从三个方面来体现基本内涵:其一,就是资金的筹集管理,任何资金运动过程必须通过筹集资金来完成,是投入资金的前提,是现代财务管理的首要环节,资金筹措的多或少直接影响后面各个环节的实现。一切投资者的资金投入都要获得回报,从这点来讲,在资金筹措中,一定要把握筹措资金的适量、适度原则;其二,投资管理,投资管理是农村财务管理的重要环节,投资的成败直接影响利润分配的多与少,对利润分配有根本性的影响;其三,资金分配管理,利润分配管理就是对实现的税后利润如何进行分配,在分配决策时,一定要处理好眼前利益与长远利益的矛盾关系。利润分配的高与低,对投资者的积极性和自有资金的留存有直接影响,具体而言,在利润分配时要全面考虑分配政策的各种具体因素,权衡利弊,找出适合自身投资发展的分配模式。

二、加强我国农村财务管理建设的对策

随着农村经济的不断发展,建设科学合理的农村财务管理制度,加大对农村财务管理的建设投入等势在必行,农村财务规范化管理在农村经济发展过程中的作用越来越大,地位越来越重要,农村财务管理问题一直是农民最关心的热点、焦点,也是各级政府工作的难点问题。解决我国农村财务管理存在的以上问题,必须通过加大农村信息化的建设投入来改善农村财务管理的基础设施建设,理顺农村财务管理体制来建立规范化的会计核算模式,进一步完善财务管理监督机制来加大监督力度,加强农村财务管理的领导来提高主人翁意识。通过这些具体措施的实施来进一

步加强农村财务管理，消除关系农村社会安定团结、关系社会主义新农村建设、关系农村经济健康发展的不安定因素。

(一) 理顺农村财务管理体制，建立规范化的会计核算模式

我国现行的农村财务会计运行四种模式中，"村账村管"模式、"村账乡管"模式、"会计代理制"模式要么不能满足农村财务管理的需要，要么阻碍了农村经济的发展。唯有"会计委派制"模式现阶段能适应农村经济的发展，成为指导农村有效进行财务管理的运作模式和管理办法。村级会计委派制，就是由乡镇经管站成立会计委派中心，对农村集体经营组织统一委派会计人员进行财务管理与核算的管理模式。这是在保证村级组织所有权、审批权、监督权不变的情况下进行规范农村财务管理的重要举措，是将村级组织的财务状况、经营成果通过财务报表等会计资料全面反映出来，促使广大村民群众参与村财务管理活动，提高民主管理的主观能动性，增强管理的意识。通过深化村务"三公开"，缩小干群矛盾，促进新农村和谐发展。要做好农村会计委派制工作，必须从以下几个方面入手。

1. 要以《村民委员会组织法》《会计法》等国家相关法律法规为依据建设和规范会计委派制度

严格遵守民主自治、民主管理的原则，在积极维护村级组织财务所有权、资产收益权、财务审批权不变的前提下，并在充分尊重农民群众意愿的基础上，明确双方的权利与义务，实行农村财务管理"村级双代管"。主要对村级组织的财务会计的账务核算和资金进行代管管理，村级组织不再设置会计和出纳管理岗位，只需要配备报账员。采取集中办公、集中核算、集中归集资料的办法，实现统一财务管理制度、统一财务公示、统一核算办法的管理新体制。

2. 要建立相关的控制制度，保证会计委派的质量，提高会计整体素质

科学设置会计委派工作流程和会计工作岗位职责，明确岗位责任和各岗位的权利与义务，做到权责分明。具体工作内容为：设置农村集体组织分管财务工作的负责人（可为村支部书记和村民委员会主任），加强对农村财务管理工作的指导，对本村会计核算、会计资料的真实、会计信息的合法性负责。委派会计实行"工资量化、人员建档"的管理办法统一进行管理，建立评优评先和财务人员岗位责任追究制度，实行年终业绩考核与工资奖金、职务职称挂钩、责任落实与奖惩挂钩，对委派的会计如出现违规违纪一律实行一票否决制，增强会计人员的责任意识。每年进行一次会计人员培训，实行等级考核。积极开展会计业务大比赛活动，在比赛中相互学习，取长补短，共同进步，达到以好带差、分析评价的目的。要定期组织会计人员对《会计法》等相关法律制度的学习，认真钻研专业法律知识，全面履行会计职责，为

发展农村经济，提高农村经济效益，加强农村财务管理发挥作用。

3.加强会计核算的管理工作

加强农村财务会计核算的日常管理，可以保证会计委派的连续性，防止滋生腐败现象。要定期不定时地对会计委派人员在会计账务处理、财经制度的执行、会计档案的管理和日常财务管理工作等方面进行监督，并及时公布审计结果，保证财务资料能及时、全面、真实向广大农民群众公开。通过日常审计监督，加强基层党风廉政建设，防止腐败发生。委派会计人员的工资、福利、奖金等经济利益不与农村经济组织挂钩，不受农村基层干部牵制与干扰，独立开展工作，独立行使上级政府赋予的权利和义务，全面有效地对农村经济组织的财务经济活动进行监督，拒绝报销一切不合理的单据，为地方政府领导宏观决策和村级财务公开提供真实的财务信息。实行农村会计委派制后，会计人员可以随时将重大财务事项和决策以及农村经济组织的财务状况向上级派出政府工作报告，防止国有资产的大量流失，实现国有资产的保值、增值。

4.要准确定位，处理好各方面的关系，要认真履行职责，强化服务意识

委派会计不光要把自己看成"皇帝"派出的钦差大臣，更要把自己定位在为农村基层组织服务的财务工作人员，强化自身为农村服务的意识，同时，要清楚自身的责任和使命，更要明白委派工作双重性和两面性，要正确处理好与上下级、同事、干群的关系，既要认真履行职责，又要主动接受村级组织单位的领导，切实做到管理不越权，报告不越级，服务不偏向，原则不退让、监督不放松。

5.加强委派会计人员的后续管理

要建立健全农村委派会计人员的各项管理制度，包括选聘制度、重大事项报告制度以及业务考核、奖惩、轮岗、继续教育制度等。特别应加强会计人员的专业知识和职业道德教育，同时，应改革委派会计的薪酬制度，可考虑实行"工薪＋津贴"的分配制度。工薪即工资和奖金，基本工资按国家有关规定执行，财政部门应通过委派补贴略高于同行业平均水平。津贴不同于工资，是由上级政府根据会计人员的业务能力和表现而发放的另一种补贴，以起到激励和约束作用。

（二）加大农村信息化的建设投入，改善农村财务管理的基础设施建设

要全面规范农村财务管理，实现农村财务管理信息化是关键，而要实现农村财务管理信息化，完善的运行平台是必要条件。就是通过数据通信，利用通信设备和网络，将具有独立功能的多个计算机系统连接起来，使地理非常分散的村部通过完善的网络软件来实现资源共享的目的。网络系统运行平台可以实现软硬件和系统数据的共享，成本比较低，安全性高且容易维护，并且使用起来简单方便，基本解决

了我国农村地域广阔且分散的问题。

1. 农村财务信息化的基础设施建设就要规划好网络信息系统

不同地区的农村经济组织应根据自身未来的发展方向和经济实力对计算机硬件设备、网络系统等做出充分的规划，作出科学合理的安排，避免不必要的资源浪费。农村财务管理信息化要以尊重农民意愿为总体原则，以加强农村财务管理、促进农业现代化发展为根本目的，遵循硬件设施可持续发展原则。可持续发展原则就是在特定范围内选择高技术、高性能的客户端和服务器配置以及备份、存储等各种设备，来满足农村经济发展的需求，由于农村财务管理信息化的系统非常庞大，因而应尽量规划安全性高、兼容性强的硬件设备。

服务器配置：农村财务管理信息化就是对农村集体经济组织的所有资产及日常经济活动的财务收支进行统一管理和核算。可见，管理数据在整个信息系统中的核心就是数据的加工和生产，而直接动力就是服务器，因而，为了能够让信息系统功能得到有效发挥，配置合理的服务器是关键，科学合理的选择服务器既要考虑满足目前系统运行的要求，又要充分考虑可持续发展，更要能降低以后服务器的维护和兼容费用。建议以地级市或县级市为一个单位设立总部，在本单位设置数据服务器，作为本地区农村财务管理信息化系统的数据资源中心，下级单位（各乡镇、村）所有财务数据都通过网络与总部服务器进行数据交换，通过集中管理，保证整个信息系统的一致性和数据完整性。需要注意的是在选择数据库服务器时，一定要充分考虑农村快速发展而产生的实际业务量多少，月底、年底等高峰时期报销凭证的录入，账表的查询，报表的编制等业务发生时 CPU 的容量要求。

客户端配置：采用集中式管理模式，各地乡镇及农村集体经济组织不需要配置专门的服务器，平时只要对原始报销单据数据进行整理、录入，通过网络访问总部的服务器，由其集中处理，因此建议硬件配置不要太高。

存储设备：实施农村财务管理信息化最重要的硬件设备就是信息的存储设备，因为主要目的是为财务信息使用者提供真实可靠的会计信息。所以存储设备的选择至关重要。目前我国主要有 DAS、SAN 和 NAS 三种存储应用的结构模式，一般建议选择 SAN 模式作为农村财务管理信息化的存储模式，这种模式是通过光纤的路由器和集线器、交换机等连接设备，将存储设备与相关服务器连接起来的高速专用子网，是一种安全性非常高的存储服务器。在不影响现应用的基础上，不仅能够提供更高的模块化设计，更能很大程度上减少存储设备的总体成本。

备份设备：在整个信息数据处理完成后，会计信息资料的安全完整格外重要，不仅要通过整体安全的方案来保证系统安全，还必须采用专门的备份系统更好地保障数据的安全性。数据备份就是将存储设备与备份服务器连接在一起，将会计数据信息永久保存在存储设备上。备份实际上就是将数据资料一模一样地复制两份，在不同的地方存储，它只是一种保障数据资料安全完整的手段。如果原始数据真的遇到破坏和遭遇病毒，这时就能利用原先备份设备上的数据替代原不可用的原始数据，保证整个信息系统的正常运行。因此农村财务管理信息系统应充分考虑备份内容和模式、软件的选择以及优化的备份方案，增加当系统发生故障时的可恢复性。当然，农村集体经济组织的经济业务活动随着农村经济的快速发展而不断增加，历史各项资料数据的累积也会大幅提高，因而实施农村财务管理信息化的一个重要问题就是要认真规划完善以财务信息数据为核心的系统硬件设施，国家相关部委应积极主动地商讨，把此项农村财务管理信息化的硬件系统配置纳入下一年度农村发展的总体规划之中，全面翔实地规划科学硬件设施。

2. 要大力推进农村财务管理软件的开发应用

目前，我国各地乡镇、村级现行的各种财务管理软件操作不方便，适用性、应用性不强，技术含量不是很高，会计人员操作困难，普及率不高，没有充分考虑农村的实际情况和所面对的问题，国家的几大软件开发商也没有完全站在农村市场的整体高度考虑问题，也可能是农村市场的财务软件的需求量还没有达到专门开发的地步。所以说，国家农业部、财政部等相关部委要通过一定的扶持政策加大农村财务软件的开发力度，在开发过程中，要充分考虑农村财务软件操作人员的基本素质和会计信息的使用主体，更要考虑农村经济组织，一方面是财政预算拨款，另一方面是集体经济的资金运营、投资收益分配、资产管理和财务管理的特殊性，将预算管理和财务管理有机结合，实现集预算管理、上级拨款、财务核算与管理、资产运营、收益分配、财务监督的审批等功能模块一体化的财务管理软件。根据目前这种现状，我们建议国家农业部、财政部委托我国实力强大的软件开发企业，开发适合农村、农业经济发展的，以服务农村财务管理为目的，管理思想先进，功能模块齐全，实际可操作性强的通用性的财务管理信息软件。也可以直接由国家农业部和财政部联合成立农村信息软件开发中心，按照人事代理制的人员聘用管理方式，通过大力的优惠政策和措施引进高端开发人才，充分调动他们投身农业、服务农村的思想，鼓励其在农村财务信息化的开发建设上发挥作用。虽然这两种做法前期投资都很大，但这样才有利于开发企业和机构开发出高技术的、含金量较高的财务管理软件，并且后期投资较少，资金浪费远远低于盲目的软件开发成本，由国家相关部门统一制定和规划，可以提高开发速度，降低整体研发成本。

农村财务信息管理软件与其他财务会计核算软件有本质的区别，更不同于一般的会计分析软件，它不光需要一体的账务核算处理系统，更需要的是能够集账务处理、账务管理、财务分析于一体的管理软件。同时也要能够随着农村经济业务的不断发展变化而对会计信息资料进行查询、监督及可用资源有效整合的共享软件。所以，作为一套指导农村财务管理工作的信息软件，应该有强大的信息技术，不光要帮助各级政府领导对农村经济组织进行宏观管理和决策，更要为农村财务公开、财务监督提供信息支持，满足农村群众对会计信息资料的需求。因此，一套专用的农村财务管理软件主要有四个管理模块：账务处理模块、财务管理模块、财务分析模块和财务监督模块。

账务处理模块主要是对农村集体经济组织的日常经济业务收支，固定资产管理，上级预算拨款，往来账管理，自产农副产品的收、支、存以及账簿、报表管理，并时时生成各类需要的账表，与上级政府核对拨款以及实际支出数，各项数据的对比上报等。

财务管理模块主要是针对农村集体经济组织中不同的开支范围设置不同的审批权限，经费使用控制权限，对上级拨款收入明确合理的开支范围和渠道，对国家投入的用于农业、农村建设和发展的专业资金设置开支范围、标准的审批权限，严格预算管理，明确管理责任，对自产农副产品的销售价格和收益分配制度建立合理的分配方案和利益分配制度等。

财务分析模块主要是利用账务处理模块核算出来的会计信息资料和各种会计账簿和报表进行会计分析工作。可以通过资产负债率、速动比率、资产收益率等财务指标分析农村集体经济的短期偿债能力和融资能力，以及收益分配的比率及额度。还可以通过农副产品投资收益率及销售利润来分析农村集体经济组织利用集体资产为农民赚取利润的能力，也可通过各种报表与以前年度的对比分析资产增减变动情况及未来投资方向和主体。

财务监督模块主要是对农村集体经济组织的会计信息和资料实施有效地监督，控制相关的经济业务活动以及集体组织领导财务决策失误出现的经济损失。通过这个模块可以让上级政府及相关部门、村民理财小组对发生的经济收支事项进行审查和监督，还可以对集体经济组织的农产品定价、经济审批事项、经济业务收支的合理性等进行控制监督，促进基层领导及会计人员正确合理地开展经济业务活动和账务核算处理。按照广大农民的意愿和预定的目标组织经济业务活动。

此外，还可以设置其他相关的信息管理模块，及时将农村集体经济组织的财务管理信息、财务分析信息、财务监督信息以及财务政策进行公开，让村级百姓了解财务政策，学习财务知识，知晓村级财务开支情况，并可在此管理模块设置信息反馈平台，把农民需要反映的问题通过信息系统反馈给相关部门和领导，实现信息互通，民主自治。

(三)进一步完善财务管理监督制度,加大监督力度

进一步完善农村财务管理监督制度,主要从以下几个方面着手建设:

1. 切实做好农村财务管理的账务处理等基础制度建设

首先,落实及时结账做账制度,督促各村级组织按月结账。对结报收入,要审核收入是否足额入账,对其他收入要查实依据,对农村集体经济发包收入要足额核对承包合同,防止漏收,凡未经村理财小组和乡镇财务领导小组批准的各项收费及支出一律拒绝入账,在上报上级政府及相关部门对结报支出时,要按《结账报账管理制度》进行,规定支出额度,例如:凡支出在2000元以上的,经委派会计审核后,报镇财务管理领导小组审签方可入账。对大型建设支出,必须坚持事前审批、签订合同、验收合格、开具税务票据的程序进行;然后,落实会签制度,每张报销单据都必须有经办人、村支部书记、村报账员"三支笔"审签;再者,落实票据管理制度,票据管理是农村财务管理的基础,管理好票据是源头治理腐败的关键所在,是控制管理好农民负担、规范村级财务的有效手段。坚决杜绝一切自制凭证以及任何白条抵库、入账,统一使用由乡镇经管站或财政部门印制的村集体经济组织的专门收据(湖北省农村合作经济组织内部收款专用凭据),实行一费一票制度。笔者建议主要是坚持落实"三专、三审核、四登记"制度,第一,"三专"。专人负责管理票据的发放、登记、收缴;专柜存放;票据专用,坚持一费一票。第二,"三审核"。就是对票据额度、项目、编号严把审核关,坚持旧票换新票制度。第三,"四登记"。领取票据时要将领票人、票据编号、票据数量、领票时间严格登记在册。最后,落实库存票据结零制度,委派会计要对所管辖村集体经济组织的票据定期盘存,督促结零,发现问题的,要及时向分管财务工作的村干部汇报,督促其签字结零,如果发现不按规定结账的,及时向乡镇经管站或财政所报告,采取有效的措施督促结零。

2. 进一步规范资金代管制度

怎样做好规范资金代管制度,主要做四个方面的工作。

第一,乡镇经管站成立的会计服务中心在银行设立专户,村集体经济组织除核定留用的备用金外,所有现金和银行存款一律上交会计服务中心代管,及时监督村级资金的使用。仙桃市在资金代管方面,已经有15个左右的乡镇办建立农村会计服务中心专用账户,对上级部门下拨到村的资金实行了专户存储。其中毛嘴镇的工作做得比较好,资金管理的也非常好,对村级组织收入坚持票款同行,支出实行备用金制度。村级组织有现金收入时,村级组织报账员将现金存入会计服务中心专用账户,凭银行进账单在总出纳处开具"到款通知单",凭到款通知单到会计处记账。村级组织支出额度严格限定在备用金额度内,先支出再报账,会计根据报账额度开具

付款通知书，再到总出纳处补充备用金。

第二，村集体经济组织所有收入资金必须坚持票款同行，及时交存会计服务中心专户存储，不得自收自支，更不得坐支现金。

第三，转移支付和上级有关拨款由乡镇财政所直接划拨到会计服务中心专户，由会计服务中心按规定将资金分拨到各村账户。

第四，各村不设财务机构，但根据业务量大小设置村报账员，所有支取现金必须由村报账员办理，不得委派其他人员支取办理、抵扣村级专户存储资金，更不得用专户存储资金为他人担保。严格执行村级《现金存款管理制度》，村级组织除留用2000元以内的备用金外，所有现金全部存入会计服务中心专户，否则，可作挪用、侵占公款论处。村级组织办理定期存款，由村级组织提供书面申请，由会计服务中心办理，应得利息按银行同期存款利息计算计入所在村级组织专户。

3. 严格制订《村级财务收支预决算管理制度》

农村财务管理制度的基础制度就是收支预决算管理制度，认真研究制订该制度，在制订时必须要把握以下三个方面的原则。第一，各地农村集体经济组织年初根据本村经济实际情况及上级政府相关政策管理规定，制订本年度财务收支预算方案，预算方案必须坚持量入为出、总量控制原则，不得赤字预算。第二，年终结账时，要根据实际收支情况进行财务决算。检查和分析年度预算执行情况，探索增收节支途径。无确切真实理由突破预算的，要追究相关责任人责任，并可作为下年度削减预算的依据和理由。第三，村级大型财产购建、房屋改造及维修、公路桥梁建设等大型事业费支出，必须按照资金来源情况制订预算方案，报村、乡镇农村财务管理小组批准后执行，并在开支过程中严格财务公开制度。

4. 起草《集体资产承包合同管理制度》

农村集体经济组织在农村经济活动中经常有集体土地发包、鱼塘、自来水厂承包、村办企业建设等项目的开展都必须签订合同，在承包经营合同签订时必须遵守国家法律法规和相关政策，不得损害国家、集体、农民的合法权益。所以，加强农村财务管理制度建设，制定《集体资产承包合同管理制度》势在必行，在起草时，要注意几个方面的问题。第一，集体资产承包应采取公开招投标、拍卖方式进行，严禁暗箱操作。同等条件下，通过制度界定允许本村村民有优先承包权，合同签订后一定要及时向村民公开承包价格等应知项目。第二，村级组织承包合同必须经乡镇政府同意发包，并经公证处公证后报乡镇经管站备案，会计服务中心在结算承包收入时一定要核对承包合同。第三，有效承包合同变更或解除时，必须报乡镇政府同意，乡镇经管站立案方可，无效承包合同确认必须由乡镇经管部门或人民法院确认，合同纠纷由相关部门调解或依法仲裁。

5. 制定村级组织《固定资产管理制度》

固定资产的管理一直是农村集体经济组织的管理漏洞，也是各级政府忽视的一个方面，所以要加强村级组织固定资产管理，首先要制定相关管理制度，在制定时，一定要注意各方面的矛盾和问题，同时要从农村经济发展的现状和实际情况出发，充分考虑相关困难，制定切实可行的《固定资产管理制度》。仙桃市农村集体经济组织固定资产管理制度中规定如下。

（1）村级组织所有房屋、建筑物、机械、设备、工具、产畜等凡使用年限在一年以上，单位价值在500元以上的列为固定资产管理。

（2）村级组织建立固定资产台账及固定资产登记簿，并定期对固定资产变动情况及时核对，做到账实相符。

（3）村级组织安排专人负责对固定资产进行保养和维修，提高了资产的使用效率，乡镇经管站定期对固定资产进行检查，造成损失的，由直接责任人赔偿。

（4）村级组织固定资产的变卖和报废处理，要报乡镇经管站实地评估，经村民大会或村民代表大会讨论通过后执行。否则，一律无效，谁卖谁负责。

6. 坚持民主理财和财务公开制度

开展民主理财和财务公开，是沟通干群感情的必要方式，是促进和谐干群关系的必要手段，良好的干群关系是建设社会主义新农村的必要条件。第一，村级组织要定期或不定期召开村民代表大会，专题审核年度财务收支预决算报告以及村民理财小组要求讨论和研究的财务方面的其他重要事项，要督促民主理财小组履行工作职责，参与村级组织重大财务事项的决策。第二，落实财务公开制度。由各地经管站制定统一格式和公开项目、内容，以村为单位按季度进行财务公开，以组为单位进行农民负担公示，接受农民群众监督。第三，财务公开中，村级组织的重大财务开支项目要及时公示，乡镇经管站要不定期地进行检查和指导，不要让财务公开制度走形式，走过场，成为"作秀"制度。农村集体经济组织的民主理财是财务公开制度的前提，民主理财小组人员的组成情况事关村民对财务公开知识的理解程度，一定要选举作风正派、公正公道、广大村民信任和拥护且有一定财务知识的村民代表当任，民主理财小组的主要职责是：审核村级组织财务收支凭证，代表村民查阅相关财务资料，监督落实村级组织是否执行农村财务管理各项制度，检查和监督财务公开活动，向上级政府反映财务问题和提出财务管理方面的建议。

7. 执行《村级经费管理制度》

严格按照预算管理办法，对村级组织经费实行定额管理，包干使用原则。主要为：

（1）明确村级组织经费使用范围：村组干部工资等报酬、电话费、办公费、车辆维修费、交通费、差旅费、计生政法费、村务公开费、宣传费、报刊资料费、站管费、征兵军训费、民政优抚费、五保费、借贷利息费、管理费等。

（2）明确相关经费管理办法。村组干部报酬由乡镇政府考核确定总额，年末由村按镇核定总额一次性核定到人。村组干部职数乡镇统一按标准核定。仙桃市采用增人不增资，减人不减资原则核定。

（3）电话费、办公费、车辆维修费、交通费、计生政法费、村务公开费、宣传费、报刊资料费、站管费、征兵费、五保费等按年初预算数和标准执行。

（4）差旅费、参观考察费、培训费、军训费等按预算由乡镇相关经费协管部门核定，由所协管部门管理，按标准划拨村级组织使用，专款专用，不得挪作他用。

（5）村级组织招待费实行定额管理，一次性划拨，最多不得超过村组干部所有报酬的1%。

8. 签订《农村财务管理目标责任状》

每一项制度和任务的落实以责任状的名义进行强化，都不会走过场，走形式，并且会收到较好的效果。农村财务管理建设也一样，通过对各项制度执行情况进行责任状的落实，来达到对各项财务管理制度的建设。主要有几方面的工作。

第一，由乡镇经管站起草，乡镇农村财务管理领导小组审核，制订年度农村财务目标责任状。

第二，各委派会计对所管辖村级组织的财务管理工作负责，村党支部书记为第一责任人。

第三，责任内容主要有：财务收支预决算管理制度、现金存款管理制度、结账报账制度、民主理财和财务公开制度、集体资产承包管理制度、固定资产管理制度、大型建设支出管理制度等。

第四，年初由乡镇政府与各村委会签订目标责任状，年底组织考核，考核结果作为下一年度经费额度拨付标准。

第五，设立奖励专项。对年度考核优秀的村级组织给予一定金额的奖励。

第六，实行责任追究制度。在以上责任内容内设定相对的核心制度，对没完成核心制度或者受乡镇财务领导小组批评和村级民主理财小组意见反映最大的村级组织，要对主要领导实行责任追究，如连续三年考核不合格的，实行一票否决制，调任村级组织主要领导，并取消委派会计的本年评优评先资格。

除此之外，在农村财务管理制度建设方面还要抓好集体资产产权制度创新试点工作，农村集体资产产权制度创新是一项长期且艰巨的工作，主要分三步推进。第一步，明晰产权，确保利益。根据宪法和物权法，将全部集体资产折股量化到个人，建立新的集体经济制度，依法保证股东的权益。第二步，盘活资产，推动发展。要解放思想，大胆突破，盘活以土地为核心的集体资产，加快新农村建设和发展步伐。第三步，城乡一体，共同富裕。国家要研究制定农村向城镇转变的政策，通过产权制度创新来推动集体经济发展。仙桃市将沙嘴镇芭茭湾村作为集体资产产权制度改革创新示范点，成立了社区合作社并已挂牌。

　　农村财务管理制度建设好坏关系到农民群众的切身利益，关系到农村经济的健康发展，也关系到党群、干群关系。因此，要努力提高各级政府和广大农民群众对农村财务管理工作重要性的认识，切实加强各方面的制度建设，加大监督与管理，明确责任，强化措施。

（四）加强农村财务管理的领导，提高农民主人翁意识

　　我国的农业发展已经有几千年的历史，农村农民"以和为贵"的思想在我国农业经济发展中已根深蒂固，都有"多一事不如少一事"心态，这种思想的发展不利于加强农村财务管理，更不利于农村经济的发展。所以，要切实加强农民对农村财务工作的领导，提高主人翁意识，必须要全面解放农民思想，树立正确的价值取向，转变对集体经济的管理态度。

　　1.解放思想，提高认识

　　国家应大力加强各级政府对财务工作的领导，提高广大农民对农村财务管理工作的重要性的认识，清除事不关己的麻痹思想。还应加大政策倾斜力度，重点选派优秀大学生到农村任村官，经济发达的特殊农村还要通过政策扶持大力引进研究生等高学历人才，让这种新时代的国家人才将现代农业管理知识和观念渗透到农村，渗入每个农民的心中，影响广大农民群众的思想变化，让他们提高主人翁意识。优秀大学生进入农村工作前，应先由国家组织部、农业部等相关部委对其进行农村财务管理知识等业务知识培训，让他们能够基本了解农村财务管理的作用与重要性以及会计核算管理的基本方式和程序，通过学习能够了解农村财务管理对农村经济发展产生的影响，让这些大学生将自己所学的专业知识和管理经验与农村财务管理知识有机地结合起来，运用到农村经济中去。这种做法能够提高大学生村官进村工作后对财务管理工作的重视，同时，财务管理人员也可以不因基层领导的变动或者新领导不懂财务而陷入工作的被动局面，更能够改变农村财务管理建设不足的现状，带动广大农民群众提高对财务管理工作的认识，提升农民群众的主人翁意识以及积极参与到农村财务管理建设中去。

　　2.确保农村财务管理队伍稳定

　　农村财务管理建设必须重视从事农村财务管理的会计服务中心的会计从业人员的队伍建设工作。

首先，要切实加强对农村经济组织的报账员的领导，强化工作责任和意识，加强管理。村报账员必须与村民主理财小组一起经村民代表大会选择产生，绝不能由村干部的家属和亲属担任，选举产生后，必须要向乡镇经管站和会计服务中心报批备案，再由乡镇经管站委托会计服务中心对村报账员进行会计职业道德培训和财务知识培训，考试合格后方可上岗，一经确认上岗，中途不得以任何理由随意更换，如果村报账员违反了国家法律规定和《会计法》的相关制度规定和财经纪律，由村级组织委员会直接辞退，触犯刑法的，移交司法机关处理。建议村报账员的聘用管理应参照会计服务中心的财务工作人员执行，增强报账员的工作积极性。

其次，要加强对会计服务中心的财务工作人员的聘用管理。所聘用的农村会计服务中心的财务人员必须具有会计从业资格证，并且还应具有基本的计算机水平，还要比较了解农村财务管理的具体工作，建议参照事业单位管理方式执行，稳定队伍。

再者，就是聘用的会计服务中心的负责人必须具有会计专业技术初级职称，并在相关单位从事会计核算及管理工作二年以上且对农村财务管理工作非常了解，并且有服务农村、服务农业的热情。

最后，就是对这三类农村财务管理的主力军的培训及管理工作。第一，要充分发挥各类财务工作人员的主观能动性和工作创新性。要勤于思考，肯抓落实，注重平时基础工作的开展，以务实的作风推动工作的落实。第二，要鼓励深入农村工作一线，多倾听农民群众的呼声，了解农民群众反映强烈的热难点问题，多加强调查研究，分析问题，研究对策，为领导当好参谋，维护农村稳定。第三，要敢于负责，敢于碰硬。遇到矛盾和问题要坚持原则，不能畏首畏尾，要敢于伸张正义，要坚持原则，对违纪违规现象要敢于下手，维护集体和人民群众的合法权益。第四，乡镇政府要加大对会计人员的培训力度，坚持持证上岗，多进行业务交流和学习，不断提高委派会计和村报账员的业务水平，同时加强业务工作的考核，总体要能干事，会干事。第五，各级政府要加强对财务人员的思想政治教育，多关心他们的生活和学习，保证各项经费的落实，对会计服务中心财务人员的正常工作调动以及任免，一定要征求乡镇经管站和所在村村委会意见，充分考虑相对因素，但不能随意调动，确保队伍稳定。

第四节　农村集体经济组织财务运行的政府监管

一、健全村党组织监督机制，深化村民自治实践

健全基层民主制度，对村民自治实践加以不断深化，首先就是应该对村民自治

机制进行不断的完善，对民主协商的形式进行逐渐增多，确保农民可以依据法律法规实施民主管理、民主决策、民主协商、民主选举、民主监督。对一切农村违法犯罪活动进行严厉打击，确保村民的生命财产安全，推动农村经济的可持续发展。

党委应加强农村党的建设，根据《中国共产党农村工作条例》等纲领性文件，以及实际情况具体细化基层党支部行使监督权责的工作要点，以提升组织力为重点，突出政治功能，坚持农村基层党组织领导地位不动摇，全面加强农村基层组织对村级重大事项、重点工作、重要问题的研究讨论决定，乡镇党委和村党组织全面领导乡镇、村的各类组织和各项工作，充分发挥农村基层党支在村级议事决策中的领导作用，强化对决策动议、执行、监督的领导。完善监督机制、议事决策机制，构建完善村务监督委员会。各级党委尤其是县级党委，一定要严格按照有关规定履行自身职责和义务，始终坚持抓乡促村，选拔优秀的村支部书记，加大党内激励关怀帮扶力度，建立健全经费保障制度，不断加强基本阵地、基本活动、基本制度、基本队伍、基本保障的建设。

二、政府给予政策倾斜，发展并壮大农村集体经济

(一) 农村集体经济需要引起政府高度重视

自 21 世纪以来，我国一直处于经营方式、经济形式深化改革的进程中，在此背景下不但对农村集体经济产生了一定的贬损，而且在我国农村集体经济的发展方面有着负面影响。要以农业为基础，就必须给农村集体经济以高度重视，这已成为一项迫切的任务。

众所周知，在农村经济中其集体经济处于核心地位。扶持村级集体经济发展，壮大村级集体经济实力，是新时期新阶段对农村"统分结合、双层经营"基本经济制度的完善，是推进农业适度规模经营、优化配置农业生产要素、实现农民共同富裕、提高农村公共服务能力、完善农村社会治理的重要举措，也是挖掘农村市场消费需求潜力、培育农村经济新增长点的重要手段，对于统筹城乡发展、促进社会和谐、巩固执政基础和全面建成小康社会具有重大意义。发展壮大集体经济是减轻农民负担、改善干群关系、维护农村稳定的需要。许多乡村由于集体经济比较薄弱，无力为群众提供服务，一定程度上影响到村级组织的形象，影响到党群、干群关系。只有大力发展壮大集体经济，才能有效解决这一问题。

农村集体经济作为农村经济中最重要的组成部分之一，对于整个农村经济发展大局都起着不容忽视的作用。我国农村集体资产有多种类型且大都无法分割，这也就决定了我国只有发展农村集体经济，才能够推动农村的快速发展。与此同时，对

于实现中华民族伟大复兴"中国梦"方面，农村集体经济的发展都有着十分重大的意义。并且，发展农村集体经济，还能促进农民增收，巩固党的执政地位，从而促进整个社会经济的发展进步。因此，相关政府部门必须足够重视集体经济。

各级政府党委要大胆解放思想，要深刻认识到发展村集体经济对基本经营制度进行完善、优化的作用。如果思想认识不到位，观念转变不到位，发展壮大集体经济就是一句空话，就会流于形式；要把发展壮大集体经济作为市、区（县）、乡（镇）三级党委履职尽责的重要考核指标，鼓励地方党委依托资源禀赋，积极探索发展壮大村集体经济的有效形式，切实把发展村集体经济的责任扛起来并落到实处；要建立村集体经济发展的定期交叉督查制度，从制度上防止发展集体经济中的"忽冷忽热"现象、表面应付现象。

（二）加大宣传力度，以促进组织成员民主管理意识的全面提升

加大宣传力度，以促进组织成员民主管理意识的全面提升，这对于实现治理环境的优化、完善有着重要的意义。农村集体经济组织在民主监管及民主管理等方面存在着较为显著的形式化问题，如财务公开主要就是以表格的形式展现，而财务数据解释较为匮乏等，可见财务公开效果并未与预期相匹配。基于此了解到，村民民主监督、民主管理及民主决策意识较为淡薄。特别是当前农村为能够积极引导村民参与到民主决策、民主监督和民主管理中来，还需借助各种有效的手段调动村民参与热情，如一些农村地区会召开村民大会，召集所有村民参与到其中，还需要给参与村民大会的村民相应额度的误工费、会议费等，此规定已经成为参会过程中的一条硬性规定。但能够观察到，集体经济组织成员的民主管理意识较为显著，由此可见加强组织成员自治意识势在必行，促使组织成员可以承担相应的监管职责，将此职责视为自身的权利和义务，而非外界力量引导和督促形成的意识。

三、加强财务审计监督，提升审计队伍素质

针对村级财务加大监督力度，对于降低和预防腐败的发生概率具有很大帮助。所以，对村级财务加大监管和审计力度，健全民主监督机制，将审计监督、民主监督落实到根本上。具体情况如下。

（1）发挥出村级民主理财的作用与价值。对村级财务加大监管力度，与群众的民主监督息息相关，要从根本上保障群众的监督权和知情权。对村内重大事项推行以民主决策的方式来解决和处理，重大财务活动要依托民主理财程序。村民理财小组成员，应该熟练掌握和运用财务知识，保证小组成员具备较高的理财能力和素质。针对其提出的建议，村委会要给予较高的关注度，并依据相关要求实施调整改造，

使得财务管理水平得以有效提升。

（2）积极建设农村集体财务审计队伍。县乡审计部门及农经站的职责就是针对村级财务管理实施审计监督和业务指导，通过对财务情况的了解和掌控，对财务管理提出建设性意见。此外，将重大工程项目的具体建设情况，基础设施建设专项资金、支农专项资金、民生资金等资金使用管理情况作为审计的核心。村委会对于审计过程中出现的问题应给予更高的关注度，通过问题研究，找出问题发生的源头，并加大审计整改力度。针对违法犯罪行为，要查明具体情况，对违法行为给予严肃惩处。对审计人员加大培训力度，促使审计人员素质和能力的提升，将审计监督作用充分施展出来。

（3）在农村社会经济发展和建设过程中，其主要的目的就是提升农村集体、农民的收入，进而保障我国农民的合法权益。对此，在积极开展农村集体经济组织财务审计工作中，就需要做好新形势下对农民负担以及权益的审计。对于农民的负担审计来说，以往主要检查一事一议的筹资酬劳以及一事一议筹资酬劳相关的管理工作，对涉农的收费项目是否通过相关部门的审批、是否通过公示、各项的资金以及集资情况等；现在更主要的是对农民的权益进行审计，主要是对土地承包发生变化后的农民权益的审计，审计农村集体产权制度有没有到位，农民的利益有没有得到充分的保障，以及土地承包变动产生的经济补偿与财务活动等。另外，还需要对涉农补助资金的落实情况、精准扶贫措施落实情况进行审计，这对于最大限度地保障农民的合法权益有着重要的意义，还应加强对新农村社保、农村医疗合作的审计工作。

（4）做好对以固定资产为主的集体资产的核算和审计。在农村集体经济组织财务管理中，固定资产的管理特别是生产性固定资产的管理是农村经济财务管理中的一项重要内容，其直接反映了农村的发展水平及实际情况，对于推动农村的更好发展有着积极意义。总的来说，在财务管理工作开展的进程中，就要做好对其固定资产的核算和审计工作。在对农村集体经济组织财务固定资产的核算审计工作中，主要包括对固定资产的检查和核对、固定资产的报废以及固定资产的转让手续等进行盘点和核实，从而获得其固定资产的准确值，便于对其进行后期的规划和使用。

（5）做好对农村财务收支的审计。在审计工作开展进程中，有必要将审计财务收支情况作为核心，这对于实现集体经济组织财务管理工作的有序、规范开展具有重要意义。在严格核查凭证材料、审查收款收据的背景下，有助于及时了解与掌握收入入账情况，进而保障财务单据的合理性、真实性。另外，在审计农村财务的各项收支情况下，对于审核其年度财务预算执行情况也有着积极作用。

（6）做好对财务公开的审计工作。财务公开在农村财务审计中起着非常重要的作用，财务公开是保证村民对农村财务监督最有效的方法，是村民民主化的重要体现，也是财务公开监督的关键手段。在财务管理公开审计中，村民掌握了一定的监督权，为能够有效实施监督权，需成立监督小组，这就需要借助审计小组成员的力量，严格按照相关要求履行监督职责，在公开审计过程中，要对公开审计内容、时间、形式进行监督，并针对审计问题进行及时提出，同时制定应对措施，提出处理意见，以此更好地提高财务管理审计效果。

针对农村经济的发展与建设来说，农村集体经济组织财务审计工作的开展至关重要，财务审计工作不仅是对村财务的一种有效监督，同时也是实现财务资金合理化使用的最有效方式之一。对此，需要让所有相关人员对财务审计工作给予高度重视，认识到此工作的关键性影响，对审计要点充分的掌控，以此展开严格审计，为保证农村经济的长久可持续发展提供了强大动力支持。

四、健全财务管理制度，强化关键环节的监督管理

制度变迁理论表明，制度可以视为一种公共产品，它是由个人或组织生产出来的。总的来说，制度的供给具有稀缺的、有限的特征，其根本原因是资源的稀缺性、人们的有限理性。也就是说，在自身理性程度不断提升、外界环境持续变动的背景下，人们会根据实际情况来对新的制度进行设计、制定，最终达到增加预期收益的目标。

因此，在解决农村集体组织经济问题方面，需要建立并完善相关制度，为农村集体经济组织的发展保驾护航。农村财务行政主管部门和乡镇人民政府应根据《中华人民共和国会计法》、财政部《村集体经济组织会计制度》等法律法规，结合实际，指导农村集体不断健全完善财务开支审批、财务预决算、财务收支管理、筹资筹劳、收支票据管理等方面的监管制度，以实现统一规范管理工作。

（一）建立农村财务开支审批制度

财权表现为某一主体对财力所拥有的支配权，侧重于对财力的配置，即从价值形态上对资金进行配置。根据财务控制理论，有集权、分权、集权和分权混合制三种财务控制模式。任何组织都要寻找适应本组织实际情况的集权和分权的适度点，也就是进行有效合理的财权配置。针对目前村集体经济组织中存在的部分村委会成员控制村级财务的"内部人控制"现象，应建立权力制约机制，分散部分村干部的财权，采用适当分权的控制模式。通过进一步明确财务审批者的权、责、利，规范村集体财务收支审批程序。

在财务收支审批的过程中，应严格规范农村集体的财务支出审批和报账程序。

一是完善规范农村集体财务支出的层级审批制度。农村集体的财务支出的层级审批制度按照审批权限由低至高设定为理事长审签、理事会集体会签、成员大会或者成员代表会议审议决定三个层级。各层级的审批权限额度由农村集体结合实际，在县级农村财务行政主管部门和乡镇人民政府（街道办）的指导下，经成员大会或者成员代表会议讨论决定。

二是实行财务收支定期报账制度。农村集体与会计代理服务机构签订会计代理服务协议书后，定期向会计代理服务机构报账。经济联合社每月报账一次；经济合作社一般每季度报账一次，财务收支多的每月报账一次。农村集体根据财务管理工作需要设立报账员，负责农村集体财务收支原始凭证的整理、收集，定期向会计代理服务机构报账，保管与领用备用金等工作。

三是保障报账程序的规范性、合理性。报账员携带经理财小组审批（核）、理事长审批或者经层级程序审批，手续完备、依据附件齐全的财务收支票据凭证到会计代理服务机构进行报账。会计代理服务机构受理报账时，会计人员履行会计监督职责，对报账员报来的财务收支票据凭证认真审核把关，逐一核实后，符合规定要求的票据凭证加具意见后报销、记账，不符合规定要求的票据凭证退回，待补充完善后再报账。符合规定的财务支出票据凭证应当做到"六有"，即有事由、有经办人、有证明人、有审批人、有民主理财小组签章、有会计代理服务机构的审核意见及必要的附件。由村民委员会代行经济联合社职能的，其理财小组的职责由村务监督委员会代行。

（二）健全财务预算制度

为了控制村级费用增长，充分发挥预算管理以及监督的作用，必须明确规定村组织建立财务收支预决算制度。完善事前、事中审计，形成一套完整的财务预算、决算、公开、监督体系。同时，建立村民委员会以及村民会议，加强村级财务预算的监督。首先，由村民委员会财务人员编制村级财务预算，对编制完成的村级财务预算交由村民委员会审核，对于审核通过的村级财务预算提交村民会议进行审批。在村民会议审批过程中，村民有发表自己意见的权利。而且，村民委员会对于村民提出的意见要认真思考，吸取村民的建议，并对村级财务预算进行适当修改，使其更加符合村集体经济实际情况。在时间上，村级财务预算要每年进行一次，村级财务预算除了要进行村民会议的审批外，还要对年度预算进行公开，接受群众监督，并且村级财务预算执行情况时刻接受村民会议的监督。

农村集体每年初应按照"量入为出、增收节支"的原则，合理编制本年度财务收支、农业基本建设、购建固定资产、兴办企业及资源开发投资、收益分配等的预算安排，经农村集体监事会审核通过后，提请成员大会或者成员代表会议审议表决通过，报乡镇（街道）会计代理服务机构备案，并作为当年资金开支的依据。

(三) 健全完善民主理财和民主决策制度

农村财务行政主管部门和乡镇人民政府（街道办事处）应进一步加强农村集体民主理财、民主监督和民主决策制度建设工作的落实。

一是健全完善民主理财制度，落实民主监督。农村集体必须按照民主理财工作要求，健全和完善民主理财工作制度，定期组织开展民主理财活动，落实民主监督工作。农村集体所有的财务收支必须经民主理财监督小组或者监事会（以下简称"理财小组"）审批后才可以报销入账，未经理财小组审批的财务收支不得入账。

二是健全完善民主决策制度。凡是涉及农村集体利益、农村集体成员切身利益的财务经济事项，农村集体的社委会或者理事会（以下简称"理事会"）应先议定方案在本农村集体和成员中公布，在广泛听取成员的意见和建议并修改完善方案后，召开成员大会或者成员代表会议进行讨论、审议决定。如集体企业改制、经营项目发包、集体资产处置、大额财务开支、工程项目建设等重大财务经济事项，应召开成员大会或者成员代表会议审议，按民主决策程序进行表决。依法依规须经村民会议或者村民代表会议审议决定的事项，应提交村民会议或者村民代表会议审议决定。

三是农村集体理事会、理财小组、聘用人员等管理人员的报酬、补贴由农村集体承担。报酬和补贴额度标准由县（市、区）农村财务行政主管部门和乡镇人民政府（街道办事处）根据本地实际作出指导，并经成员大会或者成员代表会议审议决定。

四是代行农村集体职能的村民委员会、村民小组在履行管理农村集体财务收支、资产经营管理等经济活动事务职责时，应按照农村集体有关民主管理、民主决策的规定执行。

(四) 加强和规范农村集体财务收支票据凭证管理

农村集体使用的财务收支票据凭证主要包括税务发票、银行结算凭证、政府职能部门使用的收据等。按照《村集体经济组织会计制度》中的相关规定，村集体经济组织在向农户、单位收取现金期间，应运用统一的收款凭证，同时要做到手续完备、合理，农村集体发生收入应当使用县（市、区）根据农村财务管理工作实际需要统一规定样式的收款凭证开具收款票据或者取得收款凭证，并作为凭证登记入账，收取的现金不得坐收坐支或挪作他用；通过银行进行收付款的以银行缴款（结算）凭证入账。农村集体发生的支出应当取得真实、合法、符合规定的发票或者原始凭证；对向个人小额开支或者客观上未能取得发票的经济事项，应当使用县级农村财务行政主管部门统一规定样式的现金支出凭单、报销表格或者内部结算凭证填制支出原始凭证，严禁使用不规范票据、白条报销、入账。农村集体发生涉税的经营收入应当按照规定开具发票；发生财政补贴等收入应当使用银行结算凭证入账；购买医保、社保等使用规定的票据入账；接受捐赠、收回拆借款、预收押金和其他预收代收款及预付款等资金收付时，没有县级统一规定样式收付款凭证的应通过银行进行收付款或者资金划拨，使用银行收付款(结算)凭证入账。农村集体理事长对会计工作和会计凭证资料的真实性、完整性负责。

(五)加强和规范农村集体资金管理

农村集体应在当地银行机构开设基本账户，尽量通过银行进行现金和资金的结算业务。实行备用金限额管理制度，超限额部分现金应及时存入银行账户，集体资金不得以个人名义进行储存，严格执行现金管理有关规定。各级财政拨付的专项资金专款专用，需要设专账进行核算的应实行专账管理；征地补偿款实行专款专户管理，不得用于发放农村集体管理人员报酬和支付管理性费用支出。农村财务行政主管部门应积极配合中国人民银行肇庆市中心支行在全市推广应用的新型农村金融服务业务工作(如村财通、移动支付等)。会计代理服务机构应指导、督促农村集体通过银行办理资金的收付结转等经济业务，力争实现电子化无现金收付，解决坐收坐支、贪污挪用等农村集体资金监管问题。

(六)加强农村集体资产管理

应不断完善农村集体资产的管理制度，明确资产归属，建立资产管理台账，加强管理，定期盘点资产，防止农村集体资产流失。农村集体的土地、企业、设施、设备进行合作经营、出让或者出租时，必须经乡镇(街道)农村集体"三资"管理部门或者具有评估资质的单位进行价值评估。农村集体资产的合作经营、出让或者出租方案必须经农村集体成员代表会议通过。针对购置资产和物资、工程建设项目等方面的支出，按农村集体民主管理、民主决策、民主监督的有关规定制度执行。要防止在并村、撤村或者村改居等过程中用行政手段把农村集体的资产转为居民自治组织资产，借村规模调整之机平分平调农村集体资产或者违规违法处置农村集体资产等损害农村集体和群众利益行为。

(七)完善农村财务人员岗位责任制度

农村要想改善集体经济财务违规情况，就需要做好财务人员岗位职责的规范，首先农村集体经济财务人员应该在法律规定约束的范围内进行明确职权，同时与工作的实际情况进行整合，依据权责一致规定，针对财务费用加以合理化的审批和规划审批等，构建审批、审核、核准及备案工作制度，合理性地设置工作流程，并对工作的时间进行具体规定，同时将工作职责分解之后加以量化。将责任赋予到每位财务责任人的身上，并设定具体的工作目标，对岗位任务进行严格设定，确保各岗位人员的权责可以更加清晰。

此外，还要加大监督检查力度，对考核奖惩制度进行不断完善，制定严格的责任追溯机制，并进行定期的检查评比，将这些规定作为财务人员政绩考核的重要参照标准，使得财务工作可以满足工作行为规范化、工作责任明晰化、工作目标具体化、错案追究制度化及监督检查有效化。借助于对农村财务行政管理体制的进一步深化改革，使得管理职能得以有效的转变，通过构建健全责任制度机制，行政成本会因此下降，行政效率会实现较大提升，以此形成廉政高效、公开透明、运转协调、行为规范的行政管理体制，在推行依法行政工作方面获得非常不错的效果。

（八）建立村集体经济组织破产制度

农村集体经济组织的经济职能，意味着其必然进入市场。众所周知，市场能够提供一定的发展机遇，但是同样也会面临着一定的风险。由于市场经济具有竞争性的特征，因此集体经济组织想要稳赚不赔是不现实的。在国家颁布的《企业破产法》中，第一条中指出破产制度不但有助于债务人的挽救，而且在保障债权人的利益方面也有着积极意义。笔者通过对农村集体经济组织的运行与发展情况进行调查与研究后，认为其应该适用于《企业破产法》中的相关规定，其理由包含三个方面：首先，农村集体经济组织适用于《企业破产法》，有助于保障社会的公平性；其次，有助于市场交易秩序的维护，相应的债务人、债权人的合法权益也可以得到保障；最后，有助于集体经济组织管理者审慎的选择交易方式、范围、对象，进而提升决策的科学性。当然，由于集体经济组织与营利组织间存在着一定的差异，因此需要根据实际情况制定出合理的、科学的制度。

五、制定合理的村级财务开支范围和标准

财务公开制度作为村级财务管理最为关键的规范化要求，是所有村民的最根本期盼。所有行政村都应该依托群众容易接受和理解的方式，依据有关规定将财务活动的具体状况和会计账目向所有村民进行定期公示，接受广大村民的严格监督。财务公开过程中要依据《村集体经济组织财务公开暂行规定》规定公开，公开的时间是每月一次。财务公开的方式主要就是将财务公开内容张贴在财务公开栏上，财务公开栏的设置要尽可能地选择在为所有村民浏览提供便利的场所。具体包括以下

方面。

（1）村级财务做到收有凭，付有据，各项收支一定要实事求是，不得避实求虚，要具有真实性、合理性、合法性。

（2）村干部年度工资需要经过村两委对其进行集体评议，然后将具体情况上报到主管部门来对其进行审核，只有在审批通过后才能够将工资发放给村干部。需注意的是，原则上村干部工资应低于乡财政拨发年度的转移支付，当村内资金较为充裕的情况下，允许村干部的年度工资适当的增加。

（3）村内年度结算为 12 月 30 日，在年终结算期间，应根据权责发生制原则，将应付款项、应收款项等记入年度决算收益分配。

（4）各项收支凭证应该做到及时记账，手续、要素等应根据相关规定严格执行。同时，所有开支的发票都需要将资金的具体去向注明，以保障支出的合法性、合理性。

（5）关于村干部的补贴标准，需要严格根据村级财务管理制度来执行，不得出现违规发放补贴的情况。

（6）村干部在公出期间，其垫付的各种费用、预借差旅费，需要在期限内与出纳结清，不得拖欠。

（7）村内所有的收支，都需将《年初财政收支预算方案》作为准则，通过压缩开支、先算后用等相关举措，以实现资金的正常运转。

六、明确委托代理的权责，加强资产资金管理

众所周知，制定、设计审计委托权的相关制度，在审计工作中处于核心地位。其中最为重要的便是对审计委托人进行重新设计，以解决被审计人同时也是审计委托人的问题，这对于保障财务信息的真实性有着重要的意义。在实际操作的过程中，可设计一个代位审计委托人，进而行使审计委托权，该举措的核心目标是注册会计师的审计独立性得到保障。

因此为了保障财务信息的真实性，应该从以下方面出发，明确委托—代理责任：

（1）针对村干部权力加大控制力度，规避村干部对村级财务进行全面控制，应该构建健全可行的权力约束机制，将村干部财务收支审批权进行合理化的分散，使得财务收支审批程序可以更加规范。在村干部财务收支审批时，一定要对有关领导审批的额度进行严格设定，如果是超出额度之外的项目，需要向民主理财小组进行申请，并在审议之后才能够获得，将理财小组审批权进行着重突出。当发生财务事项，经手人在获取原始凭证时，需要说明凭证使用途径，并签字盖章。审核通过的凭证，需要交由理财组长进行签字，然后交由村两委会干部进行审批，审批通过之

后需要签字确认，最后再交由会计人员进行审核后记账。在实际操作中，可以将理财小组审批专用图章分为多块，其中理财小组成员、村民委员会主任保证每人一块。而对于一些重大财务事项来说，只能够经由理财小组审批通过之后，才能够集合所有图章形成完整图章，盖章签字之后才会生效。其中村干部审批权滞后，对规避村级干部与财会人员联合财务造假行为有很大帮助。

（2）健全完善农村集体经济审计监督机制。各级财政部门和乡镇人民政府（街道办事处）应健全完善农村集体经济审计监督工作机制。配备具有相应专业知识和业务工作能力的农村审计人员，依法履行工作职责，依法对农村集体的财务收支进行审计，依法对农村集体理事会进行任期经济责任审计和离任审计工作。审计工作经费列入财政部门、乡镇人民政府（街道办事处）的年度一般公共预算支出。农村集体经济审计工作接受国家审计机关的指导与监督。

（3）规范会计信息基础。首先，就是针对票据进行统一管理，并对原始凭证加以规范。票据作为会计资料的重要组成，关系了会计信息的真实性和有效性。为能够确保会计信息的合法性，需要从根本上进行防范和治理，一定要对票据使用进行严格的规范，以保证农民利益不受侵害。所有的各村收取款项，都要乡镇政府盖上审核专用章之后才能够收取。与此同时，对村委会收据进行统一，全面推行领购登记制度。其次，对账册管理进行统一，对会计核算制度加以完善。编制财会报告，控制单位经济活动的重要举措就是记录单位经济业务事项和会计账簿序时。若要保证会计信息的真实性和合法性，加强对会计账簿的管理，对各村建账情况进行严格的督促是非常重要的举措，同时也成为村级财务控制不断加强的有效方法。村集体经济组织应该构建健全会计核算体系，完善现金日记账、明晰分类账、总分类账和酬劳用工登记簿、有价证券登记簿、财产物资登记簿，将村集体的财务状况、经济活动充分凸显出来。最后，全面推行财务交叉会审制度、乡镇审核制度。针对推行村账乡管模式的村集体经济组织，乡镇农经站一定要对财务入账单据的真实性、合法性及合理性加以审核，并盖有不予报销或是已经审核完毕的印章，如果审核没有通过，将无法入账。除此之外，各村财务人员每半年、每季度都要对各村账务账目进行交叉互审。

七、健全集体财务监管机构，保护农民权益

（一）健全完善会计代理服务机构

乡镇人民政府（街道办事处）根据会计委托代理服务工作需要，健全完善会计代理服务机构，配备具备从事会计代理服务工作专业知识和技能的会计代理服务工作

人员，做好农村集体的财务会计委托代理服务工作。乡镇（街道）会计代理服务机构接受农村财务行政主管部门的监督、指导，同时还需要发挥出监督农村集体财务收支情况的相关职责，定期向乡镇人民政府（街道办事处）报告农村集体的财务收支情况，报送财务收支会计报表。会计代理服务机构的日常工作经费（包括会计代理人员的工资和办公经费等）原则上由成立的乡镇人民政府（街道办事处）负责解决。确需向委托代理的农村集体收取会计委托代理服务费的，必须报县级农村财务行政主管部门批准，并按有关规定执行。

(二) 健全完善民主理财监督机构

农村集体应该成立理财小组，其中小组人员要保证在3—5人，理财小组成员的产生，主要就是通过民主选举产生，其中强调成员不得存在社委会职务上的重叠，理财小组的主要工作任务就是向成员大会报告工作内容。理财小组要严格履行监督和理财职责，并定期对理财活动进行检查、审核、查阅，将理财活动的工作内容进行详细的记录，并将最终结果及时公示。民主理财小组不得徇私舞弊、滥用职权。对于一些监督职责并未落实，监督不积极的成员，村集体成员大会有权终止成员的职务，并及时补选。理财小组成员名单应报会计代理服务机构备案。

(三) 应用现代信息技术加强农村集体财务监管

农村财务行政主管部门应加强监督和指导会计代理服务机构应用农村集体"三资"管理服务平台进行会计记账、财务公开等代理业务工作，将农村集体的财务收支、会计记账情况全部纳入农村集体"三资"管理服务平台的监管之中。各级农村财务行政主管部门应充分利用农村集体"三资"管理服务平台的信息监管功能对农村集体的财务收支情况、资金收支情况、资产资源经营情况等进行网络在线监管，进一步提高农村财务管理工作的现代化管理水平。

(四) 加强农村集体财务审计监督

各级财政部门和乡镇人民政府（街道办事处）应根据《G省农村集体经济审计条例》要求，履行职责，依法组织实施对农村集体财务收支的审计监督工作，切实维护农村集体及其成员合法权益。同时，结合网络监管、财务监督检查发现的问题和群众反映、财务公开的一系列问题，根据实际情况来开展专项审计或抽查审计工作，以加大对农村集体财务的审计监督力度，同时在审计完毕后还应该向群众公开审计结果，强化农村审计的监督职能。对审计发现农村集体违规使用财政专项资金、征地补偿款的，由县级以上财政部门责令整改，并将违法违纪相关问题线索移送纪检监察机关，追究相关人员责任。审计发现理事会或者理事长擅自处置集体资产、减免集体债权，或者徇私舞弊发包、出租造成农村集体财产损失的，由乡镇人民政府（街道办事处）责令整改，责令相关责任人赔偿经济损失，并将问题线索移送纪检监察机关追究相关责任人责任；违法犯罪的，移送司法机关处理。

（五）严格执行财务公开制度

农村集体应按照财务公开的有关规定和要求，完善公开制度。坚持实际、实用、实效的原则，按公开规定时间要求公开财务收支、资产资源经营情况等信息，涉及农村集体及其成员利益的重大事项应当及时公开，保障村民群众的知情权和监督权。根据公开规定时间，股份合作经济联合社、经济联合社需每月公布一次财务收支信息；股份合作经济社、经济合作社需每季度公布一次财务收支信息，假如其财务收支往来较多，为了保障村民群众的监督权、知情权，应该每月公布一次相关信息；另外，农村集体的年度财务收支信息需要在次年1月15日前进行公布。公布的财务公开表、财务信息内容必须真实，必须经理事长和理财小组三分之二以上成员审核共同签字确认后公布，并将公开的表格资料建档备查。

（六）实行多形式多渠道的财务公开

以方便群众和农村集体成员查阅、监督为原则，农村集体的财务收支情况信息除在村的公开栏公布外，各县（市、区）应通过网络在村民委员会（社区）公共服务站的公共服务信息查询系统（触摸屏）公开，在肇庆市农村党风廉政信息公开平台、农村集体"三资"管理服务平台中公开，在当地的移动、电信、有线电视等多渠道、多形式进行公开。

第十一章　基于循环经济的绿色财务管理

第一节　循环经济理论与绿色财务管理理论

一、循环经济理论

(一) 循环经济理论的实质

循环经济的核心内涵是由美国杜邦公司定义的废物减量化（Reduce）、资源的再使用（Reuse）和再循环利用（Recycle），即 3R 原则。循环经济的经济实质是生态资本内化，成为经济增长的内生变量。资源短缺和生态环境恶化是经济发展过程中的衍生物，因而具有深刻的经济学内涵。从李嘉图的古典经济增长模型到现在的经济学模型，经济学家从不同角度，如土地、资本与劳动、技术与知识以及制度等来揭示其经济增长的内在因素。经济发展的理论和实践表明，可持续发展的经济不仅取决于经济因素本身，更需要考虑与生态环境因素的相互协调程度。生态环境作为经济增长的又一驱动因素成为经济增长的研究热点，生态环境由影响经济发展的"外在因素"转化为其"内在因素"。由于生态环境本身价值测度与评估尚处于探讨之中，传统的增长理论则难以解释生态环境对经济增长的贡献，考虑生态环境因素的经济增长规律是进一步丰富经济增长理论的必然选择。

(二) 循环经济价值链

哈佛大学教授迈克尔·波特在《竞争优势》中首次提出了价值链概念。他认为，任何一个经济活动系统必然包括物质、能量、信息和人力等以价值为要素的流动，公司通过完成一系列作业而产生价值，企业与其上下游各有其价值链，彼此相互关联，构成价值系统。循环经济也不例外，循环经济的价值链可以通过 3 个不同时期进行分析。

（1）资源的投入与配置。通过投入一定的人力来开发和利用各种资源的生态经济系统，支付劳动者的报酬，进而形成循环经济的价值链过程。

（2）价值物化与增值。劳动者通过具体劳动把物化劳动的价值转移到资源的开发、生态的保护及相关的产品生产价值链中去，创造新价值，实现价值增值。需要指出的是，在价值增值过程中，还包括生态环境质量的改变创造的生态环境价值（包括正值与负值）。

（3）价值产出与实现。伴随着物质流、能量流的合理运行，价值得以产出和实现。实际上，在循环经济的价值流程中，人力流和信息流的作用也是不可忽视的。

（三）环境成本的内化

环境成本内在化是将环境要素纳入整个经济系统要素中，在新的生产运行系统、居住系统和生活方式中将传统工业经济系统运行中形成的外部成本"内部化"，在人与自然制衡统一生态观的指导下，以制度创新为核心，以技术和知识创新为动力，以近期"治理"、长期"构建"的战略原则，以产业结构、居住方式、生活方式、经济形态等为内容，实现生产力的可持续发展。环境资源的经济价值包括使用价值和非使用价值两大类。环境的使用价值包括直接使用价值、选择价值和间接使用价值。直接使用价值是指环境资源直接进入当前生活消费的价值，如水资源等；选择价值指当代人为保证后代环境资源利用的现有愿望支付，比如当代人对保护生物多样性的意愿支付；间接使用价值是指环境资源以间接方式参与经济生产过程的价值，如生态功能等。

（四）企业社会责任理论

哈罗德·孔茨等人认为，企业的社会责任就是认真地考虑公司的一举一动对社会的影响。Carroll 认为企业社会责任活动应该分为经济责任、法律责任、伦理责任和慈善责任等四个抽象的范畴，"保护消费者权益"和"保护环境"应归结为伦理责任。从研究重点和争论焦点看，国内外关于企业社会责任存在着两种截然不同的观点，分歧的关键就是企业履行社会责任行为给企业带来的是正面影响还是负面影响。

1. 否定企业社会责任的传统古典经济观

诺贝尔经济学奖得主弗里德曼在《资本主义与自由》一书中指出，企业仅具有一种而且只有一种社会责任——在法律和规章制度许可的范围之内，利用它的资源和从事旨在于增加它的利润的活动，而抑制通货膨胀、消除社会贫困、减少污染、慈善捐助、增加就业等方面则不属于企业社会责任的范围。

另一位诺贝尔奖得主、自由秩序的著名倡导者哈耶克（Friedrich Hayek）也认为，企业社会责任是有悖于自由的，认为对利润最大化目标的任何偏离都将危及公司的生存，企业唯一的目标是作为出资人的经营者赚取长期利润，更是把企业的"社会义务"和"社会责任"之类的词语归入"被毒化的语言"之列而大加批驳。

可见，否定企业社会责任的古典纯经济观是从微观经济学的角度出发，认为企业任何社会责任的付出都会增加企业的经营成本，影响经营效率。企业参与社会活动的日渐广泛必导致政府干预的不断强化，有悖于企业自由。而且，弗里德曼和哈耶克断言，企业社会责任所内在要求的扩大企业参与权，以及扩大其他相关利益团体参与企业事务，对企业内部的运作效率将构成极大的损害。不可否认，这些问题确实存在。但是，决不能就此断然片面得出"企业社会责任损害效率"的结论。

2. 赞成企业社会责任的现代社会责任观

管理学界对于企业社会责任的看法并无太大分歧，从早期的法约尔、梅奥、孔茨、德鲁克到近期的明茨伯格、科特、波特、科特勒、哈默等，大都持支持观点。彼得·德鲁克认为，公司是一个经济集合体，更是为股东、顾客和社会服务的一个社会组织，股东只是该群体的一个部分，经营者应当努力并实现各利益群体的和谐，这是企业力量、兴旺和利润的源泉。

同时指出：社会责任的要求显然并不像绝大多数书籍讲得那么简单，虽然不能像弗里德曼所极力主张的置之不理，但也不是全部承担，他认为，企业履行社会责任是有三个方面的限度：①最低限度的利润要求，这是管理层的首要职责；②能力的限度，不要去无能为力的领域；③职权的限度，履行责任的职权应该合法，否则就是篡权和不负责任。

美国布鲁金斯研究所经济学家玛格丽特·布莱尔的《所有权与控制：面向 21 世纪的公司治理探索》一书是对现代公司社会责任理论最有影响力的专著之一，在这本书中，她首先否定了股东就是公司所有者的观点，认为公司是协调向公司投入资本的所有当事人之间相互关系的制度安排。现代公司大部分为有限责任，股东只以出资额为限承担责任，债权人、员工应当分享剩余索取权和控制权，赋予他们一定权利，更有益于公司的运行及对经理人的监督。

随着时代的发展，否定企业社会责任的传统古典经济观逐渐被抛弃，企业承担社会责任逐渐成为现代企业的必然选择。随着企业规模的不断扩大，政府及公众对企业承担社会责任的期望和要求也越来越高，与之相适应，企业承担的社会责任也由单一社会责任向多元社会责任转变，其内涵仍在不断丰富和发展。

（五）可持续发展理论

1962 年，美国海洋生物学家 R. 卡逊在《寂静的春天》一书中列举了工业革命以来所发生的重大污染事件，标志着人类生态意识的觉醒，促使人们开始检讨和反思传统的发展观，探索新的发展模式。可持续发展战略是说在寻求经济发展的同时，合理利用资源、保护和改善环境，实现社会与经济互相协调，持续、健康发展的一种新型战略，是一种超越增长的发展模式。马传栋把可持续发展战略分为五个部分：

（1）可持续发展的人口战略，包括控制人口规模，提高人口素质，引导可持续消费等内容。

（2）可持续发展的环境战略，包括市场机制和国家机制两部分。市场机制强调通过征税和界定产权的方式实现环境因素的内部化；国家机制则是以非市场途径进行干预，使之适合可持续发展的要求。

（3）可持续发展的资源战略，主要是指通过国家的一定政策措施加强立法与执法，推进资源的综合合理利用。

（4）可持续发展的技术战略，是指进行技术创新，加大高新技术产业及可持续发展产业的投资，增加产品附加值，开发环境友好产品。

（5）可持续发展的制度安排，包括征收环境税制度、财政刺激制度、排污收费制度以及环境损害责任保险制度等。

二、绿色财务管理理论

绿色管理是一个宏观和微观相结合的概念，是生态经济时代主要的管理模式。1990年德国的瓦德玛尔·霍普分贝克在《绿色管理革命》一书中正式使用"绿色管理"，随着西方绿色运动的浪潮，绿色管理成为管理学一个重要的研究方向。然而关于绿色管理的概念至今没有一个标准的定义。

甄翌提出，绿色管理要求企业将环境保护的观念融入企业的经营管理之中，树立企业的社会责任观念，从企业经营的各个环节着手来控制污染和节约资源，以实现企业的可持续发展。

中南工业大学的颜爱民、谭民俊认为，绿色管理是指以环境问题作为驱动力而展开的管理实践，对产品开发、设计、生产、流通和促销等过程全面绿化。

不难看出，以上观点都是从企业的角度出发来定义绿色管理的，但是绿色管理不应仅局限于企业而应推广至一切的组织结构，包括向公众提供绿色服务，推广绿色环保理念，增强公众生态保护意识等。

绿色财务管理是以保持和改善生态资源环境为前提，以实现企业社会的可持续发展为原则，以追求企业价值最大化为核心，实现经济效益、社会效益、生态效益的综合价值最大化。

目前，国内关于绿色财务管理的研究主要集中在以下几个方面。

（1）投资。绿色财务管理确定的投资方案不能对周围的环境造成损害，要注重环境污染风险和绿色收益率的分析。

（2）分配。建议提取绿色公益金，支付绿色股利，把环境作为企业的相关利益者和投资者。

（3）竞争力。发展绿色财务管理，培育绿色企业，增强市场应变能力，是企业提升竞争力的重要途径。

（4）推进机制。加强政府的作用，细化法律法规；设立科学的绿色财务管理评价方法；转变企业发展理念，使社会责任融入经营原则；培植绿色文化，将绿色理念融入企业整个经营活动过程中。

第二节　基于循环经济的绿色财务管理理论模型的构建

一、企业绿色财务管理理论构建

(一) 基本概念

1. 经济资本

"经济资本"这一概念，广泛应用于商业银行的资产管理问题中，强调资本对风险的意义。本节所要解释的不是相对于"风险"，而是相对于"生态资本"和"社会资本"，注重经济组织与自然资源的关系的资本。

按照会计理论，"资本＝资产－负债"，无论是采用账面价值，市场价值法，还是重置价值，会计学上的资本反映的是股东对公司价值的剩余求偿权，随着企业性质和经济的发展，企业的资本不仅仅来源于股东，还包括债务资本。

按照马克思政治经济学理论，资本有多种表现形式，如物、货币等有形的、无形的形式，在流动中不断实现价值的增殖，带来剩余价值。

本节结合会计学和经济学中资本的概念和内涵，将经济资本定义为：企业组织中拥有所有权和使用权的货币、设备等易计量的可货币化的资产。经济资本有多种表现形式，有形的、无形的，可以是实物形式，也可以是金融形式，按其形态分为：实物资本、金融资本和无形资本。

2. 生态资本

生态资本首先是一种具有自净功能、生态服务功能的自然资源。根据循环经济理论，其实质就是将生态资源变为经济增长的内生变量，带来价值的增长，即成为生态资本。生态资本与企业人力资源流、信息流、经济资本流互相转化，成为价值增长的源泉。

生态资本有自然属性和社会属性两种属性，是以自然形态为表现形式的经济关系。可以分为投入的原始资源、再循环资源和环境质量资本。投入的原始资源，是初次进入企业生产流程的资源。再循环资源，是企业产出的可使本企业或者企业再利用的废弃物。环境质量资本，表现为企业排放污染物和废弃物的减少、企业周围环境和企业社会形象的提升等，是生态环境服务功能的具体体现。

(二) 企业绿色财务管理假设

1. 财务主体假设

从金融学的角度考虑，财务主体是指具有独立的财务权力、责任和利益的经济组织和个人。经济组织是利益相关者的资本组织形式。按照利益相关者理论，股东、债权人、经营者等分别投入要素资本，具有独立的财务权力、责任和利益。作为利益相关者，他们都具有选择财务行为的动机，影响到经济组织的行为选择。但是，"生态资源"的投入者"生态环境"，因为没有独立的人格和财权，易被企业忽视。但是循环经济下的绿色财务管理在进行财务选择时必须加入"生态环境"这一财务主体。

2. 有限理性假设

从社会学的角度讲，理性是指在一定的识别、判断下，行为主体符合特定目的的行为方式。根据行为主体的不同特点，理性可分为完全理性与有限理性。

心理学家西蒙认为，完全理性是指行为主体具备其特定行为需要的各方面的信息，这些信息即使不是绝对完整的，至少是相当丰富的。有限理性是指行为主体在信息不充分、能力受到限制的前提下，做出的不知道所有可能的行为。

实施循环经济，由于时间跨度较长，容易受到外界环境影响，以及财务主体对生态资本认知程度的高低，信息成本的约束，不可能选择恰当的贴现因子，完全准确地预测出每个方案的现金流量及其分布状态。财务主体的行为表现出有限理性的特征。

3. 市场有效性假设

市场有效性是指市场价格对信息的反映程度，分为弱势市场、次强式市场和强势市场。市场价格在弱势市场只能反映历史信息；在次强势市场可以反映历史信息和现有信息；强势市场在具备前两者的基础上，更反映了未来信息。在强势市场上，市场的交易成本为零，不存在信息不对称，没有套利机会，期权价值不存在。

循环经济下绿色财务管理，注重分析生态资本与经济资本的关系，如果加入经济资本内部各要素关系，比如资本市场不完善导致的企业价值受到资本结构的影响，会使绿色财务管理活动充满不确定性和风险，使分析复杂难以量化，故而提出市场有效性假设。

4. 资本增值假设

财务管理容易受到理财环境的影响。郭复初指出，如果能对理财因素中的资本和价格特性作出假定，就可以解决理财环境的变化对理论研究和实务工作的影响的问题。资本增值假设就是其中之一。资本增值假设是财务管理的基本前提，资本不会增值，就没有理财的必要。

资本增值假设是指资本在循环过程中，资本流入量与资本流出量之间的差值，即净资本的增加。资本增值假设可以逻辑推导出资金时间价值、风险价值等概念。但是，由于主体理财能力的差异和投资对象的不同，有的甚至会出现负资本增加。

（三）企业绿色财务管理目标

关于绿色财务管理的目标，长期以来形成了比较一致的看法，就是企业综合价值的最大化，在适应理财环境和降低风险不确定性的前提下，充分发挥生态资本和经济资本的价值驱动作用，从生态资本运动、经济资本运动以及相互转化两个层面、三个方面对价值网络进行考查，综合考虑企业的经济—生态—社会效益。

循环经济模式的企业绿色财务管理以企业经济价值、生态价值和社会价值即企业综合价值最大化为目标是合理的。①社会效益的测度远比生态效益的测度复杂，数据不易获取；②生态资本与经济资本相互转换，仍是企业的资本形态，容易计量；③考虑了企业的不确定性和风险，符合财务管理目标的一般要求。

（四）企业绿色财务管理本质

循环经济下财务管理的基本矛盾是生态资本与经济资本的矛盾。两者的投入和收益需要投资者之间的合作，在投资者之间形成一种责任、利益关系。企业财务的本质是资本的有效配置。资本配置是指不同来源、不同用途的企业资本在不同的时间进行组合，贯穿财务活动全过程。

循环经济下绿色财务管理的本质是生态资本和经济资本的未来合理跨期配置，达到企业价值最大化目标的活动。

（五）企业绿色财务管理原则

理财原则是财务交易和财务行为的基础，为解决新问题提供指引，同时必须符合大量的观察事实，被多数人接受。循环经济下的绿色财务管理原则，除了具备一般的财务原则，如自利行为原则、信号传递原则、引导原则、比较优势原则等原则外，还包括以下两个原则。

1. 期权原则

期权是指不附带义务的权力，它是有经济价值的，在估价时要考虑期权的价值。广义的期权不限于财务合约，许多资产都存在隐含的期权。一个投资项目，本来预期有正的净现值，于是采纳实施。在营运过程中，发现并没有预想得好，于是确定修改方案，使损失降到最小，这种后续的选择权是有价值的，增加了净现值。有时，一种资产附带的权力比该资产本身更有价值。循环经济项目的实施带有不确定性，无疑会增加企业的成本，但也蕴含着无限商机。财务主体需要充分认识到循环经济项目的期权价值。

2.有价值的创意原则

有价值的创意原则指新创意能获得额外的报酬。一个项目依靠什么取得正的净现值，它必须是一个有创意的项目。竞争理论认为，差异化和成本化是企业取得竞争优势的两个方面。重复以前的投资项目，最多只能取得平均的报酬率，维持而不是增加股东财富。创新的优势只是暂时的，只有不断创新，才能维持差异化，增加股东财富。

循环经济的绿色财务管理是一个新的、很有创意的管理模式，很有创新空间，所有企业都在积极探索，期许增加企业的核心竞争优势。

(六) 企业绿色财务管理内容

1.财务决策

财务决策分析企业循环经济下财务行为的风险和不确定性，权衡成本和收益，使财务行为符合企业的财务目标。

2.财务评价

财务评价也称财务分析，是从企业的角度出发，计算财务评价指标，借以判断项目的可行性和可接受性，综合评价企业的竞争力，是企业财务行为的前提。财务评价和财务决策相互辅助，保证企业财务目标的顺利完成。

二、企业绿色财务管理指标设计

(一) 基本概念

指标是指可以反映或测量一些情况的指证，用简明的方式来反映复杂的情况，将信息转化为更易理解的形式。指标是一种评估发展和需求，监督实施和评价结果的有效工具，可以显示与某个重要目标联系的某种事物的发展情况。

1.绿色财务管理指标的概念

绿色财务管理指标，也可以称为可持续财务管理指标。该指标比传统的经济指标和环境指标涵盖范围更为广泛，因为绿色财务管理指标包含有诸如资源消费、资源禀赋、盈利发展和环境影响的关系等诸多方面。为了保证企业循环经济发展沿着具有特定目标的方向发展，我们必须用绿色，即可持续财务管理指标进行衡量。因此，绿色财务管理指标包括三个关键要素：经济、环境、社会。

2. 绿色财务管理指标的功能

绿色财务管理指标必须包括下述三方面的内容：①它能够描述出企业某一时刻发展的各方面的情况。②它能够表征出企业某一时刻发展的各方面的趋势。③它能够反映出企业某一时刻各方面发展的协调程度。

相应的，绿色财务管理指标应具备以下功能：①解释功能。它提供分析企业问题和原因的逻辑线索和数据。②描述功能。它反映企业目前的基本情况。③评价功能。它对企业目前的发展状况、投融资政策等做出客观评价。④预测功能。它预测市场发展趋势，为企业制定相关政策和预防措施提供保障。⑤监测功能。它监测企业发展过程中出现的问题和程度。

3. 绿色财务管理指标的类型

企业绿色财务管理指标的内容有很多，主要可以归结为以下三类。

（1）描述性指标。例如：企业发生了怎样的变化、企业盈利情况等描述性指标。

（2）行为性指标。与描述性指标相反，行为性指标是与实际情况有一定差距的指标，它测量出企业目前循环经济的发展状况与理想状况之间的差异。

（3）效率指标。它能够反映出企业生产的效率。

（二）构建绿色财务指标的一些问题

基于循环经济下的绿色财务管理指标反映企业利用生态资本的再生产方式。因此，这些指标有别于传统的经济指标和环境指标。它们不是简单反映企业的环境压力和利用情况，而是从长期着眼，指明企业循环经济的发展模式前景。从某种意义上说，绿色财务管理指标是规范性指标，它们把现实的、客观的发展与企业发展循环经济的状况和目标联系起来。

1. 环境指标和绿色指标

环境指标可以定义为：反映人类的环境压力或状态指标的数量描述器。其前一类指标可以称为"环境压力指标"，后一类指标可以称为"环境效益指标"。环境压力指标对企业来说表示一定时间和区域内辐射、排放等数量或水平的变化。如污染、资源的过度利用和地形的改变等。环境效益指标是指随着时间的推移对企业所产生的反映指标和盈利指标。

绿色指标并不是单一"状态指标"，而是针对某一个参照状态的状态集中群。参照状态可以是过去企业的某种循环经济状态，也可以是比现存状态更合乎要求的企业循环经济发展的未来状态。因此，绿色财务指标不仅仅是状态的描述，更是测度现在和理想之间的规范测量。

2. 指标的选择和确定

（1）指标领域

企业的绿色财务指标应该反映企业循环经济下的经济环境系统的特征。这种综合指标至少应该包括：污染、资源（再生的、不可再生的)，以及一些传统的企业财务评价指标。满足企业循环经济发展模式下检测企业环境以及生态资本利用效率的需要。

（2）指标范围

绿色财务指标同时包括效率和公平。需要说明的是，"完整性"和"可控制性"也非常重要，因此绿色财务指标需要覆盖以下范围：①生态资本使用的实际进展；生态成本的变化或"环境状态"的综合指标。②有助于提高企业循环经济发展潜力，这将需要以下指标，例如：有关环境资源的管理、预算等。

（3）指标特征

为了便于比较，指标须尽可能地具有同质性和相似性。这里我们借 Liverman 关于指标选择的标准：①时间变化的灵敏度；②可逆性的灵敏度；③可控性的灵敏度；④预测能力；⑤综合能力；⑥相对易于采集数据；⑦易于应用。

（4）指标设计

设计指标是一项非常有挑战性的工作，在选择变量的过程中，难免会加入一些"主观"的看法，生成指标的步骤是：步骤1，明确企业主要评价要素之间的关系；步骤2，验证这些要素与企业发展的内在特点以及与企业特定活动之间的联系；步骤3，选择有风险的要素，根据企业循环经济可持续发展的要求，制定规范的标准；步骤4，通过设置综合变量或从要素集合中选择特别的项，反映环境资本的发展，将这些项表示为比率或流量；步骤5，确定各指标的比重，采用合适的方法，进行评价。

（三）构建绿色财务评价指标的指导原则

基于循环经济的绿色财务管理财务评价指标，需要满足不同利益相关者的需求，在财务可行性、可接受性的基础之上，根据一定的原则将财务要素，如环境，进行有机结合，除了要遵循传统的财务分析原则，如客观性、相关性、可比性等原则以外，还要遵循以下原则。

1. 循环经济的宏观导向原则

将循环经济的核心理念，如3R原则，嵌入财务理念，构建反映企业环境效益的指标，可以公平、客观、准确的测量、评价和预测企业的环境效益和经济效益，指导和帮助企业实现和谐可持续发展。

2. 系统性原则

循环经济的企业绿色财务管理财务指标是一项复杂的系统体系，要有合理的层次结构，从不同的角度综合评价企业财务目标的实现程度。指标定义要准确，计算方法要科学，数据来源要真实，保证评价的科学性和合理性。

3. 灵活性原则

分析方法和指标体系不是一成不变的，要根据分析者的需要灵活地选择和改进，也可在特殊情况下，灵活地消除和调整。同时，企业本身就是一个动态的组织，也要在指标具备稳定性的基础上，实现动态的灵活。

4. 全面性原则

各种财务分析方法不是相互对立的，应综合利用各种指标对企业进行全面的评价。在分析过程中，要兼顾客观和主观因素、外部问题和内部问题、定量分析和定性分析，尽量减少使用难以量化的指标，计算方法要简单、明确。

5. 成本和效益原则

企业决策必须考虑到涉及更广泛的成本和效益，包括那些不易用货币估价的要素。在追求任何单个项目的目标时，不应增加不相称的成本。应该考虑到环境价值，成本和效益的计算时间以及风险和不确定性。

6. 透明性原则

社会和公众应该有机会获取信息，参与决策。

（四）企业绿色财务管理的指标要素

循环经济下绿色财务管理财务评价的要素应当包括经济效益指标，生态效益指标和经济—生态效益指标。两者的融合提供了一种混合衡量企业经济生态效益的指标比率，把循环经济指导原则下的环境问题嵌入了经济因素之中。本节在融合财务会计和生态会计的基础上，建立了生态效益和经济效益的融合路径，试图说明这种最基本的关系。

经济—生态效益是一个多维概念，从系统分析的角度出发，经济数据和环境数据的大量融合是可以实现的。本节把循环经济下绿色财务管理财务评价指标构成要素分为三个层次：①一般经济绩效指标；②一般经济—生态效益指标；③特定的经济—生态效益指标。一般经济绩效指标采用传统财务理论中的财务指标。普通经济—生态效益指标实现企业经济效益与环境效益的连接，表现企业经济收益对环境的影响程度。特定经济—生态效益指标是指为提升环境价值的特定资本投入与总资本的比率，反映企业循环经济投资项目的投入与产出效用。

三、企业绿色财务管理决策方法选择

决策方法所关注的是企业如何从长期的角度在各项投资项目之间进行资源分配。它涉及牺牲现行消费以获得未来利润的问题。

企业财务管理服务于企业的相关利益者，财务目标应该是实现企业相关利益者的利润最大化，用经济学的语言表述为：效用最大化。而所有这些都取决于企业的现金流，因此现金流的数额、时机和风险程度都将最终决定企业的市场价值。

(一) 常规的财务决策方法

传统的财务决策方法：如净现值法（NPV）、内含报酬率法、回收期法在任何一本财务管理的书籍中都可以找到，已经被我们所熟知，这里主要介绍处理不确定性和复杂性的决策方法。

1. 敏感性分析

在计算净现值时，现金流的估计值一般来自其他基本变量，如项目寿命、清理价值、市场增长等的预测。敏感性分析就是一个探索这些预测值的过程，为的是确定关键性的基本变量，以及在其他变量不变时，其他变量在每一时间的特定变化对NPV的影响，在理论上经常被称为 "what-if" 分析，即假设的因果关系分析。

在确定那些会对投资产生最大影响的关键变量时，敏感性分析的用处很大。

一个变量可能风险很大，但是对项目 NPV 的影响甚微；同时，一个风险较低的变量却有可能是至关重要的。通过敏感性分析，我们就可以知道，哪些变量值得我们用更多的精力去估计它的不确定性，另外，敏感性分析还能告诉我们对变量的错误估计有多大。

敏感性分析同时也存在一些局限性。首先，它每次仅考虑一个变量对 NPV 的影响，忽略了多个变量同时出现时的情况。其次，如果各个变量相互依存，孤立地探讨每一个变量对 NPV 的影响是没有什么意义的。

2. 蒙特卡洛模拟法

蒙特卡罗模拟法是对项目现金流的每一个关键性指标的概率分布进行重复的随机抽样，得到一定管理战略的现金流的概率分布或 NPV 分布，以处理不确定状态下具备多个投入变量的各种复杂决策问题。但是，这种方法也有一定的局限性。

首先，即使概率分布的估计是客观的，但是正确地把握其内在的相互关系仍是一件非常困难和复杂的事情。其次，模拟结果得到的是 NPV 的风险分布而不是时间内的现金流，使用起来有一定的难度。最后，蒙特卡罗模拟法是一种 "前瞻性" 的技术，他所根据的是能够提供大概对称概率分布的预定战略，针对与依赖路径或者

历史的问题，它可能是一个恰当的模型，但是如果不确定性随着时间逐步化解，现金流的确切值将与预期的有很大差异。现实中，管理者能够应对各种突发事件，但是计算机的模拟却不会。

3. 决策树分析（DTA）

DTA 同样是一种考虑不确定性和后续管理决策的一种方法，借助于层级划分的方式，描绘管理者根据所有可能而采取的各种行动，DTA 有助于管理者规划决策问题的结构。常规的 NPV 分析不关注项目的各个后续决策问题，DTA 却把项目暗含的各种经营战略呈现出来，考虑最初决策和后续决策之间的相互依赖性。这种决策机制的结构大致是：管理者面临着一个各种备选方案的决策，每个备选行动的结果则依赖于某些不确定的未来事件，管理者根据过去的信息，以概率的方法进行描述，最终确定一个符合各种结果偏好的战略决策。

（二）实物期权方法

通过上面的介绍可以知道，常规的财务决策方法的基本缺陷是，它们忽视或者无法正确把握管理者修订和矫正后续决策的能力。尤其是，常规的 NPV 方法假定了针对现金流的某种"预期情形"，在寿命期内，根据一定的贴现率而获得项目的NPV。这意味着，管理者在最初就接受了项目不可逆转的结果。

然而，在充满不确定性以及相互竞争的现实环境中，现金流往往与最初的设定相悖。随着新信息的来临和关于不确定现金流的逐步消解，管理者就会发现，项目赋予了他各种灵活性，可以矫正在最初预期的方案。这种可以矫正的价值就是期权溢价，体现了项目灵活性的价值。

实物资产（如循环经济下的投资项目）与金融资产不同。大多数人购买了证券等金融资产，只能被动地等待现金流入。实物投资则不同，投资人可以通过纠正和改变管理行动影响项目的现金流，这种未来可以采取行动的权利是有价值的，称为实物期权。

在应用 NPV 法时，我们往往假设企业会按既定的方案和计划执行，实际上管理者会随时关注项目的变化，只要未来是不确定的，企业就会利用拥有的实物期权增加价值。完全忽视项目的实物期权，是传统的计算方法如折现现金流量法的局限性。

实物期权按照不同的情况有以下几种。

1. 扩张期权

扩张期权是企业通过对项目预先投资，获得在未来一段时间内进行某项经营活动的权利。扩张期权有多种具体类型，例如，石油公司投资于石油开发权以获得不开发或开发的选择权利，尽管现阶段不值得开发，但是市场价格提高后可以大幅度盈利；再如，制造业小规模推出新产品，占领先期市场，视以后消费者的反应再决定是否扩大规模。如果他们不投资，就会失去未来的扩张选择权。

2. 时机选择期权

从时间选择的角度考虑，所有的投资项目都有期权的性质。

假如一个项目在时间上只能选择立即投资或放弃投资，不能推迟，那么该项目从期权的角度考虑就是马上到期的看涨期权。项目的期权执行价格是项目的投资成本，项目的期权标的资产的现行价格是未来现金流量的现值。

如果一个项目在时间上可以推迟或延期，那么它就是没有到期的看涨期权。

如果现阶段项目有正的净现值，并不说明立即开始就是好的，考虑到期权价值，等一等也许对企业更加有利。

3. 放弃期权

在对项目进行评估时，决策者通常预先设定项目的寿命周期，并假定项目会执行到寿命结束。然而，实践表明，如果一段时间之后，项目实际的现金流量远低于预期，决策者就会考虑提前放弃，也就是说预先的假定不成立。

在对项目进行评估时，应当考虑项目被放弃的可能性。这样，就可以获得更全面、更完整的项目信息，降低决策失误。放弃期权是一项看跌期权，项目期权的执行价格是项目的清算价值，其标的资产是项目的继续执行价值。

1973年，美国著名经济学家布莱克教授和斯科尔斯教授提出了布莱克-斯科尔斯期权定价模型。该模型是理财学中最复杂的公式之一，但是该模型具有非常重要的意义，是近代理财学中不可或缺的内容，对理财学有广泛的影响。实践证明，该模型具有很强的实用性，实际的期权价格与模型计算价格极为相近，被期权交易者广泛使用。在模型推导前，两位教授作出了一些假设：

(1) 在期权寿命内，买方期权标的股票不发放股利，也不做其他分配；

(2) 短期的无风险利率是已知的，在期权寿命内不变；

(3) 可以卖空，并且卖空者立即得到卖空股票当天价格的资金；

(4) 股票或期权的买卖没有交易成本；

(5) 任何购买者都可以无风险利率得到任何数量的资金；

(6) 所有交易都是连续发生的，股价随机波动；

(7) 看涨期权只能在到期日执行。

(三) 企业绿色财务管理决策

1. 企业绿色财务行为

传统企业的基本活动是从资本市场上筹集资金，获得生产经营性资产，然后运用这些资产开展生产经营活动，取得利润后偿还债务或分配给股东。所以，企业的基本活动分为投资、筹资、股利分配三个方面。

由于投资分为长期投资和短期投资，筹资分为长期筹资和短期筹资，这样财务管理的内容就包括五个部分：长期投资、短期投资、长期筹资、短期筹资和股利分配。

考虑到短期投资和短期筹资，属于日常管理活动，可以一并称之为营运资本管理。理论分配同时也是利润留存决策，可以视为长期筹资。所以，传统的财务管理内容分为三个部分：长期筹资、长期投资和营运资本管理。

本节借鉴传统财务管理的内容，把基于循环经济下的企业财务行为分为三个部分：绿色长期筹资、绿色长期投资、绿色营运。

(1) 绿色长期筹资

这里的绿色长期筹资是利用企业的可持续发展的绿色战略去吸引投资者的注意，有效筹集企业发展所需资金，强调企业在筹资过程中的社会责任。企业循环经济下的绿色财务管理融资的对象不仅是金融资本和人力、技术等生产要素的筹集，更需要将融资对象扩展到"生态资本"，是一种广义的筹资。

长期资本决策的主要问题是资本结构决策。循环经济下的资本结构问题要求资本决策是要权衡债权资本、股权资本、无形资本与生态资本等要素资本之间的比例关系。需要解决的问题是如何取得企业所需的资本，尤其是生态资本，包括向谁、什么时候、筹集多少。

(2) 绿色长期投资

绿色长期投资是指企业在对传统的经营性固定资产以外，投入生态资本，发展循环经济产业。经营性固定资产包括建筑物、厂房、机器设备等，生态资本包括原始资源、再循环资源、环境成本。在循环经济下实现生态资本和经营性固定资产的转换。

循环经济下的绿色长期投资涉及的问题非常广泛，如现金流量的规模（期望回收多少现金）、时间（何时收回现金）、风险（回收现金的可能性）。其决策核心是净现值（NPV）原理。

(3) 绿色营运资本管理

营运资本管理是一个越来越受到重视的领域。由于竞争的加剧和环境的动荡，营运资本管理对于企业盈利能力影响越来越大。财务经理的大部分时间都被用于营运资本管理，而非长期决策。

循环经济下的绿色营运，就是企业在营运过程中要实现生态资本和经济资本的合理转换，科学合理的绿色营运资金管理，必须解决好两个方面的问题：①生态资产和经济资产的选择时间；②生态资产和经济资产的选择比例。

2. 企业绿色财务行为实物期权分析

结合实物期权的类型和企业绿色财务管理的特点，我们可以从理论上分析企业绿色财务管理内容的期权特点。

（1）扩张期权。企业循环经济融资长期绿色筹资，是通过现有筹资数量和比例，获得其他资本，从而把握未来融资的机会，获得扩张期权。

（2）时机选择期权。时机选择期权的本质是企业在一个项目上不用马上做出实施决定，可以根据市场的变化，决定是否执行该项目。企业循环经济筹资根本目的是保证投资决策的顺利实施。因此，当执行一项投资决策时，相应的融资决策已经确定，不存在时间转换期权。

（3）放弃期权。放弃期权从本质上来讲是一项看跌期权，灵活性是它的本质。从这个角度考虑，债权人购入企业债权便可以视为出售了一个看跌期权。企业绿色财务筹资具有放弃期权的特点。

3. 绿色财务管理使用期权决策方法的原因

企业绿色财务管理的实施，使得财务活动变得日益复杂且特殊。从循环经济企业的性质来看，实物期权贯穿企业的各个环节，企业的财务工作者和管理者面对的不确定性和风险增加。将实物期权法应用到绿色财务管理决策中，给管理者提供了一种科学合理的评价工具。更确切地说，循环经济下绿色财务状态的期权特点使绿色财务管理使用期权决策方法成为必然。

（1）实物期权可以很好地解决企业绿色筹资扩展问题

从理财学的角度考虑，筹资结构是资本的构成和比例关系，是资本提供者对企业的风险收益权衡的体现。在传统的资本结构理论中，资本结构是长期债务资金和权益资金的特定组合，体现了债权人与股东对企业的风险收益权衡。传统的资本决策方法有：资本成本比较法、每股收益无差别点法、企业价值最大法。

资本成本法测算过程简单，是一种比较快捷的方法。但这种方法难以区别不同项目之间的风险因素差异，在实际计算过程中也难以确定各种筹资方式的资本成本。每股收益无差别点法和企业价值最大法是企业运用比较广泛的一种方法，克服了资本成本法的缺点，考虑了时间价值和风险因素，但是忽略了项目的期权价值。

循环经济背景下，企业筹资结构扩展为债权资本、股权资本、生态资本等资本之间的数量和比例关系，不确定性因素增加，现金流不确定，期权特征明显，用实物期权模型可以更好地处理融资结构扩展问题，做出企业筹资决策。

（2）实物期权可以很好地计算循环经济投资项目的价值

循环经济企业的投资对象由经济资本扩展到了生态资本，投资内容更加复杂。

项目投资机会的周期寿命和现金流量的不确定性等因素，使折现现金流量法不能真实地反映项目的真实价值。实物期权法充分考虑了环境不确定性等因素，能够很好地计算循环经济投资项目价值。

4. 绿色财务管理实物期权决策模型

实物期权分为扩张期权、时机转换期权、放弃期权。在传统的财务管理决策中，时机转换期权问题用二叉树定价模型、放弃期权问题用多期二叉树模型。二叉树定价模型和多期二叉树模型的原理是布莱克 - 斯科尔斯模型的前身，掌握了布莱克 - 斯科尔斯模型，也就掌握其他两种模型。

企业的循环经济发展模式是一个复杂的战略规划问题，实物期权分析法强调项目的灵活性、战略性和竞争性等问题，和企业循环经济发展模式具备内在的一致性，非常适合作为企业循环经济发展模式的决策。

第三节 推进企业绿色财务管理实施的建议

循环经济下的绿色财务管理是以企业可持续发展为基本原则，循环经济为核心，增强企业的核心竞争力为目的的一种财务管理模式。自然环境、经济环境、政治环境，以及企业本身的文化环境等因素，都将影响企业循环经济模式的实行。当前，我国企业绿色价值观念还没有形成，生态环境保护的技术也较为落后，市场需求不强，环境的产权不明晰，政府监管不到位，资源及环境难以计量等因素导致企业没有动力或没有能力实行循环经济的绿色财务管理。

通过前面的分析可知，企业循环经济模式是寻求企业的经济利益与生态效益、社会效益的一致性，生态资本和经济的相互转化可以为企业创造更大的价值，是适应新经济形势的需要。我国企业要加快循环经济背景下绿色财务管理的实施步伐。

一、中国发展循环经济的经验分析

（1）经济效益是企业发展循环经济的前提。调查发现，比较成功的实施循环经济的企业，都实现了本企业的副产品或废弃物的循环利用，取得较好的经济效益。对经济效益的追求是企业发展循环经济的原动力。

（2）政府环境保护政策的倒闭机制和循环经济优惠政策是企业发展循环经济的主导推动力。目前污染性企业发展循环经济还是来自政府的环境保护政策和社会的压力。对环境保护的改善具有很大的外部效益，也就是外部效益大于内部效益。政府代表社会将企业发展循环经济的外部效益内部化，给企业一定的财政和税收支持，将对全面推进发展循环经济有直接的促进作用。

（3）规模经济是发展循环经济的基础和关键。没有规模经济就不可能实现单位产出的资源消耗最大化。企业经济规模化才能实现资源消耗的降低。

（4）增加就业，促进经济规模扩张。实践中的很多企业通过发展循环经济，延长了产业链条，扩展了经营范围，增加了就业。发展循环经济必须考虑增加就业，促进经济增长。

（5）技术创新是发展循环经济的支柱之一。现有成熟技术体系的特点和企业的技术创新能力决定了企业发展循环经济的可能性和效益的好坏。

（6）经济发展水平提高是发展循环经济的内在动力。经济发展水平的提高，居民对生活的环境质量要求提高，减少污染成为社会发展的主要目标之一。

二、企业实施绿色财务管理的利弊分析

（一）成本分析

成本分为有形成本和无形成本。衡量企业绿色财务的有形成本比较容易，但是无形成本也影响着管理实施的进程，检测了企业文化变革的水平。具体包括以下几项。

1. 基本框架

实施绿色财务管理的有形成本包括整合成本、改变模型、雇用新人和业务记录流程的成本。如果数据分布在全部的企业流程中，量化和跟踪这些费用是相当有挑战性的，但是企业资源管理计划（ERP）的出现，使得这些问题逐步被解决。如果一个企业选择在分散的基础上实行绿色财务管理，数据汇总可能具有挑战性，但仍然是可以解决的。通常企业决策进行成本效益分析计算时都非常需要这些成本。

2. 政治成本

致力于实现绿色财务管理可以说是一个"大赌注"。支持该项目的高管和董事会成员要站在自己的立场上进行鼓吹，甚至在有必要的时候冒险的投入自己的名誉和声望。如果倡议失败，可能会失去影响力。监管机构、投资者和评估结构会对管理层丧失信心。这些因素迫使高管仔细权衡政治成本，考虑他们需要投入多少感情和专业方面的努力。

3. 破坏和机会成本

破坏和机会成本是企业最广泛的无形成本，也是企业克服组织惯性和变革管理方面最典型的努力。分散和集中的组织结构所承担的无形成本也截然不同。集中的组织已经实现了某种程度的整合，分散的组织结构会发现更具挑战性。

随着企业内部管理的挑战，外部的重点也可能会丧失。虽然，机会成本难以量化，但这些成本和内部破坏程度高度相关。企业在实施的过程中必须考虑到企业的现实状况和背景。

（二）效益分析

循环经济下绿色财务管理的价值命题的重点并非是否应当追求这方面的投资，因为健全的绿色财务管理系统会逐渐成为一项基本的"企业环境"。相反企业绿色财务管理的价值应建立在证明其效益超出了成本。当然，企业实行绿色财务管理的好处可能来自不同的组织来源。

1. 成本节约

各种环境监管机构或组织的冲突或重叠分散了企业资源和管理层的注意力，增加企业日常业务的主动权，满足监管结构对企业环境成本要求的绿色财务管理框架，可以降低决策成本，节省可观的费用。比如，企业在生产经营中大量排放污染物，对企业周围的居民或生态环境造成损害，将面临罚款、诉讼赔付等风险。循环经济下绿色财务管理的实施将有效地避免这种损失，节约成本。

2. 对于整体经济资本更低的要求

企业实施绿色财务管理的好处之一就是改进了企业资本估计的要求。毋庸置疑，更好地了解企业所面临的环境成本风险，清楚地知道支持某一特定风险所需要的资本，降低经济资本。

3. 增强信誉和透明度

绿色财务管理把生态环境指标融入企业评价体系，更加强调企业的社会责任，可以提高员工、客户、投资者对企业的信心。事实上，许多企业认为，循环经济下绿色财务管理带来的名誉方面的好处就值得投资。

4. 有绿色意识的经营文化和问责制

绿色财务管理的结果、政治问题以及变化的一般惯性都使企业理解绿色财务管理具有极大的挑战性。就绿色财务管理的定义而言，绿色文化的改变和形成应当是最大的好处之一。具有更高问责制的绿色经营文化的成功转型，有形的，无形的，都是可以实现的，实现企业的可持续发展。

（三）挑战分析

企业绿色财务管理要求对财务管理的看法和管理方式发生转变。因此，为主要的企业变革带来了挑战，此外，建立一个正确的组织模型本身也是一项艰巨的挑战。

1. 企业绿色财务管理的目标和企业的目标不一致

独立的财务管理是行不通的，它应与企业的总体战略和目标一致。目标的不一致将会产生集体和个人之间的摩擦，不利于企业的发展。

2. 高层的承诺不充分

企业绿色管理的实施需要高层管理者的全力支持，大多数组织认为，管理层有必要表明绿色财务管理的有形收益需要获得相关利益者的支持。

3. 企业财务文化不匹配

财务文化指财务意识形态及其与之相适应的制度，包括财务价值观、财务人员心理定式以及财务伦理道德等。绿色财务管理的实施要求企业具备绿色财务观念和文化。

4. 统计分析的决策支持、工具和系统不充分

循环经济下企业财务管理是一个独立的，也是一个开放的系统。统计核算、会计核算和业务核算活动相互协调、相互一致、相互作用才能实现企业的合理资本配置。同时，也需要绿色会计、绿色审计等相关理论的发展和完善。

三、循环经济下推进企业绿色财务管理实施的建议

在当今的全球环境中，循环经济和绿色财务管理已经成为企业发展的重要方向。在这样的背景下，企业需要采取一系列有效的措施，以实现可持续发展，并提升自身的竞争力。以下是一些关于在循环经济下推进企业绿色财务管理实施的建议。

(一) 建设绿色财务管理体系

首先，企业需要建立一套完整的绿色财务管理体系，包括绿色预算、绿色会计、绿色审计等环节。这有助于企业全面了解其资源消耗和环境影响，并为其制定合理的绿色发展策略提供依据。

(二) 加大绿色投资力度

企业应将更多的资金投入绿色技术的研发和应用中，以实现资源的循环利用和环境的友好。同时，企业应积极寻求与政府、科研机构、金融机构等合作伙伴的合作，共同推动绿色投资的发展。

(三) 建立有效监管机制

为了确保绿色财务管理的有效实施，企业应建立有效的监管机制，包括内部审计、外部审计和社会监督等。这有助于确保企业的绿色财务管理符合相关法规和标准，并促进企业的可持续发展。

(四) 推进循环经济下的绿色供应链管理

在循环经济下，企业应积极推进绿色供应链管理，包括供应商的选择、生产过程的绿色化、产品的回收和再利用等。这有助于降低企业的环境影响，提高资源利用效率，并增强企业的竞争力。

(五) 加强员工培训和意识提升

为了实现绿色财务管理，企业应加强对员工的培训和意识提升。这包括提高员工对循环经济和绿色财务管理的认识，培养员工的环保意识和责任感，以及提供相关的培训和指导，帮助员工在实际工作中更好地落实绿色财务管理。

(六) 推动政策法规的制定和完善

企业应积极关注国内外相关政策法规的制定和完善情况，并及时调整自身的绿色财务管理策略。同时，企业应积极参与政策法规的制定和讨论，为推动循环经济和绿色财务管理的发展贡献力量。

(七) 加强企业在绿色财务管理推进中的作用

1.加强企业承担社会责任的意识，转变观念，培养企业循环经济思维模式

目前，大部分企业存在一些错误观念。企业只看到循环经济模式下的社会责任行为给企业造成的成本负担，没有看到企业和社会的依存关系，没有看到企业履行其社会责任时赢得的巨大回报；甚至有的企业认为承担社会责任是大企业的事情。

作为企业管理人员，一定要转变观念。循环经济发展模式既是社会发展的需要，也是企业自身发展的需要。可以预见的是，未来的企业只有具备高度的社会意识，承担起必要的和更多的社会责任，发展循环经济，才有可能获得更大的生存和发展空间，实现企业健康、可持续的发展。

2.加强企业循环经济的绿色财务文化建设，构建绿色财务价值观

财务文化是理财的环境因素，同时也是理财行为的内生变量。财务文化价值观对财务行为的形成和方式都有直接影响。财务价值观为财务主体的管理提供了基本方向和指导思想，在财务文化系统中处于核心地位，直接影响着理财活动的思维方式和行为模式。在绿色财务管理中嵌入"绿色文化"因子，有助于企业在循环经济下绿色财务管理的正确实施，提高企业理财效率和水平，实现企业的顺利过渡。

3.加强企业统计、会计核算与财务管理的综合协调

企业绿色财务管理是一个开放的系统，需要收集各方面的信息，实现系统的顺

利运行。统计核算、会计核算和业务核算活动相互协调、相互一致、相互作用的综合协调成为必然。

（1）核算活动的协调

财务管理与统计核算、会计核算的协调体现在四类活动的协调上，即统计核算活动、业务核算活动、会计核算活动和财务管理活动。

（2）核算层次的协调

绿色财务管理的统计核算、会计核算与财务管理的综合协调分为四个层次。第一个层次是统计核算各种生态资产，反映生态资产的实物量和价值量的增减变化；第二个层次是反映生态资产的实物量和价值量的总量变化；第三个层次是转换，将统计信息通过合理的方法过渡到会计信息；第四个层次是各种会计信息应用到财务管理活动中。绿色财务核算的四个层次相互关联、相辅相成。

（3）核算主体的协调

从以上分析可以得出，核算的种类和层次使得核算主体多样化。每一个核算主体都要参与到数据的形成过程。财务部门参加企业财务会计核算、生态资产会计核算、投融资、财务评价活动；工厂或车间、废物处理部门、购销部门参加经济资产统计活动、生态资产统计活动和业务核算活动。所有职能部门信息集合传递至总经理，如有必要，总经理呈递给股东大会，保证循环经济下财务管理的实施。

第十二章　基于网络经济时代的财务管理

第一节　网络经济——财务管理的新环境基础

网络经济，是指网络被用在经济活动运行中，是网络与经济的融合。产生于20世纪50年代，蓬勃发展于20世纪90年代，当前其已成为企业理财的重要环境，该经济模式中的数字化、网络化特征，给传统的企业财务管理带来新的挑战。

一、网络经济要素分析：企业理财环境的变化

（一）电子化政府的出现，要求公开与透明

电子化政府，亦称信息网络化政府，或者跨网络政府等，其含义是指政府通过网络与经济主体、社会机构、其他政府和其他国家联结在一起。与此同时，政府依赖信息网络和信息技术，将其日常运作建立在信息网络基础之上。"电子化政府"的运作方式具有以下特点。

1. 政府为公众提供及时的信息服务

"电子化政府"最基本的特点是，各级政府在国际网（Internet）上建有自己的网站和网页，通过其向社会公众提供所有的非保密政府信息的检索服务。网络搭建起政府与公众之间的信息平台，公众能及时洞悉政府各部门的活动，提高政府透明度，从而激发公众参与政府决策的热情和兴趣。

2. 政府实施电子化采购

政府是最大的集团消费者，其用纳税人的钱为纳税人服务，政府作为公共管理的代理人，具有机会主义倾向，解决该问题的一种有效办法就是实现政府采购透明化，从而提高政府在公众中的信任度，其中政府采购的电子化能够做到采购的透明，便于广大公众监督。政府电子化采购程序如下：首先，政府在网上公开发布采购需求详细信息，以提高政府采购的产品或服务的能见度；其次，买方与卖方在网上结算，使卖方可以及时、准确地收到支付和汇款的信息；最后，政府在网上公布采购结果信息，接受各方监督。

3.政府服务电子化

政府履行公共管理职能的目的在于为公众提供服务。"电子化政府"使政府与公众的界面搬到了计算机的屏幕上，只需要与计算机展开人机之间的"对话"，就可以解决公众需要解决的问题。这就提高了政府的服务效率，扩大了服务范围，同时，还便于不同部门之间的比较，鞭策各部门共同提高服务质量。

4.公众方便参与政府决策

"电子化政府"使民众与政府之间的沟通变得容易、方便——只需敲一下键盘，公众对政府事务的了解和参与也更加便捷，从而激发了公众参与政府决策的热情。比如公众参与电子民意调查、电子公民投标，以及电子选举等，推动民主化进程。

总之，"电子化政府"的便利消除了由于社会信息化水平不高，社会参与政府决策的程度不高而可能导致的"政府失灵"，这就从宏观上改善了财务管理环境。

(二) 电子货币等新金融工具的出现

在网络经济时代，信息产业的优势使其成为全球最大产业，以信息产业为主导的全球经济逐渐形成知识密集型经济。全球范围因特网的建立，为形成全球单一的电子商务市场奠定技术基础；企业的资金筹集、资源配置、产品生产、商品销售，都在全球范围内进行；企业之间的合作、兼并重组也跨越了地域界限。企业通过互联网不仅向社会提供信息服务，并且从事网络销售业务 (即电子商务)，因此纷纷在网上建立"网址"，开展网络宣传，塑造网上形象。国际互联网络的迅速延伸和拓展，使我们生活在一个全新的网络社会中，缩短了人与人、企业与企业之间的时空距离，使地球"缩小"成一个"地球村"。

全球经济日益发展成为一个资源共享、高速运转、多元化发展的一体化经济模式，经济模式迅速地改变着人们的工作地点 (如在家里办公) 与生活方式 (如网上购物)，同时，也改变了企业的组织方式 (如组建虚拟企业) 和管理模式 (如应用网络财务管理)。

同时我们还应看到，随着网络经济时代的到来，金融市场也出现了许多新发展和新变化，其中最引人注目的是金融电子化，电子货币成了网络交易中主要的结算工具，互联网的使用使得交易者在任何地点、一天24小时中都可以进行全球外汇市场的交易，可以说，通过互联网人们可以在全球范围内将资金以"光的速度"从一个地方转移到另一个地方，并且交易成本低廉、节省传统的资金运送成本、安全保护成本。在该背景下，企业筹资、投资、分配将主要采用电子货币形态的资金形式。网上银行的建立为网络经济的正常运转提供了安全、便捷的结算平台。

(三) IT 技术的广泛运用

计算机和网络技术的发展，大大降低信息生成和传递的成本，为企业的财务管理的发展提供了强大的技术支持。计算机可以储存大量信息，并进行快速整合运算，便于信息处理。随着网络的发展，尤其是国际互联网和企业内部网技术的广泛应用，方便信息的共享，完全可以设想这样的系统：使用者在遥远的计算机终端键入一条信息请求的命令，就会立即得到响应。命令由使用者来定义，一旦定义后就储存在与事项数据相分离的 MDB (大容量数据库) 的另外一个区域里以备将来使用，且使用者的请求命令可一直保存到使用者删除它或重新定义它。这样就可以实现：企业以柔性技术为基础保持技术上的领先；以信息网络为依托实现资源整合，一次输入，多头使用；将网络开发与财务管理相结合形成网络财务管理，并且开发网络财务软件，实行动态的、实时的财务管理，提高财务决策的科学性。

二、网络经济特征：网络化

(一) 开放性

信息技术将全球联成一个整体，形成了崭新的网络文化。网络的开放性体现在任何一个终端都与全球相连，网络四通八达，更重要的还体现在以下方面：第一，在网络上所有人都是平等的，网络文化注重个性选择和个性创造；第二，网上信息的透明性，打破了传统"金字塔"式的社会管理结构，提高了人类的社会自治能力，从而促使社会权力的分化；最后，网络进一步冲淡了空间距离造成的人类地域聚居全体观念，使"地域""民族"这些传统文化的内核得以消解。所有这一切，必将造成普遍主义全球文化的形成，从而根本改变目前人类的生存状态及经济活动方式。

(二) 知识化

人类历史发展表明，信息技术的发展使知识经济成为必然，信息技术成为人类进入知识经济时代的巨大推动力。随着技术的不断发展进步，一个社会的技术和知识的密集度越来越高。人类从农业社会向工业社会、向如今的后工业化时代——知识经济时代的转变，正是技术和知识的重要性不断提高的结果。信息技术的快速发展使知识储存、传递的成本大大降低，从而使知识成为商品的能力大大增强，使知识经济成为可能。由于高新技术的迅猛发展，创造出许多十年前都想象不到的新产业、新产品、新服务。产品和服务越来越知识化、智能化、数字化；生产模式也从规模生产向个性化产品的规模生产转变；生产工艺越来越智能化；市场变得越来越电子化，企业的管理将从生产逐渐转向创新，经济效益将越来越依赖于知识和创新而不再是依赖有形的资源、厂房和资本。广大消费者的需求会得到越来越大的满足，将出现真正的"按需生产"的局面。

信息技术不仅是未来经济发展的发动机或推动力量，而且将会成为知识经济时代的主力军。知识经济的生产既是高新技术发展的结果，也为高新技术的发展奠定了雄厚的基础。在知识经济时代，最重要的生产要素是知识，知识是这一社会发展的重要基础，从而它对高新技术——这一生产技术和知识的主战场，有着迫切的要求。与此同时，知识经济的不断发展意味着越来越多的传统产业要向知识化发展，都需要信息技术的渗透。这些因素都为信息技术创造了一个巨大的需求市场，因此，知识经济为信息技术的迅猛快速发展创造了有利的条件。

（三）信息化

信息在经济活动中具有重要的意义，但是经常被经济学忽略。从信息的角度看，自然经济时代，由于缺乏快捷的交通工具和通信手段，人们无法获得外界的信息，因此既没有交换的渴望，也没有交换的条件。从资本主义经济的发展历程来看，生产扩张自始至终受到市场的限制，而市场又总是受到信息的限制。所以一切信息的收集、传播和利用活动，都会促进交换的发展。15世纪哥伦布进行新航道的探险和发现新大陆，使世界贸易中心从地中海转移到了北海，造就了大不列颠的繁荣。而把工业技术的创新成果扩展到整个资本主义世界的，正是交通运输体系和通信系统的快速发展。因而可以说，互联网所代表的现代信息技术革命，将会带来交换和市场体系的巨大革命，网络经济就是这种革命的结果。

人类在发展进程中一直寻求彼此之间的沟通和理解，承载信息的媒介正是为了这个目的而发明和产业化。相对于现代数字信息媒介，传统媒介的发展始终没有超越狭隘的产业界限，其商业应用也相当有限。互联网改变了这一切：首先，互联网与旧传媒共同组成庞大的信息网络，为交换和市场活动提供了广阔的信息平台。信息共享的理念和技术使市场进入障碍不复存在，因而把交换活动的范围扩大到前所未有的地步；其次，电子数字技术不仅是信息技术，它还更新金融手段和信用体系，为交换行为提供了全新的交易方式和结算方式，从而极大提高了市场交易效率；最后，传统商品交换的网络是集中型的，以商业中心和批发商为中心形成辐射型的销售渠道和配送体系，而互联网是分布型的，由无数网络结构成星罗棋布的网络，所以通过网络进行的交换活动是并联系统，网络交换提高了交易的频率和速度。

（四）虚拟化

网络经济是一种物理上的经济形态，主要表现在时间上是虚拟的，网络经济是全天候运行的，很少受时间因素的制约；网络经济是全球化的经济，它是建立在综合性全球信息网络的基础上的，突破了时间和空间的限制，使经济活动成为全球化的活动；在物质上是虚拟的，即在互联网上的经济活动实际上只是一套符号体系，它是经济社会实物经济在互联网上的再现，必须与实际经济相对应。参与交易的各方是互相不见面的，交易的商品和服务最多也是以"图像"的方式虚拟存在，所以网络经济对经济中的信用度的要求很高。

三、现状分析：网络经济凸显的财务管理不足

（一）财务管理观念尚待改进

1. 缺乏必要的财务风险观念

不少的企业由于单纯追求短期经济效益，管理者缺乏应有的财务风险观念，一味注重扩大规模，追求规模效应。财务管理意识观念的淡漠，财务策略上的严重失误，如新产品开发失败、盲目多元化经营、企业扩张速度失控等等，直接导致了一些企业的危机。因企业财务决策上的失误造成企业困境的案例不胜枚举。这些案例与相关企业财务人员尚未建立起风险价值、边际成本、时间价值、机会成本等科学的财务管理概念不无关系。而这种未确立其成本控制和优化资源配置的意识会滋生诸多如上述情况一般不科学、不合理的做法。缺乏现代财务管理观念，使得财务管理难以发挥其应有的地位和作用。传统工业经济时代的财务管理理念已不能适应网络经济时代投资决策的需要。

2. 重有形资产的使用价值轻无形资产的价值贡献

在传统工业经济时代，经济增长主要依靠厂房、机器、资金等有形资产的驱动，看重的是有形资产的使用价值。随着网络经济时代的到来，以知识产权为基础的专利权、商标权、计算机软件、人力资源、产品研发等无形资产在企业资产中所占比重越来越大，无形资产将成为企业的核心竞争力，推动企业快速增长，成为企业价值贡献的基础资源。但是，我国长期以来，对无形资产的会计核算尚不全面，财务管理的理论与内容涉及的无形资产就更少，这样在现实财务管理中，许多企业往往低估无形资产价值，不能有效利用无形资产进行资本运营。

(二) 财务管理定位模糊、目标不够清晰

财务管理是一个系统，而我国由于财务管理理论与实践起步都较晚，长期以来对财务管理定位模糊，主要表现在以下方面。

1. 财务管理目标不明确

有代表性的财务管理目标观点主要有：企业利润最大化、股东财富最大化、企业价值最大化、企业经济效益最大化。根据现代企业财务管理理论和实践，股东财富最大化是广为接受的财务管理目标。企业在财务管理中应意识到如何运用财务杠杆，在企业投资利润率与负债利率一致的情况下，就没有财务杠杆效应；当投资利润率高于负债利率时，借入资金的使用能够高普通股的每股利润，形成正的财务杠杆效应；而当投资利润率低于负债利率时，普通股的利润率将低于税后投资利润率，带来股东收益的下降，形成负的财务杠杆效应。能够利用正的财务杠杆效应，抑制或消除负的财务杠杆效应是实现财务管理目标的途径。

2. 财务管理权限模糊

随着我国资本市场快速发展，投资者越来越分散，通过经营活动的替代品——会计信息了解企业经营情况的需求增加，财务会计报告作为外部投资人的重要信息来源，日益重要。仅仅就外部投资人而言，他们必须了解自身投入资本的保值和增值情况。企业财务工作中权限划分不清，主要表现在：会计部门与财务部门混设，好多企业没有独立的财务管理部门，会计人员代行财务管理职责，重要财务决策由不懂财务的管理人员一言堂做出也是普遍现象。这就使得在实务中，财务管理人员陷入日常会计核算，难以胜任财务管理的战略性要求。如何界定财务部门的权限，分清财务与会计的角色定位成为实现财务管理目标亟待解决的问题。

(三) 投融资缺乏科学性

企业资金有两大来源：内部和外部，内部来源有自有资金和经营积累；外部资金来源于权益融资和负债融资。根据融资啄食理论：企业融资序列是先内部后外部，就外部融资来讲，先负债后权益融资，这一序列的确定是企业融资成本比较的结果。而我国由于资本市场的先天缺陷，使其成为企业圈钱的场所，当然这种状况目前已大为改观。从融资目的来讲，传统的企业财务管理主要是为了满足企业生产经营或商品经营活动的需要，并不能称为真正意义上的财务管理；就投资来说，在企业管理中，财务往往处于被动和附属的地位，只有服务和管理的职能，不具备经营的特征，结果投资行为基本上是领导拍脑袋拍出来的，而不是按照"情报活动—设计活动—抉择活动—审查活动"的科学过程进行投资决策，结果是重复投资，资源大量

浪费。

(四) 财务管理方法不系统

在传统企业中要么所有权与经营权高度统一，要么产权不清晰，形成"内部人控制"，企业领导者集权现象严重，越权行事，具有明显的人治现象，造成财务管理混乱。更为严重的是，由于缺乏现代财务管理观念，未能将财务管理纳入企业管理的有效机制中，会计核算随意性大，沿用过去的靠上报财务报表及口头汇报，来反映企业经营情况和财务业绩，致使财务管理未能发挥其在管理中应有的决策作用。

1. 财务核算不规范

财务管理由筹资管理、投资管理、分配组成，其实质也就是会计六要素的管理，企业的财务核算是企业财务管理的基础和依据，在财务核算中，大多数企业严格依据企业财务制度，对本企业各部门以统一的核算方法进行核算。在实际操作中，也有企业为了小范围的便利，存在会计核算方法不规范做法，表现在：①核算分散；②收款周期长，周转慢；③成本核算不真实；④财务决算流于形式，难以发挥其监督和控制作用；⑤记账手段有先进与落后之分。作为财务管理信息支持的会计核算不规范，必然形成财务管理上的被动与相应决策的偏差与滞后。

2. 财务控制不到位

财务控制是指财务人员 (部门) 通过财务法规、财务制度、财务定额、财务计划目标等对资金运动 (或日常财务活动、现金流转) 进行指导、组织督促和约束，以确保财务目标实现的活动。这是财务管理的重要职能，与预测、决策、分析与评价一起成为财务管理的全部职能。企业财务管理的首要任务就是要建立和完善财务管理体制，健全公司内部的财务控制。在财务技术备受社会各界和每个企业关注的今天，我们需要不断创新理念，重新审视财务管理的各方面，财务控制具有事前、动态和主动的特点，使其在财务活动中具有重要地位，越是在充满风险的活动中，财务控制越能发挥其重要作用。

3. 财务制度体系不完善

从某种意义上讲，制度比技术更重要。具体到财务管理来说，必须健全财务管理制度体系。在该过程中，绝不能按照计划经济时期的思想观念，而应适应网络经济时代发展要求。一个良好的管理模式，能够决定一个企业正常运行并促进其快速发展。许多企业因疏于管理而落得惨败，如美国安然公司、海南船务公司等，由于财务管理制度的疏漏造成其经营上的大起大落。但先行者痛苦的代价，为后来者提供了宝贵经验，企业强化财务管理，完善企业财务制度体系，为企业的长远发展创造条件。

企业财务管理最终要服务于企业生产经营活动，财务管理的改进以有利于提高经济效益，这就要求重视财务新型人才的培养、更新财务管理理念、明确财务管理定位并且开发系统财务管理方法与制度，保障财务管理贯穿企业经营全过程，为企业发展作出应有的贡献，以适应网络经济时代财务管理变革的要求。

四、网络经济给财务管理带来的影响：全方位挑战

(一) 对财务管理的理论、方法和内容提出了更高要求

从事电子商务的贸易双方从贸易的磋商、合同的签订到支付等均通过互联网完成，使整个交易实现了远程化、实时化、虚拟化。这些变化，首先，对财务管理方法的及时性、适应性、弹性等提出了更高的要求。传统的财务管理由于没有实现网络在线办公、电子支付、电子货币等技术手段，使得财务预测、计划、决策等各个环节工作的时间相对较长，不能适应电子商务发展的需要。其次，在网络经济环境下，要求企业通过网络对其下属分支机构实行数据处理和财务资源的集中管理，包括集中记账、算账、登账、报表生成和汇总，并可将众多财务数据进行集中处理，集中调配集团内的所有资金，分散的财务管理模式不利于电子商务的发展。然而，传统的财务管理由于受到网络技术的限制，不得不采用分散的管理模式，造成监管信息反馈滞后、对下属机构控制不力、工作效率低下等不良后果，无法适应网络经济发展的要求。

此外，在网络经济环境下，企业资产结构中以网络为基础的专利权、商标权、计算机软件、产品创新等无形资产所占比重将极大提高。因为过去在财务管理活动中不能完全正确地评价无形资产的价值，不善于利用无形资产进行资本运营。所以，传统的财务控制和财务分析的内容不能满足电子商务的要求，传统的财务管理理论与内容已不适应网络经济时代电子商务运营的需要。

(二) 对财务管理的管理模式和工作方式提出新的要求

在网络环境下，企业的原料采购、产品生产、需求与销售、银行汇兑、保险、货物托运及申报等过程均可通过计算机网络完成。因此，要求财务管理从管理方式上，能够实现业务协同、远程处理、在线管理、集中式管理模式。从工作方式上，能够支持在线办公、移动办公等方式，同时能够处理电子单据、电子货币、网页数据等新的介质。然而，传统的财务管理使用基于内部网的财务软件，企业可以通过内部网实现在线管理，但是它不能真正打破时空的限制，使企业财务管理变得即时和迅速。网络经济下，要求财务人员在离开办公室的情况下也能办公 (即移动办公)，

这样财务软件必须是基于互联网的系统，而只有实现从企业内部网到互联网的转变，才能实现真正的网上办公。

（三）给财务管理带来新的风险

网络经济的虚拟性给财务管理带来的一个重要威胁是网络的安全问题。网络经济中要求财务管理活动要通过互联网进行，而互联网体系使用的是开放式的 TCP/IP 协议，它以广播的形式进行传播，易于搭截侦听、口令试探和窃取、身份假冒，存在巨大的潜在风险。而目前传统的财务管理中大多采用基于内部网（Intranet）的财务软件，对来自互联网的安全威胁考虑不是很到位，而企业的财务数据属于企业重大商业机密，如遭破坏或泄密，将会给企业带来不可估量的损失。还有身份确认和文件的管理方式问题。网络经济下参与商业交易均在互联网上进行，双方互不见面，这就需要通过一定的技术手段相互认证，保证电子商务交易的安全。而传统的财务管理软件一般采用口令来确认身份，不同的用户有不同的口令。如果继续沿用这种口令身份验证方式，那么随着互联网用户和应用的增加，口令维护工作将耗费大量的人力和财力，显然这种身份验证技术已不适合基于互联网的财务管理。另外，传统的财务管理一直使用手写签名来证明文件的原作者或同意文件的内容。而在网络环境下，电子报表、电子合同等无纸介质的使用，无法沿用传统的签字方式，从而在辨别真伪上存在新的风险。此外，电子商务作为网络经济下的主要交易手段，财务管理和业务管理必须一体化，电子单据、分布式操作使得可能受到非法攻击的点增多，而目前的财务管理缺少与网络经济相适应的法律规范体系和技术保障。例如，在电子商务中如何征税、交易的安全性如何保证、数字签名的确认、知识产权的保护等，所有这些问题都是在网络经济环境下出现的，给企业的财务管理带来新的风险。

由于我国传统财务体制的缺陷，我国大多数企业存在对财务管理的地位以及财务管理目标定位不明确等问题，使得财务管理的应有作用得不到很好发挥。因此，描述其现状、分析其成因，解决存在的问题，以应对网络经济时代的挑战。

第二节　网络经济时代财务管理创新的思路

一、财务管理新特点：适应网络经济要求

与网络经济特点相契合，能够适应新经济环境挑战的财务管理新方法具有如下特点。

(一)动态化、事中控制和适时化管理

首先,网络财务由于充分地利用了网络手段,使得企业会计核算、财务管理从事后行为推进到适时行动,即财务管理从静态走向动态,这在本质上极大地提高了财务管理的效率。其次,网络经济环境下,财务管理需要的财务会计信息将从对事后的静态核算信息需求提升到事中的动态核算信息需求,提高了财务会计信息的价值,因而能便捷地产生各种反映企业经营和资金状况的动态财务报表、动态分析资料。最后,通过与网上银行的连接,可随时查询企业最新银行资金信息,最大限度地加快资金周转,针对瞬息万变的市场,及时掌握第一手信息,做出反应,部署经营活动和做出财务安排。例如,笔者曾经工作过的单位,在没有开通网上银行之前,公司银行账户的余额和银行存款余额因未达账项的影响总不能达到同一时点的一致,只有等到月末取得银行对账单才能发现那些款项银行已发生了收支,假如企业在月中有投资购货用资的需求,就会影响企业的决策,间接影响企业经营效益;开通网上银行之后,可以随时知道企业在银行可供调配使用的真实资金余额,满足企业在瞬息万变的市场中对资金动态的需求。

(二)一体化

财务通过网络的连接,企业能够实现一体化管理,包括三个层面:一是在会计领域实现信息集成,即实现财务会计和财务管理之间的信息一体化,解决了会计信息真实性和相关性的矛盾;二是在企业组织内部实现财务信息和业务信息的一体化,使财务信息和业务信息能够做到你中有我,我中有你,融合在一起;三是建立企业组织与外部关系人(客户、供应商、银行、税务、财政、审计等)的信息网络,实现企业组织内外信息的一体化。实现信息共享,即企业组织内外与企业组织有关的所有原始数据只有1次输入,就可以多次使用,既减少数据输入工作量,又能保持数据的一致。这种一体化的系统能够实现财务与业务的协同,并具有极强的适应力,使企业的财务资源与业务运作直接挂钩,实现资源配置的最优化,最大限度地节约人力资源。同样,以我以前工作过的单位为例,在未实现网络化之前,财务人员的工作完全沉浸在烦琐的会计核算之中,且会计人员数量多,效率低;公司引进ERP管理系统后,会计业务核算凭证的输入逐渐走向由业务发生部门输入,财务部门的职能逐渐走向财务信息的管理,为公司的决策、预测服务,同时将财务人员从烦琐的核算中解放出来,提高了财务工作效率和质量。

(三) 个性化

传统财务管理以预先知道决策者的信息需求为假设,这一假设导致了财务管理数据的高度综合。综合信息最严重的问题在于:一切信息使用者都被"一视同仁"地提供同样的信息,这显然不能满足使用者的个性化需要。与之不同的是,网络财务强调在不完全了解信息使用者的需求和决策模型的情况下,财务管理应立足于提供与各种可能的决策模型相关的经济事项,减少数据的归集,在信息系统中存储大量的"原"信息,从而灵活地加工成各种信息产品,由信息使用者自己根据决策需要对数据进行剪裁,这样就更能提高其决策有用性,有助于决策者做出更好的决策。众所周知,计算机技术已经改变了企业与客户之间的交流方式,同时,互联网创造了为不同类型决策者提供一个信息菜单的平台,以满足使用者个性化需要。再以我以前工作过的单位为例,未使用 ERP 之前,能提供的财务信息指标都是规范固定、相对粗犷的,不能较好地满足企业多角度管理、客户、股东、银行、财税、统计等对财务信息的需求;使用 ERP 之后,可以按科目和核算项目组合查询,如:应收账款和客户组合、应付账款和客户组合、预收账款和客户组合、预付账款和客户组合等,也可以按部门查询费用、按核算项目查询成本收入,快捷、准确、多角度、立体地获取会计信息,满足众多会计信息需求者的要求。

二、网络经济环境推动企业财务管理理念变化

随着企业制度及管理方式日趋完善,经济全球化以及新型经济发展模式兴起,我们为适应管理需要,不断引入新的企业财务管理理念及目标,从而为财务管理改进提供了努力的方向。

财务管理环境的变化促进财务管理理念的更新与发展。财务管理环境的变化,体现在知识经济、网络经济以及经济全球化的冲击,在该背景下,我们需要不断更新财务管理理念,具体而言,形成如下新的理财理念。

(一) 人本化理念

人是生产要素中的能动性要素,有着巨大的创新能力,企业的成败在很大程度上取决于能否成功调动人的积极性,由此形成"以人为本"的理念,重视人的发展和人性化管理成为现代管理的大势所趋。企业中的财务活动都是由人来实施的,其成效主要取决于人的知识、智慧和努力程度。因此,企业在财务管理中要树立"以人为本"的理念,尊重人性,根据激励相容原则,设计责、利相结合的财务控制机制,充分调动全员科学理财的积极性、主动性和创造性。

(二) 知识化理念

在新经济时代，科学技术是第一生产力，而知识是形成科学技术的必备条件，进而知识成为重要的经济增长源泉，具体到财务管理上，财务管理思路、内容、方法和手段等都需要新知识的支撑，新知识不断涌现，促使财务管理成为一种知识化管理，需要财务管理人员养成终身学习的习惯，勇于和善于接受新知识，注重学科融合，将其他诸如金融学、经济学，甚至生物学的最新知识运用于财务管理中，以解决财务管理中出现的新问题。

(三) 竞争与合作统一理念

在当前企业之间的竞争过程中出现了一种令人瞩目的新趋势，即与市场中的竞争对手开展合作，降低交易成本，共谋发展。信息网络化、交通便利化、科学技术综合化和经济全球化，这些都为企业之间的沟通、协作提供了便利条件。因此，财务管理也要适应这一变化，在善于抓住机遇、从容应对竞争的同时，要善于与竞争对手互通信息，交流管理经验，共同开拓市场，开展各种形式的经济联盟，尤其是像轨道交通等耗资巨大的项目，更需要战略合作，使各方的经济利益达到和谐一致，实现"双赢"。

(四)"负债经营"理念

资金是企业的血液，也是企业发展中稀缺的资源，而负债是融资成本低廉且比较快捷的融资途径。"负债经营"是利用贷款扩大企业经营规模，随着社会信用体系的完善，银行等金融机构的服务不断细化、规模也呈扩大趋势，从而使企业负债经营成为可能。使用贷款不仅可以缓解企业资金短缺，提高流动性，同时还能使企业享受利息抵税的好处，越来越多的企业接受"负债经营"。

三、财务管理方法创新：应对网络经济环境

企业财务管理环境的变化，既是财务管理目标、方法和理念革新的诱因，也是推动其发展、创新的主导力量。在网络经济时代，适应新环境的压力促使新的财务管理技术、方法应运而生。

(一) 财务管理网络化

网络财务管理是网络技术嫁接在财务管理活动中的具体体现，即是企业运用网络来实现整个企业财务管理的职能。企业将网络技术应用于财务管理中，解决一系

列目前单一财务主体无法解决的问题，如财务报表合并、跨地区财务数据传递、动态财务分析交互查询信息及资源利用状况等，形成一种整个企业一盘棋的财务管理网络体系。

网络财务管理要靠网络财务应用软件来实现，网络财务管理软件的运用，将实现企业财务管理与业务运营的协同运作、在线适时管理和对电子商务的一体管理。通过网络财务软件可以实现事中、动态会计控制与在线经济资源管理，实现企业对分支机构的远程财务管理、物流管理及诸如远程财务报表、报账、查账、审计等远程控制手段的融合，便于集权与分权、集中与分散管理的协调。

(二)财务管理柔性化

经济环境的复杂性，增加了财务管理的难度。在网络经济时代，企业生存环境日趋复杂，其为了增强在多变环境中的生存能力，必须实行柔性管理，以适应动态的持续创新的网络经济要求。柔性管理涉及企业生产、人员调配、信息处理等各方面，财务的柔性管理是从财务的计划、控制、分析角度，通过网络技术实现财务信息资源优化，其核心和目的是使企业信息资源具有柔性，提高企业各种财务信息资源以多种方式被使用的可能性，使其具有更大信息含量。

(三)财务管理流程再造

20世纪90年代初美国学者哈默（M.Hammer）和钱皮（J.Champy）提出企业再造工程（BPR）。对企业的业务流程进行根本性再思考和彻底性再设计，从而获得在成本、质量、服务和速度等方面业绩的戏剧性的改善，使企业能最大限度地适应以"顾客、竞争和变化"为特征的现代企业经营环境。基于这种变化，财务管理流程再造是协助企业努力降低产品成本、提高经济效益的重要财务策略。电子商务的发展和网络财务软件的开发使企业财务再生管理成为必要和可能。财务管理流程再造就是基于上述BRP思想，将财务管理与信息技术有机地结合起来，明确财务管理各部门各工作环节、各相关人员的责权利，始终将财务管理流程融入企业持续不断变革的过程中。这样，一方面满足了信息使用者的信息需求，另一方面也会给企业管理带来新的变化，如价值观念的顾客导向，职工实行自我管理，绩效的衡量转为测定群体成果。

(四)虚拟化财务管理

对已从事电子商务交易的虚拟企业主体必须实施虚拟化财务管理。虚拟化财务管理是以网络技术为基础，全面创新的、以实现财务信息资源优化的一种财务管理技术。在网络经济时代，虚拟企业日益增多，其不同于传统的实体企业，它是一种动态的、短期的战略同盟，由几个有共同目标和合作协议的个体组成。以网络为依托，虚拟企业突破了企业的有形界限，虽然它们表面上与传统企业一样，有着生产、营销、设计、财务等活动，但这些企业内部没有执行这些活动的相应组织。在资源有限的情况下，为取得竞争中的优势地位，企业往往只从事其比较具有优势的某一项核心业务，即把知识和技术依赖性强的高附加值部分掌握在自己的手里，而把其他低附加值部分虚拟化。虚拟化财务管理就是以企业的核心业务为财务管理的中心，对各虚拟化的业务部门进行集中协调性的财务管理。虚拟企业的中层经理的监督与协调功能被计算机网络取代，企业的组织结构趋于扁平化，虚拟化财务管理是与之相适应的一种横向管理，这样就省去了很多中间管理层级，使价值的产生与确认有明确对应关系，能够提高管理效率。

四、财务人员素质的提升

知识创新和技术创新是网络经济发展的强大推动力，网络经济需要培养具有创新能力的财务人才。

(一) 财务人员应有的素质

经济崛起国家的事实证明：人力资本存量的迅速扩大是构成国家财富的最终基础，人才是经济发展的最重要动力，从而成为真正意义的"第一资本"。网络经济时代的财务管理，一方面要有合理的组织结构，即管理层次及中间管理人员少，并具备灵敏、高效和快速反应的特征；另一方面，财务人员需要具有专业性、技术性的综合性素质。而我国现状是，组织结构呈金字塔形，中间层次多，缺乏创新和灵活性；财务管理人员的理财知识欠缺，理财观念滞后，习惯一切唯领导马首是瞻，缺乏掌握知识的主动性和创新能力。为此，要求财务人员应具备如下素质。

一是综合知识。财务人员既要有宽广的经济、财务理论知识，还要有良好的数学、法学和网络技术知识，面对知识的快速更新和经济、金融活动的广阔、灵活和多变，能从经济、社会、法律、技术等角度综合分析，做出科学的财务决策。二是学习能力。不断吸取新的知识，善于从实践中学习，根据变化的理财环境对企业的运行状况以及不断扩大的业务范围进行风险评估和管理。三是熟悉金融工具。随着国际金融创新的加速趋势，经济虚拟化的发展，金融工具必将成为理财的重要手段，现代财务管理人员必须熟悉其特性，运用其来开发融资工具和管理投融资风险。

(二) 提升财务人员素质的途径

财务人员素质的提升：一是靠建立和完善培养体系，采用多种形式更新财务管理人员的专业知识，优化人才结构；二是财务人员经常与其他专业人士沟通、讨论、交流执业经验，分析财务环境未来发展趋势等，善于向别人学习，取长补短，不断完善自我；三是加强企业管理组织结构建设，采用扁平化管理，提高组织运转效率。

第三节　网络经济时代财务管理创新的具体路径

网络经济时代的到来，给企业的生存环境带来了巨大的变化，由于信息和技术的快速更新及传播，企业竞争加剧，相应地，企业为提高其竞争力，必须由原来的粗放经营转向集约经营，经营模式的转换对财务管理提出了更高要求，这正如美国会计学家埃劳特和杰克逊所言"建立在工业时代的传统会计必须演进到信息时代中去"，基于此，财务管理的各环节亦应改进，本章探讨企业在筹资、投资和分配等方面如何进行创新，以应对新理财环境的挑战。

一、筹资活动中的创新

资金是企业的血液，是企业机体正常运转的保障，从严格意义上讲，企业的破产本质上就是资金链断裂。而筹资活动是企业经营活动中获得持续资金流的过程，评价筹资活动的最重要指标是资金成本率。在网络经济时代环境下，企业的筹资活动在诸如筹资的观念、筹资的方式、融资的渠道等方面均发生了变化，这就要求企业充分利用网络提供的优势进行筹资决策，实现低成本的为企业筹集适度发展资金。

(一) 创新筹资观念——由单纯"筹资"转向注重"筹知"

如前所述，在网络经济条件下，知识和掌握知识的人力资源将比资本和土地等有形资源为企业创造更大价值，企业要想保持活力以及恰当地应对环境变化，"人"无疑是基础。人之所以重要，是因为其具有学习知识，将知识转换为现实生产力的主观能动性。实践表明：一个企业能否持续发展，关键在于其是否拥有和掌握了新知识和新技术，进而形成其核心竞争力。因此，在企业筹资活动中，所筹集的资本，应当既包括财务资本，又包括知识资本，并尽可能多地从外部吸收知识资本，用以改善企业的软环境，同时还应有开发和培育知识资本的意识。这需要创新财务理念，在"以人为本"基础上，形成劳动者权益会计，将拥有创新知识的专业化人才以知识资本作价入股公司，形成所有者权益，将个人的报酬与企业业绩紧密联系起来，形成长效激励机制，激发人才为企业发展献计献策，实现企业价值最大化的财务管理目标；企业也可以以自己的科技实力与其他公司联合，取得充足的资金，研发实现单个企业无法进行的项目；此外，企业还可以利用无形资产进行资本运营来扩大企业规模，包括特许加盟、无形资产抵押贷款筹集资金。

(二) 拓展筹资工具——利用金融创新产品

新经济形势下，动态多变的环境使得企业的经营具有高风险的特征，为了能在该环境中健康地成长，企业应改变其传统的融资方式，选择那些既易被投资者接受、又能分散风险的方式。传统单一的融资方式缺陷明显：商业贷款的苛刻条件，尤其是银行为满足安全性和流动性要求，更多采用抵押贷款，结果是贷款资金在整个资金来源中所占比重有下降趋势，对于高风险的中小企业，甚至基本上无法获得贷款；在股票融资中，投资者倾向于有累积股利的可转换优先股；可转换债券的负债和权益融资的混合属性为投融资双方带来的灵活性，使其成为债券融资的创新品种；由商业信用支撑的商业票据受制于工商企业自身的财务状况，其运用将越来越少。为迎合投资大众和企业筹资活动的需要，金融机构会越来越多地推出各种类型的金融创新品种，这也成为企业筹资的新方式。目前，由基础金融工具和衍生金融工具所形成的金融产品数不胜数，因为有关合同一项条款的变动就会形成新的金融产品，常见的有：期货、期权、货币互换，复杂一点的有：房地产抵押贷款债券（MBS）、债务抵押债券（CDOs）和信用违约掉期（CDS）等。随着网络银行的普及，其方便、快捷的服务，将企业与金融机构紧密地联系起来，增加融资工具，可以更灵活地选择融资方式。

融资租赁，是指实质上转移了与资产所有权有关的全部风险和报酬的租赁。所谓与资产所有权有关的风险，是指由于资产闲置或技术陈旧而发生损失以及由于经营情况变化致使有关收益发生的变动；所谓与资产所有权有关的报酬，是指在资产有效使用年限内直接使用它而获得的利益、资产本身的增值及处置所实现的收益。

融资租赁是出租方以实物方式向租赁方提供的贷款，因此是一种非常特殊的筹资方式，其优点在于：设备一般由承租方选定，能够很好满足生产经营需要；其缺点在于：通常涉及相关联的三方以上：出租方、承租方和设备提供方，他们之间需要签订设备购买合同、设备租赁合同等，在此过程中，融资租赁多方之间的磋商会形成高交易成本，尤其是，目前我国企业开展的融资租赁中经常涉及境外相关方，因此，交易成本成为企业选择这一筹资方式时首先需要考虑的问题。在网络经济环境下，企业可以通过互联网方便、快捷地搜寻到租赁资产的供应信息，而且，企业与融资租赁设备提供方、出租方等也可以通过网络实现低成本交流，这样，障碍融资租赁的高交易成本问题就可以很好地解决，这将促进融资租赁业务的发展，为企业通过融资租赁方式融资提供便利。

例如，深圳一公司，为保证有足够的现金流，将应收账款打包卖给一商业银行，满足了公司流动资金的需求和其他项目的投资需求，银行又发行债券给个人，进行理财业务，这就形成了企业、银行、个人等多赢互利的局面，也是美国金融风暴爆发前的融资链条模型。

（三）拓宽筹资渠道——筹资活动走向国际化

新经济时代，网络技术渗透到经济活动的每个角落，发达金融网络设施、金融机构的网络服务，使得网上筹资成为可能。遍布全球的网络已将国际金融市场连接起来，一天二十四小时都可以进行交易，可以说已实现了金融交易全球一体化，北美市场、欧洲市场和亚洲市场具有很强的联动效应，各自很难独立兴衰。由此，企业在筹资选择时，所面对的也将是一个全球化的国际市场，各大证券交易所奔赴全球争取客户即是证明。"融资空间"扩展、"网上银行"开通以及"电子货币"使用，为资本国际流动插上了翅膀，加快了资本在国际的流动速度，但是同时加大了筹资风险。在国际化市场中筹资，由于涉及货币兑换，企业必须关注汇率、利率波动，最好能利用套期工具锁定筹资风险。具体来说，企业在筹资过程中，同时要学会运用货币互换、远期外汇合约交易、期权交易等创新型的金融工具及衍生工具，控制相关风险。

（四）开发融资市场——利用风险资本市场

网络经济时代为高新技术企业以及中小企业的发展提供了机会，但是，这些企业在发展的起步阶段面临的最大困扰即是资金短缺的问题，加之其高风险的特点，很难通过银行融资，国际成功的经验是退出创业板和中小板市场，为这些企业以及投资者搭建投融资平台。业内公认，最成功的创业板市场是美国的纳斯达克市场（National Association of Securities Dealers Automated Quotations, NASDAQ），将近有5400家公司的证券在这个市场上挂牌，其孵化出包括微软在内的很多全球知名高科技企业。由于该类企业的高风险，在该市场进行投资的资金被称为风险资本，其来源主要有：个人或家族投资者，各类风险投资基金以及投资银行等。我国创业板也将正式推出，其以成长型创业企业为服务对象，重点支持具有自主创新能力的企业上市，这为该类型的企业提供新的融资市场。

（五）充分利用网络优势降低资金成本

企业资金成本包括资金筹集费用和资金使用费。在网络经济时代，企业应充分利用网络优势降低这两部分费用，从而降低企业资金成本。

一般而言，资金筹集费用又可大致分为直接成本和间接成本。人们往往关注从会计角度能够直接计量的成本——直接成本，如证券的制版、印刷、中介鉴证、发行承销等支出；而对于企业在融资前期花费在方式选择、与有关方谈判及其他间接成本考虑不够。实际上，该部分也是资本成本的组成部分，在我国重人际关系的传统文化中，该部分成本有可能还占相当比重，其高低直接决定企业资金成本。网络技术提供的信息平台，为资金供求双方提供了交互式查询渠道，资金供求双方通过网上查询，寻找合意的合作伙伴，并通过电子邮件等方式实时沟通部分细节，甚至可以完成整个谈判过程，由此形成的融资业务，显而易见地节约了筹资费用。同时，互联网的产生也便利了资金供需双方直接交涉，省去了中间环节，减少发生信息扭曲的机会；电子货币通过网络银行能够实现货币资金的不受时间限制地、无纸化流动，提高资金使用效率，这些便利条件大大减少了资金筹集费中的中介费、差旅费、印刷费等。

网络经济打破了地域界限，拓展了企业筹资空间，为企业选择资金供应方打开方便之门，从而有利于降低企业的资金成本。在传统筹资环境中，企业受高信息搜集成本、沟通不及时等因素所限，筹资呈现本土化特征，本地资金提供方处于某种程度的垄断地位，资金使用成本自然偏高。在网络经济环境下，企业通过网络可以便捷地获得全国，甚至全球范围内的资金供应信息，自愿选择资金供应方，只要国家政策允许，企业可以向任何地区的资金供应方进行筹资。这一变革，实际上打破了传统模式中资金供应方的地区垄断地位，形成有竞争的资本供应市场，由于竞争的加剧，资金使用费呈下降的趋势，这使企业有更多的机会获取低成本的资金。

DPO（Direct Public Offering）在1994年最先出现于美国，当年28家小企业通过DPO发行股票上市交易筹集资金（我国首批也是28家）。DPO就是通过互联网直接公开发行，即发行股票的公司不通过承销商、投资银行，而通过因特网，在网上发布上市公司信息、传送发行文件。不像IPO那样有要求严格的注册程序和信息披露要求，充分利用网络提供的跨空间优势，把上市公司与投资者联系起来，节约了筹资成本。

二、投资活动中的创新

企业在正常生产经营活动外，可能为了有效地利用暂时闲置的资金，以获得一定的经济利益；或者为了影响或控制其他企业的经营与财务政策，以保障本企业正常经营业务的顺利进行和经营规模的扩大；或者为了积累整笔巨额资金，为满足企业未来某些特定用途做准备等，而将现金、实物资产或无形资产让渡给其他单位，而获得股票、债券、基金、投资性房地产、固定资产等，从而形成企业的各种投资。投资活动是企业实现社会总财富增加的源泉。当然，要投资实实在在地为企业、社会创造价值的项目，其选择的投资项目获得的收益除弥补成本之外还要有净收益，这就要求在众多投资项目中选择，用经济学语言来说，就是通过投资决策将稀缺的资源配置到合适的资产，以为企业带来利润。企业可以选择的投资项目有建立厂房、机器设备的购置、改建、扩建等决策，还可以是购买股票、债券和以合营方式向其他单位投资等决策。

　　按照不同的标准，投资有各种不同的分类方法。本节仅介绍按投资的性质进行的分类，即将其分为实业投资、证券投资和产权投资三类。实业投资，是指将资本投放于特定的经营项目上，以形成相应的生产能力，直接从事产品生产或劳务提供，是一种直接投资。证券投资，是指将资本投放于各种债券、股票、基金等有价证券，以获取收益，通过证券载体进行的一种间接投资。产权投资是指以产权为对象的投资，从形成方式来说，既可以是通过实物投入，亦可以通过资本市场购入股票实现。在网络经济时代，企业在实施上述三方面的投资活动时可以考虑如下创新尝试。

（一）充分利用网络优势，提高实业投资收益

1. 要善于洞悉投资机会

　　在动态的经济环境中，投资机会稍纵即逝，而对机会的把握有赖于企业对自身优势以及外部环境的准确分析，企业可以通过 SWOT 进行分析。机会与企业内外部环境的变化密切相关，变化之中往往孕育着巨大的投资机会。人类社会的发展就是一个持续变化的过程，没有变化就没有发展。而人类社会加速发展的趋势意味着变化的加速，不可思议的瞬息万变已逐步成为现实。在这一背景下，把握投资机会的前提是对瞬息万变的企业内外部环境的把握，从看似无序的变化中预测发展趋势，寻找投资机会。对于传统环境下的企业来说，这简直是不可想象的，只有极少数的企业有充足的人力、物力及财力来建立信息机构搜集来自世界各地的相关信息并进行加工处理，从中发掘投资机会，但是这样的代价是巨大的，实现这样的信息搜集与分析无论是在效率方面还是在效益方面都难以尽如人意，即使兴起的专业信息公司，由于其中介性，难以实现与实体企业的需求无缝链接，而作用有限。在网络经济时代，国际互联网可以将全球各地的海量信息传输于一台网络终端微型机上，相当于给企业安了"千里眼"和"顺风耳"，使企业可以做到"眼观六路，耳听八方"，极大地提升了企业挖掘投资机会的能力，并且成本低廉。

2. 利用网络平台，做好投资项目管理

在网络经济时代，全球经济一体化的进程大大加快，企业跨地区、跨国投资活动迅猛增长，这就提出跨国管理的问题。与本地区或较近区域范围的投资管理相比，跨地区、跨国投资活动中的投资管理有其独特、复杂之处。由于地域范围的扩大，在传统管理模式下，企业管理层要想了解投资项目中的详细信息，如货币资金使用、存货周转、应收账款收回以及企业行政管理等方面，与本地投资项目相比，就要困难很多。虽然在国际互联网出现之前，企业管理中各种通信技术的运用在一定程度上能够实现远程管理，但是这些通信技术支持的投资管理存在一定的时滞问题不说，还存在高成本的问题。相比而言，互联网技术是一种更先进的通信技术，将其运用于企业管理之中可以实现远程实时监控，既有文字、数字信息还有影像信息，这为缩短监控时滞、提高监控效率都提供了技术上的保障。这一技术的保障：一方面能够提高企业跨地区、跨国投资项目的管理质量，另一方面，由于这一技术的运用，企业为管理同一投资项目所需花费的人力和财力都大大减少，这样，企业就可以有更多的时间和精力来实施其他投资项目，这会促进企业增加对外投资量，在保证投资管理质量的前提下，追加投资数量。

(二) 优化产权结构

企业进行产权投资的目的在于取得被投资企业的控制权或部分产权。传统经济形式下产权投资以实业投资要素的部分或整体集合为投资要素，兼并、收购、参股、控股等是其主要的股权投资形式。在网络经济时代，企业进行产权投资应注意以下几个新变化，把握投资机会。

1. 组建"虚拟企业"优化产权结构

在传统的经济环境下，企业通常采用纵向一体化的方式保证企业与其存货供应商、分销商之间的稳定合作关系。纵向一体化[①]通过企业投资自建、投资控股或兼并等方式来控制对向其提供原料、半成品或零部件的企业及分销商，即以"产权"控制为纽带来稳定核心企业与其供应商及分销商之间的合作关系。应当说，在市场环境相对稳定的情况下，这种纵向一体化有助于强化核心企业对原材料供应、产品制造、分销及销售的全过程控制，使企业在激烈的竞争中处于主动地位。但是，随着网络经济时代的到来，企业的经营环境发生了巨大变化，突出表现是企业所面对的是一个瞬息万变的买方市场，在此背景下，企业对未来的预测越来越不准确。与此

---

① 纵向一体化，是指企业涉足于上游供应商业务的后向一体化，或是染指于下游产品非终端购买者业务的前向一体化。

相应，企业要想保持其在市场竞争中的主动地位，就必须具有能够对市场中出现的各种情况做出快速反应的能力，而以往的纵向一体化的模式显然难以实现这一目标。因为在以产权为纽带的模式下，核心企业与其供应商及分销商之间形成的是一种非常稳固的长期关系，而稳固的关系是建立在为把握以往经验市场机会基础上的。当这种市场机会不复存在时，或者企业因需要适应新的市场需求而另起炉灶时，解除这种稳定关系绝非易事。基于此，组建虚拟企业成为网络经济环境下企业的必然选择。"虚拟企业"是企业适应市场需求，放弃过去那种从设计到制造，甚至包括销售都由自己一体来实现的经营模式，而是在全球范围内寻找适当的供应商及分销商，通过与它们建立伙伴关系而结成利益共同体，形成战略联盟，是一种松散和暂时性的合作组织，在相关的市场机会消失时就解除，这样组织成本比纵向一体化的运作要低得多。而国际互联网为企业寻找合作伙伴提供了广阔空间，因此，组建"虚拟企业"是网络经济时代产权投资的重要形式。

2. 无形资产在产权投资要素中的比重提高

无形资产的巨大潜力使其在网络经济中发挥着重要作用，企业接受的投资也出现无形化的趋势。如前文所述，知识已经转化成资本，成为企业生产和再生产过程中不可或缺的要素。企业在进行产权投资时，运用知识产权等无形资产的形式进行将越来越普遍，从而在整个产权投总量中，无形资产所占比重呈上升趋势，这就提出了加强无形资产投资管理的问题。

现在新成立的一些企业，给具有技术特长、开拓创新能力强的人员一定比例的技术股，因为这些人的知识技能、潜能会给企业未来带来经济利益的流入。

3. 交叉持股，形成紧密的资金联合体

现代经济是建立在分工基础上的，经济越发展，分工越细化。为了获得最大效益，企业与个人均在其具有比较优势的领域从事经营活动。在网络经济环境下，企业之间、人与人之间便捷的沟通为分工与合作提供更大的发展空间。这也促使企业及个人寻找自身优势即核心能力，从而在经营中取得较大优势。针对某一企业而言，在确定自己的核心能力后，就应当发挥其核心能力去从事相应的经营活动，对于其他业务则交由其他企业去完成。在这种思路下，企业的分工合作关系将被赋予新的内涵，形成分工合作关系下，即企业之间的战略联盟或伙伴关系。企业的产权投资活动也将围绕这一中心展开，而要实现这种战略联盟或伙伴关系，签订协议是一种方式，而交叉持股既是一种传统模式，也是各方相互牵制的重要方式。

(三) 进行证券投资

网络经济的发展将全球金融市场连接起来，为投资者提供实时信息查询、实时交易的渠道，促进了证券市场的发展，也为企业的闲置资金提供用武之地。

1.证券投资品种丰富

网络平台加上金融工程为投资者创造了丰富多样的金融产品，因此，企业在从事闲置资金管理时有了更大的选择空间。投资品种的丰富：一方面可以使企业通过选择证券投资组合分散投资风险；另一方面也使企业的投资活动日趋复杂，需要谨慎管理。

2.证券投资的区域范围扩大

在全球经济一体化的背景下，为企业筹资及投资者服务的资本市场亦呈现国际化的趋势。目前，发达国家的主要证券交易所都已经发展成为国际性的证券交易所，吸引国外公司上市。与此同时，越来越多的企业选择海外证券市场作为筹集资金的对象，越来越多的投资者参与国外证券投资。在网络经济环境下，证券市场的国际化步伐进一步加快。一方面，国际互联网的普及使投资者能够便利地查询世界各地上市公司的财务状况、经营状况等信息，还能了解各国的宏观经济政策及其他影响证券市场的因素；另一方面，互联网技术在证券交易中的运用，使得投资者在家里就能投资其他国家和地区的证券。

3.网上证券业务优于传统证券业务模式

网络经济的发展不仅使证券市场具有新的特征，同时，它也运用网络开展网上交易的新证券业务模式，从而改变了企业证券投资形式。网上证券业务是以互联网为交易平台，在互联网上就能从实现开户、委托、支付、交割到最终清算等的整个证券交易过程，投资者还能在线获得与证券交易有关的资讯服务。相对于传统的证券业务模式，网上证券业务的优势在于以下几点。

（1）成本低廉

在传统证券业务模式下，证券商作为交易中介，其在经营证券业务的过程中将发生，如人工成本、场地成本、水电费等许多费用，而这些费用在网上证券业务模式下，由于人员的减少、场地占用小等，就会大大下降。当然，网络证券业务的开展也会产生新的费用项目，如网络使用费等，但是总体上会节约费用。在竞争激烈的市场中，由证券经纪商成本下降所带来的收益将由证券经纪商和证券投资者分享，这体现为与传统证券业务模式相比较的成本优势，这一优势也是促使证券投资者积极采用网上证券交易的重要动力。

（2）便利程度高

证券投资者无论身处何时何地，只要能通过计算机终端连接国际互联网，就可以非常便捷地通过互联网获取相关信息，做出证券买卖决策，并通过键盘操作实施，其便利程度的提高是网上证券业务迅速发展的重要原因之一。

证券投资交易相关资讯服务全面、快捷。对于证券投资者来说，科学合理的证券投资的前提是拥有据以分析做出决策的相关信息。网上证券业务的开通，证券投资者可以通过网站浏览等方式，从证券经纪商及证券资讯类网站上，获取即时资讯以及相关机构的分析报告，这些信息的获取在很大程度上为投资者的投资决策提供依据。与传统证券业务模式相比，资讯优势也是网上证券业务对证券投资者具有极大吸引力的一个方面。

(3) 个性化的投资咨询与服务

上市公司、基金公司、证券公司、证券交易所以及监管部门都可以通过开设网站，提供证券投资咨询与服务业务，提供软件，让投资者根据其风险的偏好、期望的投资报酬率等，结合其资金量，为其量身推荐证券投资组合，实现证券投资者的增值目标；甚至可以通过网上交互平台，实施适时互动沟通，在网上为证券投资者提供投资服务。这也是网上证券业务比传统证券业务模式有优势的重要方面。

对网络经济时代的企业证券投资者来说，上述网上证券业务的优势，无疑是很有吸引力的。我们相信，随着网上证券业务服务内容的增加以及服务质量的提高，关键是网络安全性程度有保障的情况下，网上证券交易方式必将成为许多企业进行证券投资时的重要选择方式。

如深圳英大证券公司成立了不少网上虚拟的营业部，而真正的实体营业部在逐渐地减少，正如前文所讲传统模式下发生的人工成本、场地租赁成本、水电费等许多费用都会减少。

三、分配活动中的创新

(一) 虚拟企业的利润分配

如上所述，"虚拟企业"，尤其是以某一短期合作项目为目的的"虚拟企业"只是一种临时性的行动组织，其利润分配政策也应突出这一特点。对传统企业来说，制定其利润分配政策的关键是确定利润的分配比例，也即股利支付率；并且传统企业基于长期可持续发展的考虑，会将企业当年实现的利润留存下来，以备扩大经营规模，并且现金流不足时也会不分配或者推迟分配，《公司法》也规定了无利不分的基本原则。而短期"虚拟企业"作为一种短期的动态联盟，在相关项目合作完成之后，即会宣告解散。因此，该类企业在确定利润分配政策时，就不需要考虑企业的长远发展，将其所获得的利润全部分派，即其存续期间股利支付率可达百分之百；更为激进的是，其还可以参考递耗资产的处理方法，即在发放股利的时退回部分初始投资。

(二) 利润分配的基础——"知本"

在网络经济时代，知识已成为推动经济增长的重要动力，在现实中，通过掌握一定知识的人转化为人力资本或其他无形资产，同物质资本一起参与价值的创造，并且其已成为比物质资本更为重要的生产要素，其就必然要求同物质资本一起参与分配，即人力资本拥有者除获得工资外还要求享有一定的剩余索取权。人力资本主要以股份支付计划的形式参与利润的分配，这在西方国家已很普遍，并日益成为企业高管及重要人员的主要收入来源，我国相关配套政策《中华人民共和国公司法》《上市公司股权激励管理办法 (试行)》《股份支付准则》等已经出台，为人力资本参与分配提供政策依据。

(三) 知识资本的利润分配形式

在网络经济时代，知识资本由于其对利润贡献的加大，相应地，对其分配的比例也会加大，具体分配形式有：版税、专利及专有技术、品牌商标、技术入股等，它们有不同的适用对象，分述如下。

1. 对著作权产品采用版税形式

版权是知识产权的重要组成部分，而版税是针对版权支付的一种报酬形式，它是指著作权人或所有者享有作品的财产权益，通常按著作出版发行的销售收入的一定比例来提取。其中作品包括：文字作品，口述作品，音乐、戏剧、曲艺、舞蹈作品，美术摄影作品，电视、电影、录像作品，工程设计、产品设计图纸及其说明，地图、示意图等图形作品，计算机软件等。

2. 对发明等采用专利权及非专利技术形式

专利指发明人对其发明创造拥有所有权、使用权、制造产品权、销售产品权和出口产品权，包括发明专利、实用新型专利和外观设计专利。专利体现了知识资本拥有者享有在其转让过程中的经济价值，明确了发明人的经济财产权。

非专利技术，也称专有技术，是指从事生产、商业、管理和财务等活动的一切秘密知识、经验和技能，包括工艺流程、公式、配方、技术规范、管理和销售技巧与经验等。非专利技术的特殊之处在于其不为外界所知，并且不享有法律保护靠自己保密来维持，但是与其他的知识资本一样，可以给企业带来一定的经济效益。

专利及非专利技术都是知识资本常见的分配形式，一般来说，它们通过两种途径参与利润的分配：一是一次转让，由专利及非专利技术的购买者在使用专利获得超额利润之前，就将利润支付给专利及非专利技术所有者，对专利权人来说，就是一次性获取专利及专有技术转让费，这样专利出让者就不承担专利及非专利技术的市场风险，也不享有其以后的市场价值增值。二是转让使用权，企业将所拥有的专利及非专利技术的使用权让渡给他人，通过收取租金参与利润分配。出让者与受让者均可以使用出让的专利及非专利技术，即各方有条件地使用，其特点是风险大，同时回报也比较高，让市场收益检验其知识资本的"含金量"。

3. 对商标等采用特许权形式

商标是企业产品服务特性的外在标示，它体现了企业生产经营管理和理念文化等，是企业长期积累的结果，能够为企业树立良好的社会公众形象，从而实现其价值。其参与利润分配的形式主要是：转让收入和收取品牌和商标使用费。

4. 技术入股

技术入股权是指以技术发明和技术成果等经评估作价作为投入要素，享有企业权益，以其为依据享有收益权的一种利润分配形式。从理论上讲，经营管理经验、特有技能等都可以作为智力资本投入要素分享企业股份及其收益。技术股权是知识资本分配的一种较高级形式。技术发明的魅力，不仅在现实回报，还在于价值增值的长期回报，更在于股权的回报。

5. 股票期权制度

股票期权（Stock Options），是指赋予持有者在一定时期内购买一定数量公司股票的权利。持有股票期权的人员可以在规定的时期内以合约约定的行权价格购买标的公司的股票，这一购买过程称为行权。既然是一种权利，若行权期内公司的现行股价低于其行权价，持有人就可以放弃，此时，持有人不会有任何现金的损失；而如果行权期内公司股票市价若高于行权价格，择两者的差价即是期权持有人的现金净收益（扣除交易费用）。根据期权性质（欧式或者美式期权），持有人在满足行权条件的期间内可以自行决定行权的时间，行权后，符合条件就可以转让所得股票。股票期权是股份分配形式的发展，其重要特征是公司通过无偿赠股票期权的形式，将企业利益与员工承担的经营风险联系起来，激励员工努力工作获取收益分配的同时为企业创造价值，这种分配形式将成为网络经济时代知识资本参与利润分配的重要形式。

股票期权主要有：股份认购期权、限制性期权、股票升值权、"影子"股权等形式。股份认购期权，是指赋予企业员工在一定时期内完成事先约定的经营目标按约定价格认购一定数额的股票的权力。当企业股票市场价格上升后，持有人可以通过行权、出售获得行权价与市场价之间的价差。限制性期权，是指在行权时必须具备某些限制性条件的期权，包括期限限制或业绩限制条件。股票升值权，是指把股票期权的兑现条件与企业绩效指标挂钩。当企业效益上升时，可按股票升值部分兑现奖励。"影子"股权，是指企业按照确定给职工的股票期权数量，发给员工"股票券"，而不需要员工购买与期权数量相应的股票数量，但是，当股票增值时，"影子"股票则可像股票期权一样，持有者有权获得股票差价的现金收入。

网络经济环境相对传统经济环境而言，最大的变化是网络技术的广泛运用，这改变了财务管理的环境。从"电子政府"、网络税收征管、家庭办公、网上购物、电子商务的开展、"虚拟企业"的组建到远程控制等新事物都是建立在互联网的基础上。互联网的特性使得网络经济具有虚拟性、动态性、知识性、国际性、时效性等特点。环境条件的改变促使企业创新财务管理活动各环节，以适应时代要求。筹资活动的创新主要源自网络经济环境的知识性、国际性和动态性等特征，将筹资的重点转向"筹知"；拓宽筹资渠道，将筹资范围扩展到全球；利用风险市场和新的金融创新品种融资；不断调整企业的筹资方案，最大限度地降低企业的资金成本。投资活动的创新源自网络经济环境的虚拟性、知识性、时效性。从网络经济环境的虚拟性出发，企业的投资活动更多地以组建"虚拟企业"的方式进行产权投资；投资要素中知识资本发挥重要作用，无形资产的比重提高；企业需更加注重利用网络信息资源，及时捕捉投资机会。分配活动的创新主要源自网络经济环境的知识性、虚拟性，在分配活动中的创新主要表现出财务虚拟管理的特点，针对虚拟企业的特殊性，其利润分配政策要改变以往一般需要保留盈余的做法，而予以悉数分配；对像知识资本这样的"虚拟资本"，由于其对利润的贡献，企业在进行利润分配时必须允许这些资本参与利润分配，其可以采取版税、专利及专有技术、品牌商标、技术入股、股票期权等形式，以发挥智力资本的积极性。

总之，在网络经济时代，企业财务管理活动的全面创新依赖于网络信息资源和网络技术的充分利用，将网络技术应用于财务管理的各环节，提升其为企业创造价值的地位。

第十三章　基于知识经济时代的财务管理

第一节　知识与知识经济

一、知识的概念与特征

(一)知识的概念

为了更深入地了解什么是知识经济，人们首先必须回答"什么是知识？""知识经济"中所说的"知识"是一个广义的概念，包括人们迄今为止所创造的所有知识。其中，科学技术、管理科学和行为科学的知识是最重要的组成部分。

(二)知识的特征

知识本身具有七个特征：不可替代性、不可相加性、不可逆性、非磨损性、不可分性、可共享性和无限增值性。知识的这些特点决定了知识与一般生产要素有本质的区别，在知识经济中，知识已不是经济增长的外生变量，而是经济增长的内在核心因素，知识的特征决定了知识经济的特征。

二、知识经济的概念和特征

(一)知识经济的概念

1.知识经济的传统观点

自联合国经济合作与发展组织（OECD）在1996年的"科学、技术和产业发展"报告中明确提出"以知识为基础的经济"以来，"知识经济"这个概念就成为一个全球性的热门话题。对什么是知识经济，国内许多专家学者提出各种看法。有人认为，知识经济就是以知识为基础的经济，这使经济直接依赖于知识和信息的产生、扩散和应用。有的学者提出，知识经济是以现代科学技术为核心的，建立在知识和信息的生产、存储、使用和消费上的经济。而著名学者吴季松博士在他的专著《知识经济》一书中，给知识经济下了一个明确的定义："所谓知识经济是指区别于以前的，以传统工业为产业支柱，以稀缺自然资源为主要依托经济的新型经济，它以高科技产业为第一产业支柱，以智力资源为首要依托，因此是可持续发展的经济。"可以看出，这些学者对知识经济的认识在本质上是相同的，即知识经济在本质上是以智力资源占有、配置，以科学技术为主的知识的生产、分配和消费（使用）为最重要因素的经济。知识经济在资源配置上以智力资源、无形资产为第一要素，对自然资源通过知识和智力进行科学、合理、综合和集约的配置。

所以，在知识经济中，对智力资源——人才和知识的占有就显得尤为重要，在某种意义上说，甚至比工业经济中对稀缺自然资源的占有更具有重要意义。按笔者的理解，知识经济是以知识和知识的创新运用为基础的经济。因为知识经济的核心是创新，以科学创新和技术创新为主的知识创新是加强智力资源投入的最重要形式，创新的关键是高科技产业化。

2. 对知识经济认识的新发展

我们不仅要从技术层面理解知识经济，还要从文化层面理解知识经济。正如余绪缨教授所说的，知识经济"不是一个单纯的技术问题，而首先是一个社会文化问题。即涉及'非人性化'与'人性化'的问题，如果知识经济只涉及非人性化的技术问题，那就只能称之为技术经济，而不是知识经济"。

从概念蕴涵来看，"知识经济"中的"知识"并非特指自然科学和技术知识，而是泛指一切可以产生产业化、市场化的知识，一切可以作为经济要素的知识，这就要求不仅从技术层面来理解知识经济，还要从文化层面来理解知识经济。首先，从事实来看，以文化价值观念为核心的人文社会科学知识的创新和转化问题日趋重要了，这类知识不仅已经成为重要的经济要素，而且表现出强大的产业化、市场化趋势；其次，从技术创新的目的上看，单纯以提高劳动生产率和降低劳动成本为目的，已经不能适应消费者的口味和素养的提高，技术日益变成与人的趣味、时尚要求、环保意识甚至道德评价密切相关的活动系统。也就是说，技术不仅要满足人的物质需求，而且要越来越多地满足人们的精神文化需求。以提高劳动生产率为唯一目标的技术正在变为"以人为本"的技术。这种技术进步已不再是一个封闭性的，按其自身惯性和逻辑发展的过程。它与人们的趣味变化、时尚追求和道德评价具有日益密切的关系。大量所谓"绿色产品"的开发技术就证明了这一点，再者，就以知识为基础的产品而言，"前知识经济"的产品形态以"物"为主，其使用价值主要表现为其物理有用性，其产品寿命也主要取决于产品的物理损耗程度。但是"知识经济"时代，产品中的知识含量大幅增加，它不仅包括那些自然科学或工程学知识，而且包括那些有助于提高产品舒适度、美观性和文化意蕴的人性知识，包括企业管理、市场营销等与人有关的知识。一项产品的物理形态日益变成某种时尚或消费概念的载体，因此一件产品的寿命往往不取决于它的物理损耗，而且取决于它所代表的消费概念是否过时。

(二) 知识经济的特征

知识经济是相对农业经济、工业经济的一个新时代的概念，是以知识和知识的创新运用为基础的经济。在未来的世界经济中，知识将成为关键性的资源，成为经济发展的新动力，并逐渐构成人们新的消费基础，企业的关键资产也不再是固定资产和金融资产，而是知识资产。与以往的传统经济相比，知识经济有着受信息网络种种特点的影响而形成的诸多特征，表现在以下几点。

1. 知识经济是以人为本的经济

学术界认为，世界正从物本阶段发展到人本阶段，真正造就知识经济的不再是那些掌握金钱力量的资本家，而是掌握知识与技术的"知本家"。美国著名未来学家托夫勒指出："目前正在进行一场自工业革命以来最为深远的、真正意义上的革命；财富已不仅仅体现在土地、劳动力和资本等古典要素方面而更加依赖于知识"。因此，对"知本家"的报酬已经不能为传统经济下的工资形式所涵盖，需要通过利润的形式来实现。以硅谷中的许多公司为代表，美国的高新技术企业几乎都在推行形形色色的，诸如员工认股权等新的收入分配体制。

2. 知识经济是一种高风险经济

知识经济是一个高利润和高风险并存的经济，是一个充满创业机会的经济。如果说知识经济和传统经济有什么区别，那就是更高的技术风险、更短的产品寿命周期、更激烈的人才竞争和更多信赖于能够有效支配资本的"知本家"。

3. 知识经济是网络经济

知识经济时代电脑网络高速发展，网络的应用渗透到了社会生活的方方面面，社会经济呈现网络化特征。

4. 知识经济是信息经济

信息技术的高度发展是知识经济实现的基础，因此有人把知识经济说成是信息经济的更高阶段。

5. 知识经济是速度性经济

一方面，知识经济时代由于数字化、网络化技术的应用提高了劳动生产率，加快了各行各业的发展；另一方面，在知识经济社会中，人力资本比物质资本更具有增值性，从而带来经济的飞速发展。

6. 知识经济是创新型经济

知识创新和技术创新将成为生产力发展最重要的生产要素，高新技术产业成为新的经济增长点。

7. 知识经济是复合型经济

由于知识是人脑力劳动的成果，是同每个人的精神状态紧密联系的，因而知识经济不可能是单纯的科学技术经济，它同时也是社会人文经济。

8. 知识经济是全球化经济

知识经济时代计算机网络和信息高速公路的建立以及跨国公司的发展，推动了生产、市场、金融和科技的全球化。

9. 知识经济是虚拟化经济

虚拟企业、网上经营等新的组织及管理方式的出现，使企业能将内外资源相结合，形成富有竞争优势的经济模式。

10. 知识经济是无形经济

知识经济是以无形资产的投入为主的经济，传统工业经济需要大量资金、设备，有形资产的投入起着决定性作用，而知识经济则依靠知识、智力，无形资产的投入起决定性作用。

11. 知识经济是可持续发展的经济

传统工业技术发明的指导思想是单一地、尽可能地利用自然资源，以获得最大利润，而不考虑或极少考虑环境效益、生态效益；而知识经济发展的指导思想是科学、合理、综合、高效地利用现有资源，同时开发尚未利用的自然资源来取代已接近耗竭的稀缺自然资源。因此，知识经济是促进人与自然协调、可持续发展的经济。

第二节　知识经济对理财环境的影响

企业的财务管理环境即理财环境是指对企业理财活动产生影响的企业内部和外部各种作用因素的总称。它是企业理财工作赖以生存的土壤，亦是企业开展理财活动的舞台，企业的理财活动只有适应外部环境才能使企业这个经济系统在与外部的环境交换上达到良性循环，从而做好企业的理财工作，顺利实现理财目标。而在知识经济时代，财务管理的内、外部环境都发生了深刻的变化。

一、知识经济对企业外部理财环境的影响

(一) 法律环境的变化

企业在经营活动中，要和国家、其他企业和社会组织、企业职工或其他公民及国外的经济组织或个人发生经济关系。国家管理这些经济活动和经济关系的手段包

括行政手段、经济手段和法律手段。在知识经济时代，行政手段日益减少而经济手段特别是法律手段日益增多，把越来越多的经济关系和经济活动的准则用法律形式固定下来，实现经济生活的法治化。

(二) 金融市场环境的变化

金融市场是企业投资和筹资的场所，通过金融市场，企业可以进行资金结构的调整，同时金融市场给企业理财提供有价值的市场信息。因此，金融市场对财务管理有直接且重要的影响。在知识经济时代，金融市场存在以下变化。

1. 金融市场的多元化

一是金融市场主体的多元化。随着改革开放的发展，金融市场的参与主体不断增多，外资银行和其他非银行金融机构相继在我国开展业务。

二是市场的多元化。我国在原来的计划经济模式下，金融市场的功能单一，仅保留了银行这一金融机构，国民经济的金融化程度低。在改革开放以来，国家加快了金融市场的建设，证券交易所、期货交易所相继成立。国家为了支持高新技术企业和项目的发展，即将推出的二板市场，为知识型企业发展提供了更便捷的融资渠道，金融市场的融资功能大大加强。

三是金融工具的多元化。随着知识经济的发展，将有更多新的金融工具被不断创造出来，使金融工具呈现多样化的特点，来满足人们不同的理财需要。

2. 金融市场的国际化

随着网络技术和世界经济一体化的发展，各个区域型的金融市场逐渐形成，投资和筹资逐渐实现全球化。资本自美国大量流入的原因是资源正趋于全球范围的优化配置，是经济全球化的发展。知识经济所形成的全球导购、全球性的资源配置、资产优化重组和竞争扩展到全世界范围的趋势，将带动全球经济出现新的增长。因此，财务管理在知识经济时代，面临的是一个全球化的金融市场。

3. 金融工具的数字化

在目前的证券市场，已经实现了无纸化。在银行，储户的信息也逐渐向无纸化方向迈进。在今后，将有更多的金融工具将被不断创造出来，但是，它们将不是保存在公司或银行的保险柜里，而是以数字信号的形式保存在磁盘里。

(三) 技术环境的变化

高科技产业进程的加快，一方面使得企业提供产品和服务的知识含量增加，加大了企业提供产品和服务的难度以及企业生产经营和管理上的复杂性；另一方面高科技又为管理的变革与发展提供了技术上的可能性和保证。

(四) 市场环境的变化

一方面，科技的迅速发展，将推动新产品的大量涌现及企业产品的更新换代，并且使成本降低更具潜力，这些都使得市场竞争更为激烈。另一方面，由于消费者对产品需求日益个性化以及消费观念、口味的不断变化，又为产品开发提供了大量的市场机会。

(五) 社会环境的变化

科学、教育的发展，使人们的文化素质不断提高，进而推动人的个性假设从"经济人"转变为"文化人"。这将对企业管理提出新的要求并会对市场需求带来深远影响。

二、知识经济对企业内部理财环境的影响

(一) 企业价值取向

知识经济的复合性、可持续性，使企业与社会的关系更为密切，企业目标与社会目标的一致性增强，社会利益在企业价值取向中的比例上升。

(二) 企业经营战略

一方面，企业的顾客所需要的是产品、服务、信息的一体化，这就要求企业围绕产品服务、信息一体化展开经营，从而推动企业、供应商和顾客的合作不断扩大；另一方面，由于技术创新、经济高速发展，企业间竞争更为激烈。因此，合作竞争将成为企业经营战略的新核心。

(三) 企业组织形式

虚拟企业、网上经营等新的组织及管理模式冲击着传统企业管理方式。一方面，组织结构柔性化，即在专业化分工基础上的金字塔或组织结构将逐渐趋于扁平化，管理层次相对减少。另一方面，企业界限模糊化，即新的企业组织形式——虚拟企业产生，模糊了企业的界限，拓宽了企业管理的视野。

(四) 企业管理手段信息化

互联网、信息技术的发展，电子商务的出现，使企业能充分开发和利用其信息资源，及时把握机会，做出决策，提高运行效率，从而增强企业竞争力。

(五)"以人为本"的管理

"人本管理"是指在企业在管理过程中以人为出发点和中心，围绕激发和调动人的主动性、积极性、创造性展开的，以实现人与企业共同发展的一系列管理活动。因此，知识经济是以人的创造性知识作为最重要的核心的生产要素，而知识又是深藏于广大员工大脑中的精神财富，是不可能依靠外力强制把它挖掘出来的，唯一的办法，是形成一种新的有效的机制从内心深处来激发每个员工自身的主人翁责任感和乐于奉献的精神动力，使他们每个人头脑中的知识金库都能转化为企业取之不尽的创造源泉。

第三节 知识经济时代的财务管理建设

一、知识经济时代企业的特征

知识经济时代，企业的知识资源占主导地位，这使企业在生产的管理方式上发生了根本的变化。知识经济时代企业的特征如下。

(一)企业的资产以无形资产为主

许多发达国家的高新技术产业的无形资产超过总资产的60%。知识型企业以科技开发为基础，科技开发费用占其总支出的大部分，科技开发研究的成果以无形资产的形态存在。

(二)职工的劳动以复杂劳动为主

知识经济的实现使得所有的经济部门都以知识为基础，且以知识为经济增长的原动力，于是那些拥有先进技术和最新知识的劳动群体逐渐成为经济发展的决定性生产要素。有研究表明，在整个就业人口中各部门之间非生产工人比例出现分化。通常被视为高技术部门中非生产工人高达85%，而低增长、更传统的企业中非生产工人的比例只占20%或更少。由于原始繁重的体力劳动已被机械化和自动化所代替，随之而来需要的劳动力则是掌握和管理这些先进技术的专业人士。可见，复杂劳动是知识型企业的主要劳动形式。

(三)科技开发是企业的主要生产方式

知识型企业生产销售知识，知识是企业中最重要的生产要素，而知识、信息是科学研究这种生产方式的产物。在工业化阶段，企业把重点放在生产高质量、低成本的产品上，通过不断扩大生产规模、发展标准化生产以降低成本。但在知识经济时代，研究开发与营销日益成为企业竞争的关键，直接从事生产的劳动力大大减少，甚至"一车间无人化"小型灵活生产成为主流。

(四) 高风险、高收益是知识型企业的另一个特征

高科技企业的风险主要有技术风险、市场风险。首先，在技术创新的过程中，技术能否成功是不确定的，即使技术成功，技术垄断寿命也是难以确定的。其次，知识在创造新的高科技产业的同时也必须制造市场，市场对全新产品不易及时了解其性能而往往持观望或作出错误判断，这就影响了市场容量的判断，而且超前的新产品的推出时间往往与诱导需求的时间有一定时滞，有时这种时滞足以否定高科技所包含的价值。知识型企业投资风险虽比一般企业大，但其成功后利润是惊人的，据世界电讯联盟测算，高信息技术每投入 60 美元就可获得 1000 美元的产出，但创新的成功率不足 30%。

(五) 网络化管理是企业管理的主要特征

电脑网络化在企业内的使用，缩小了时间和空间的观念，管理者随时可以了解最新的情况，管理决策效率得到极大提高。

二、对传统财务管理的挑战

(一) 财务管理的目标由一元化转为多元化

企业财务管理的目标离不开企业的总目标，财务管理是企业管理的一部分，是有关资金的获得和有效使用的管理工作。目前对企业的财务目标有三种观念：一是利润最大化。二是每股益余最大化。三是股东财富最大化。这三种观点所追求的目标与物质资本占主导地位的工业经济时代相适应。知识经济时代特征要求对企业财务管理目标重新定位：一是要充分考虑相关利益主体的利益。知识经济时代的到来，扩展了对资本的范围，改变了资产的结构。在知识经济的资本结构中，物质资本的地位有所下降，知识资本的地位有所上升。这一重大变化，将日益改变着企业各要素所有者的地位，从而决定了企业在知识经济时代不再仅仅归属于其股东，而是归属于"相关利益主体"，如股东、股东委托经营者代表、债权人、员工、顾客等。他们都向企业投入资本，都对企业的发展壮大作出了贡献，因此也都有权分享企业的净资产，这是知识经济时代对企业财务目标提出的新挑战。二是企业目标与社会责

任。企业的目标和社会的目标有许多方面是一致的。企业在追求自己目标时自然会使社会受益。例如，企业为了生存必须生产出符合顾客需要的产品，满足社会的需求；企业为了发展，自然会增加职工人数，解决社会就业问题；企业为了获利，必须提高劳动生产率，改善服务，提高产品质量，从而提高社会生产效率和公众的生活质量。企业的目标和社会的目标也有不一样的地方。例如，企业为了获利，可能生产伪劣产品；可能忽视工人的健康和利益；可能造成环境污染；也可能损害其他企业的利益等。

社会责任是实现财务目标的基础，是企业价值的体现。企业履行社会责任，既有助于其实现经营目标，也有助于其在社会大众中树立其良好的形象。在工业经济时代，由于物质资源的稀缺性和使用上的实际排他性等原因，使得企业目标结构中的社会目标和经营目标总是表现出一定的此消彼长的关系。而在知识经济时代，知识资源成为较物质资源更为重要的资源，两者的最大差别是知识资源具有共享性和可转移性，其流动性可以不受时间和空间的限制，这使企业和社会的联系更加广泛和深入，企业对知识的要求和应用将更加取决于社会对知识形成和发展所作出的贡献，从而也就要求企业更加重视其社会责任。这就表明，在知识经济时代，企业的社会目标在企业目标结构中的地位必将提高。

综上所述，随着知识经济时代的到来，企业财务管理目标将逐渐呈现出多元化特征。不仅要追求股东利益，而且要追求其他相关利益主体的利益和社会利益。

(二) 知识经济是人才经济，它将对企业利润的分配产生重大影响

知识经济是建立在以知识为基础上的经济，而知识以人为载体，通过人而发挥作用，企业之间的竞争，归根结底是人才之间的竞争，人是决定企业生死存亡的关键因素。在知识经济社会，人所拥有的知识是企业的决定性因素，从资本能带来剩余价值的角度考虑，物质资本的增值要以人力资本为基础，人力资本比物质资本更具有增值性，这就是知识经济社会的特点。

在资本主义社会的原始积累过程中，要达到几个亿的资本需要几代人的努力，所以，高级人才即使不向企业投入物质资本，理所当然也要成为企业税后的利润的分配者。西方一些企业已实行了人力资本的分配制度，这一点值得我们借鉴。

在企业内部建立起人力资本的利润分享制度，企业除支付给劳动者正常薪金外，还要将企业利润按知识进行分配。因此，企业对原有的一套利润分配制度必须作出改革。例如，在企业提取盈余公积金和公益金后，可以先向企业金融资本所有者进行分配，然后按知识资本进行分配，也可采用其他方法进行利润分配。总之，利润分配当中应体现按知识资本分配的原则。

(三) 知识资本等无形资产将成为企业投资的重点

在知识经济社会，起主导作用的不再是有形资产，而是无形资产，决定企业命运的将是该企业知识资本的拥有量，知识将成为发展经济的主要动力，企业目前的资产结构也将随之发生变化。

在新的资产结构中，以知识为基础的专利权、商标权、商誉、创新能力等无形资产以及以人才的引进和开发为主的人力资产所占的比例将大大增加，这一点目前在高新技术企业中尤为突出。

由此可见，未来企业中对无形资产及人力资产的投资将成为重点。

现行企业财务管理活动中，对无形资产的管理仅限于被动的计价、摊销、转让等。在知识经济时代，企业必须加强对无形资产的管理，无形资产相对有形资产来说，其价值具有更大的不确定性，在不同的时期、环境和条件下都有不同的表现与结果，人力资源在企业持续经营期内与企业经济活动结合在一起，不能脱离企业而单独存在，不可能任意变现。人作为人力资源的载体，一旦被企业所拥有或控制，则劳动者和企业双方都希望建立一种长期稳定的聘用和受聘关系。我们要结合其特点，构建无形资产投资决策的方法和数学模型，仔细考虑无形资产所带来的现金流入与流出，运用时间价值理论与风险价值理论正确而有效地对无形资产投资进行决策分析。

知识经济的到来，人力资源会计必将在企业中逐渐兴起，从而为人力资源财务管理奠定基础。人力资源与传统的有形资产和无形资产不同，它既是有形资产，同时又是无形资产，因为你不可能一眼看出该人力资产值多少钱，此谓"人不可貌相"，因此，我们应当借鉴以往投资决策的知识，结合人力资产投资的特点，建立一套新的人力资源投资决策的理论和方法，在实践中逐渐完善。

(四) 财务管理的对象由"资金"转为"知识资本"

在工业经济时代，企业财务管理的主要对象是对资金的操作与把握，其内容主要包括资金的筹集、投入、收回与分配以及营运资金的管理。而在知识经济时代，知识资本将在企业资本结构中占主导地位，因此，知识资本将成为企业财务管理的主要对象。

(五) 融资决策的重点由"金融资本"转向"知识资本"

传统的融资渠道与方式仅限于国内融资，而且融资决策的重点是低成本、低风险筹措各种形式的金融资本。而在知识经济时代，由于信息技术高速发展，经济全球化趋势加强，新的金融工具不断涌现，企业进行融资决策时，完全有必要将视野放在国际市场上，从国际市场来选择适合自己的资金来源和融资方式。同时，融资的重点应由金融资本转向知识资本，因为知识资本是知识经济时代企业发展的核心资本。

(六) 财务评价指标由"以财务效益为标准"转向"以全方位效益为标准"

在传统的财务管理中以财务效益为主要财务评价指标，这很难反映知识资本的价值，因为财务效益指标没有反映出企业今后的发展潜力及趋势，也没有反映企业繁荣后存在的缺点和潜在的风险。所以，知识经济时代，应建立反映全方位效益的指标，不仅包括财务指标，而且应包括反映知识资本价值的财务评价指标。

(七) 知识经济要求树立风险理财的观念

在市场经济条件下，在市场机制的作用下，由于存在着竞争机制，这种信息瞬息万变，任何一个市场主体的利益都是不确定的，因此风险不可避免，由于防范风险的意识薄弱，因此易导致金融危机。这种风险在经济时代，由于受以下因素的影响，就会极大增强。

（1）信息传播、反馈的速度大大加快。企业如不充分、不及时和有效地加以选择和利用，则会进一步加大决策风险。

（2）知识更新大大加快。一个企业的管理者与职工如不及时更新知识水平和知识结构，就不会适应社会环境的变化，就有被淘汰的风险。

（3）产品的寿命周期不断缩短。在40年代前，一般产品的平均寿命在30年以上；50年代以后，平均寿命在10年左右；70—80年代，缩短到5年，像电子、计算机等高科技产业，一般平均寿命在2—3年。这不仅加大企业存货风险，而且加大产品设计风险。

（4）"网上交易"与"电子货币"的出现，使国际资本流动大大加快，交易瞬间完成，加大企业的交易风险和货币风险。

（5）无形资产的投入速度加快。由于无形资产变化大，不像有形资产那样有一定的期限和阶段。这样就加大了企业投资风险。

（6）计算机网络安全因素带来的风险。随着社会网络化和财务网络化，也增加了新的风险。网络是一个开放的环境，在这个环境中一切信息在理论上都是可以被访问到的，除非在物理上断开连接。因此，网络下的财务信息系统很有可能遭遇非法访问甚至黑客或病毒的侵扰。这种攻击可能来自系统内部，也有可能来自系统外部，而一旦发生，往往会造成严重的后果。

总之，知识经济是超越国界的全球一体化的经济，在这种经济条件下，全球货币化、激烈的竞争、经济的脆弱性、资本的流动、经济发展政策的失误等将导致和加剧经济体系的崩溃。因此，财务管理的风险时时存在，风险的防范也就理所应当然。

在面对企业日益增长的财务管理风险的情况下，企业的财务管理人员必须树立正确的风险观，善于对环境变化带来的不确定因素进行科学预测，有预见性地采取各种防范措施，使可能遭受的投资风险降低到最低限度。

(八) 网络财务对传统财务管理方法的挑战

伴随着新世纪的来临，Internet 在全球范围的广泛普及，人类已经从工业经济时代跨入了知识经济时代。知识经济拓宽了经济活动的空间，改变了经济活动的方式，主要表现为经济活动的网络化和虚拟化。一是网络化。容量巨大、高速互动、知识共享的信息技术网络构成了知识经济的基础设施，企业之间的激烈竞争将在网络上进行。二是虚拟化。知识经济时代，由于经济活动的数字化和网络化加强，在使物理空间缩小的同时，又开辟了新的传媒空间，许多传统的商业运行方式将随之消失，代之以电子支付、电子采购和电子订单，企业许多商业活动将在网络上进行。亦即意味着电子商务将成为知识经济时代企业生存的基本条件。

电子商务（Electronic Commerce）是综合运用信息技术，以提高贸易伙伴间商业运作效率为目标，将交易过程中的数据和资料用电子方式实现，在商业的整个运作过程中实现交易无纸化和直接化的一种全新商务运作方式。电子商务打破了地域分离，缩短了信息流动时间，降低了物流、资金流及信息流的传输处理成本，同时对传统财务管理的方法提出了新的要求：电子商务的贸易双方从贸易磋商、签订合同到支付等，无须当面进行，均可通过计算机互联网络在最短的时间内完成，使整个交易远程化、实时化、虚拟化。这些变化：一是使财务预测、计划、决策等工作的时间缩短，对财务管理方法的及时性、适应性、弹性等提出了更高的要求；二是由于交易的远程化、实时化，使财务决策的模式由分散化向集中化发展；三是财务控制必须实时控制；四是使得财务分析的内容和标准可能发生新的变化。前者如电子商务应重视企业知识资本的分析；后者如资产的流动性标准在电子商务条件下将大大提高。

为迎接知识经济对财务管理带来的冲击和挑战，财务管理必须做适当的调整以适应知识经济发展的要求。本节将在后续部分结合我国财务管理的现状及存在的问题，初步探讨出适应知识经济时代企业发展的财务管理新模式。

三、知识经济时代的财务管理

21 世纪是知识经济时代，而随着知识经济时代的到来，知识经济对我国企业财务管理工作产生了巨大冲击，并带来了很大挑战，我国的财务管理已不能适应知识经济发展的需要，为了适应新形势的要求，主动迎接知识经济带来的挑战，必须对建立在传统经济基础之上的财务管理模式加以改革，进行创新。本节将结合前面提出的问题，拟就知识经济时代如何进行财务管理加以探讨，从而实现财务管理工作的质的飞跃。

（一）财务管理目标的重新确立

财务目标，也称理财目标，是企业理财活动的出发点与归宿点，是企业财务活动所要达到的目的：一方面具有导向功能与约束功能，另一方面具有评价功能。财政目标的实现与否以及实现的程度如何，是评价财务工作的最终标准。因此，合理确定企业的财务目标是企业财务管理的首要问题。

1. 工业经济时代企业财务管理目标

（1）企业财富最大化是工业经济时代企业财务管理的唯一内涵

欲知知识经济时代财务管理目标，首先应了解工业经济时代企业财务管理目标。在工业经济时代，物质资本是企业最重要的资本，股东拥有对企业的所有权，并承担企业经营失败的主要风险。企业的债权人通过对企业定期收取利息并分期或一次性收取本金的方式收回他们对企业的投资，劳动者通过领取工资的形式获取劳动力消耗的补偿，普通股股东的收益要视企业的经营状况而定，波动大，风险高，无获取固定收入的权利（优先股股东的收益是固定的）。随着工业经济进一步发展和现代企业制度的逐步建立，所有权和经营权的分离已成为现代企业的基本特征。股东拥有对企业的所有权，由于所有权和经营权的分离，股东一般不直接参与企业的生产经营管理活动，作为风险的补偿，股东以出资额为限对企业债务承担有限责任，企业以其可支配的全部法人财产对其债务承担责任，股东拥有对企业的所有权和剩余财产的求偿权。企业的经营者作为代理方接受股东委托，获得了对企业法人财产的经营管理权，并对委托方股东负责，为股东的利益工作。经营者为履行受托经营责任，努力完成资产保值增值的职责，力求使企业的市场价值达到最大化，以增加股东的财富。因此，工业经济时代企业财务管理的目标应是使企业的市场价值达到最大化，从而使股东的财富最大化，显然，企业市场价值最大化与股东财富的最大化是一致的。所以说，工业经济时代企业市场价值的最大化是这个经济时代企业管理目标的唯一内涵。

（2）企业财富最大化是经济社会发展的进步

比起以其他标准如利润的最大化作为企业理财目标来说，以企业的市场价值最大化作为理财目标，的确前进了一大步。这一目标可克服经营者为追求短期利润而产生的短期行为；而且，由于企业市场价值是充分考虑到时间、风险、收益等因素对企业未来净现金流入量的影响而对企业所做出的综合计价，因而可克服避开时间、风险等因素不谈而单纯考虑利润最大化的不科学行为，另外，它还具有易于计量的优点，企业的市场价值可用债权资本的市场价值与股权资本的市场价值之和来表示，可操作性强。

2. 知识经济时代企业财务管理的目的：相关者利益最大化

（1）权衡相关者利益最大化目标模式的提出

新的目标模式提出经理为相关利益者利益最大化服务，相关利益者包括股东、债权人、企业职工、顾客、供应商、政府部门以及其他相关利益者。在企业中，各类相关利益者的利益和期望是不同的，而且时常发生冲突。以"恶意收购"为例，20世纪80年代美国兴起了一股公司间的"恶意收购"（hostile takeover）浪潮，其市场的运作机制大致如下：恶意收购者高价购买被收购公司的股票，然后重组公司高级管理层，改变公司经营方针，并解雇大量工人。由于被收购公司的股东可以以高价将股票卖给收购者（一般都超出原股票价格的50%到一倍以上），他们往往同意恶意收购者的计划，事实上被收购公司的股东在20世纪80年代大都发了大财。如果按照股东财富最大化的目标，那么经理就有义务接受恶意收购。但是，恶意收购往往只代表财富的重新分配，而非新财富的创造。哈佛大学经济学家史来弗和沙默斯对美国环球航空公司（TWA）被恶意收购的案例作了研究，他们发现，TWA股东收益增加额是由工人工资的减少额带来的，后者是前者的1.5倍。不仅如此，这种股东接受恶意收购的短期获利行为也往往与企业的长期发展目标相背离。一个企业在发展中已建立一系列的人力资本、供销网络、债务关系等，这些安排如果随意被股东的短期获利动机打断，必将影响企业的生产率。在这一背景下，美国许多州从20世纪80年代末开始修改《公司法》，允许经理对比股东更广的利益相关者负责，从而给予了经理拒绝恶意收购的法律依据。1989年，宾夕法尼亚州议会提出了新的《公司法》议案，其中最引人注目的一项条款就是赋予公司经理对相关利益者负责的权利，而不像传统《公司法》那样只对股东一方负责。这次《公司法》的修订引起了全美的论争，美国的主要商业刊物《Business Week》对宾州的《公司法》十分不满，认为它破坏了资本主义的核心概念：董事会和经理对股东负责。但同时美国另一主要商业期刊《RORBES》则用"宾州社会主义"评价该《公司法》。尽管在理论界对此《公司法》还有很大争议，但到20世纪90年代初全美已有29个州采用了类似的

《公司法》，其核心思想是：公司经理应对公司的长远发展和全部相关利益者负责。由此也就提出了利益相关者最大化的目标模式。

在将这一理论用于实际时，我们必须辨认相关利益者的法律责任和在一定条件下控制权的转移。从传统的观念来看，在正常运行的情况下，企业的控制权都集中于股东。如果企业濒临破产，企业的控制权就会转移给债权人（因为此时股东的权益已趋于零），债权人成为企业资产的所有者。经营者也应享有一定的剩余索取权，因为他们具有经营决策权，为让其对自己的决策行为负责，就要让经营者分享一定的企业风险报酬。

另外，社会政治和生态结果虽然不是企业财务管理的要素，但法律若做出有关的具体规定，经营者就要按法律的规定行动。例如，为职工提供安全的工作环境、对外防治污染的措施等。尽管这一系列的投资将会加大企业的经营成本，从而降低企业的盈利水平，但近年来的一些研究表明，这类与社会责任有关的企业活动能够避免某些罚款和诉讼费，建立公众信任，吸引那些支持企业政策的消费者，从而扩大经营规模；能吸引并留住那些高水平的雇员，支撑企业经济活动。也就是说，社会责任的履行情况与企业长期获利能力呈正相关性。因此，企业相关利益策略的前景就是要把社会责任也作为企业财务管理的要素之一。

权衡相关利益者利益的目标模式与我国对企业提出的"兼顾国家、集体和个人三者间的利益"的要求十分相似，因此在我国企业普遍推行这种模式比推行股东财富最大化目标模式更为适合。"帮助别人等于帮助了自己"，这种模式亦可看作在权衡相关利益者利益条件下的股东财富最大化模式，选择了权衡相关利益者利益的财务目标模式，承袭持续发展的观念。但是，相关利益者对企业行为的控制应有一定的限度，因为企业的股东作为业主对企业实施控制仍是无可置疑的。提出这一目标模式并不是完全摒弃股东财富最大化的财务目标，而是由其他相关利益者的利益和偏好所推动的对 SWM 模式的革新，企业要权衡企业相关利益者的利益，其中也包括了股东利益。新的模式可以看作一种有约束条件的最大化模式。

（2）实行相关者利益最大化的基本要求

由于不同相关者所处的地位不同，因而不同利益相关者对企业有不同的财务要求。股东期望其资本有效增值最大化，员工期望其薪金收入最大化，债权人则期望能按期收回利息。这就需要企业的理财活动要兼顾和均衡各利益相关者的财务利益要求，既考虑出资人的利益，又兼顾其他利益相关者的要求和企业的社会责任，既适应知识经济的要求，又体现了持续发展的财务特征。

首先，知识经济时代企业仍要为股东谋取利益。追求股东利益就是要追求股东财富最大，就是通过企业的合法经营，不断增加企业财富，使其总价值达到最大化。

其次，知识经济时代企业要追求相关者的利益。因为这些相关者都向企业投入了专用性资本，都对企业做出了贡献，都有权分享企业的盈余。这就需要企业改革传统的分配模式，综合动用"按劳分配""按资分配""按智分配"等多种分配手段，激发员工，尤其是企业的核心员工的创新精神，最大限度地调动他们的积极性、主动性，加速知识经济时代企业的发展。

最后，知识经济时代企业要追求社会利益。企业履行社会责任，既有助于实现企业的经营目标，也有助于企业在社会大众中树立良好的形象，使企业与社会联系得更广泛、更紧密，共同促进企业的发展，加速推动社会进步。

(二) 财务管理对象及其内容的变革

财务管理作为人们组织财务活动、处理财务关系的管理工作，在所有企业中都客观存在着，但在不同的经济形态下，财务管理的对象及其具体内容会有所不同。在知识经济时代，由于知识资本的特殊重要性，财务管理的对象及其内容也会相应发生变化。

1. 知识资本成为财务管理的对象

(1) 知识资本在财务管理中的地位

知识资本作为知识经济时代的标志性资产，其在财务管理中的地位变化与财务资本相比主要表现在以下几个方面。

①知识资本将逐渐取代财务资本成为企业发展的核心动力。传统的经济增长理论认为，企业的生产增长是由劳动、资本、原材料和能源等有形生产要素推动的，而把知识和技术当作影响生产的外部因素。因此，作为财务管理活动的重要组成部分的筹资环节将重点放在获取财务资本等有形资本上，而大部分关系企业生死存亡的知识资本，如商誉、人力资本、市场资本、组织资本等无形资产往往被忽视。知识经济的到来将改变这一切，使传统的以厂房、资本、劳动为主要内容的资源配置结构变成以知识资本等无形资产为主的资源配置结构。在知识经济社会，起主导作用的资本，已不再是农业社会的土地和工业社会的财务资本，而是知识资本。知识经济时代企业的竞争力和发展动力，取决于企业知识资本的拥有量，知识资本由于高投入的刺激而不断扩张，企业的资产结构也随之发生改变。在新的资产结构中，以知识为基础的无形资产的比例将大大增加，这种情况在知识经济企业中尤为突出。因此，知识经济扩大了企业财务活动的筹资范围，使独立于财务资本又可转化为财务资本的非物质形态的知识资本正在取代财务资本和能源而成为企业财富增值的主要源泉。

②知识资本将逐渐控制与支配财务资本，这将成为知识经济时代财务运作的基

本模式。知识经济是知识产品占主要地位的经济，但并不意味着知识经济时代就不需要进行传统的物质生产，而是指知识产品将成为知识经济下最有代表性和最具竞争力的产品。知识产品的价值依据商品和服务中所含的知识量来决定。由于知识资本可以重复使用，故知识产品将超过物质产品的生产，成为最典型的产品。企业的价值不再体现在企业的规模大小及物质产品的生产与销售上，而是体现在知识资本的质量与数量上。知识资本的存量与分布已逐步成为市场资源配置的主要因素，直接决定了企业发展市场与分配资源的能力。在这一层面上，企业获取的财务资本是从属于知识资本的，企业能够获得的财务资源在很大程度上取决于对知识资本的拥有及控制上。在当今的股市上"风险投资"的兴起，正是投资者对知识资本能够带来价值增长的这种期望的认同。知识资本将取代财务资本而成为企业获取市场资源的重要砝码。

③知识资本将成为财务管理中利润分配的主要要素。由于知识资本是知识经济时代企业的主要生产要素与价值决定性因素，它理所当然要成为分配的主要依据。在传统的财务管理活动中，常常以土地和财务资本为分配的依据，这不但忽视了员工和管理者的利益，更轻视了知识资本的作用。在知识经济时代，财务资本与知识资本的地位发生了质的变化，财务资本让位于知识资本。这一变化，日益改变着企业要素所有者的地位，从而决定了企业在知识经济时代不再仅仅归属于股东，更应该归属于知识资本的所有者。所以，与其说是劳动和财务资本雇用了知识资本，倒不如说是知识资本雇用了劳动和财务资本，因为劳动的主体——人，所拥有的知识和能力才是生产力的决定性因素。

④知识资本与财务资本要相辅相成、互为补充，才能发挥更大的作用。目前，国内外对知识经济的研究成果日益增多，有关知识资本的认识也在加深。普遍认为，尽管知识资本的地位日益重要，知识资本在财务管理中的重要性已开始大于传统意义上的财务资本，但大多数的知识资本要素无法单独发挥作用，而是必须与其他要素结合，相互合作，知识资本才能在财务资本的辅佐下为企业创造经济效益。

2. 知识资本的内涵

随着知识经济时代的到来，出现了"知识资本"这一崭新的概念。知识资本最早是由加尔布雷斯提出来的，在他看来，知识资本是一种知识性活动，是一种动态资本，而不是固定形式的资本。后来，许多学者对这一概念的内涵进行了解释，其中，比较著名的是斯图加特的 H—S—C 结构理论。该理论认为，知识资本的价值体现在人力资本、结构性资本和顾客资本之中。人力资本是指企业员工所具有的各种技能与知识，它们是企业知识资本的重要基础，常以潜在的方式存在，往往容易被忽视；结构性资本是企业的组织结构、制度规范、组织文化等；顾客资本则是指市场营销渠道、顾客忠诚、企业信誉等这些经营性资本。人力资本、结构性资本、顾客资本三者相互作用，共同推动企业知识资本的增值与实现。知识资本具有下列特点。

首先，知识资本具有高度增值性。资本的一个重要特征就是具有增值性。知识资本和财务资本相比，其增值性远高于财务资本。这可以从资本原始积累速度和现在新富们的致富速度的对比中得以证实：在资本主义原始积累阶段，要达到上亿元的资本需要几代人的努力，而美国微软公司的总裁比尔·盖茨则用了不到20年的时间，其资本额已超过500亿美元。此外，财务资本主义的增值性是以知识资本的运作为支撑的，没有知识资本的运作，就不能实现劳动与资本的有机结合，财务资本也就难以增值。

其次，知识资本的形式具有动态无形性。知识资本具有较高的贡献率，但整体却以动态的方式存在。这表现在：人力资本的客观存量随着员工的学习与创造具有动态提高的趋势；顾客资本随企业外部关系及企业结构资本的动态发展而变动不定；结构性资本则随企业组织结构的变迁、经营领域的转移等而转变。

再次，知识资本的产权界定具有多重性。企业员工作为人力资本所有者对人力资本具有完全的所有权与控制权；企业虽可借助于各种有效的内外关系影响顾客资本，但无法对顾客忠诚、营销网络等实施控制；而结构性资本在企业整体环境体系中，实际上是一种可能共享的财产，因为供应商、中间商等都可能通过学习、模仿从中获利。由此可见，知识资本的产权归属于多方所拥有和控制，而不像财务资本那样仅仅归属于某一方。

最后，知识资本的度量具有不确定性。一方面，人力资本、结构资本、顾客资本甚至总体知识资本，其资本存量难以精确计算；另一方面在知识资本的使用过程中，由于人力资本、结构性资本、顾客资本的相互整合，会使知识资本的价值不断增值。因此难以将各自的资本用量及收益准确度量出来。

从知识资本的内涵不难发现，这种资本与传统的财务资本相比，更加抽象和复杂，往往难以把握，无疑增加了人们对知识资本运用与管理的难度。

3. 知识经济时代财务管理的对象：知识资本

传统财务管理的资本仅指财务资本、货币、实物资产等，财务管理研究的对象也局限于财务资本的运营上，即集中在财务资本的筹集、投放与管理、资本增值后的分配等方面，从根本上忽视对知识资本的研究。但在知识经济时代，由于知识资本已经成为推动企业创新和发展的决定性因素，此时若再不重视知识资本的作用，则会阻碍企业的技术进步，不利于企业的发展。因此，知识经济时代的企业必须对财务管理的对象进行拓展，即把知识资本纳入财务管理的对象，对知识资本的构成、知识资本的特点、知识资本的培育、筹措、分配、运营及效益评价等加以研究。这既要求企业把知识资本的运作当成企业理财工作的内生性要素来看待，又需要企业把培育和发展知识资本作为重要的理财战略。

4.财务管理内容的扩展

知识资本成为知识经济时代的企业财务管理对象后，也必然引起企业财务管理内容的扩展，对传统的筹资、投资、盈利、分配等财务活动赋予新的内涵。

(1)筹资管理的扩展

知识是知识经济时代最主要的生产要素，企业筹资管理的内容将由原来的筹集"物质资本"扩展为筹集"物质资本"和"知识资本"。知识资本的筹集通常包括对知识产权和人力资本的筹集。由于知识资本具有动态无形性、产权多重性、度量不确定性等特点，使知识资本的筹集活动变得较为复杂。首先，从知识产权来看，主要包括专制权、非专利技术、商标、应用软件等，对这些知识资本的筹集需要针对不同类型的知识产权，采用不同的方法进行估价，以合理确定其价值。其次，从人力资本来看，劳动者以其知识和技术投给了企业，企业就应加强对人力资本的筹集管理，做到人尽其才。同时，对人力资本的筹集同样需要合理确定其价值。人力资本的计价可采用公允价值，其公允价值等于企业未来付给员工工资的贴现额，再加上企业对员工的智力投资额。在知识资本的筹集过程中，要特别注意分析该项知识资本是否企业所急需，力争以最低的成本筹集到企业所必需的知识资本。

(2)投资管理的扩展

知识经济时代，企业投资战略将作出重大调整。大批高素质人才所具备的知识和能力将成为企业从事生产活动的基础和主要动力，智力资本投资管理将显得尤其重要。同时，由于期望的高投资收益常常伴随着高风险，因此风险管理更加重要。

(3)资产管理的扩展

知识资产成为知识经济的主要资产，因而将成为资产管理的主要内容。企业应在知识资产的管理方面进行系统设计，如知识资产的筹集、运作、保值、增值和效益方面的管理等。

(4)收益分配管理的扩展

知识经济时代按劳分配的形式将发生很大变化，表现为知识资本参与分配。其中知识资本的载体是掌握先进知识与技术的人。货币、实物资产等财务资本在经济增长贡献中的作用已不如从前。人力资本地位上升，需要变革剩余收益归企业所有者拥有的传统分配模式，使企业的盈利能够在向企业投入物质资本和知识资本的各所有者之间进行分配，并按各所有者投入企业的专用性资本为企业带来财富的大小比例进行分配，即按贡献大小并结合各相关利益主体所承担的风险大小进行分配。

（三）加强和完善无形资产管理

1. 加强无形资产管理的重要性

无形资产是指企业为生产商品、提供劳务、出租给他人，或为管理目的而持有的、没有实物形态的货币性长期资产，是集经济、技术、法律为一体的、以知识形态存在的新兴资源，主要包括专利权、专有技术、商标、商誉、信息和计算机软件等。随着知识经济时代的到来，在企业的资产结构中无形资产所占比例迅速上升，甚至成为企业的主要资产。同时，无形资产投资在整个社会再生产投资中的比重日益增大，无形资产损耗价值在商品价值中的比重日益增大，无形资产所创效益在整个经济效益中的比重也越来越大，而且起着决定性的作用。世界上先进的企业，既是无形资产资源丰富的企业，同时又是无形资产管理制度科学严密、无形资产管理水平高的企业。

随着世界经济与科技竞争的日趋激烈，一个地区或一个企业所拥有的无形资产资源能否保值增值，能否创造长期经济效益，很大程度上取决于有无较高质量的无形资产管理。因此在知识经济时代企业必须加强无形资产的管理，以使其适应知识经济时代的要求。

2. 加强无形资产管理的几点建议

无形资产的管理实际上是无形资产所有者对无形资产实施财产所有权的控制。无形资产管理的内容一般包括：对无形资产投资决策的管理，对无形资产所有权的保护，对无形资产使用权的管理，对无形资产收益的管理，对无形资产处置的管理，对无形资产的分析与利用等多方面的内容。下面就如何加强知识经济时代企业无形资产管理谈谈几点建议。

（1）加强无形资产知识的宣传和教育，树立无形资产价值观念。首先，从领导入手，通过宣传教育，使各级领导认识到无形资产是现代企业的必备资源，是企业发展的重要资产。无形资产不会因为长期使用而贬值，相反合理地使用只会使其不断升值。其次，要重视对其他工作人员特别是科技人员和管理人员的无形资产保护意识的教育工作，强化商业保密意识，特别是在做广告或公开发表技术性文章时要慎防泄密。企业的管理者和财务人员要用战略的眼光，始终关注无形资产，充分重视无形资产的开发、使用和保护，使无形资产管理具有良好的群众基础。

（2）建立并完善无形资产管理制度和管理机构。当务之急是建立一个比较完善的无形资产管理制度和内部责任制度，包括决策审批制度、职责分工制度、作价审核制度、合同查证制度、账簿记录制度、定期复核与维护制度、保护和处置制度等，尤其要注重建立内部信息保密制度和无形资产个人责任制度。同时建立专门的无形资产综合管理机构，对无形资产这种资源进行全面、综合、系统地管理，使之以最小的投入，取得最大的效益。企业无形资产管理机构的主要职能包括：对无形资产的开发、引进、投资进行总的控制；根据无形资产在企业生产经营管理中的实施应用的客观要求协调企业内部各有关职能部门的关系；协调与企业外部国家有关专业管理机关的关系；协调企业与其他企业的关系；维护企业无形资产资源安全完整；考核无形资产的投入产出状况和经济效益情况。

（3）完善无形资产的核算体系，加强无形资产的日常管理。面对新的市场经济环境，无形资产的核算在执行现行会计制度的基础上要有所突破。对无形资产不仅要进行初始确认，还要结合科学技术的最新发展进行价值变动后的再确认；无形资产的计量在采用历史成本计价的同时，还应采用重置成本法和收益成本法等公允价值计价；无形资产的摊销要根据其不同项目的特点使用永久保留法、平均年限法和加速摊销法。无形资产的报告应揭示全部无形资产价值信息及无形资产价值情况。在账务处理上可采用设置备查登记簿的办法对无形资产的作价、评估、公允价值、摊销方法及金额进行登记，为企业的经营决策提供重要依据。同时不能忽视无形资产投资与开发的管理，因为无形资产投资属于风险投资，应逐步建立规范化的管理程序。

（4）重视知识资源和人力资源的管理，把好人才流动关，切实保护好无形资产。企业应采取切实的措施，以知识管理和人力资源为切入点，一方面加强无形资产的开发管理，鼓励科技人员和管理人员致力于科研工作，不断开发新技术新成果，并应用于企业生产管理实践，同时加强对人才资源的管理，严防由于人才流动所造成的无形资产流失。具体说来，就是在人才聘用伊始，在用工合同中签订保护无形资产的条款，明确责任；参与科研的技术骨干和有关人员要在科技成果开发记录上签字并归档保管；在人员调离时除了要将保管和使用的无形资产资料交接外，还要做出不侵犯原单位无形资产的承诺。单位领导特别是人事部门的领导，要对本单位有多少人与无形资产有关、具体到哪些人、关联程度，每个员工开发了多少无形资产，接触了多少无形资产，有多少人与单位签订了无形资产保护协议心中有数并记录在案，作为建立与无形资产有关的考核奖励制度的基础。

（5）重视对无形资产的保护和利用。无形资产的重要特点就是开发困难，但开发成功后的复制成本很低，尤其是具有先进技术和超额收益的无形资产更是如此。若企业不注意保护无形资产，就会使企业投入大量人力、财力后才取得的成果被其他企业所侵犯，导致企业无利可图。保护的方法是多种多样的，企业可以动用法律武器保护企业无形资产不受侵犯。目前，我国公民的维权意识日益增强，企业更要认识到法律是维护企业权利的有效手段，注重运用法律武器来保护无形资产。对企业的知识产权如专利权、商标权、版权等要及时到有关部门登记注册；对已经登记注册的知识产权要注意其有关规定，谨防失效；对于技术秘密、商业秘密要随时保持监控，使技术优势和品牌优势转化为市场优势，对侵权现象要积极配合有关部门坚决予以打击，保护自身利益。也可以在现有的技术基础上不断创新，开发出新产品，使仿冒者无所适从。另外，在知识经济时代，无形资产的更新换代也越来越快，企业不及时利用已开发成功的无形资产来获取超额收益，也会因其他更先进无形资产的出现而使其推动获利能力，最终给企业造成不应有的损失。

综上所述，我们不难看出，企业无形资产管理是一种运用智慧的智慧，加强企业无形资产的管理，既是现代企业管理的重中之重，也是现代企业管理者更好地适应知识经济和有效地进行知识管理的必然选择。

(四) 知识资产财务管理的重点：人力资源管理

知识资产最为常见的划分是：市场资产、知识产权资产、人力资产、组织管理资产，相应的市场资产管理、知识产权资产管理、人力资源管理、组织资产管理必然成为财务管理的新领域，而在知识资产的财务管理中，重点是人力资源管理。

1. 筹集人力资源将成为财务筹集资本的重要项目

筹集足够的资本是企业实现生存、发展、获利的管理目标前提之一。在传统经济时代，企业筹集资本主要是筹集资金，而在知识经济时代，企业筹集资本不仅包括筹集资金，更重要的是包括了知识资本的筹集。这是因为知识在企业资本中已占据了主导地位，成为发展经济的重要资本。人力资本作为知识资本的代表，它的筹集必将成为财务管理筹集工作的重中之重。

2. 人力资源的计量纳入价值体系

反映知识资本价值的指标将成为企业财务评价指标体系的重要组成部分。人力资本所反映的是市场价值与账面价值差值。由于传统财务对此无法加以反映，使得近来随着知识经济时代的到来，许多公司，尤其是英特尔、微软等高新技术企业在股票上市后，其市场价值往往比其账面价值高出 3~8 倍；而有些公司虽然账面价值巨大，但市场价值每况愈下，以致最后陷入破产的绝境。可见，随着知识经济时代的到来，反映人力资本价值的指标必然成为企业财务评价指标体系中的一个重要组成要素。其作用主要有两个：一是评估作用，即反映一个企业发展潜力情况；二是导航作用，即指明企业存在的缺点和发展的方向。无论是企业管理方向，还是企业投资者、债权人、顾客等相关利益主体，都必将十分关心和重视反映企业人力资本价值的指标。否则，他们就可能低估一些有价值的公司的价值，或看不到一些表面繁荣公司的潜在危机，从而导致做出错误的决策，造成不必要的损失。

3. 人力资源价值的计量

知识经济是以人为本的经济，那么人力资源在知识经济条件下企业的财务核算与管理过程中，所占的比重将相对上升，所以财务管理应做好以下几方面的工作。

（1）构建人力资源价值计量模式的思路

①人力资源具有资源的特性，所以在人力资源形成使用和产出效益的过程中，是可以用货币来计量的；②人力资源价值的依据是人力资源当期已投入的价值和当期创造的已实现的价值之和；③人力资源可以通过财务会计来反映，即在会计报表的左边资产内设立"人力资产"项目，用历史成本计价，汇总当期对人力资源形成成本的投入，在其右边从所有者权益中分离出劳动者权益来反映人力资产当期创造的新增价值。

（2）构建人力资源价值计量模式的理论依据

①马克思的剩余价值理论。依据马克思、恩格斯的剩余价值理论补偿，人力资源的价值为必要劳动价值和剩余劳动价值之和。必要劳动价值为补偿劳动力消耗部分，体现为人力资源的投入成本。剩余价值部分体现为人力资源所创造的新增价值部分。

②财务的资产理论。财务上，资产的确认和计量是以历史成本为原则；产品价值的构成一般是由产品制造成本、税金和利润三部分构成，税金和利润属于剩余价值，而产品制造成本是制造产品过程中的直接成本。人力资源作为人力资产，应符合财务资产的特点，其价值应与财务上对资产价值的确认、计量相一致。

（3）构建人力资源价值计量模式的内涵和具体应用

①企业全部人力资源的总价值的计算公式：

人力资源总价值 = 人力资产总成本 + 人力资产获得新增价值 =（总投入成本）+（人力资源投资获得的收益部分）

即 V=C+EBIT*H

V——人力资源总价值。

C——人力资产总成本。属于人力资源的直接成本，即为取得、开发、保全不同等级人员的使用价值而发生的成本。而人力资源的间接成本是指与取得和开发人力资产使用价值有关的人事管理活动的职能成本，不属于直接为人力资产价值形成的内容，所以它不应计入人力资源价值。

EBIT——企业息税前利润。它反映人力资源投资获得的收益，即人力资源使用新增的价值部分。由于利息是债权所有人的回报，税收是国家的强制分配，人力资源所有者的回报分配应与两者同时进行，因而采用 EBIT 作为分配基数。

EBIT 可以依据企业当年的损益表的利润及有关所得税、利息费用数额确定。

H—人力资产投资占总资产投资的比例。

H=C/Z，其中 Z 为全部资产总额，它由资产负债表资产总额年初数与年末数平均而得到。

②某职位人力资源价值的计算公式：

某职位人力资源价值＝某职位人力资源的投入成本＋该职位上人力资源使用新增价值

即 $V_i = C_i + EBIT*H*R_i$（i=1，2，3……m 个职位）

内涵及应用：

V_i—i 职位上人力资源价值。

C_i—i 职位上人力资源的投入成本。

$C_i = l_i + (C - \sum l_i) * d_i$

l_i—i 职位上投入的人力资源的直接成本；

$C - \sum l_i d_i$—企业除在某位上投入的直接成本外的共同发生成本，比如，取得成本中的招募成本有可能是为几个职位共同发生的；

d_i 为共同成本在 i 职位上分摊的比例。

R_i—i 职位上的价值系数，$\sum R_i = 1$。

R_i 可因不同群体对职位给予不同的评价标准而确定。

4. 人力资本参与分配

(1) 人力资本参与分配的必然性

传统企业的战略资源是物质资本，企业对物质资源（如货币资本、实物资本）的需求程度要超过对简单劳动的需求，表现出"资本雇佣劳动"的典型特征。因此，资本获得利润和利息，企业创造的利润自然归物质资源的所有者拥有；员工则处于被雇用的地位，除获得工资外别无所有。但知识经济时代大多数的企业是智力密集型的企业，其生产消耗已由对大量的自然界物质资源的消耗转向对人力资源的消耗，企业生产的产品中，物化劳动在商品价值中的比重逐渐减少，活劳动在商品价值中的比重则逐渐增加。其中商品价值中的生活劳动包括两方面内容：一是劳动者体力的消耗，二是劳动者智力的消耗，两者对比，智力消耗所占的比例逐渐加大。以计算机软件企业为例，其产品中包含的物质资源只是作为软件载体的磁盘，产品的主要部分则是人们智力劳动的产物。可见，知识经济时代企业的员工已成为一种知识型的劳动者，他们加入企业后，实际上给企业投入了人力资本。人力资本是体现在人身上的技能、知识、健康和体力的存量，其本质是人的能力。之所以把人力作为资源看待，是因为人力在知识经济时代企业经济增长中的作用远远大于物质资源。

从资本可以带来剩余价值的角度来看，人力资本不仅能创造剩余价值，而且物质资本的增值性要以人力资本的增值性为支撑，没有对人力资本的有效运作，不把劳动与资本有机地统一起来，物质资本就难以增值。因此，物质资本的增值来源于人力资本，人力资本比物质资本更具有增值性。由此看来，人力资本的所有者即使没有直接投入物质资本，也应成为企业税后利润分配的参与者。

人力资本可以被理解为天然属于个人的资产，诸如劳力、掌握和运用知识的技能、学习能力以及创新、冒险等一切具有市场价值的人力资源，不但是附着在自然的个人身上，而且只归个人调用。

因此，在个人产权得不到企业承认和保护的时候，个人可以凭借事实上的控制权"关闭"有效利用其人力资源的通道；或者个人干脆带着自身的人力资源离开企业去寻求新发展。从而最终给企业带来损害，不利于企业的发展。由此可见，不重视人力资源的直接后果将使企业自身蒙受损失。

通过上面的分析不难看出：一方面知识经济时代，企业离不开高素质员工所拥有的人力资源；另一方面人力资源能否有效发挥作用又取决于拥有人力资源的员工本身的状态，但企业传统的分配模式显然不利于调动员工的积极性。所以，知识经济时代企业必须改革现有的分配模式，重新构建一种新的、有效的分配激励机制，这种分配机制的典型特点就是要体现人力资源是决定企业经济发展的最重要资源，因而也是决定企业财富分配的最主要因素，即让人力资本参与企业盈利的分配。人力资本参与税后盈利的分配后，能使员工的个人收入、资产积累与增长和企业的长远发展紧密地联系起来，从而在企业和员工之间形成一种有效的利益"共生"关系，有利于充分调动员工的积极性、主动性和创造性，激发员工的创新活力，促进知识经济时代企业的发展。

（2）人力资本参与分配的方式

随着知识经济时代的到来，越来越多的企业开始重视人力资本参与利润的分配，而利润分配的方式多种多样。有的企业通过年薪、绩效薪酬、销售提奖等方式提高员工的报酬，也有通过直接持股、利润分成制进行分配。但前者需要以支付大量现金为前提，对于那些成立不久的企业以及还处于成长过程中的中小型企业来说，资金来源渠道单一、数额有限，不可能支付高级管理人员和核心技术人员很高的工资和奖金；而后者会使高级管理人员为了更多获取年利润分成或使现期所持股票更值钱，往往更注重企业的短期收益，甚至为了获取企业短期的繁荣而不惜牺牲企业的长远收益和发展前途。因此，企业应采用股票期权这种约束与激励机制来调动高级管理人员和核心技术人员的积极性。所谓股票期权，它是一种长期激励的报酬制度，是公司给予高级管理人员和核心技术人员的一种购买本公司股票的选择权。持有这种权利的人员可以在股票期权计划约定的时期内，以约定的认股价格（也称行权价格）购买约定数量的本公司股票。在购买股票即行权以前，股票期权持有者没有任何的现金收益，其是否行权取决于期权行权日公司股票市价的高低。当行权期内公司股价持续低于行权价格，期权持有者失去行权的利益动机，公司也不会发生股票的交付，甚至会根据认股权制度的相关规定，通过其报酬的扣减得到相应的处罚。反之，如果行权日股票市场大于行权价格，股票期权持有者可以通过行使期权获取股票，然后在主板市场或创业板市场抛出，赚取约定价格与市场价格的差额。如果不希望马上获利，也可以继续持有参与股票的分红。股票期权使高级管理人员和核心技术人员把个人收益和企业的长远目标联系起来，大大减少他们的短期化行为，使其在做出各种决策和进行科技创新时能更加注重企业的高度成长性。其次，股票期权的魅力不仅仅在于它本身是一种物质奖励，更重要的是它作为一种精神奖励，可以有效地吸引和留住人才，增加企业的凝聚力，强化人力资本与高新技术企业的结合。再次，股票期权制度通过让高级管理人员和核心技术人员也成为未来的股东，赋予其剩余索取权，在一定程度上解决了剩余控制权和剩余索取权相分离产生的矛盾，使其目标函数和股东的目标函数尽可能达到内在的一致，减轻他们的机会主义行为和所有者对其进行监督的负担。最后，股票期权使股票期权持有者通过行权来获取数量较大的报酬，而且这一报酬可以通过资本市场来实现，公司一点净现金流出都没有，可以减少企业日常支付现金的负担，节省大量营运资金投入企业的科技开发中去，实现企业良性循环。

由此可见，企业在进行分配时，要考虑兼顾"责任、风险、贡献、利益"相一致的原则，采取短期激励和长期激励相结合的办法。对于一般员工可以采用绩效薪酬、销售提奖或弹性工资等方式，一是因为这部分员工的工资和奖金比高级管理人员和核心技术人员数额小得多，二是因为他们不是决策层和核心层，不会影响到企业的长期发展。而对于高级管理人员和核心技术人员则采用年薪制、直接持股和股票期权相结合的办法，在薪酬结构中逐步缩小年薪、直接持股的比例，加大股票期权的比例有利于企业高速成长。

（五）加强财务管理信息化建设

在市场经济条件下，信息是市场经济活动的重要媒介，特别是快、准、全的信息。而随着知识经济的到来，以数字化技术为先导，以信息高速公路为主要内容的新信息技术革命，使信息传播、反应速度大大加快，交易会在网上瞬间完成。这就决定在知识经济时代里，企业必须加强财务管理信息化建设，以适应知识经济发展的要求。

1. 加强财务管理信息化的必然性

21 世纪是国际经济组织形式发生重大变化的转型时期，由此要求的财务管理组织形式即将发生重大变化。总体表现为：财务信息化管理是适应国际经济新形势的必然产物。具体表现如下。

(1) 传统产业转型到以信息化为整体支撑的知识经济型产业

18 世纪自英国开始的第一次工业革命，产生了人类的传统产业，即纺织、汽车、火车、军工、电气、日用等。由于当时全球资本、技术、资源、市场的国际化流动程度的局限，世界经济非均衡发展，区域经济、地方市场、技术垄断、市场垄断等因素塑造了相对独立的、各自不同的地区经济的国际经济组织形式。相对狭小的经济空间、时间、市场、股东、用户、金融、结算、海关等经济运行环节，决定了其信息支撑的满足程度是使用传统的财务报表、统计报表、电话、电传等手段。20 世纪以美国为首推动的第二次产业革命，产生了人类现代的信息产业，即信息网络、移动手机、微型电脑、卫星监控、GPS 导航、商业因特网等知识经济型产业。传统产业转型到以信息化为整体支撑的知识经济型产业，信息化带动了传统工业化、工业化必然推动信息产业化。信息产业实现了市场、结算、股东的远距离控制，加大了资本、技术、资源、市场的国际化流动，由此决定传统的财务报表、统计报表信息模式远远不能满足高速运转的国际经济组织形式的需要，势必兴起与之相适应的财务信息化管理模式，以支撑知识经济型产业。

(2) 经济全球化要求信息化的整体支撑

各国为了追求宏观资源配置效率和微观资源使用效率，追求新产业、新技术、新产品、低成本、大市场的经济欲望，使国家的疆界被商品的自由流动所打破，促进了经济全球化的全面加速。经济运转的空间结构在经济地域、行业领域、信息领域、市场规则、资本输出、技术转让、资源配置、资源使用、资本经营、资本市场、货款结算、投资决策等方面发生了深刻的变化。由此可见，经济全球化是一种不以人们主观意志为转移的客观规律，是各国经济双赢的、全球福利普遍增进的经济增长实现形式。显而易见，只有依赖知识经济时代的现代信息、现代物流，财务信息化管理才能支撑全球统一市场，支撑经济全球化的全面实现。

(3) 国际资本市场、国际化管理呼唤财务信息化管理

经济全球化不断打造着资本扮演的角色，按进入的渠道不同、环节不同 (建设资本、运营资本或互相转化等)、形式不同，决定了财务管理势必全面关注：

①资本动态的进入、退出、增加、减少、分配、转移、汇率等；

②基本建设的投资、科研、立项、概算、批复、合同、结算、监理、质量。速度、核算、竣工、验收、固定资产明细账交付使用等；

③资本运营的计划、收入、成本、税金、利润、分配、核算、绩效等；

④资本经营的股票、债券、重组、兼并、购买、破产等；

⑤国际金融资本套利的财务风险等。经济全球化，同样不断打造着财务管理模式，资本、技术、劳动力、合同、产品进出、价格市场、货币结算汇率、期货、套期保值、关税、法律等已融入国际市场，决定了其财务管理的程序、观念、方法都要遵循国际贸易惯例，传统的财务管理模式会发生较大的变化。

面对高度现代化的信息产业时代，其全球市场、全球资本、全球结算、国际贸易的重要性决定了其业务信息、资金信息、财务信息、技术信息、商品信息、政策信息、市场信息、人才信息等必须在计算机网络、因特网络等公司主体的信息系统上运作。财务管理目标决定了财务管理的手段必须高度信息化，全面推进财务信息化管理。

(4) 错综复杂的财务整合经济因素要求财务信息化管理

在国际化贸易中，大型企业集团的财务整合经济因素一般包括：资本规模、科技革命、价格市场、物流市场、劳动力市场、关税政策、资金结算、资产结构、产权结构、收入、成本、利润、债权债务、经济合同、经济纠纷、法律差异、期货、期汇、汇率变动、套期保值、租赁、运输、包装、保险、质量、速度等。其财务信息的基本要求介绍如下。

①全面性。要求全面披露与生产经营有关的所有直接、间接、关联信息。由此决定需要一个庞大的信息系统。

②分类性。各种经济因素所披露的信息标的、数量、质量揭示着不同的经济现象。由此决定财务信息系统是由众多子系统组成。

③及时性。时间就是金钱，经济效益的前提要拥有即时的市场、技术、价格、物流等信息。由此决定需要高速聚集、整理、分析、决策、反馈的财务信息化管理的信息网络。

(5) 股东要求资本市场规范诚信的财务信息化管理

披露股东财富最大化目标，股东十分关注两个基本点。

其一，股东对利益的追求。"利润最大化"是"股东财富最大化"的基础。实现股东财富最大化的"股票"是一种特殊"商品"，其价格是其价值的转化形式，由此决定，资本市场对股票的评估仍然要坚持"价值规律"，即是说，要以公允、真实、全面、规范、及时的年度会计报告内容的经济效益状况为基础。包括：①损益表反映的：主营业务收入、主营业务利润、其他业务利润、利润总额、应交所得税、税后利润、每股收益率、净资产收益率、每股净资产、每股现金股利等；②股东大会决议公告反映的：提取的法定公积金、法定公益金、任意公积金、分红基金、可供股东分配利润等；③公司可持续发展的所有关联信息。

其二，财务诚信。对上市公司来说，由于受国际、国内、政治、经济等多种因素的共同影响，往往人为因素的影响远远大于"价值规律"的影响，所以，即时股票价格不一定真实反映企业的股东财富最大化价值。

2. 财务管理信息化的意义

财务管理信息化利用信息系统对各种事务进行处理，可以提高财务工作的效率和质量，促进财务管理的现代化，从而提高企业的经济效益和综合竞争能力，具体表现如下。

（1）减轻财会人员劳动强度，提高财会工作效率。

（2）促进财务职能的转变。在现代社会，激烈的企业竞争要求财务的职能从简单的核算向企业的管理和决策方向发展。在手工条件下，广大财会人员被繁重的手工核算工作所包围，没有时间和精力来更好地发挥财务参与管理、决策的职能；通过财务管理软件的应用，财会人员解脱了繁重的手工操作，有了时间和精力，也就有条件参与企业管理与决策，为提高企业现代化管理水平和提高经济效益服务。

（3）准确、及时地提供财务信息。手工条件下，由于大量财务信息需要进行记录、加工、整理，企业决策者往往不能准确及时地得到财会信息，这不利于企业经营者掌握经济活动的最新情况和存在问题，也不利于企业投资者及其他企业信息需求者及时准确地了解企业的经营状况，更不利于企业自身的发展和社会对企业的监督。

而应用财务管理软件后，大量的信息都可以及时记录、汇总、分析、传送，保证向企业管理者和其他信息需求者准确、及时地提供财务信息。

（4）有利于资金集中式管理的实现，使企业的资金得到充分的利用，实现资源的最优配置。

（5）提高人员素质，促进财务工作规范化。企业财会人员的素质是决定企业财会工作是否规范的基础和重要保障。一个成熟完善的财务管理法规，需要由具体的财会人员去真正理解和领会，然后才能在实际工作过程中加以贯彻和执行。企业在财务领域应用财务管理软件，给财务工作增添了新内容，从各方面要求财务人员提高自身素质，更新知识结构。一方面为了参与企业管理，要更多学习经营管理知识，另一方面必须掌握电子计算机的有关知识。好的财务基础工作和规范的业务处理程序，是实现财务信息化建设的前提条件，所以财务管理信息化从客观上也会促进财务工作的规范化。

总之，财务管理信息化使得企业建立科学有效的内部控制体系成为可能，为防止无意差错和有意舞弊，在出现问题时，也容易查明原因，分清责任。因而从这个角度而言，财务管理信息化帮助企业有效地运用内部控制措施，达到新《会计法》对企业内部控制的要求。

3.加强财务管理信息化建设的几点建议

(1)要以财务管理为中心推进企业计算机网络技术的应用

企业财务信息是各类信息的交汇点，也是支撑经营决策的基础。企业管理以财务管理为中心，财务管理以资金管理为中心的理念，已成为目前企业界的共识。计算机网络技术和统一的财务管理软件是先进的管理思想、管理模式和管理方式的有效载体，也是实施资金集中管理和有效监督控制的必然选择。财务管理软件的推广使用，不单纯是推广软件本身，更重要的是推广一种科学、先进的管理理念、管理方法和管理技术。要借鉴国内外一些企业的成功经验，遵循企业信息化发展的一般规律，从财务管理、物流管理、营销管理、生产管理等由易到难的环节逐步推进。要按照"总体规划、分步实施、突出重点、先易后难"的原则，依次开发运用财务、销售、采购、仓储、生产等管理子系统，做到开发一块，运用一块，见效一块，逐步实现物流、资金流、信息流的集成。

(2)要从薄弱环节入手，建立以财务管理为核心的内部信息管理系统

目前我国多数企业在采购、库存、分销、成本核算等环节的财务信息时效较差，会计信息质量特别是信息的真实性问题突出。通过采用计算机网络手段和统一的财务管理软件，可以将过去烦琐的会计数据加工、分析及人工无法做到的基础性管理工作和"人盯人"的监控方式，借助计算机管理软件应用予以取代，使管理工作的"手"伸长，"眼"变亮，透明度增加，特别是规章制度可以通过计算机程序固化，减少人为因素，变成硬约束，从技术上解决信息不及时、不对称和监督乏力、滞后等问题。

(3)应用先进的计算机信息技术，推进企业财务与业务一体化管理工作，为资金集中管理、监督控制、规避风险提供可靠保障，实现企业管理信息化

应用统一的计算机财务软件，实现财务信息与业务流程一体化，是企业信息化建设的必然趋势，也是许多成功企业的经验所在。企业要找准切入点，从亟待解决的实际问题着手，以财务管理为依托，针对当前企业财务资金管理中的薄弱环节，大力促进企业广泛采用计算机财务软件，实现财务与业务一体化，进而达到强化监督与控制，规避财务风险，加速资金周转，提高资金使用效率的目的。要遵循企业应用计算机信息技术的进程和规律，统筹规划，研究制定切实可行的企业管理信息化工作的实施方案。

一是企业应当选择使用国家认可的财务软件，全面实行会计电算化，并将其作为企业会计基础规范工作的重要内容。

二是企业应积极推进财务与业务一体化工作，建立统一的计算机平台，采用统一的财务与业务一体化的软件，把企业有效的规章制度体现到计算机的应用管理程

序上来予以固化，实现财务系统与销售、供应、生产等系统的信息集成和数据共享，使预算、结算、监控等财务管理工作规范化、高效化，保证资金流、物流、信息流置于严密监控下。

三是逐步引进开发使用先进的ERP软件。要吸收消化国外先进的管理思想，变革企业内部管理模式，调整企业生产组织结构，将用户需求、企业内部生产活动及供应商的资源有机地结合起来，合理配置企业各项资源，全面实现企业管理的信息化。

企业信息化建设不仅仅是计算机技术应用的问题，更重要的是涉及企业管理的理念、模式、内部财务管理体制、监督机制、资金运作方式、生产组织形式等诸多方面的问题，有些问题是企业自身一时难以解决的，需要政府部门的大力支持和一定的社会氛围，要为企业创造良好的政策环境，指导开发出适应我国当前企业实际的财务业务一体化管理软件，并推广使用，防止在引进、开发、推销软件过程中的盲目性和短期行为给企业带来巨大浪费。政府及有关行业部门可选择、培育一批有管理基础的企业，通过培训，更新观念，增强紧迫感，扎实做好基础工作，力争通过3~5年的时间，使大部分国有大中型企业在计算机管理软件的应用方面迈出较大步伐，跟上世界发展的潮流，使财务资金管理水平适应于现代企业制度的内在要求，财务资金状况步入良性发展轨道。

（4）完善企业日常内部控制

日常控制是指企业计算机财务系统运行过程中的经常性控制，主要包括以下内容。

①经济业务发生控制。业务发生控制又称"程序检查"，主要目的是采用相应的控制程序，甄别、拒纳各种无效的、不合理的及不完整的经济业务。在经济业务发生时，通过计算机的控制程序，对业务发生的合理性、合法性和完整性进行检查和控制，如表示业务发生的有关字符、代码等是否有效，操作口令是否准确，经济业务是否超出了合理的数量、价格等变动范围。企业还应建立有效的控制制度以保证计算机的控制程序能正常运行。

②数据输入控制。计算机处理数据的能力很强，处理速度非常快，如果输入的数据不准确，处理结果就会出现差错，在数据输入时如果存在哪怕是很小的错误数据，一旦输入计算机就可能导致、错误扩大化，影响整个计算机系统的正常运行。因此，企业应该建立起一整套内部控制制度以便对输入的数据进行严格的控制，保证数据输入的准确性。数据输入控制首先要求输入的数据应经过必要的授权，并经有关的内部控制部门检查；其次，应采用各种技术手段对输入数据的准确性进行校验，如总数控制校验、平衡校验、数据类型校验、重复输入校验等。

③数据通信控制。这是企业为了防止数据在传输过程中发生错误、丢失、泄密

等事故而采取的内部控制措施。企业应该采用各种技术手段以保证数据在传输过程中的准确、安全、可靠。如将大量的经济业务划分成小批量传输，应按顺序编码，要有发送和接收的标识，收到被传输的数据时要有肯定确认的信息反馈，每批数据传输时要有时间、日期记号等。

④数据处理控制。其是指对计算机会计系统数据处理的有效性和可靠性进行的控制。数据处理控制分为有效性控制和文件控制。有效性控制包括数字的核对、对字段及记录的长度检查、代码和数值有效范围的检查、记录总数的检查等。文件检查包括检查文件长度、检查文件的标识、检查文件是否被感染病毒等。

⑤数据输出控制。其是企业为了保证输出信息的准确、可靠而采取的各种控制措施。输出数据控制一般应检查输出数据是不是与输入数据相一致，输出数据是否完整，输出数据是否能满足使用权部门的需要，数据的发送对象、份数应有明确的规定，要建立标准化的报告编号，收发、保管工作等均应规范。

⑥数据存储和检索控制。应确保计算机会计系统产生的数据和信息被有效地储存，便于调用、更新和检索。企业应当对储存数据的各种磁盘或光盘做好必需的标号，文件的修改、更新等操作都应附有修改通知书、更新通知书等书面授权证明，对整个修改更新过程都应做好登记。计算机会计系统应具有必要的自动记录能力，以便业务人员或审计人员查询或跟踪检查。

(5) 提高财务人员素质

财务信息系统是一个人机系统。财务管理是通过人来完成的，财务管理的创新，最终要通过人的素质的改变来实现，加强财务人员的队伍建设，是财会管理创新的重要环节。目前，我国财务人员素质参差不齐，在工业经济时代，财务管理对人员的要求不是很高，尚能勉强应付。但随着知识经济时代的到来，现行财务队伍的水平已经严重制约财务管理工作的发展。因此，必须加强和提高现有财务管理人员的素质。

①提高财务管理部门的进入门槛，从源头把好人员质量关。在录用财务人员时，首先在专业学历教育上严格限制，财务人员至少应该具有大专财会专业学历。同时，要考虑注重人员的综合素质，对有不良经历人员的应禁入，防止人员素质带来的道德风险。

②对现行财务人员进行合理分流。对于现有财务人员，根据不同的情况，要进行分别的处理。对于适应工作的业务人员，要注意加强培养；对不完全胜任但经过培养能够胜任的财务人员，应进行重新进行上岗学习，待学习考核合格后，再重新上岗；对于不胜任工作而又无培养前途的工作人员，要坚决进行分流，安排其他工作或待岗。

③做好财务人员继续教育工作。对稳定下来的财务人员，要做好继续教育工作。

一方面要加强新制度、新准则和新业务的学习，在业务知识方面不断更新；另一方面是加强新技术尤其是与财务工作相关的学习，使财务人员迅速掌握最新的技术工具，跟上技术发展的步伐，更好地为企业生产经营服务。

(六) 加强财务风险管理

企业的财务风险是指在各项财务活动过程中，由于各种难以预料或控制的因素影响，财务状况具有不确定性，从而使企业有蒙受损失的可能性。在市场经济条件下，由于企业所处的环境及企业本身经济活动的复杂性、多变性和人们对未来认识与控制的局限性，在理财过程中遇到一定的风险是在所难免的，而且市场竞争越激烈，企业所面临的风险对企业生存和发展的影响便越加重大。而要完全消除风险来源及其特征，需正确预测，衡量财务风险进而进行适当的控制和防范，健全风险管理机制，将损失降至最低程度，为企业创造最大的效益。

1. 财务风险的预测和衡量

企业的财务活动贯穿于生产经营的整个过程中，筹措资金、长短期投资、分配利润等都可能产生风险，根据风险的来源可以将财务风险划分为以下几类。

(1) 筹资活动风险。筹资的具体目标是在不影响现金流出及偿债能力基础上实现权益资本收益的最大化。筹资的实际结果与其目标之间的偏差的可能性，就是筹资风险，具体包括收益风险和偿债能力风险。收益风险表现为每股收益或每股现金流量降低的可能性，偿债能力风险表现为无力偿债乃至破产的可能性。

(2) 投资活动风险。企业的投资活动可以分为长期投资和短期投资两类。长期投资风险主要是现金净流量风险，而短期投资主要面临资产流动性风险。长期投资项目的可行性用净现值法来判断，因为只有净现值才能代表股东财富的增加，因而长期投资的目标是实现增量净现金流量，所以长期投资风险是项目净现值小于零的可能性。对于短期投资，强调的是短期资金的流动性，一方面以减少流动资产存量占用为目的，另一方面则以加速企业流动资产的流动性，缩短整个营业周期和提高现金流动速度为目的，两者相互作用，以提高企业整体资产创造的能力。因而短期投资的预期目标是提高存量资产的流动性，与之相适应，其风险就是存量资产流动性降低的可能性，即资产流动性风险。

(3) 收益分配活动风险。企业的收益形成现金流入，分配形成现金流出，现金流入与流出不相适应时，就产生了收益分配风险。当企业收益形成的现金流入远远大于分配给股东的现金股利时，股东可能会因现金偏好得不到满足而抛售股票引致股价变动而对企业经营及整体形象产生不利影响。当现金流出大于现金流入时，企业的再投资将发生困难，影响日后生产经营。因此，收益分配活动风险是现金流量的不协调风险。

正确了解财务风险的来源和种类是进行财务风险预测和衡量的前提。在此基础上，企业应建立财务信息网络，保证及时获得数量多、质量高的财务信息，为正确进行各项决策和风险预测创造条件。企业收集和整理有关预测风险和资料，包括企业内部的财务信息和生产技术资料、计划和统计资料，企业对部门的市场信息资料和同行业中竞争对手的生产经营情况的资料。

在初步预测的基础上，可以借助简化模型来衡量财务风险，即计算有风险情况下的期望收益。通常采用定性和定量相结合的方法，将情况的分析判断和数据的整理计算结合起来。由于风险和概率有着直接的联系，所以常借助概率统计方法来衡量风险程度。先分析各种可能出现情况的概率和可能获得的收益或付出的成本，计算收益或成本的期望值、方差和标准差，最后根据变异系数判断风险程度。还可以运用敏感性分析来测定各风险影响因素的作用范围，尤其是在投资风险的预测中，常通过测定每年现金流入额、投资回收期和内含报酬率等指标的敏感性，选择投资项目，以降低风险。

2. 财务风险的控制和管理

(1) 加强财务管理基础工作，以防范财务风险

搞好财务风险管理，加强财务管理的基础工作，以防范财务风险。这些防范工作主要包括以下几项。

①强化财务制度的约束性。这一点主要是针对企业外部市场风险而言的。财务信息对社会资源的配置有重要的调节作用，虚假的财务信息使资源配置缺乏效率，不利于社会经济的发展，造成社会资源的浪费，加大市场风险，而企业作为市场中的一个经济主体，其财务风险水平受市场风险的影响，创造一个稳定的市场环境对企业稳定财务运行、降低财务风险起着间接作用。

②提高财务信息的真实性和决策有用性。真实性是财务信息的生命。财务信息是企业决策者进行决策的主要依据，财务的主要职能之一就是对经济活动的反映，财务对经济活动的反映具有其他反映手段无可比拟的优势。正是由于财务信息是经济决策的主要信息来源之一，财务信息的质量对经济决策的影响程度很高，虚假的财务信息不仅可以使决策者对以往企业经营成果做出错误的评价，而且会导致企业未来的决策偏离经济规律，给企业造成巨大的财务风险隐患。因此，保证财务信息的真实性对防范企业财务风险至关重要。提高财务信息质量首先要加强财务基础工作，加强财务基础工作包括提高财务人员素质，提高财务核算水平，使财务报告对企业经济业务的反映尽量做到全面、准确、及时。提高财务信息质量还要从财务信息使用者的要求出发，尽量满足企业内部和外部财务信息使用者对财务信息的要求，

即提高财务信息决策有用性。在我国，财务信息主要是提供给企业外部信息使用者，为企业内部使用者提供财务信息财务管理比较落后。提高财务信息质量，加强财务为企业管理提供信息的职能是利用财务信息防范企业财务风险的当务之急。同时我们也应该看到，虽然现阶段企业财务部门能提供的财务信息还不能科学全面地反映企业经营状况，但还是企业决策者所能得到的最可靠的信息来源。令人遗憾的是，在实际工作中，企业经营者不重视、不会使用财务信息的现象比较普遍，决策者进行决策有时还是凭感觉、靠关系，这样不科学的决策方法无疑加剧了企业财务风险。因此，提高财务工作在企业中的地位，强化财务工作在企业经营管理中的作用就成为财务工作者义不容辞的责任，也是防范企业财务风险的需要。

③提高信息披露的规范性。企业尤其是上市公司财务信息的披露是企业外部相关利益主体了解企业财务状况的重要途径，企业外部相关利益主体根据企业的潜在盈利能力决定是否对企业进行投资，根据企业偿债能力决定是否向企业借款以及衡量借款条件。企业如果向外界披露了不真实的财务信息，虽然暂时可能使得外部相关利益主体做出有利于企业的决定，但一旦企业获得了自身发展不需要的资金或是无法承担还债义务的借款，将很大程度上打乱企业的下沉经营秩序，使企业或是盲目进行投资，或是背上沉重的债务负担，这些都将加大企业未来的财务风险。相反，如果企业能够对外披露真实的财务信息则可以为企业创造一个良好的外部财务环境，使企业的财务活动在平稳状态下进行，降低财务风险。

④财务政策选择的稳健性。稳健主义是针对经济活动中的不确定性而采用的一项修正惯例，它的具体要求是，通过选用稳妥的财务处理方法使报表反映的资料不会过分乐观，由此引导报表使用者在利用这些资料进行决策时谨慎从事，防止决策的失误。稳健主义是财务信息提供者为了减少财务信息中包含的不确定性而采取的一种防护措施，有利于企业避免或转移经营风险，增强企业竞争力。

稳健主义对企业来说是重要的，虽然在实际应用中可能被随意使用，但由于其在防范财务风险方面的作用而在财务实务中较为广泛地应用，例如存货计价的后进先出法、资产计价的成本与市价孰低法和固定资产加速折旧法等。

⑤完善财务控制制度。完善财务控制是防范企业财务风险的重要措施，有效的财务控制可以保护企业财产的安全、保证财务信息的可靠性和财务活动的合法性。财务控制的要点如下。

第一，科学确定财务工作的组织结构，按相互牵制的原则将财务业务划分为若干具体的工作岗位，赋予各个岗位以相应的权限和责任，使之相互制约，减少错弊发生的风险。

第二，将企业财产的价值管理与实物管理有机结合起来，财务部门在将工作重心放在企业经营价值循环的反映和监督的同时，要紧密结合其他业务部门的实物管理，及时发现差异、分析差异，避免不利差异的扩大和差错的产生。

⑥提高财务管理计算机系统的安全性，计算机系统的安全包括物理层安全、链路安全、网络层安全、传输层安全、传输层安全和应用层安全。因此，不但要防止物理通路被破坏、窃听、攻击，同时还要通过信息加密保护网上数据的安全，保护路由正确，防止信息被截取，实现用户数据资源、操作访问的安全。

(2) 健全企业体制，化解制度性财务风险

企业内部财务风险产生的制度基础包括两方面，一是企业内部的委托代理关系，二是企业财务运行机制。委托代理关系属于企业的基本制度，财务运行机制属于财务专门制度，两者对企业财务风险的防范都有重要意义。企业财务风险防范制度设计的基本内容有以下几个方面。

①明晰的产权关系。产权关系是市场经济中最基本的经济关系。人类社会存在两大基本关系，一是社会关系，二是经济关系。辩证唯物主义认为经济基础决定上层建筑，经济关系决定社会关系，经济关系是人类社会最基本的关系，人们的经济利益体现为财产所有权，人们之间发生经济关系是以财产交换为基础的，可见产权关系是社会经济关系的基础。企业作为社会经济组织，其产生的动因和维系的纽带就是产权关系，产权明晰才能责权明确，企业的生产经营才能正常进行，否则企业就失去了存在和发展的基础，也就谈不上财务风险的防范了。

在代理委托制度下，由于所有权和经营权分离。在具体实践中，需要形成保证企业作为一个独立实体正常运行的一整套组织管理体系，即企业存在和发展的制度性基础。企业内部各部门机构如股东会、董事会、监事会、经理层和业务部门，通过科学的制度设计，形成以产权关系为基础、以委托代理为纽带的高效率的企业组织结构。

②建立财务监督机制。企业的财务监督机制包括三个层次：一是股东大会对董事会的授权和监督；二是代表股东利益的董事会对经营者的监督；三是经营者的内部牵制与监督。建立健全这三个层次的财务监督体系具体包括充分行使股东大会的权利，派出独立董事，健全企业内部控制制度等。只有做到自上而下的层层监督，才能抑制经营者追求人的欲望，从而确保企业价值最大化的目标。

③建立指标考核体系。企业只有建立以资本增值为核心，包括财务效益状况、资本运营状况、偿债能力状况、发展能力状况等的企业绩效评价体制，全面评价企业的经营能力和经营者的业绩，明确奖惩标准与经营业绩挂钩，以激励经营者维护出资者的利益，实现资本的保值增值。

④建立激励机制。在激励经营者尽力实现资金财务目标方面，年薪制、经营者

奖励制度、优秀企业家评选等都是较为有效的方法。此外，股票期权将经营者的个人利益同企业股价表现以及企业的利益紧密地联系起来，使经营者对个人效用的追求转化为对企业价值最大化的追求，从而实现股东的财务目标，因而也是一种行之有效的激励措施。

（3）加强财务活动的风险防范

①筹资风险防范。对于防范收益风险，企业要在筹资数量上注重选择合理的资本结构，而对于偿债能力风险，企业要从筹资期限上注重长期和短期相互搭配。但是，预防和控制筹资风险的根本途径是提高资金使用效益，因为只有资金使用效益提高了，企业的盈利能力和偿债能力才得以加强，那么无论企业选择何种筹资结构，选择何种筹资期限，都可及时支付借入资金的本息和投资者的投资报酬。

②投资风险的防范。长期投资风险的控制主要通过投资组合来实现。只要进行组合投资，使各项导致现金流量不确定性的因素相互抵消，才能降低风险，实现增量现金流量。对于短期投资，可通过存货项目分析，制定合理的信用政策等来加强存货转化为现金的速度以及加强应收账款向现金的转化，从而提高存量资产的流动性。此外，选择适宜的长、短期资产的数量结构也是防范投资风险的有效方法。

③收益分配风险的防范。收益分配风险的防范要从现金流入和流出两方面着手：一方面要对现金流入实行控制，另一方面要考虑股利政策的现金流出。两方面相互结合，达到现金流入与流出相互配合、协调，从而降低风险。

（4）建立健全企业财务风险防御机制

为了有效防范可能发生的财务风险，企业必须从长远利益着眼，建立和健全企业财务风险防御机制，主要措施介绍如下。

①多元化经营。多元化经营是指一家企业同时介入若干个基本互无关联的产业部门，生产经营若干类无关联的产品，在若干个基本互无关联的市场上与相互的对手展开竞争。多元化经营分散风险的理论依据在于：从概率统计原理来看，不同产品的利润率是独立或不完全相关的，经营多种产业多种产品的时间、空间、利润上相互补充抵消，可以减少企业利润风险。企业在突出主业的前提条件下，可以结合自身的人力、财力与技术研制和开发能力，适度涉足多元化经营和多元化投资，分散财务风险。

②风险转移法。包括保险转移和非保险转移。非保险转移是指将某种特定的风险转移给专门机构或部门，如将产品卖给商业部门，将一些特点业务交给具有丰富经验技能、拥有专门人员和设备的专业公司去完成等。保险转移即企业就某项风险向保险公司投保，交纳保险费。

③自保风险，就是企业自身来承担风险。企业预先提留风险补偿基金，实行分

期摊销。目前，我国要求上市公司提取应收账款坏款准备金、存货跌价准备金、短期投资跌价准备金和长期投资减值准备金，正是上市公司防范风险、稳健经营的重要措施。

结束语

随着社会的发展，经济发展与城乡建设已经成为当今社会关注的焦点。城乡建设不仅关乎国家整体发展水平，也与人民生活息息相关。笔者通过研究认为，经济发展与城乡建设的路径如下。

(一) 促进经济发展的路径

经济发展是任何一个社会和城市的核心驱动力，它为人们提供就业机会、提高生活水平，同时也为城市的基础设施建设和公共服务提供资金。以下是一些促进经济发展的路径。

（1）创新驱动。创新是推动经济发展的关键因素，包括技术创新、商业模式创新、制度创新等。通过鼓励创新，可以创造新的产业，带动就业，推动经济增长。

（2）优化产业结构。在经济发展的过程中，产业结构的优化和升级至关重要。传统产业需要转型，新兴产业需要大力发展，以提高经济发展的质量和效益。

（3）吸引投资。通过优惠政策、优良的投资环境等方式吸引国内外投资，可以为经济发展注入新的活力。

(二) 促进城乡建设的路径

城乡建设是经济发展的重要组成部分，也是实现社会公平和可持续发展的重要手段。以下是一些促进城乡建设的路径。

（1）基础设施建设。加强农村和城市的基础设施建设，包括道路、供水、供电、通信等，可以提高居民的生活质量，促进经济发展。

（2）生态环境保护。加强生态环境保护，提高农村的环境质量，可以吸引更多的投资和人才，促进农村的发展。

（3）农村土地制度改革。改革农村土地制度，释放农村土地的潜力，可以为城乡建设提供更多土地资源。

(三) 促进经济发展与城乡建设融合的路径

经济发展与城乡建设是相互关联、相互促进的。为了实现这一目标，我们需要采取以下措施。

（1）加强政策协调：制定有利于经济发展和城乡建设的政策，加强政策之间的协调和配合，避免政策冲突和重复。

（2）推进城乡一体化发展：通过城乡一体化发展，实现城乡资源的优化配置和产业结构的合理布局，促进城乡共同发展。

（3）加强区域合作：加强区域间的合作和交流，推动区域内的资源共享和优势互补，实现互利共赢。

（4）注重人才培养：加强人才培养，培养既懂经济又懂城乡建设的复合型人才，为经济发展和城乡建设提供人才支持。

（5）加强环境保护和资源利用；在推动经济发展的同时，应注重环境保护和资源利用，推广绿色建筑和绿色交通，实现城乡建设的可持续发展。

总之，经济发展与城乡建设是相互关联、相互促进的。通过促进经济发展、加强城乡建设、推动政策协调等措施，我们可以实现经济与城乡建设的融合发展，为我们的社会和城市带来更多的活力和机遇。

参考文献

[1] 许昊杰. 构筑数字经济发展新优势 [N]. 安徽日报，2024-02-11(001).

[2] 黄杰，陆洪阳，孙自敏. 中国经济高质量发展的差异来源及形成机理 [J]. 统计与决策，2024(03)：118-122.

[3] 陈博文，周世军. 中国数字经济发展水平的区域特征与演变趋势 [J]. 统计与决策，2024(03)：5-9.

[4] 付文字，赵景峰，贺子欣. 数字经济对外贸高质量发展的促进作用及影响机制 [J]. 统计与决策，2024(03)：22-27.

[5] 李鑫，魏姗. 数字经济的增长效应及其影响机制 [J]. 统计与决策，2024(03)：28-33.

[6] 舒海军. 更好发挥国企对经济发展支撑引领作用 [N]. 江西日报，2024-02-08(002).

[7] 张瀚丹，李娅. 数字经济与林业高质量发展的耦合协调关系研究 [J]. 林业经济，1-23.

[8] 汪彬，阳镇. 数字经济结构对区域经济韧性的影响机制研究 [J]. 甘肃社会科学，1-14.

[9] 孙聪利. 经济发展稳中有进民生保障坚实有力 [N]. 平顶山日报，2024-02-05(003).

[10] 王洪亮，赵东丹. 数字经济时代国有企业智能化发展的新向路 [J]. 商业经济，2024(03)：113-115.

[11] 张燕. 中国经济稳健增长为世界经济发展作出积极贡献 [J]. 中国报道，2024(02)：96.

[12] 李娟娟. 金融科技发展对提高居民收入的作用机制研究 [J]. 河北企业，2024(02)：14-17.

[13] 王真. 数字经济背景下社会可持续发展战略与管理决策 [J]. 上海企业，2024(02)：42-44.

[14] 吴桐. 我国绿色金融与经济发展路径 [J]. 上海企业，2024(02)：45-47.

[15] 冯婉莹. 互联网金融对我国实体经济发展的影响 [J]. 上海企业，2024(02)：

54-56.

[16] 李爱琴，孙雪苹，黄卫芳，等 . 营造放心消费软环境激发经济发展新动能 [N]. 郑州日报，2024-02-01（003）.

[17] 李若男 . 支持经济恢复和转型发展力度进一步加大 [N]. 山西经济日报，2024-02-01（002）.

[18] 王庭国 . 网络安全保障数字经济发展 [J]. 网络安全技术与应用，2024（02）：163-165.

[19] 陈囿蓉 . 数字经济助推产业结构转型的路径探索 [J]. 中共太原市委党校学报，2024（01）：28-30.

[20] 李研 . 数字经济发展活力的动态演变及提升路径 [J]. 地理研究，2024，43（02）：322-339.

[21] 向鑫 . 城乡建设用地市场一体化：演变与并轨 [J]. 农场经济管理，2024（01）：28-32.

[22] 杜晓莹，曲黎悦，李文思，等 . 城乡均衡陆海一体全域推进精致城市建设 [N]. 威海日报，2024-01-13（004）.

[23] 赖扬恩 . 城乡关系变迁与城乡融合发展制度建设研究 [J]. 发展研究，2023，40（12）：65-70.

[24] 惠先颖 . 数字经济时代企业财务管理创新影响因素研究 [J]. 中小企业管理与科技，2023（18）：127-129.

[25] 许晓雪，周小燕 . 数字经济时代企业财务管理创新研究 [J]. 营销界，2023（16）：140-142.

[26] 李向聪 . 网络经济背景下企业财务管理创新思路与对策研究 [J]. 老字号品牌营销，2023（15）：110-112.

[27] 刘维维 . 网络经济下企业财务管理的创新思路分析 [J]. 环渤海经济瞭望，2023（07）：88-91.

[28] 王珊珊 . 知识经济时代企业财务内部控制管理创新实践及研究 [J]. 营销界，2023（13）：113-115.

[29] 李化玉，吴茂军 . 网络经济背景下企业财务管理创新思路与对策 [J]. 中国物流与采购，2023（13）：101-102.

[30] 郑丽英 . 网络经济时代下企业财务管理创新举措探究 [J]. 中国乡镇企业会计，2023（06）：134-136.

[31] 胡钦乐，张宣洪，吴晓彤 . 知识经济时代下现代企业财务管理创新分析 [J]. 商业 2.0，2023（12）：37-38.

[32] 杨智远.新经济时代建筑施工企业财务管理模式创新 [J]. 大众投资指南，2023(05)：146-148.

[33] 刘炫嵘.网络经济时代企业财务管理困境与纾解研究 [J]. 营销界，2023(01)：50-52.

[34] 冉承强.知识经济时代的企业财务管理创新路径研究 [J]. 老字号品牌营销，2022(24)：127-129.

[35] 郑媛元.网络经济背景下企业财务管理的创新思路 [J]. 投资与创业，2022，33(22)：130-132.

[36] 常浩伟.网络经济背景下企业财务管理创新思路与对策 [J]. 环渤海经济瞭望，2022(10)：61-63.

[37] 刘雨奇.网络经济时代企业财务管理模式的创新探讨 [J]. 大众投资指南，2022(19)：140-142.

[38] 明霞.新经济时代建筑施工企业财务管理模式创新 [J]. 中国中小企业，2022(09)：149-150.

[39] 姜雅楠.网络经济背景下企业财务管理创新思路与对策 [J]. 时代经贸，2022，19(08)：52-54.

[40] 曾靖.网络经济下企业财务管理的创新思路及策略分析 [J]. 老字号品牌营销，2022(11)：181-183.

[41] 仲菲.新经济时代建筑施工企业财务管理模式创新分析 [J]. 商讯，2022(05)：65-68.

[42] 刘盛飞.网络经济时代企业财务会计管理的思考 [J]. 中国中小企业，2021(11)：119-120.

[43] 周军丽.知识经济时代企业财务管理创新的思考 [J]. 中国中小企业，2021(11)：159-161.

[44] 刘莉莉.知识经济时代下企业财务管理问题研究 [J]. 财会学习，2020(27)：9-10.

[45] 李玮.知识经济时代企业财务管理中存在的问题及应对策略 [J]. 现代商业，2020(09)：186-187.